Le roman noir de la Maison-Blanche

LE ROMAN NOIR DE LA MAISON-BLANCHE

Les révélations de Paul O'Neill, ex-secrétaire d'État au Trésor

Ron Suskind

Traduit de l'anglais (États-Unis)
par Cécile Besson et Frank-Adrien Papon

Saint-Simon

Frank-Adrien Papon a traduit la première partie du livre et Cécile Besson la seconde.

Titre original : *The Price of Loyalty, George W. Bush, the White House, and the Education of Paul O'Neill*
Simon & Schuster

16, rue Saint-Marc, 75002 Paris
www.edsaintsimon.com

Pour Walter et Owen, mon inspiration

Note de l'auteur

Ce livre est un récit où les situations et les personnages sont réels. L'idée de départ est que raconter une histoire – aujourd'hui comme il y a des milliers d'années autour du feu – nous aide à nous comprendre nous-mêmes et à comprendre le monde qui nous entoure.

Ici, il m'a semblé important de convier le lecteur à jeter un coup d'œil dans les coulisses de ce flot d'événements, d'incidents et de dialogues.

Quand ce projet a officiellement débuté en février 2003, j'ai été encouragé, mais pas surpris, par le fait que Paul O'Neill avait une conception surprenante de la notion de secret – *il ne lui accordait quasiment aucune valeur*. Nous avions tous les deux lu un livre publié en 1998 par Daniel Patrick Moynihan – un ami et un guide pour O'Neill – dans lequel il écrivait que, après vingt années passées à siéger au sein de la commission restreinte du Sénat sur le Renseignement, il n'avait appris qu'une seule chose d'importance : la menace pour notre sécurité nationale ne provient pas des secrets que l'on révèle, mais d'une mauvaise analyse des renseignements. O'Neill, si attaché à comprendre comment une méthode peut conduire à des résultats, faisait souvent référence à l'isolement de l'information dans des silos étanches pour désigner l'un des principaux obstacles à la gestion de l'immense machine que constitue le gouvernement américain. C'est cet isolement qui a créé le besoin de faire appel à des individus fédérateurs, particulièrement habiles, capables de se déplacer librement d'un silo à l'autre, de faire le tri et de nouer des relations entre les hommes pour construire une ambition partagée.

C'est son accès privilégié au Président et à tant de silos de la politique intérieure et étrangère qui a fait de O'Neill un rassembleur particulièrement bien placé – l'un des rares de ce gouvernement. Et c'est finalement son implication qui lui a permis d'avoir une vision privilégiée et de nourrir sa réflexion sur les batailles dont il a été témoin – celles qui opposaient l'action à la politique, l'idéologie à l'analyse et au raisonnement–, toutes si caractéristiques de ce mandat présidentiel et de son rôle dans le monde.

L'ambition de ce livre est de permettre au lecteur d'accéder au même poste d'observation, afin qu'il puisse, à son tour, en tirer ses propres conclusions. O'Neill a accepté de se livrer à cette expérience en toute transparence et a coopéré avec son ardeur habituelle. En février, il me fit parvenir un document extraordinaire. De sa prise de fonction aux dernières heures de son départ au volant de sa voiture sous les applaudissements de ses collaborateurs, chaque jour avait été enregistré. Son agenda contient sept mille six cent trente remarques, rassemblées à la fin de chaque journée, décrivant chaque réunion, ceux qui y participaient, le lieu et l'heure – et un *listing* de chaque appel téléphonique, indiquant qui avait appelé qui et la durée de la conversation.

Mais ce n'était qu'un début. En mars, O'Neill demanda à ses anciens collègues du département du Trésor de lui remettre ce qu'il considérait comme un dû: une copie de chaque document qui était passé sur son bureau. Un jour, en quittant Washington pour rentrer à Pittsburgh, il me donna quelques cédéroms et me dit : « Voilà ce qu'ils m'ont donné. » Lorsque j'ouvris les disques, j'ai pensé qu'il y avait une erreur sur mon disque dur : dix-neuf mille documents étaient référencés ! Il s'agissait de fichiers d'images, ce qui signifie que chaque document avait été photocopié.

Ces images – un témoignage essentiel des deux années passées au Trésor – décrivent les activités de tous les acteurs du gouvernement des États-Unis. Aussi bien des mémorandums adressés au Président que des petits mots de remerciement écrits à la main, en passant par des procès-verbaux de réunions et des rapports de centaines de pages.

C'est en mars que j'ai recruté mon assistant, Alan Wirzbicki, un jeune diplômé de la promotion 2002 de l'université de Harvard et ancien président du *Harvard Crimson*[1], très doué sur le plan intellectuel et qui n'a pas froid aux yeux. Il s'est plongé dans les documents – lisant, organisant et classant chacun d'entre eux – avant de se lancer dans l'évaluation de leur intérêt respectif. Il a également recueilli les témoignages de certaines scènes du livre, analysé de nombreuses questions de politique intérieure et étrangère et a souvent travaillé vingt-quatre heures sur vingt-quatre. Sa discrétion, si remarquable chez un jeune homme de vingt-trois ans, fut d'une grande importance. Je n'aurais pas pu écrire ce livre sans lui.

J'ai aussi bénéficié de l'assistance de nombreuses personnes au sein du gouvernement, depuis des membres

1. Le quotidien de l'université (*NdT*).

du cabinet du Président jusqu'aux collaborateurs les plus haut placés qui furent tous très coopératifs. Beaucoup d'entre eux n'ont pas souhaité être cités, ce projet n'ayant pas reçu l'accord du gouvernement. D'autres, en revanche, parlèrent librement, encouragés souvent par l'exemple de O'Neill. Comme me l'a dit le chanteur Bono lors d'une conversation au mois de novembre, « O'Neill est incroyablement loyal – d'une loyauté comme on n'en fait plus – et il inspire aux autres une grande loyauté. C'est parce qu'il vous considère comme un semblable, sans aucune arrogance. Il veut simplement savoir ce que vous pensez – et il vous écoute vraiment ». Les gens loyaux à O'Neill ou à son idéal de transparence m'ont accordé des centaines d'heures de leur temps précieux pour des entretiens, m'ont confié des notes de réunions et ont recherché pour moi des souvenirs d'une grande valeur. Les situations ont été vérifiées par des sources croisées, les conversations, confirmées par tous les participants. Les documents, dans un gouvernement qui travaillait avec tant d'acharnement à contrôler l'information rendue publique, en disent long.

Enfin, il y a eu O'Neill lui-même. Doué d'une incroyable capacité à se souvenir du moindre détail comme des impressions les plus générales, il n'en conservait pas moins de nombreux carnets de notes, rapidement griffonnés à la main, ainsi que ses propres dossiers de documents et de correspondance personnels. Mais plus que tout autre document ou morceau de papier, il y a autre chose que le lecteur remarquera au cours de ces pages – la candeur avec laquelle il a accepté de décrire tout ce qu'il a ressenti, jour après jour, à chaque instant, y compris ses doutes, ses frustrations et ses craintes. Cet attachement à l'honnêteté et à la transparence est une vertu qui anime chaque page de ce livre.

C'est la raison pour laquelle je lui ai permis de relire le manuscrit pour en relever les erreurs purement factuelles. Les rares erreurs qu'il nous a signalées ont été corrigées. Son engagement quant à l'exactitude de ce livre rejoint le mien.

« Une loyauté totale est possible seulement quand la fidélité est vidée de tout contenu concret, d'où peuvent naturellement surgir des changements d'avis. »

– Hannah Arendt –

Première nomination

Paul O'Neill quitta son carnet de notes pour contempler le panorama de Washington, au moment où le vol USAir 911 en provenance de Pittsburgh amorçait sa descente vers l'aéroport Reagan National.

Dieu sait combien de fois il avait parcouru cet arc nord-ouest au-dessus du Potomac, un angle idéal pour contempler la perspective élyséenne de marbre blanc que tracent le Mall et la coulée verte qui relie le Capitole au Lincoln Memorial ! Cet alignement factice ne manquait jamais de l'enthousiasmer, comme au premier jour où cet enfant d'une famille d'ouvriers était arrivé dans la capitale avec sa femme, ses deux enfants et son diplôme d'économie du Fresno State College, une faculté sans prestige, après deux années passées à apprendre en autodidacte son métier d'ingénieur en génie civil. Il avait trouvé dans un bureau de poste un questionnaire de candidature pour le recrutement de stagiaires de l'administration fédérale et il venait de décrocher un boulot à l'Administration des anciens combattants. Trois cent mille candidats avaient passé les écrits. Trois mille avaient été convoqués à des entretiens par petits groupes de dix. Trois cents ont décroché un job. Nous étions en 1961. Kennedy était président. C'était l'aube de toute une époque.

Trente-neuf ans après, il avait toutes les bonnes raisons pour ne pas revenir. Elles étaient inscrites clairement et avec soin sur son carnet posé devant lui. Il regarda une dernière fois la liste de trois pages manuscrites, avant de réfléchir à ce qui avait préalablement été dit et à ce qu'on attendrait de lui dans quelques heures, pendant son premier entretien avec celui qui venait d'être élu président.

Son vieil ami Richard Cheney – ce cher Dick, calme, impassible – avait jusqu'ici mené les discussions. Depuis ce premier coup de fil de la mi-novembre, que Paul avait reçu dans son petit bureau au cœur du siège d'Alcoa (Aluminium Company of America) à Pittsburgh. La conversation avait été courtoise et froide, comme Dick. Toujours une carte dans sa manche, de quoi s'interroger sur ce qui se tramait à l'intérieur. Il connaissait cet homme impénétrable de l'Ouest depuis l'époque de Nixon, quand O'Neill était directeur adjoint du Bureau de l'administration et du budget (OMB[1]), une sorte d'équipe de hauts fonctionnaires que Richard Nixon venait de créer pour faire face à une crise d'ampleur croissante : l'impossibilité de plus en plus évidente, pour un seul homme, élu du peuple, de prendre, de manière responsable, autant de décisions complexes.

L'OMB était rapidement devenu une petite usine à gaz, le lieu où toutes les questions importantes étaient étudiées avant d'être analysées dans des notes de synthèse présentant les alternatives et les conséquences des choix qui s'offraient au Président. C'était l'endroit où il fallait être, et O'Neill – qui avait déjà presque dix ans de gou-

1. *Office of Management and Budget.*

vernement derrière lui –, jeune homme en vue à l'époque et petit génie du budget, était devenu un véritable mineur de fond pour trouver tout ce qui pouvait être connu ou à découvrir sur un vaste catalogue de mesures politiques. Dick Cheney, doctorant de vingt-huit ans, travaillait au Bureau des perspectives économiques – une petite antenne politique, dirigée par un ancien député ambitieux, Donald Rumsfeld – et était en charge du suivi du grand programme de « Guerre contre la pauvreté » lancé par le président Johnson. Rumsfeld, en tant que directeur du Bureau, était régulièrement en contact avec O'Neill, et Dick était toujours aux côtés de Don. Ce n'est que quelques années plus tard, quand chacun eut gravi les échelons – Rumsfeld au poste de secrétaire général de la Maison-Blanche de Gerald Ford, avec Dick comme adjoint (Cheney prit le poste de Rumsfeld quand ce dernier fut nommé secrétaire d'État à la Défense) – que Dick commença à présenter Paul comme « le type le plus intelligent [qu'il] connaisse ». Et ce jugement persistait, du moins c'est ce que Paul avait entendu de la bouche de quelques-uns de leurs amis communs – un bon millier.

Ce premier appel n'était en fait qu'un avertissement. Les spéculations étaient allées bon train dans la presse au sujet de la nomination de O'Neill au poste de directeur de l'OMB, de secrétaire d'État au Commerce, ou – dans une chronique de William Safire parue dans le *New York Times* à la fin octobre – au poste de secrétaire d'État à la Défense. Pour quelqu'un qui avait déjà rencontré George Bush – juste en passant et sans avoir jamais contribué financièrement à sa campagne –, O'Neill avait bien réussi à se retrouver sur pas mal de listes. Il était considéré comme l'un des favoris du président Bush père, un véritable précurseur politique parmi les républicains traditionnels, celui dont George W. Bush aurait besoin à ses côtés, d'une manière ou d'une autre, s'il devait être élu président. En ce milieu du mois de novembre 2000, l'élection était loin d'être acquise et les résultats de Floride faisaient toujours l'objet de vifs débats, mais Dick voulait prendre les devants.

Il lui avait d'ailleurs dit au téléphone :

« Je ne sais pas comment toute cette affaire va se terminer, Paul, mais tu es le premier sur notre liste.

– Je suis très flatté, Dick, mais je ne sais pas si j'ai envie de revenir au gouvernement. »

Dick insistait. Il mentionna un poste de secrétaire au Commerce ou à l'OMB, et lui parla de ses difficultés à convaincre des gens de valeur à servir le pays. Paul réfléchit un instant avant de répondre : « Non, je ne pense pas, Dick. Mais merci. »

Trois semaines plus tard, la Cour suprême décidait d'examiner l'appel de l'affaire Bush contre Gore. Le 9 décembre, un samedi, les juges annoncèrent qu'ils examineraient l'arrêt rendu la veille par la Cour suprême de Floride, ordonnant le recomptage manuel de tous les bulletins de vote de l'État. Cet arrêt avait permis aux démocrates de souffler. C'était le début d'un processus qui ne manquerait pas, à leurs yeux, de remettre les choses dans l'ordre. Les plaidoiries sur les méthodes à adopter pour le recomptage des voix étaient déjà programmées pour le lundi suivant. Mais ce samedi-là, la Cour suprême – en retirant l'affaire des mains des juges de Floride – venait de mettre un terme à cette procédure. Bush avait repris l'avantage.

Le dimanche après-midi, Paul regardait la télévision. Son équipe favorite, les Pittsburgh Steelers, perdaient le match 30-10 contre les New York Giants, et l'équipe de sa ville se faisait sortir des demi-finales. Le téléphone sonna. Il se leva pour prendre l'appel dans la cuisine. C'était encore Dick.

« Je vais bientôt t'appeler monsieur le vice-président.

– C'est possible, Paul, on croise les doigts. »

Cheney passa aux choses sérieuses.

« On a vraiment besoin de toi ici à Washington.

– Dick, je ne suis vraiment pas intéressé. »

À ce moment-là, il entendit Dick étouffer un petit ricanement : « Laisse-moi au moins te dire qu'il s'agit du Trésor. »

Paul esquissa un sourire. Celui de Dick se devinait à l'autre bout du fil. Oui, le Trésor est le plus ancien portefeuille ministériel – celui que George Washington lui-même avait attribué en premier –, le plus vénérable. C'était, et c'est encore, une charge publique, une véritable marque de confiance populaire. Alexander Hamilton, génie de son époque, avait été le premier à assumer cette charge, un très grand honneur.

« Bon, oui, le Trésor, c'est peut-être un peu différent, je te le concède. »

Il marqua une pause.

« O.K. ! je crois qu'on peut au moins en parler, si c'est le Trésor.

– On reste en contact », répondit Dick.

Paul raccrocha avant de regagner le salon. Son épouse, Nancy – calme et qui en avait vu d'autres – était assise sur le canapé et le regardait fixement. Elle avait refermé le roman dans lequel elle était plongée.

« Mon Dieu, Paul. On ne va tout de même pas faire ça ! dit-elle. Tu as toujours dit que tu n'y retournerai pas.

– Ne t'inquiète pas, nous n'irons pas, répondit-il en s'asseyant dans le fauteuil. Ne t'inquiète pas. »

Il passa sur la chaîne CNBC. Nancy ne le quittait pas du regard. Il s'était réjoui d'entendre la voix de Dick – il savait qu'elle s'en était rendu compte. C'était quand même flatteur, après tout, de se voir offrir un poste. Surtout un poste aussi prestigieux que le Trésor.

« C'est ça, dit-elle enfin plus calmement. Vas-y, dépêche-toi d'y aller pour que commence le jeu de massacre ! Tout est devenu si malsain là-bas. Allons, chéri, tu n'es pas un homme politique. Tu sais bien comment cela se passerait. »

Après quarante-cinq ans de mariage, ils avaient tout vu ces deux-là. Ils vivaient ensemble depuis l'âge de dix-huit ans. Ils avaient grandi ensemble. Enfants d'un même village, leur couple avait bien marché. Paul n'avait jamais été ce type d'Américain à qui la réussite faisait croire qu'il fallait, à chaque nouveau succès, revêtir les accoutrements d'un nouveau départ, changer de femme et accumuler des biens matériels. Aucun des deux ne pensait avoir beaucoup changé depuis le jour où elle l'avait vu entrer dans la classe d'anglais pendant la dernière année au lycée d'Anchorage dans l'Alaska. Le petit nouveau vivait sur la base militaire. Elle avait lu, depuis, les articles de presse qui le comparaient à un don que Dieu avait fait aux entreprises américaines ou au messie du gouvernement. Pour elle, il était resté le même. Gentil, amusant, poli et loyal, lorsque cette loyauté avait été méritée. S'il avait été éboueur ou avait travaillé dans le bâtiment en Alaska – son choix de carrière avant d'entrer par hasard dans le bureau de poste de Claremont en Californie –, elle serait aussi restée à ses côtés.

Comme tous les mariages, celui-ci avait connu son lot de tensions et de sacrifices. Pour Nancy surtout. Pendant seize années à Washington – l'essentiel de leurs vingt premières années ensemble – elle éleva, seule, trois filles et un fils. Paul travaillait sept jours sur sept, dix-sept heures par jour, pour un salaire qui leur permettait de survivre avec le strict nécessaire. Au début, ils ne pouvaient même pas se payer un téléphone. Elle confectionnait elle-même les vêtements des enfants. Lui, il adorait travailler ; certains hommes sont comme ça ! En sept ans, il gravit tous les échelons de l'OMB et ne s'octroyait aucun jour de repos, sauf le jour de Noël et une courte période de vacances d'été. Les choses changèrent un peu après la défaite de Gerald Ford. Paul accepta un poste de cadre chez International Paper Company à New York en 1977. Là, il gagnait de l'argent et ils commencèrent à profiter un peu des fruits de leur labeur. Mais c'est à Pittsburgh qu'ils vécurent le mieux. Pendant les treize ans passés chez Alcoa, et où Nancy avait construit une vie autour du succès grandissant de Paul.

Malgré des journées, là encore, très remplies, un agenda programmé à la minute près et des déplacements une à deux fois par semaine, Nancy et lui étaient très entourés par de nombreux amis et tous les deux avaient accepté des responsabilités importantes dans la société locale. Paul était l'instigateur d'un redressement légendaire. En 1987, quand il prit les commandes d'Alcoa, les bénéfices de la compagnie s'élevaient à un million cent mille dollars pour un chiffre d'affaires de huit milliards. Treize ans plus tard, en 2000, les bénéfices atteignaient un milliard et demi de dollars sur un chiffre d'affaires de vingt-trois milliards. Alcoa était devenu le premier producteur mondial d'aluminium. Son action, la plus rentable, était la star du New York Stock Exchange. La victoire était totale, sur tous les fronts. Bientôt O'Neill quitterait le navire au sommet de sa gloire. Il avait déjà transmis la direction générale au successeur qu'il avait choisi en 1999. À la fin du mois, il prendrait sa retraite de la présidence du groupe.

Plus que vingt et un jours ! Mille projets les attendaient. Le rideau allait enfin pouvoir se lever sur ce chapitre glorieux et tant attendu, avec soixante millions de dollars en banque et tout le temps devant eux. Dans le coin d'un bureau près de la cuisine, Nancy avait conservé un classeur rempli de cartes et de brochures. C'était celui du voyage de leur vie. Ils avaient prévu de traverser l'Amérique, tous les deux, et de passer des mois à sillonner les petites routes du pays. Paul avait même choisi la voiture. Une Bentley pour parcourir les autoroutes sans fin.

Nancy se replongea dans son roman. Elle se disait qu'il n'allait pas le faire, qu'*il n'oserait pas*. Paul changea de chaîne pour passer sur les meilleurs moments du football.

Une semaine plus tard, à l'aube d'un lundi matin sombre et neigeux, Paul rassembla silencieusement quelques dossiers dans sa mallette avant d'enfiler son manteau de cachemire noir. Ce lève-tôt, debout à cinq heures du matin, est généralement parti à six. Nancy, elle, se lève vers sept heures. Mais pas ce matin-là.

Il perçut le frottement de ses pieds nus sur le carrelage de la cuisine, elle portait sa robe de chambre en satin rose.

Il se retourna, surpris.

« Tu es matinale, aujourd'hui.

– Je voulais te dire au revoir. »

Paul savait, bien sûr, pourquoi elle se trouvait là, en train de tâtonner dans l'obscurité.

« Écoute, j'y vais seulement pour en parler. C'est une décision commune. Nous déciderons tous les deux. »

Elle savait que c'était mal parti. Il allait voir Dick et le nouveau Président. Ces deux-là sauraient se montrer convaincants. Ils lui diraient tout ce qu'il voudrait entendre.

« Tu n'as pas intérêt à y aller pour leur dire que tu vas accepter.

– Ne t'inquiète pas, dit-il en l'embrassant, tu me connais. »

* * *

Ce 18 décembre 2000, une légère pluie tombait sur Washington. C'était la première journée de George W. Bush dans cette ville en tant que nouveau Président. L'orage médiatique de Floride et la polémique sur les bulletins de vote à moitié troués[1] étaient passés. Après un arrêt guindé et triste de la Cour suprême et un discours d'Al Gore dans lequel il avait concédé sa défaite avec une grâce inattendue, le temps des médias avait repris son cours.

Chaque heure était traitée comme un véritable événement, une étape de plus pour éclairer la nouvelle donne.

1. En Floride, les bulletins de vote en carton, que les électeurs devaient percer à l'aide d'un stylet, furent suspectés d'avoir été mal interprétés par les machines à voter. Après que la Cour suprême de Floride eut ordonné le recomptage manuel des voix, plusieurs commissions électorales furent chargées de rechercher l'intention des électeurs en procédant à l'examen minutieux de chaque bulletin en carton. Dans chaque commission, où siégeaient des représentants des deux candidats, l'examen public et controversé des petits trous à moitié percés provoqua des scènes d'intenses polémiques largement retransmises par les chaînes de télévision (*NdT*).

La journée commença à 8 heures, avec le premier rendez-vous du nouveau Président. Un petit-déjeuner d'une heure avec Alan Greenspan, président de la Réserve fédérale (la Fed), au Madison Hotel – à quelques pâtés de maison de la Maison-Blanche – où Bush, entouré de sa cour, s'était installé dans une suite. Pendant le bref point de presse qui suivit, Bush déclara : « Je viens de m'entretenir ici avec un brave homme », se tourna vers Greenspan, lui tapa sur l'épaule, et conclut : « Nous avons eu une discussion très approfondie sur la confiance que j'accorde à ses capacités. »

Prochain arrêt, le Capitole, pour une réunion de deux heures et demie avec les leaders de tous les partis, suivie d'une rencontre avec la presse dans une salle au deuxième étage, grande comme un court de squash, avec chandelier et boiseries. Sur le tapis oriental d'époque et le portrait grandeur nature de George Washington, le nouveau Président parlait comme un médecin après une intervention réussie.

« J'ai fait le tour des dirigeants ici au Congrès, déclara-t-il, flanqué des même quatre interlocuteurs, Trent Lott et Tom Daschle, leaders de la majorité et de l'opposition au Sénat ; Dennis Hastert et Richard Gephardt, leurs homologues à la Chambre des représentants, réunis dans un beau quatuor d'ensemble œcuménique. Je tiens à les remercier de l'accueil chaleureux et sincère qu'ils ont réservé au nouveau Président. J'ai clairement expliqué à chacun d'entre eux que je suis venu à Washington avec la ferme intention de servir le peuple et que je me réjouis à l'idée de travailler avec eux, afin de les consulter, plutôt que pour leur donner mon avis, et de travailler avec les républicains comme avec les démocrates. »

Bush marqua une pause, regarda de chaque côté comme s'il allait se lancer dans une accolade entre eux cinq.

« Je leur ai dit à tous que je pensais qu'il y avait une bonne raison derrière cette élection (les journalistes levèrent les yeux après le mot "raison", un petit signal sur ce qui les attendait et ce qu'ils étaient venu chercher : son interprétation de l'impact que cette élection, négociée et contestée jusque devant la plus haute cour, pourrait maintenant avoir sur sa manière de gouverner), cette raison, elle est inscrite dans le temps qu'il nous a fallu pour obtenir le résultat. Il doit être clair pour nous tous que nous pouvons nous rassembler pour panser les plaies qui pourraient subsister, quelles que soient nos rancœurs. »

Bush évita la question centrale – quel pouvait bien être son mandat aujourd'hui –, mais il était clair que sa petite phrase sur l'air de « panser les plaies qui pourraient subsister » allait ouvrir tous les journaux télévisés et ferait la une des journaux du lendemain.

« Je leur ai dit à tous qu'il y aurait des moments où nous ne serions pas d'accord, mais que c'était normal. Si nous vivions dans une dictature, tout serait vachement plus simple, à condition que ce soit moi le dictateur ! »

L'autodérision et la fanfaronnade les avaient pris de court. Pour cet homme qui répondait aux questions sur sa légitimité par un haussement d'épaules, le tour était joué. Cette élection de l'an 2000, contestée au coude à coude et arrachée au dernier moment – épilogue d'une bataille où les deux candidats avaient pris soin de polir leurs contours politiques pour partir à la conquête du centre – avait fini par accoucher d'un mandat politique hybride, sans précédent, et de la promesse que, dans les mois à venir, la solution à toute sorte de problèmes serait à rechercher au centre de l'échiquier politique. Un Sénat divisé cinquante-cinquante, une fragile avance de neuf sièges républicains à la Chambre des représentants et un Président qui entrait en fonction avec une minorité des voix, tout signifiait que la confiance du peuple était presque légalement confiée à un idéal centriste. Le Président, après tout, est l'élu suprême, choisi par le peuple tout entier. Cette *vox populi* avait parlé dans son ensemble, et elle avait appelé le centre.

Il y avait eu une seule fausse note, et elle était pratiquement passée inaperçue. C'était le commentaire que Dick Cheney avait prononcé la veille dans l'émission *Face the Nation* de la chaîne CBS: « Le président Bush a été très clair, il a fait campagne sur un programme qui a été élaboré avec beaucoup de soin. Il s'agit de son programme et de son ambition pour le pays et nous n'avons aucune intention de nous en démarquer... L'invitation qui nous est faite à mettre nos convictions fondamentales de côté, sous prétexte que l'élection a été serrée, me semble tout simplement ridicule. »

Cette interview, la veille de l'arrivée de George W. Bush à Washington, était probablement sans importance. Quand le nouveau Président avait parlé ce matin, entouré des dirigeants des deux partis au Congrès, il l'avait fait avec autorité et avait promis de s'engager avec humilité dans la recherche du consensus.

Après avoir répondu à quelques questions des journalistes, Bush, sur un petit nuage, contempla le petit groupe d'élus des deux partis et déclara: « C'est incroyable de voir ce qui se passe quand on écoute l'opinion de l'autre. Nous venons de commencer à faire cela aujourd'hui. »

* * *

Cet idéal œcuménique – dont toute l'Amérique avait pris acte ce matin-là, depuis les électeurs les moins engagés en passant par les commentateurs politiques les plus aguerris des divers talk-shows et jusqu'aux plus blasés des idéologues des deux partis – résonnait jusque dans le taxi qui emmenait O'Neill au cœur de l'action. Cela le confortait dans sa conviction que cette opportunité de commencer le dernier acte de sa vie par un retour à Washington méritait d'être étudiée de plus près.

O'Neill avait toujours cru aux vertus du centre. Pas tellement à celles du compromis ou des marchandages. Non, cela n'avait jamais été sa tasse de thé. C'était plutôt cette idée nouvelle, de démarche non partisane, qui l'avait motivé. Après quarante années passées à étudier et à travailler de près ou de loin pour le gouvernement, il était certain d'avoir compris un principe simple et incontournable qui transparaissait derrière les écrans de fumée de la rhétorique politicienne : en matière d'action publique, les solutions – celles qui marchent – existent, et finissent toujours par affirmer leur primauté sur les postures politiques. On les trouve de part et d'autre de l'échiquier politique, à gauche comme à droite, ou sur leur territoire propre, qui reste à défricher. Le premier moule conceptuel de toute idée politique est en général issu d'une démarche lente et rigoureuse qui commence par l'observation lucide des éléments de preuve disponibles et par une évaluation sans *a priori* – et parfois salutaire pour nos certitudes – des opinions qui s'opposent. Un dialogue vif et franc commence alors, au cours duquel se dégagent les choix et leurs conséquences. Alors seulement, à condition que chacun ait l'honnêteté de reconnaître ce qui est admis par tous – et ce qu'il a pu apprendre à travers ce processus parfois dérangeant –, une solution, le meilleur remède, fait surface. L'illusion, elle, n'a qu'un temps, car il est toujours possible d'apercevoir la réalité qu'elle cache. Cela peut prendre du temps, mais, au bout du compte, la réalité transparaît et elle ne peut plus être niée. O'Neill était convaincu que tout se jouait dans la méthode. Faites confiance au processus et les solutions s'imposeront d'elles-mêmes. À cette époque-là, Washington était dominé par un petit groupe d'hommes pragmatiques, issus d'horizons très divers. Au sein du vaste catalogue des étiquettes politiques – depuis les anciens radicaux à bout de souffle en passant par les petits nouveaux à la recherche de la « troisième voie », jusqu'aux vieux de la vieille, pugnaces, qui parvenaient toujours à trouver la « solution équitable pour tous », avant de se ruer sur les petits fours des cocktails – un homme comme O'Neill, qui croyait sincèrement aux vertus de la *bonne méthode* de la vieille école, était regardé avec un humour teinté de méfiance, comme un prédicateur de foire itinérant, certes capable de galvaniser les foules, mais qui serait reparti le lendemain comme il était venu. En fait, O'Neill était plutôt considéré comme une sorte de franc-tireur inclassable qui avait ses entrées dans plusieurs camps sans pouvoir être rattaché à aucun d'entre eux.

Les pragmatistes avaient été au pouvoir, pour l'essentiel, depuis la fin du premier mandat de Reagan, quand la réalité des déficits commença à calmer les velléités idéologiques de ce dernier sur son programme de réduction d'impôts. Reagan – comme le sénateur libéral démocrate Paul Wellstone ou le président de la Chambre des représentants Newt Gingrich, ou encore le militant anti-impôts Grover Norquist – était largement considéré comme un petit soldat appuyé par une véritable armée d'idéologues, tous animés par une philosophie conquérante et n'importe quelle idée qui pouvait bien la soutenir. Ces idéologues sont peu enclins à rechercher un terrain d'entente et ils vous diront qu'ils sont les seuls à être réellement impliqués dans le débat d'idées. De grandes idées, celles qui expliquent l'histoire et les comportements des hommes, mais aussi l'ordre des choses. Ils ont tendance à rester entre eux et à chercher l'information qui leur permettra de défendre une position plus large. Pour ce qui était du camp des pragmatistes, Dick Armey, représentant du Texas à la Chambre, avait trouvé la formule qui résumait le mieux ce qu'il en pensait. Dans les années 1980, les républicains, alors dans l'opposition depuis plusieurs années, étaient fatigués de se faire entraîner par les démocrates dans des commissions bipartisanes pour en sortir à chaque fois sans rien pouvoir présenter à leurs électeurs. Armey murmura alors que ce genre de relations était contraire aux lois de l'amour, du sexe et de la nature. On l'avait entendu dire que le consensus « bipartisan » n'était rien d'autre qu'une forme de viol perpétré par un ami de la victime. Après plusieurs années dans l'ombre, les idéologues comme Norquist avaient repris cette formule du « viol amical » pour clamer haut et fort que le nouveau gouvernement républicain allait enfin pouvoir gouverner. Pourtant, tout le monde s'accordait à penser qu'aucun des deux partis ne disposerait d'une majorité claire. Et dans le domaine principal qui allait être celui de O'Neill – la politique économique–, un véritable sanctuaire avait été parfaitement aménagé. La prudence budgétaire, autrefois province républicaine, avait en effet été complètement colonisée dans les années 1990 par les démocrates de Clinton, si bien que, aujourd'hui, tout le monde se trouvait, parfois de manière inconfortable, sur le même pré carré.

Cette victoire n'avait pas été sans sacrifices, à commencer par le prix payé par George Bush père qui, au cours des années, avait gagné l'estime des pragmatistes. O'Neill était devenu son ami depuis qu'ils avaient passé du temps ensemble dans l'administration du président Ford.

Bush était alors directeur de la CIA. À la suite de l'affaire du Watergate, une commission présidée par Nelson Rockefeller avait imposé des sanctions sévères à l'agence. O'Neill travailla avec Bush à leur mise en œuvre, tout en cherchant à préserver l'efficacité de la CIA. C'était une tâche difficile et leurs efforts furent largement voués à l'échec. Mais O'Neill avait été impressionné par Bush. Celui-ci venait de rentrer de son poste de chef du Bureau de liaison diplomatique en Chine où, O'Neill s'en souvient encore, « il s'était jeté corps et âme dans cette nouvelle mission pour comprendre la Chine, maîtriser les subtilités de cette nouvelle relation ; [...] il est très vite devenu un internationaliste de premier ordre. Plus curieux qu'il n'en avait l'air, il ne se contentait pas de s'enquérir de ce que vous pensiez, il voulait aussi savoir pourquoi ». Le courant est tout de suite passé entre les deux hommes. Ils partageaient la même conception de l'action : prendre des notes et réfléchir avant de fixer le cap et s'y tenir jusqu'au bout. Depuis cette époque, ils sont toujours restés en contact.

Juste après l'élection de Bush en 1988, la nouvelle équipe se rapprocha de O'Neill pour lui proposer le poste de secrétaire d'État à la Défense. O'Neill, qui venait de rentrer chez Alcoa, déclina la proposition et recommanda son vieil ami Cheney qui se retrouva ainsi nommé à ce poste. Le président Bush réussit à convaincre O'Neill de présider une commission de travail sur l'éducation qui regroupait des personnalités comme Lamar Alexander et Bill Brock, des poids lourds de l'époque chez les républicains modérés, et Richard Riley, qui deviendrait plus tard le secrétaire d'État à l'Éducation de Clinton. Il s'agissait en fait d'une excuse pour attirer O'Neill à Washington et s'entretenir avec lui de tout un tas d'autres choses. À de nombreuses reprises, ils se rencontrèrent pour parler de questions sur les affaires étrangères, la préparation militaire, la santé et l'économie. O'Neill faisait partie du groupe des pragmatistes comme Roger Porter, chef de la politique intérieure, et Richard Darman, directeur de l'OMB, qui pensaient que le Président ferait mieux de renoncer à sa fameuse promesse électorale de ne pas augmenter les impôts pour mettre un terme à l'envolée des déficits. C'est ce que finit par faire Bush, dans un acte politique qui lui a sans doute été fatal.

Pour les idéologues, Bush aurait dû faire plus d'efforts pour réduire les dépenses et faire baisser les déficits. Ils l'accusaient d'être timide là où il fallait être ferme, de se laisser emporter par ses propres doutes après avoir entendu le conseil d'« honorables sages » comme ceux que Marc Antoine avait raillé à l'enterrement de César. Pour eux, Bush avait rompu avec le style audacieux et gagnant de Reagan, sans en récolter aucun avantage. Les démocrates ne lui accordèrent aucun crédit pour cette avancée sur leur terrain et il s'attira la colère des électeurs républicains traditionnels qui se sentaient floués par ce revirement et ont préféré rester chez eux le jour de l'élection. Les républicains modérés dénonçaient un mauvais procès fait à Bush et répondaient qu'il aurait probablement gagné en 1992 s'il s'était rapproché plus largement et plus ouvertement du centre. Le Président lui-même ne simplifiait pas les choses. Après avoir regretté d'avoir rompu sa promesse pendant la convention républicaine de 1992, il semblait pourtant dire le contraire dans les entretiens qu'il accorda après avoir quitté la Maison-Blanche.

Pour de nombreux indépendants et pragmatistes endurcis – des gens comme O'Neill ou Greenspan, certains sénateurs de l'époque comme Sam Nunn en Géorgie ou Warren Rudman du New Hampshire, les membres de l'institut centriste Concord Coalition ainsi que la plupart des hommes qui entouraient Bush père–, cette promesse rompue et ses conséquences venaient appuyer leur thèse selon laquelle les « solutions qui marchent » pouvaient germer et croître, même sur un terreau aussi sec et partisan. Pour eux, en revenant sur certains cadeaux fiscaux de Reagan, le président Bush avait sauvegardé l'essentiel des principes politiques de son prédécesseur et avait permis de les rendre efficaces, tout comme Nixon – un autre héros des pragmatistes – avait pu améliorer et cibler avec intelligence les initiatives libérales de Johnson. Mais ce qui était plus important, c'était que Bush avait placé le gouvernement sur les rails de la prudence budgétaire. Cela impliquait non seulement de parler des vertus d'un budget à l'équilibre, mais aussi d'afficher une position courageuse qui se résumait ainsi : mieux vaut avoir raison que d'être réélu. Cela était d'autant plus vrai que la séduisante théorie des économistes de l'offre – pour qui les baisses d'impôts entraînent la croissance et l'augmentation des recettes fiscales réduit les déficits – n'avait pas tenu ses promesses.

En abandonnant la défense des réductions d'impôts, Bush avait accepté de se démarquer du rôle que l'on attendait de lui et avait donné à Bill Clinton l'occasion – les républicains préfèrent parler de « permission » – d'en faire de même sur cette question dans son propre camp.

Plutôt que de continuer à défendre la politique démocrate du soi-disant *tax-and-spend* qui privilégiait les prélèvements et la redistribution, le président Clinton se transforma en faucon de l'équilibre budgétaire, s'attirant fréquemment la colère de la gauche. À la fin des années 1990, le budget fédéral retrouva l'équilibre avant de devenir excédentaire. Les taux d'intérêt avaient baissé et il devint évident, année après année, que la réduction des déficits fédéraux était l'une des principales causes de cette baisse. Les recettes, autrefois consacrées au remboursement des intérêts de la dette, se retrouvaient dans le panier de la ménagère et des entreprises. Le prix de l'argent s'effondra. Les marchés de capitaux explosèrent, portés par la combinaison de deux facteurs, des gains de productivité apportés par l'innovation technologique et un prix de l'argent à son plus bas niveau historique. Entre 1996 et 2000, la croissance de l'économie affichait une moyenne de 3,8 %.

Bien sûr, tout cela serait probablement arrivé quelle qu'ait été la couleur politique du locataire de la Maison-Blanche. Mais, pendant ces dix années de débats partisans et enflammés, une *réponse* s'imposa : la prudence budgétaire, c'est payant. Un budget à l'équilibre signifie en effet que le gouvernement n'a plus besoin d'emprunter des milliards et de faire ainsi grimper les taux d'intérêt. De plus, les taux d'intérêt à long terme tendaient à se rapprocher des taux à court terme que la Réserve fédérale peut contrôler en fixant son taux directeur et celui qu'elle accorde aux établissements de crédit.

Comme le conseillait Greenspan, et comme Clinton l'avait reconnu dès 1992, les vendeurs de dette à long terme empochaient une confortable prime, un coussin de sécurité, de plusieurs points de taux d'intérêt, en pariant cyniquement sur le fait que le dollar de demain, grâce à l'inflation et à la persistance du déficit budgétaire, vaudrait beaucoup moins que celui d'aujourd'hui. Rétablissez l'équilibre budgétaire, contrôlez l'inflation, et cette prime disparaît. Les faits leur ont donné raison. Les taux à long terme tombèrent à 7,6 % en 2000, se rapprochant des taux à court terme. Dans un pays où les ménages comme les entreprises sont si endettés – où les enfants grandissent en sachant parfaitement distinguer les intérêts du capital – les faibles taux d'intérêt furent accueillis comme une version américaine de la vertu.

Dans le taxi qui longeait le Potomac, O'Neill jeta un dernier coup d'œil sur ses trois lectures préférées du matin – *The New York Times*, *The Wall Street Journal* et *The Washington Post*–, une habitude depuis quarante ans.

La première page du *Times*, après un article sur les mauvais résultats des ventes de Noël, consacrait ses colonnes aux premières nominations du Président – celle de Colin Powell au poste de secrétaire d'État et de Condoleezza Rice à celui de conseillère pour la Sécurité nationale–, et un long article, rédigé la veille à Austin, commentait toutes les nominations. C'était la première fois que l'on parlait autant de O'Neill.

> On s'attend à ce que M. Bush nomme rapidement ses principaux collaborateurs chargés de l'économie, mais son déjeuner avec M. O'Neill a été annoncé comme une occasion de faire connaissance avec le patron de l'aluminium qui a obtenu

> sa maîtrise en administration publique à l'université de l'Indiana et a également participé à des travaux de recherche universitaire en économie.
>
> Selon un conseiller de Bush, bien qu'il y ait d'autres candidats, M. O'Neill « s'est retrouvé en haut de la liste parce qu'il manquait aux candidats plus traditionnels issus de Wall Street l'expérience des affaires publiques ».
>
> D'après ce conseiller, « il apporte un bon équilibre de compétences, d'expérience et de personnalité pour naviguer sur les eaux troubles d'une proposition de baisse des impôts très ambitieuse et les caprices des marchés financiers internationaux ».

Pas mal, se dit O'Neill, en pensant que le « conseiller » devait être Cheney – même si ce dernier détestait parler à la presse, c'était du Dick tout craché. L'article de la première page se poursuivait à la page A21, la page du *Times* consacrée aux affaires intérieures, à côté d'un article sur le programme politique du gouvernement qui commençait ainsi : « La nouvelle administration Bush a indiqué qu'elle ferait de l'éducation sa priorité législative après sa prise de fonction le mois prochain, et s'est engagée à prendre rapidement des mesures sur les autres dossiers principaux de son programme de campagne, y compris une importante baisse des impôts et une réorganisation de la Social Security[1] et du programme Medicare[2]. »

1. Programme fédéral de retraite et de prévoyance des travailleurs américains (*NdT*).
2. Programme fédéral d'assurance maladie pour personnes âgées (*NdT*).

Ces questions étaient la spécialité de O'Neill. Depuis les années 1980, il avait dirigé plusieurs commissions pour réformer l'enseignement au niveau national ou dans son État de Pennsylvanie. Il avait participé, dans les années 1970, à l'élaboration de l'architecture du financement de Medicare avant d'être l'un des pionniers à innover chez Alcoa dans le domaine du financement par les entreprises de l'assurance santé. Réformer la Social Security ? Il y travaillait depuis longtemps – c'était peut-être l'un des premiers à l'avoir fait, depuis ce jour de 1973 où son ami George Shultz, ancien secrétaire d'État, avait déclaré devant une commission du Congrès que la génération du *baby boom* allait provoquer la faillite du système. C'était Paul qui avait préparé Shultz.

Tout d'un coup, le terrain était devenu beaucoup plus familier. Il s'agirait bien pour lui de s'inscrire dans la continuité et non d'un retour après une longue absence à la manière du héros Rip Van Winkle, du conte fantastique éponyme de Washington Irving. Le nouveau Président, qui semblait avoir eu de bonnes relations avec une Chambre démocrate au Texas, doit être en train de chercher des hommes qui peuvent naviguer au centre, capables de poser les questions difficiles des deux côtés. Après tout, lui, Powell et le gouverneur du New Jersey, Christine Todd Whitman – qui était pressentie par la presse pour prendre la tête de l'Agence pour la protection de l'environnement (EPA) – étaient tous connus pour leurs positions centristes, leur capacité à arbitrer des débats fratricides et leurs affinités avec Bush père.

O'Neill se demanda si le père du nouveau Président serait présent au déjeuner. C'était pour lui une des raisons qui expliquaient sa convocation. Il était le seul à pouvoir gérer avec finesse cette relation délicate et déterminante – une situation qui n'avait connu qu'un seul précédent avec John Adams et John Quincy Adams – où un président avait succédé à son père. S'il devait être nommé secrétaire d'État au Trésor, il deviendrait le premier membre du gouvernement pour les affaires intérieures. Avec l'œcuménique Powell comme premier responsable aux Affaires étrangères, les deux membres les plus importants de ce gouvernement seraient des centristes, restés fidèles à la bande d'amis sages et pragmatistes du père du Président. Cette bande – Brent Scowcroft, Jim Baker, Larry Eagleburger et Roger Porter – comptait parmi elle quelques-uns des plus proches amis de O'Neill.

Dans l'avion, O'Neill s'était demandé s'il devait mentionner le conseil qu'il avait donné au père de rompre sa promesse sur les impôts – et sur la campagne publique qu'il avait menée pour convaincre les P.-D.G. américains de soutenir sa ligne dure sur les déficits. Il hésitait à les mettre sur sa liste sous la rubrique *pourquoi pas*. Il s'était ravisé en songeant qu'il n'était pas certain de connaître la position qu'avait réellement adoptée le fils sur les déficits. Cette question n'avait pas souvent été abordée pendant la campagne. Le taxi était déjà arrivé au cœur de Washington quand il réalisa que, en fait, sur de nombreuses questions, il ne savait finalement pas grand-chose de la position du nouveau Président. Il connaissait la plupart de ses grandes options, mais il ignorait tout de sa manière de raisonner.

* * *

Le taxi s'arrêta sur K Street, à l'angle de la 19e Rue, devant la tour de bureaux qui abritait le bureau d'Alcoa pour les affaires institutionnelles. O'Neill se rendait parfois là, sans enthousiasme. Il était l'un des P.-D.G. qui connaissait le mieux Washington, et le trafic d'influence qui fait tourner toute cette ville l'ennuyait. Après avoir été nommé P.-D.G. en 1987, il avait même été jusqu'à fermer la structure officielle qui permettait à Alcoa de financer légalement les partis politiques. Toutes ces manœuvres puent, avait-il déclaré dans plusieurs de ses discours auxquels la presse n'avait porté aucun intérêt, même si arrondir les angles politiques pouvait avoir un impact direct sur les résultats de l'entreprise.

« Bonjour, monsieur le Président, lui avait lancé Russ Wisor, le vice-président des affaires institutionnelles d'Alcoa, installé à Washington depuis vingt-trois ans. Je crois que je peux encore t'appeler comme ça pour quelques semaines encore.

– Après ça, qui sait ? répondit Paul. Peut-être que tu ne pourras plus m'appeler du tout. »

Russ avait ri. Il savait pourquoi O'Neill était à Washington. Il savait aussi que si O'Neill devait faire le grand saut, il ne serait même pas autorisé à faire la queue devant le département du Trésor avec tous les autres *lobbyistes*. La simple apparence d'une relation suspecte était suffisante en la matière. Et O'Neill était très à cheval sur ce genre de choses.

Ils entrèrent dans le bureau de Russ, une boîte sobre, postmoderne, séparée du hall par un mur de verre d'un côté et donnant sur K Street de l'autre. Russ, qui, du haut de son mètre quatre-vingt-dix et de ses cent kilos avait l'air d'un géant à côté de Paul, se précipita pour chercher du café. Alcoa venait d'emménager dans cet immeuble, plus petit et moins luxueux que celui que Russ avait dirigé pendant près de vingt ans. Un seul vestige de ce luxe subsistait, un grand bol en porcelaine fine qui servait maintenant à Russ de boîte à courrier. Paul s'assit sur une chaise à lattes d'aluminium – un emblème, comme tout ce qui l'entourait, de rectitude et de transparence. O'Neill, qui avait longtemps étudié comment l'environnement influait sur le comportement, acquiesça de la tête. Ce nouveau *look* frugal lui plaisait beaucoup. Russ apporta le café brûlant dans des tasses en verre au logo d'Alcoa. O'Neill sortit son bloc-notes et expliqua à Russ qu'il avait fait une liste de toutes les bonnes raisons de refuser ce poste.

« Je pense que je devrais ajouter ce qu'ils devraient savoir sur mes années passées chez Alcoa. Je m'y suis attiré quelques histoires. »

Il s'agissait d'une perche tendue à Russ pour qu'il se souvienne avec lui de quelques-unes des batailles mémorables où il ne s'était pas fait que des amis. Une histoire en particulier, qui remontait à 1990, avait permis à Russ et aux salariés d'Alcoa de découvrir leur patron sous un nouveau jour, ainsi que son goût pour un genre d'improvisation publique généralement réservé aux artistes de scène.

Tout avait commencé de manière très banale. Un certain Jay Hair, dirigeant de la National Wildlife Federation – une fédération réunissant toutes sortes d'organisations écologistes – annonça une conférence de presse à Washington pour dénoncer l'entreprise la plus polluante du pays. Le lendemain, la rumeur avait circulé qu'il s'agissait d'Alcoa. Ce genre de choses fait bien entendu partie du débat public normal. Un groupe écologiste identifie un pollueur industriel et le prend

plus sûre d'Amérique ; sur des innovations du processus de fabrication qui avaient décuplé la productivité ; sur une architecture des bureaux décloisonnée et ouverte sur l'extérieur, en *open space* (bien avant qu'elle ne devienne à la mode dans les entreprises de haute technologie) où tout le monde, y compris O'Neill, avait abandonné son bureau pour un petit cube égalitaire et où les réunions de travail se tenaient dans la salle à manger ; il régnait également une grande transparence pour permettre « à la meilleure idée de gagner » – tous les cadres devaient rendre public, chaque semaine, leur agenda et la majorité des notes de service étaient publiées et consultables par tous.

Chacune de ses campagnes était une véritable mission. Toutes, le fruit de plusieurs années ou même de décennies d'expérimentation acharnée et de mise à l'épreuve par O'Neill qui, en fin de course, se forgeait une opinion sur le bon chemin qu'il fallait suivre – le seul. Après cela, il valait mieux ne pas se trouver en travers de sa route. Et, au fil de ces treize années, la plupart de ces « bons chemins » se sont révélés plus que bons. Ils ont fait la fortune des actionnaires, donné à de nombreux collaborateurs d'Alcoa – plus de cent mille personnes – une autre dimension à leur mission et lui ont valu d'être célébré à Pittsburgh et bien au-delà. Tout au long de son parcours, le don qu'avait O'Neill pour décortiquer un problème complexe et le reconstruire de manière originale – un don que Nixon avait remarqué et qui provoquait l'admiration de Cheney – s'était transformé en quelque chose qui ressemblait à un système de pensée, une philosophie qui pouvait s'attaquer à presque n'importe quel problème auquel il était confronté. Il était devenu une sorte de Martin Luther propret, sagement coiffé et boutonné, prêchant la bonne parole, invitant ses interlocuteurs à réfléchir de manière indépendante, à s'auto-examiner et à appeler un chat un chat. Sur ce dernier point, on pouvait presque parler de fanatisme.

Quand O'Neill commençait à s'attaquer à des dossiers qui dépassaient largement le mandat de n'importe quel P.-D.G. du pays, Russ et d'autres *lobbyistes* l'avaient souvent observé avec un mélange de terreur et de fascination. Un mois après avoir joué du coude avec Jay Hair, O'Neill avait été nommé par le président Bush à la tête d'une commission de sages sur l'éducation – et faisait la une des journaux en soutenant le principe d'examens et de programmes nationaux. Puis vint la controverse dans laquelle on l'accusait d'avoir encouragé son ami Président à trahir sa promesse sur les baisses d'impôts. Quand la chambre de commerce des États-Unis s'avisa de critiquer le recul de Bush sur les baisses d'impôts, il fit immédiatement sortir Alcoa de la chambre. Les prises de position de O'Neill, contre la chambre ou contre la majorité du patronat américain – sur la promesse rompue des impôts ou encore son soutien public en faveur d'une taxe sur l'essence, afin de réduire la dépendance énergétique et de financer la remise en état de sites pollués –, faisaient régulièrement exploser le standard du bureau des affaires institutionnelles d'Alcoa. Ces appels provenaient pour la plupart des voisins de K Street, ce corridor du pouvoir des *lobbies* de l'industrie : « Mais bon sang, qu'est-ce que votre type est en train de nous faire ! » Frank Jones et Russ Wisor se contentaient de hausser les épaules et répondaient : « Le seul conseil que nous pouvons vous donner, c'est de lui en parler directement. » Eux-mêmes étaient déroutés. Sur tous les sujets, même ceux qui concernaient de près Alcoa, il était devenu impossible de prévoir ce que O'Neill allait tenter..., comme de savoir de quelle carte il aurait besoin pour guider son entreprise en territoire ennemi.

Il avait travaillé dans le Washington des années 1960 et 1970, à une époque où la topographie des intérêts particuliers représentés dans la ville n'était pas encore agencée avec autant de soin. Il y a mis parfois son nez pendant les années 1990, comme un étranger revenu après une trop longue absence et qui continuait à voir des terrains vagues là où on avait construit des appartements – tiens, il y avait un champ ici, autrefois, sous cet endroit, une rivière – et il avait fini par s'avancer sur des territoires où aucun P.-D.G. républicain ne s'était jamais aventuré. Il posait des questions impertinentes et s'expliquait en faisant appel à des théories sur le processus dont personne ne connaissait les tenants et les aboutissants.

Cette attitude lui avait apporté une victoire, celle d'un grand classique de la guerre du commerce international. Un pays accorde à son producteur national des avantages qui lui permettent de vendre ses produits sur le marché mondial, en dessous de leurs prix de fabrication, ce *dumping* provoque un effondrement des prix et entraîne la ruine des concurrents étrangers. La riposte est alors bien connue : tarifs douaniers ou sanctions commerciales. Ainsi, en 1993, quand la Russie commença à se livrer au *dumping* de son aluminium, les producteurs américains hurlèrent pour réclamer des sanctions. O'Neill négocia alors un accord entre les producteurs russes et américains – dont Alcoa avait pris la tête –, qui prévoyait une réduction de la production et la fermeture de plusieurs usines afin d'écouler progressivement l'excédent mondial d'aluminium.

W. Bowman Cutter, directeur adjoint du Conseil économique national (NEC[1]) de Clinton alors dirigé par Robert Rubin, commenta ainsi cette initiative dans les colonnes du *New York Times*: « La réaction des industriels qui se sont rués sur Washington pour réclamer furieusement des sanctions commerciales était typique. Paul avait une approche beaucoup plus équilibrée. Il avait compris la situation de chacune des parties et il s'est attaché à trouver une solution juste dont tout le monde pouvait se satisfaire. »

Sur le plan social, O'Neill avait mis fin à un vieux combat qui opposait Alcoa à son principal syndicat, le United Steelworkers of America, en mettant au point un nouveau modèle de négociation collective et en nouant une amitié inattendue avec la hiérarchie du syndicat, y compris avec son numéro deux de l'époque, George Becker. Becker devint un ardent supporter de O'Neill et Alcoa décrocha un contrat de six ans avec le syndicat, s'affranchissant ainsi du rituel des négociations annuelles pénibles et ruineuses. Par la suite, il écrivit un article sur le sujet que Becker envoya à presque tous les dirigeants avec qui il avait l'habitude de négocier, améliorant ainsi les relations entre syndicats et patronat dans toute la branche.

Dès le milieu des années 1990, les performances d'Alcoa firent entrer l'entreprise dans un cercle vertueux qui libérait son P.-D.G. et l'encourageait à se comporter

1. Rattaché au bureau du Président, le National Economic Council réunit plusieurs membres du gouvernement et hauts responsables de l'administration pour conseiller le Président en matière de politique économique intérieure et internationale (*NdT*).

comme un franc-tireur et à remettre en cause toutes les vieilles habitudes qui lui tombaient sous la main.

À une époque où les prises de position et l'image publique d'un P.-D.G. sont gérées avec une attention comparable à celle que l'on porte au niveau d'endettement de l'entreprise qu'il dirige, O'Neill écrivait seul ses discours. Au fil du temps, chacun d'entre eux lui permettait de faire connaître sa manière de penser.

Au cours d'une assemblée générale d'Alcoa en 1994, il critiqua la proposition du président Clinton d'offrir une couverture maladie universelle. Il la qualifia de « boîte vide » qui provoquerait des « dommages irréparables » à la nation, avant de se lancer, devant ses actionnaires subjugués, dans un exposé sur les maux dont souffrait le système de santé américain, et sur la réponse d'Alcoa pour remettre à plat sa propre couverture d'assurance maladie. Là encore, il avait fait la une des journaux. Et le standard d'Alcoa avait de nouveau sauté à Washington. Les appels enragés provenaient cette fois de la Maison-Blanche.

O'Neill avait soif de nouveaux défis – il avait ainsi enrôlé les hauts responsables d'Alcoa dans un vaste projet de recherche sur le réchauffement de la planète avec des scientifiques de premier plan. En 1996, les écologistes remarquèrent que l'un des acteurs majeurs d'une industrie responsable de l'émission de nombreux gaz liés à l'effet de serre débarquait sur leur territoire. Les frontières étaient brouillées. Dans chaque rapport annuel, les deux ou trois premières pages étaient consacrées à une lettre du P.-D.G. aux actionnaires. Peu de sources sont aussi parlantes que ces tribunes libres sur la vie rêvée d'un P.-D.G. Dans le rapport annuel d'Alcoa pour l'exercice de 1997, publié au début de l'année 1998, O'Neill consacra ainsi l'une des trois pages qui lui étaient réservées au réchauffement de la planète. « Nous sommes des écologistes avant d'être des industriels », déclarait-il, avant de se lancer dans une discussion sur les conflits entre la science et la politique, les enjeux de la conférence de Kyoto sur le réchauffement climatique et les engagements d'Alcoa en la matière. Le standard du bureau des affaires institutionnelles avait encore sauté, et cette fois-ci c'étaient des républicains incrédules, des *lobbyistes* d'entreprises et... la Maison-Blanche.

Vers la fin des années 1990, les initiatives excentriques et les centres d'intérêts inhabituels dont O'Neill avait commencé à s'occuper comme des passe-temps étaient devenus une seconde activité professionnelle, mais il lui manquait une structure pour l'exercer.

C'est à cette époque que ses amis de la Rand Corporation, le *think tank*[1] indépendant, entrèrent en scène. Ils le nommèrent président de la Rand, dont les bureaux se trouvent à Santa Monica en Californie et à Washington. Au moins, maintenant, les agités et les outragés ne dérangeraient plus le bureau d'Alcoa. Ils pouvaient joindre Paul à l'atelier de réflexion de la Rand. Quelqu'un, là-bas, savait toujours où le trouver.

* * *

Cela faisait presque deux heures qu'ils étaient dans le bureau de Russ. Ils avaient échangé des histoires, bu du café et passé en revue les treize dernières années. Paul avait encore ajouté quelques bonnes raisons sur sa liste,

1. Institut de recherche et de prospective privé (*NdT*).

et, le déjeuner approchant, il se souvint de la raison pour laquelle il était venu.

Ils marquèrent une pause.

« Qu'en penses-tu, Russ ? Tu penses que je devrais y aller ? »

Russ réfléchit pendant une minute.

« La ville a changé, Paul. Ce n'est plus l'endroit que tu as quitté en 1977. Je sais que tu es revenu de temps en temps, mais c'est très différent maintenant. Tout est tellement plus partisan, plus dur. C'est à celui qui tirera le premier. »

Paul acquiesça, laissant à Russ le soin de conclure.

« Je ne peux pas te dire quoi faire. Si c'était moi, je n'irais pas. Mais c'est difficile de dire non au Président.

– Ça, c'est clair », dit Paul.

Comme les quelques autres qu'il avait consultés, Russ ne semblait pas se préoccuper de savoir si le nouveau Président était le genre de centriste/pragmatiste qu'appréciait O'Neill. C'étaient les tactiques, les règles du jeu qui les inquiétaient.

« Une chose aussi, Paul, une chose que je te demanderai de garder à l'esprit. »

Paul fit un signe de la tête, tout ouïe. Russ semblait grave.

« Ces types de l'aile droite du parti vont t'avoir à l'œil et observeront chacun de tes mouvements. Fait attention. »

Quelques minutes plus tard, une secrétaire passa la tête dans le bureau de Russ. Il y avait quelqu'un pour monsieur O'Neill. Deux hommes, dit-elle. Ils ne voulaient pas dire d'où ils venaient ni pourquoi ils étaient là.

* * *

Dans le hall de réception, deux hommes, grands, non identifiables – la trentaine, souriants, costumes sombres – attendaient O'Neill pour l'escorter vers la sortie. Un mini-van noir Chevrolet les attendait. Les bureaux d'Alcoa sur K Street sont situés à environ six pâtés de maison du Madison Hotel, à cinq minutes à pied. Mais on avait déjà quitté le monde du réel. Il fallait faire ce que Dick voulait, et il avait décidé que Paul serait introduit en cachette dans l'hôtel, pour ne pas alerter les caméras et éviter toute spéculation. Dick avait toujours aimé agir en secret.

La *Chevy* noire passa devant l'entrée du Madison Hotel, tourna deux fois dans une allée derrière l'hôtel, entra dans le garage et s'arrêta devant l'entrée de service. Mon Dieu, pensa Paul, ce n'est pas comme si personne ne savait que je suis pressenti pour le Trésor. C'est à la une du *New York Times* de ce matin ! Il monta dans l'ascenseur de service, qui sentait le lait tourné et le produit désinfectant, regarda passer les étages – 6, 7 et 8 – avant d'émerger dans le hall, comme Frank Sinatra qu'on emmenait en cachette au Palladium. Devant lui, plusieurs hommes du Secret Service[1] montaient la garde près de la porte d'une des suites principales.

On installa O'Neill dans un salon. Il faisait sombre. Les doubles rideaux à fleurs étaient tirés. Dick entra, et ils se serrèrent la main. Il lui fallut un petit moment pour voir que derrière Dick se trouvait le nouveau Président. O'Neill et lui ne se connaissaient pas. Ils ne s'étaient rencontrés qu'une seule fois, plusieurs années auparavant et

1. Services chargés de la protection du président des États-Unis et des membres du gouvernement (*NdT*).

très brièvement, pendant le sommet organisé par le président Clinton sur l'éducation en 1996. O'Neill avait fait scandale quand il se leva, faisant signe au modérateur, Lou Gerstner, président d'IBM, de se taire, pour apporter son soutien à la création de programmes nationaux dans l'éducation en déclarant: « Nous pouvons savoir dès neuf ans si un enfant est capable d'apprendre par lui-même. Alors ne laissez pas cet enfant fêter ses dix ans sans lui avoir apporté l'aide dont il a besoin. » Aujourd'hui, qui ouvrirait la conversation ? Cela faisait plusieurs jours que O'Neill cherchait quelque chose que le gouverneur George W. Bush aurait bien pu avoir dit ou fait pendant cette conférence. Mais il n'avait rien trouvé. Il ne se souvenait pas que Bush ait dit quoi que ce soit.

O'Neill serra la main du nouveau Président. Il avait l'air d'un type assez sympathique, solide et sportif. Il était mieux qu'à la télé.

Ils restèrent face à face pendant quelques secondes, échangèrent quelques phrases. Ils s'installèrent à une table au centre de la pièce.

Les trois hommes portaient un costume bleu, deux étaient plus âgés – la soixantaine – et un plus jeune. Tous les trois enlevèrent leur veste pour la poser sur le dossier de leur chaise. C'était un déjeuner de travail. Le nouveau Président demanda à Paul ce qu'il pensait de l'idée d'être secrétaire au Trésor. Paul se pencha vers sa sacoche à côté de sa chaise et en sortit son bloc-notes.

« J'ai préparé une liste de raisons pour lesquelles je ne suis pas le bon candidat pour ce job. »

Bush et Cheney se mirent à rire, comme s'il s'agissait d'une plaisanterie.

Paul sourit et continua.

« Bon, si j'accepte, les médias vont fouiller dans tout ce que j'ai dit depuis vingt-cinq ans et cela va créer quelques problèmes. Laissez-moi vous en lire quelques exemples. En 1986, j'ai fait un discours qui fut repris dans l'*Atlanta Journal Constitution* où je réclamais la création d'une taxe sur l'essence de cinquante cents par gallon. L'idée était de réduire notre dépendance envers les importations de pétrole et de développer des sources de carburant alternatives ; c'était un moyen d'atteindre cet objectif en augmentant nos recettes fiscales. »

Le Président se contenta d'écouter. Dick Cheney acquiesça de la tête. Paul poursuivit ; il voulait éviter tout commentaire avant d'avoir atteint la fin de sa liste.

« Je suis aussi très impliqué dans le problème du réchauffement de la planète, et cela risque de déranger certains de vos supporters. [...] J'ai souvent pris des positions dans les médias sur des questions d'environnement, comme le jour où j'ai contredit le dirigeant d'une grande organisation écologiste », et il leur raconta l'histoire, sans aller jusqu'au commentaire de Frank sur ses testicules.

Bush écouta et leva la main. « Où est le déjeuner ? »

Ils avaient commandé des *cheeseburgers*, depuis déjà quinze minutes, et ils n'étaient toujours pas arrivés.

« Allez me trouver Andy Card », dit Bush à l'un des agents du Secret Service.

Card, qui allait bientôt être nommé secrétaire général de la Maison-Blanche, arriva d'une pièce attenante. Il était, aux côtés de Cheney, responsable de la transition présidentielle dont il avait une grande expérience, ayant servi chaque président républicain depuis Ronald Reagan. À la fois impassible et jovial, c'est un homme loyal au caractère bien trempé.

Bush regarda Card d'un mauvais œil: « Vous êtes secrétaire général. Vous pensez que vous seriez capable de nous avoir des *cheeseburgers* ? »

Card hocha la tête. Personne ne souriait. Il quitta la pièce, presque en courant. O'Neill observa la scène, incrédule. Quand il dirigeait Alcoa, il s'était fait une habitude, à chaque fois qu'il devait acheter une entreprise, et il en achetait beaucoup, d'observer comment le P.-D.G. se comportait avec la réceptionniste, la secrétaire, ou quelqu'un qui était tout en bas de l'échelle. C'est un bon indicateur de l'estime que porte un dirigeant à son entourage. Un signe qui ne trompe pas sur sa moralité.

« C'est bon, Paul, continuez », lui dit Bush avec un mince sourire. O'Neill se ressaisit.

« Mon problème principal..., c'est que cela fait treize ans que je suis le patron. J'aime bien arriver avec mes données et mes décisions à moi. J'aime ça, et je suis assez bon. Je crois que ça risque d'être difficile d'accepter un job au sein du gouvernement. De n'être plus qu'une ouaille parmi d'autres. »

O'Neill pensa qu'il devait insister sur ce point.

« J'aime dire ce que je pense, surtout sur des sujets sur lesquels j'ai passé plusieurs décennies à réfléchir. À Washington, de nos jours, cela risque de faire de moi un homme dangereux. »

Bush riait. Dick riait.

« Tout ça, on le sait déjà, dit Bush. Aucune importance. Nous voulons que vous acceptiez ce poste. »

Dick, qui était resté silencieux jusqu'ici, ajouta: « J'avais une liste comme la vôtre, mais moi j'y avais ajouté trois crises cardiaques. »

Cette fois-ci, les rires avaient clos la discussion. O'Neill eut l'impression qu'« on avait pris acte de [s]es inquiétudes, qu'on les avait comprises et qu'on les avait écartées ».

Ils en vinrent à parler de la promesse électorale de Bush de réduire les impôts de mille six cents milliards de dollars sur dix ans : « Il faut faire ce que l'on s'est engagé à faire, dit le nouveau Président. Je refuse de négocier avec moi-même, ce n'est pas mon genre. »

O'Neill comprit que le soutien aux baisses d'impôts était un point non négociable, qui faisait partie du lot. Il fit remarquer que le surplus avait été estimé à plus de cinq mille milliards sur les dix années à venir, mais Bush ne répondit pas. Au bout de quelques minutes, O'Neill observa qu'il était presque le seul à parler, expliquant que « le système fiscal est une vraie pagaille » : « Je pense que c'est quelque chose à laquelle nous devrions vraiment nous attaquer. »

Bush était d'accord : « Une réforme fiscale d'envergure est une priorité. »

Puis ils passèrent à la Social Security et à la manière de remettre le système en état à l'aide de « comptes de constitution de capital », plutôt que par des comptes privés. C'était l'une des grandes idées de O'Neill. Bush ne s'avança pas. Il y avait de nombreuses propositions pour créer une option privée.

Les *cheeseburgers* étaient consommés et Bush semblait vouloir conclure : « Tout ce que vous avez dit, nous le savions déjà, et cela ne changera rien. Notre décision est prise. Qu'en pensez-vous ? »

O'Neill répondit qu'il aimerait y réfléchir pendant une journée. Tout le monde acquiesça, se leva. O'Neill attrapa sa veste.

« Il y a encore une chose sur ma liste », dit-il.

Bush lui jeta un regard inquisiteur.

« Ma femme pense que tout ça est une très mauvaise idée.

– Est-ce que cela aiderait si je l'appelais ? »

O'Neill marqua une pause, comme s'il réfléchissait à cette proposition, mais c'était plutôt par courtoisie.

« Non, monsieur, je ne pense pas que cela serait d'une quelconque utilité. »

* * *

Il était presque 21 heures quand O'Neill ouvrit la porte de sa chambre à l'hôtel Grand Hyatt de Manhattan. Le prix à payer pour être un lève-tôt est cette fatigue qui vous tombe dessus d'un seul coup en début de soirée – en général vers 22 heures pour O'Neill, ce qui lui laissait environ une heure pour se détendre et réfléchir. Depuis le moment où il était sorti de l'hôtel Madison pour prendre son avion pour New York, il avait eu une réunion suivie d'un dîner avec Alain Belda, son successeur à la tête d'Alcoa. Il avait eu très peu de temps pour réfléchir à son déjeuner.

Il fallait prendre une décision. Il devait parler à Nancy. Mais il lui fallait d'abord se décider seul. Il posa sa veste sur un cintre et alluma la télévision sur la chaîne CNBC.

Le téléphone sonna. C'était une voie familière.

« Alan ?

– Alors, on me dit que tu as eu une journée intéressante !

– Les nouvelles vont vite. »

C'était Greenspan. Paul s'était efforcé de rester en contact avec tous ceux qui avaient servi avec lui dans l'administration du président Gerald Ford, et il avait été plus ou moins consciencieux dans ses efforts. Alan Greenspan était l'exception. Avec lui, il avait été constant et résolu. Quand Greenspan était président du Comité des conseillers économiques[1] et que Paul était le numéro deux de l'OMB, ils avaient formé une sorte de tandem. Pas vraiment des amis..., ils ne parlaient jamais de leurs problèmes personnels. Entre eux, il était surtout question d'idées et il était vite apparu que les deux hommes réfléchissaient très bien *ensemble*.

Le président Ford avait l'habitude de les écouter débattre sur de nombreux sujets. Au bout de quelques années, comme dans un vieux couple, chacun savait comment pensait l'autre.

Au milieu des années 1980, Alan siégeait au conseil d'administration d'Alcoa. C'est lui qui avait soutenu la candidature de Paul, alors président d'International Paper, au conseil d'administration. Il l'avait plus tard proposé au poste de P.-D.G. d'Alcoa.

Depuis quinze ans, ils mettaient un point d'honneur à se voir plusieurs fois par an. À New York, à Washington ou à Pittsburgh. Ils parlaient franchement, comme au tout début de leur amitié. O'Neill confia un jour à un ami: « Alan n'est pas entouré de beaucoup de gens qui n'ont rien à attendre de lui et qui peuvent lui parler sans détours. Alors c'est ce que nous faisons ensemble – on se parle de manière directe. »

1. Rattaché au bureau du Président, le Council of Economic Advisers réunit trois économistes universitaires nommés par le Président, assistés d'un petit groupe composé d'universitaires et d'économistes professionnels chargés de conseiller le Président et les membres du gouvernement et de l'administration en matière d'économie (*NdT*).

O'Neill sentit qu'Alan allait être direct au téléphone.

« Paul, je vais être franc. On a vraiment besoin de toi à Washington. C'est une vraie occasion de faire des changements importants. Nous pourrions faire équipe à un moment décisif, faire tout ce dont nous avons toujours parlé. »

Le ton enjoué avait disparu. La discussion était devenue sérieuse. Ils parlèrent des choses dont ils avaient « toujours parlé », en particulier de réformer le programme Medicare et la Social Security. Pour Paul et Alan, la possibilité de remettre à plat ces programmes d'une manière audacieuse était presque un rêve, un rêve qui pourrait devenir réalité.

« C'est une chance extraordinaire », dit Alan.

Paul remarqua qu'il semblait bizarrement inquiet.

« Paul, ta présence sera un très grand atout pour mettre au point une politique sage. »

Une politique sage. C'étaient des mots sacrés dans la bouche de Greenspan. O'Neill, qui ne s'attendait pas à tant de persuasion de la part de son vieil ami, ne dit pas grand-chose. Il se contenta de remercier Alan, et lui dit qu'il avait toujours accordé beaucoup de poids à ses conseils, qu'il devait y réfléchir sérieusement et qu'il l'appellerait dès qu'il aurait pris sa décision.

Il raccrocha. Il pensa à Greenspan. Tous deux avaient travaillé très jeunes dans la capitale. Alan était resté, il était devenu le président de la Fed le plus célèbre de toute l'histoire moderne et, sans doute, la personnalité la plus puissante de ces vingt dernières années. Paul, lui, était parti. Il avait pris la tête d'une véritable armée dans le privé, fait fortune et appris des choses – sur la manière de réfléchir et d'agir, sur l'importance des enjeux – qu'il est impossible d'apprendre dans l'administration.

Mais, du coup, peut-être était-il passé à côté de certaines choses. Il fallait toujours faire des choix. Parler à Alan lui rappelait les siens. Alan et son épouse, Andrea Mitchell, correspondante à la Maison-Blanche pour la chaîne NBC, avaient une vie confortable. Ils n'étaient pas riches comme Paul et Nancy. Alan menait sa vie avec la plus noble des ambitions, il était guidé par le questionnement.

Il décrocha le téléphone et composa le numéro de Nancy.

« Salut bébé, comment s'est passée ta journée ? C'était toujours sa première question.

– Tu es à l'hôtel ?

– Oui, la journée a été longue. »

Il commença par raconter son voyage de Washington à New York, mais il n'était pas très bon au téléphone – Nancy le savait – et il se retrouva rapidement à court de banalités.

« Je crois qu'il va falloir que j'accepte. »

Elle resta un moment silencieuse, puis : « Tu sais ce que j'en pense », dit-elle, froidement.

Elle le connaissait peut-être trop bien. Elle savait combien il pouvait être têtu une fois qu'il avait choisi la voie qui lui semblait être la bonne. Combien il avait aimé, ces dernières années, cette vie de monarque, son indépendance. Et combien il n'était pas fait pour la politique, telle qu'elle se pratiquait aujourd'hui. Il y avait enfin cet autre problème : elle avait eu presque toujours raison quand il s'agissait de savoir ce qui valait mieux pour lui.

« Peu importe, Paul. Je suis avec toi. Si tu ne le fais pas, j'imagine que tu vas le regretter toute ta vie. »

Mais c'était clairement ce qu'il voulait *lui*, ce dont *il* avait besoin. Paul la remercia.

Pourtant, il s'était senti un peu mal à l'aise. Il comprit alors qu'elle pleurait.

* * *

Le 30 décembre, l'agence Associated Press annonça que Bush présiderait un forum économique de deux jours avec des dirigeants d'entreprises et des économistes pour parler de sa conviction que l'« économie traverse de sérieuses difficultés ». Selon l'Associated Press, la réunion, qui devait se tenir à Austin, au Texas, dans la résidence du gouverneur, accueillerait Paul O'Neill, Donald Evans, futur secrétaire d'État au Commerce et Lawrence Lindsey, conseiller de Bush pour les affaires économiques.

O'Neill était à Pittsburgh. Il était arrivé à 5 h 45 dans le café du quartier où, depuis treize ans, il prenait presque chaque matin son café, quand il aperçut l'article du *New York Times*.

Quelques minutes plus tard, il était de retour chez lui, dans son élégante maison de style colonial de Shadyside, le quartier chic de Pittsburgh, pour appeler Karl Rove, le principal conseiller politique de Bush : « Je crois que j'aurais préféré, Karl, que quelqu'un ait pris la peine de me demander si je pensais que ce forum était une bonne idée et ensuite si je pensais que ce serait une bonne idée de m'y rendre, lui dit-il avec impatience. La réponse aux deux questions est non. »

Rove, penaud, lui expliqua pendant quelques instants qui participerait au forum : il s'agissait surtout de P.-D.G. qui avaient soutenu le Président, avec une poignée d'économistes triés sur le volet, conduits par Larry Lindsey.

O'Neill expliqua à Rove que pour vraiment savoir ce qui allait et ce qui n'allait pas dans l'économie – et « parvenir à un vrai consensus » sur quelques-unes des propositions de Bush–, il fallait « faire le contraire ». « Vous devriez réunir des gens d'horizons très différents, y compris des syndicats et des représentants de diverses écoles de pensée économique. C'est seulement comme ça que vous pourrez avoir une vraie discussion. »

Rove l'écoutait respectueusement. Les deux hommes ne s'étaient jamais rencontrés. O'Neill se souvient que Karl lui avait expliqué qu'il s'agissait en fait, « essentiellement d'un petit coup de pub pour les hommes d'affaires qui avaient soutenu Bush dans la campagne ».

Très bien. O'Neill répondit qu'il avait alors certainement mieux à faire. Il se souvient que son « ton était impatient, une sorte de "mais qui c'est ce Karl Rove ?" » : « J'avais l'habitude d'avoir affaire à des collaborateurs politiques de la Maison-Blanche qui se conduisaient, finalement, comme des collaborateurs politiques. Ils étaient là pour donner une forme à un message, pas pour être au centre des décisions importantes. »

Il raccrocha, saisit son bloc-notes et écrivit :

> Prévoir de dire à KR et aux autres membres du service de presse que nous allons coordonner notre communication extérieure et que celle-ci s'attachera à donner de la substance à notre message et pas une petite phrase pour la journée. Nous devons donner aux médias ce que nous déciderons de leur donner, pas ce qu'ils veulent entendre, et il nous faudra établir un système strict où il n'y

aura pas de place pour les fuites individuelles et les bruits de fond.

Mais sa discussion à propos de la conférence d'Austin – et en particulier la mention du nom de Larry Lindsey – l'intrigua. Une question centrale demeurait en suspens : comment la politique économique allait être vraiment décidée ?

O'Neill connaissait Lindsey – tout le monde connaissait Larry, un type sympathique et un fin politique qui avait fait son petit bout de chemin dans les milieux universitaires, politiques et les cercles de réflexion sans avoir vraiment laissé de trace dans aucun de ces milieux.

Jeune professeur à Harvard dans les années 1980, il n'avait jamais été titularisé. Mais il avait toujours été très politique, s'alliant avec les penseurs du *supply-side*, les théoriciens de l'offre, un groupe que conduisait Martin Feldstein, professeur à Harvard, célèbre économiste qui dirigeait le Comité des conseillers économiques de Reagan. Lindsey suivit les traces de son maître jusqu'à Washington. Il obtint un poste d'analyste économique en politique intérieure dans l'administration de George H. W. Bush au sein de l'équipe que dirigeait Roger Porter, chef de la politique intérieure de Bush et professeur à Harvard. Porter y avait connu Lindsey et ne lui avait jamais confié de tâche importante d'analyse politique. La carrière de Lindsey semblait marquer une pause.

Pourtant, en 1991, à la suite d'un blocage sur la nomination du vice-président de la Fed, un siège se libéra au conseil d'administration. Dans la confusion qui suivit pour attribuer ce siège, le nom de Lindsey circula. Même ses amis s'en étaient étonnés. Pendant les auditions de confirmation de Lindsey devant le Sénat, on lui demanda quelle expérience il avait acquise en affaires. Lindsey répondit qu'il avait tenu un stand de *hot-dogs* à l'université. Quelques sénateurs avaient souri, pensant qu'il plaisantait.

Greenspan lui confia plusieurs tâches et semblait en être assez satisfait. Lindsey avait su tirer le plus grand parti de cette chance inespérée sur le plan professionnel : il voyageait et prenait souvent la parole, faisait de nombreux discours. On parlait de lui jusque dans les antennes régionales de la Fed. Il savait parler en public. Les gens appréciaient aussi sa manière d'expliquer aux profanes les théories économiques en termes simples.

Peu de temps après avoir quitté la Fed, à la fin de 1997, Lindsey refit surface dans l'orbite du gouverneur du Texas George Bush. Chercheur permanent à l'American Enterprise Institute[1] en 1998, il devint conseiller officieux du gouverneur. Il se rendit à Austin à trois reprises pour de longues sessions pendant lesquelles il donnait des cours à Bush sur le fonctionnement de l'économie américaine et préconisait d'importantes baisses d'impôts. En décembre 1998, il avait défendu dans les colonnes du *Wall Street Journal* une baisse générale de 10 % de tous les impôts. Quelques mois plus tard, dans un numéro de la revue *The American Enterprise*, il suggéra qu'une baisse des impôts temporaire, pendant deux ou trois ans, pourrait prolonger la croissance économique. Après avoir été nommé officiellement membre de l'équipe économique de Bush l'été suivant, Lindsey monta à l'assaut du projet de l'administration Clinton d'affecter l'excé-

1. Un institut conservateur de recherche et de prospective privé (*NdT*).

dent budgétaire à un plan de « sauvetage » de la Social Security, en préconisant plutôt de le redistribuer aux contribuables par une baisse des impôts.

Quand le gouverneur Bush annonça sa candidature pendant l'hiver de 1999, Lindsey était devenu le chef de son équipe d'économistes, constituée de plusieurs membres de la Hoover Institution, tous très proches idéologiquement les uns des autres, et qui comprenait John Cogan, Michael Boskin (qui avait été le chef des économistes de la Maison-Blanche sous le premier président Bush), Martin Anderson (un conseiller de Reagan et de Nixon), John Taylor, professeur à Stanford et Glenn Hubbard, un économiste en vue de l'université Columbia. Le groupe était techniquement géré par Hubbard – qui jouait le rôle d'arbitre impartial entre les points de vue divergents – afin de permettre à Lindsey d'être plus libre pour défendre certaines positions. Le consensus ne tarda pas : le groupe commença à préconiser des baisses d'impôts importantes dès ses premières déclarations publiques. La taille des réductions d'impôts augmenta pendant la campagne, à mesure que les prévisions concernant l'excédent budgétaire augmentaient. En 1999, il s'agissait d'une baisse de quatre cent soixante-huit milliards de dollars. Pendant l'été 2000, l'administration Clinton annonça que le surplus atteindrait cinq mille milliards de dollars sur dix ans. Dès l'automne, la proposition de Bush avait atteint mille six cents milliards.

* * *

Après sa conversation téléphonique avec Rove, O'Neill regagna la grande bibliothèque de sa maison. Entouré de près de deux mille livres, il pensa à Lindsey, qui était pressenti pour prendre la tête du Conseil économique national. Le NEC avait été créé par le président Clinton pour jouer le rôle spécifique de modérateur entre le département du Trésor et le Comité des conseillers économiques du Président. Les deux groupes avaient chacun leurs experts chargés d'étudier les choix de politique économique, mais les options proposées étaient souvent opposées. Robert Rubin avait brillamment joué ce rôle consensuel pendant les deux premières années du mandat de Clinton quand Lloyd Bentsen était secrétaire au Trésor. Il était considéré par de nombreux camps opposés comme celui qui était capable de présenter avec talent au Président toutes les opinions qui s'opposaient sur n'importe quelle question.

Lindsey avait souhaité être nommé secrétaire au Trésor et son nom avait été plusieurs fois cité dans la presse comme celui d'un candidat potentiel. Mais une fois Bush élu, Cheney et d'autres firent clairement savoir qu'ils pensaient que Lindsey ne faisait pas le poids pour ce poste. La présidence du Comité des conseillers économiques du Président était quant à elle réservée à un économiste éminent et respecté. Pour O'Neill, Lindsey ne faisait tout simplement pas partie de cette catégorie.

Lindsey était déjà à Washington, occupé à se préparer à prendre la tête du NEC, pendant que O'Neill était chez lui occupé à réfléchir sur des questions de méthode. Il allait falloir définir le rôle de Lindsey. Le placer à ce poste d'arbitre impartial – un partisan plutôt qu'un facilitateur – pouvait s'avérer désastreux, en particulier pour un président si peu expérimenté en analyse économique. Cela ne faisait pas l'ombre d'un doute. Il saisit son bloc-notes :

> Obtenir l'engagement que LL se comportera en arbitre impartial plutôt qu'en conseiller partisan du P., ou lui retirer ce rôle d'arbitre.

Nancy resterait à Pittsburgh. C'était leur fief. Elle ne vendrait pas la maison. Ils avaient pensé acheter un appartement à Washington au printemps. Les deux villes étaient à quatre heures de route l'une de l'autre et O'Neill adorait conduire. C'est donc ce qu'il ferait : il partirait le vendredi soir et reprendrait la route le dimanche soir.

Il prit une chambre à l'hôtel J. W. Marriott à l'angle de la 13e Rue et de Pennsylvania Avenue, à quelques minutes à pied de la forteresse de marbre qui abrite la Réserve fédérale, où il arriva le 5 janvier à 8 h 30 précises pour prendre son petit-déjeuner. Il s'installa dans la salle à manger privée du président de la Fed, les journaux sous le bras. Il était déjà venu ici des douzaines de fois, peut-être plus, durant les treize années que Greenspan avait passées à ce poste. O'Neill est *toujours* à l'heure. Toujours. Et il adorait voir Alan arriver un peu en retard, ce qui lui arrivait de temps à autre.

Alan passa la tête dans la pièce, craintivement. « Mon Dieu, Alan, j'ai déjà lu tous les journaux et, tu sais, il n'y a vraiment pas *grand-chose* à faire par ici… »

Greenspan leva les épaules. Ils avaient déjà joué à ce petit jeu. « La circulation a été terrible… *tu n'y croirais même pas.* » C'était une des répliques favorites d'Alan, avec : « Je suis sorti avec Andrea hier soir et nous n'avons pas pu nous lever ce matin… »

Tous deux étaient des hommes de rituels et de précision. Pas très faciles d'accès sans connaître leur organisation quotidienne. Mais une fois engagés dans une relation, leurs liens restaient très forts. Après trente ans de petits-déjeuners, ils retrouvaient facilement leurs marques. Ils connaissaient leurs habitudes respectives, comme un postier connaît sa tournée.

Un serveur entra et Paul, qui avait déjà pris, comme chaque jour, un petit-déjeuner frugal à 5 h 45, en commanda un autre – muffin, pamplemousse en quartiers et un café, normal. Pour Greenspan, flocons d'avoine aux raisins secs, pamplemousse en quartiers et café, décaféiné. Comme toujours.

« Alors, où en est-on aujourd'hui d'après toi ? demanda Paul, une de ses questions habituelles pour commencer la conversation. Tu as apporté des chiffres nouveaux qu'on devrait mouliner un peu ? »

Greenspan commença à égrener quelques chiffres majeurs, chômage, inflation, stocks industriels, masse monétaire. C'était une sorte d'échauffement pour ces deux-là, en commençant par une analyse traditionnelle des tendances du chômage et de l'inflation, quelques prédictions sur des variations en général imprévisibles, une photographie instantanée de l'état des lieux et des principaux indicateurs économiques. Ils ressemblaient à des marins discutant des vents et marées. Du contexte, principalement.

Le taux de chômage de décembre, qui venait d'être publié, se situait seulement à 4 %, mais on s'attendait à ce qu'il augmente. Les entreprises avaient annoncé cent trente-quatre mille suppressions d'emploi le mois précédent, près de trois fois le chiffre du mois de novembre. L'inflation, à un niveau presque historiquement bas de 2,2 %, semblait avoir été domptée pour toujours par une décennie de politique monétaire conduite d'une main de fer par un Greenspan très près de ses sous et des années de prudence de l'équipe Clinton-Rubin sur le front fiscal.

Mais, sous cette surface lisse, il y avait de quoi s'inquiéter. Les deux hommes s'accordaient à penser que la question centrale était de lutter pour conserver la croissance de la productivité – le grand moteur, selon Greenspan, de la prospérité des années 1990. Quelques secteurs jouaient le rôle de moteurs pour ces gains de productivité – les industries manufacturières à forte main-d'œuvre qui se convertissaient à l'automatisation ou les fabricants d'ordinateurs, dont la productivité avait augmenté de près de 60 % par an depuis 1995. Cela signifiait que les consommateurs en avaient toujours plus pour leur argent. Pendant ce temps, des secteurs comme la santé et les services, faisant appel à une main-d'œuvre qualifiée et moins directement touchés par la technologie, n'enregistraient presque aucun gain de productivité. Pour ces derniers, la croissance du revenu passe presque intégralement par des hausses de prix. Il y avait donc un fossé, quasiment deux économies séparées. Mais aujourd'hui elles étaient toutes deux embarquées dans la même galère : avec le ralentissement de la confiance et des dépenses des ménages, les dirigeants des *deux* économies allaient devoir obtenir des gains de productivité en réduisant les coûts. Il leur faudrait procéder à des licenciements et suspendre leurs investissements en infrastructures, en technologies de l'information, en équipements ainsi que dans divers autres investissements à long terme qui génèrent la croissance. Cela signifiait que la croissance pourrait être très faible, voire nulle, tout en continuant à détruire des emplois.

O'Neill et Greenspan commencèrent à examiner la localisation et l'ampleur de ce phénomène. Les journaux de la presse économique du jour publiaient les chiffres des stocks de matières premières comme le papier, le pétrole, la nourriture et les équipements électroniques. Le niveau des stocks augmentait presque partout. Mais pour ces deux-là, qui creusaient l'information deux niveaux plus bas et avec plusieurs centaines de mètres d'avance, ces chiffres étaient déjà périmés.

Pendant des années ils avaient parlé métaux. Greenspan avait été administrateur d'Alcoa. Tous deux savaient que ces matériaux si ordinaires – fer, aluminium, plomb – sont des indicateurs précurseurs qui traversent tous les secteurs d'activité. Ils indiquent quels seront les chiffres du mois suivant.

« À quoi ressemble le carnet de commandes d'Alcoa ? » demanda Alan. Paul pointa les chiffres d'Alcoa (à la baisse), puis les cours du London Metal Exchange (LME), en baisse, pour la plupart. Alan digéra tous ces chiffres. Il demanda ce que ces cours représentaient en termes de coût de remplacement du capital. Paul dit qu'il demanderait les niveaux actuels des stocks du LME et discuta avec Alan des stocks qui n'étaient même pas comptabilisés.

Les petits-déjeuners étaient maintenant consommés, on avait resservi du café, et ils pouvaient aborder la deuxième étape, l'analyse minutieuse de la « demande client » (les grands acheteurs de matières premières) dans divers secteurs – en se parlant rapidement par codes, l'un finissant la phrase de l'autre. Il était question de « carnets de commandes » pour les avions et de « jours de stocks » (le nombre moyen de jours pendant lesquels un produit reste invendu) pour les voitures. Soixante jours, quatre-vingt-cinq jours ? À ce niveau, les fabricants ne fabriquaient plus que pour leurs stocks parce qu'il est trop coûteux de fermer des usines. Chacun avait son bloc-notes pour y inscrire les chiffres. Ce qui les préoccupait le plus, c'était le secteur des équipements de télécommunications. On ne pouvait plus subir de ralentissement dans ce domaine, la crise se rapprochait dangereusement du désastre.

Tous les deux partageaient un certain scepticisme envers la théorie économique. Ce scepticisme partagé trouvait sa source dans un rituel. Une petite course de fond d'une quarantaine de minutes à travers les vingt plus grandes industries du pays. En foulant, pieds nus, la terre froide des chiffres de l'activité industrielle, il leur était presque possible de *sentir* l'économie de l'Amérique. Après ce sprint, reprenant leur souffle, ils s'accordèrent à trouver le sol assez solide, dans l'ensemble, même si, par endroits, il commençait à s'affaisser.

Que faire maintenant ? Greenspan avait conservé intact son arsenal de mesures monétaires. Le 3 janvier, deux jours avant ce petit-déjeuner, la Fed avait baissé son objectif de taux de base – le taux qu'elle accorde aux banques et aux institutions financières – de 0,5 %, ou cinquante points de base, pour l'établir à 6 %. D'après les estimations de Greenspan, il restait encore une large marge de manœuvre à la baisse sans craindre d'attiser l'inflation. O'Neill se concentra sur son domaine : la situation extraordinaire de la politique fiscale. Premièrement : quelle est *vraiment* la taille de l'excédent ? Deuxièmement : comment mettre de côté une grande partie de cet excédent historique, peut-être le seul que connaîtrait cette génération, pour le consacrer à ce que lui et Alan rêvaient de faire depuis trente ans, sauver la Social Security ? C'était maintenant ou jamais.

« Cinq mille milliards sur dix ans ? demanda O'Neill, en essayant de se faire une idée de la somme.

– En tout cas, il ne s'agit certainement pas de liquidités qui dorment à la banque », répondit Greenspan.

Pourtant, tous deux pouvaient entrevoir l'effet, même spéculatif, que pouvait avoir un tel chiffre. Cela revenait à répandre de l'éther dans les allées du pouvoir exécutif et législatif. Plus de questions difficiles à trancher. Tout devenait possible. On annonçait déjà des projets pour augmenter le budget de l'Éducation, de la Défense et pour rembourser les médicaments des personnes âgées. Les républicains et les démocrates se préparaient : la fête allait être si belle ! tout le monde était invité.

Cet enthousiasme avait alarmé O'Neill et Greenspan. Ils avaient besoin d'un programme fiscal qui saurait tirer parti de cette situation aujourd'hui et dans les années à venir. O'Neill proposa de faire le calcul. D'abord, enlever les fonds déjà attribués, intouchables : près de la moitié de l'excédent total était consacrée aux engagements futurs de la Social Security et du programme Medicare. Que restait-il ? Un peu plus de deux mille milliards.

Ensuite, il y avait la promesse du nouveau Président, évaluée à mille six cents milliards de dollars.

Paul expliqua que Bush était intraitable sur les baisses d'impôts – il avait dit, en mangeant son *cheeseburger*, qu'il était important de faire ce pour quoi il avait été élu : « Je refuse de négocier avec moi-même. » Même si Alan le savait déjà, il lui semblait que cela valait la peine d'être redit.

Dans l'excédent, il resterait presque assez pour sauver la Social Security – ce qui signifiait la remplacer par un meilleur système – sans replonger trop profondément dans un financement déficitaire. Les déficits étaient un dragon dont Greenspan pensait enfin être parvenu à se débarrasser.

« Pas question de retourner dans le rouge », dit Greenspan. Paul acquiesça gravement. Pour chacun d'eux, c'était une promesse sacrée.

Greenspan pensait qu'il fallait se débarrasser de ce surplus. Les intérêts de la dette fédérale, qui s'élevait alors à trois mille deux cents milliards de dollars, étaient une lourde charge qui pesait sur l'économie. Ajoutez à cela un énorme excédent bloqué dans des instruments financiers vieillots et à faible rendement, comme les bons du Trésor, et vous vous retrouvez avec un poids supplémentaire sur l'économie. Mais, d'un autre côté, si on laissait l'excédent en liberté, le Congrès et le Président trouveraient le moyen de le dépenser.

O'Neill – un conservateur en matière budgétaire – avait déjà prévu son programme. Il l'avait couché sur son bloc-notes avant de venir à la réunion :

> Nous pouvons renforcer le contrôle que nous exerçons sur la manière de dépenser l'excédent en expliquant le principe de la création d'une réserve destinée au seul remboursement progressif de notre dette.

Il venait de lire cette phrase à Greenspan qui y réfléchit pendant un instant.

« Très bien, la réduction de la dette, c'est la priorité, mais que fais-tu du gros lot, la baisse d'impôts, si ton excédent s'évapore ? demanda-t-il.

– Il nous faut des garde-fous, répondit O'Neill. C'est une bonne idée, si l'on arrive à la faire passer. »

Car cela signifiait inscrire la discipline budgétaire dans la loi. Il suffisait d'adopter le comportement que partagent la plupart des entreprises et des ménages du pays

– où le niveau des dépenses est lié à celui des disponibilités, mais cette fois-ci, avec le plus gros bilan du pays. Un déficit « provoquerait » alors automatiquement un certain nombre de réactions. Ainsi, les politiques fiscales fondées sur la disponibilité d'un excédent seraient modifiées si cet excédent disparaissait. Bien sûr, Alan et Paul savaient que cela devrait s'appliquer aux baisses d'impôts du nouveau Président – dont le montant était le plus élevé jamais proposé et se situait juste derrière les baisses historiques de 1982 sous Reagan, en termes de pourcentage du Produit national brut (PNB).

Aucun des deux n'était opposé à une baisse d'impôts. Le revenu global du gouvernement fédéral en pourcentage du PNB – un chiffre qui indique le niveau des prélèvements obligatoires – avait atteint 20,8 % en 2000, le taux le plus élevé des quarante dernières années, pendant lesquelles il atteignait, en moyenne, les 18,6 %. Identifier qui payait ces impôts était un autre calcul, plus complexe, mais, en tête de liste, la place des entreprises avait chuté – pour passer de son plus haut niveau, 4,2 % en 1967 à 2,1 % en 2000 – tandis que la part des impôts liés à la Social Security, de 3 % du PNB en 1962 était de 6,7 % en 2000. Il s'agissait donc d'estimer ce dont on aurait les moyens de se payer, pendant les dix années à venir. Si l'on pouvait se payer une baisse des impôts, alors pourquoi pas ?

Si, en revanche, la baisse des impôts devait s'accompagner d'une baisse des recettes fiscales provoquée par un ralentissement économique – et si aucune réduction de la dépense publique ne permettait d'éviter de replonger dans un déficit – l'excédent s'évaporerait et les baisses d'impôts seraient interrompues.

O'Neill et Greenspan partageaient la même analyse, qui peut être résumée ainsi : le pays avait déjà connu

un large éventail de modèles économiques qui ne fournissaient qu'une image très générale de l'économie américaine, fondée sur l'observation du passé. « Vous êtes en train de regarder dans le rétroviseur, Larry, à force, vous risquez de devenir myope », lui disait O'Neill avec bonhomie. Pour lui, ces conversations étaient un vrai régal, une sorte d'échange intellectuel dans lequel il y avait vraiment « matière à réfléchir ». Pour Lindsey, l'expérience fut peut-être vécue différemment, comme un affront, une attaque contre sa crédibilité d'économiste reconnu, une plaie qui ne se refermait pas. Lindsey ne se prêtait pas volontiers aux longues discussions que O'Neill pouvait avoir depuis longtemps avec Greenspan ou avec d'autres économistes conservateurs célèbres, y compris certains – comme John Cogan de Stanford – qui faisaient partie de l'équipe des conseillers-stars constituée par Lindsey pendant la campagne. Cogan, qui avait fait le voyage de Californie pour participer à l'élaboration du programme économique pendant la transition, passa un jour dans le bureau de O'Neill pour lui dire : « C'est un honneur de pouvoir enfin rencontrer une légende. » En fait, la réputation de O'Neill comme l'un des penseurs les plus originaux du camp républicain signifiait qu'il serait également difficile à contrôler – ce qui poserait un problème si les mesures économiques étaient déjà fixées et n'étaient pas négociables. Ainsi, pendant toutes les réunions du mois de janvier, Lindsey resta poli, attentif, et, souvent, il se mordait la langue.

O'Neill commença à s'inquiéter. Il considérait de plus en plus Lindsey comme un partisan, et ce partisan aurait bientôt un bureau situé à quelques mètres du bureau Ovale. Dangereux !

Il lui faudrait choisir son moment avec soin. Un soir... en semaine... tard... La plupart des collaborateurs étaient partis. Deux accros du travail étaient encore à leurs postes : O'Neill et Dick Cheney.

Il traversa le hall au bout duquel se trouvait le bureau de Dick et ferma la porte : « Dick, j'ai quelque chose à te dire. » C'était le genre de choses que Dick pouvait comprendre : comment établir une bonne méthode de gouvernement pour gérer la Maison-Blanche et l'exécutif – deux entités aux dimensions proprement surhumaines – et comment cette méthode aurait une influence déterminante sur les résultats. O'Neill expliqua qu'il s'inquiétait de voir Lindsey jouer un rôle très différent de celui de l'intermédiaire impartial que l'on attendait de lui. O'Neill n'avait pas de solution immédiate à proposer – il fallait qu'il s'occupe du Trésor et il n'aurait peut-être pas le temps d'étudier des positions divergentes sur l'économie, d'être l'intermédiaire, comme pourrait le faire avec plus de facilités quelqu'un situé au cœur de la Maison-Blanche. Mais son inquiétude dépassait ce seul domaine et s'étendait à tout le champ de la politique intérieure. Sans une méthode de gouvernement qui comprenait la mise en place d'intermédiaires impartiaux et incontournables attachés à l'évaluation rigoureuse et objective des diverses propositions, O'Neill le prévint : « Vous allez vous retrouver avec une bande de gamins en train de faire des galipettes sur la pelouse. »

Cheney écouta, acquiesça à plusieurs reprises, écouta encore. O'Neill, lui, se souvenait de sa longue histoire avec Dick, depuis Gerald Ford, et avec Bush père – surnommé « 41[1] ». Dick parlait peu. Il ne montrait jamais

1. George H. W. Bush est le 41e président des États-Unis, son fils, George W. Bush, le 43e (*NdT*).

ses cartes. Il pouvait avoir l'air rassurant, sympathique même, mais il était impossible de connaître le fond de sa pensée. Même s'il était très facile de lire, sur cette mine pensive et compatissante, tout ce que vous aviez envie d'y voir, personne n'était jamais certain de ce qu'il pensait ou de ce qu'il allait faire.

O'Neill avait eu l'impression d'avoir plaidé sa cause. Pour lui, la situation ne pouvait pas être plus claire et il était sûr qu'elle l'était aussi pour Cheney. Cheney allait devoir veiller à ce que l'intendance puisse suivre après chaque initiative du Président. C'était encore plus important avec ce Bush-ci qu'avec son père ou avec Gerald Ford qui avaient tous deux une grande expérience du gouvernement fédéral. Dieu sait combien Cheney pouvait comprendre cela mieux que personne.

Dick remercia Paul pour sa perspicacité et O'Neill le quitta en pensant qu'il avait fait son devoir. Il fallait laisser cela à Dick. Il saurait ce qu'il avait à faire.

* * *

Un gros 4x4 noir descendait Chain Bridge Road, la route principale qui traverse les luxueuses collines de McLean en Virginie. Le véhicule passa devant le portail discret de la résidence de l'ambassadeur d'Arabie Saoudite, puis, quelques kilomètres plus loin, un panneau vert d'autoroute indiquait CENTRE GEORGE BUSH POUR LE RENSEIGNEMENT – CIA, avant de pénétrer dans le domaine privé et surveillé où se trouvait la résidence de Dick Cheney.

O'Neill et Greenspan sortirent du véhicule et furent immédiatement accueillis par Cheney dans le hall. Il habitait une maison en brique de deux étages, où s'empilaient déjà les boîtes du déménagement prévu à la fin de la semaine vers la résidence officielle du vice-président. C'était l'après-midi du 14 janvier, le dernier dimanche de la période de transition. Les trois hommes étaient en blazers, cravates et pantalons de sport – la tenue de week-end des P.-D.G. Ils s'installèrent à la table de la cuisine pour parler des ultimes préparatifs de la nouvelle ère qui allait bientôt commencer.

Les sujets les plus divers furent rapidement abordés, afin de faire le point sur ce qui avait été décidé. Le nouveau Président s'était peu exprimé sur les affaires étrangères pendant la campagne électorale et depuis son élection. Et, de toute façon, Powell et Rumsfeld, qui venaient de rejoindre l'équipe, avaient concocté leurs propres idées. La seule chose qui intéressait les Américains, c'était la politique intérieure. Aussi, ils étaient tous d'accord pour faire de la baisse des impôts une priorité. Après cette élection à l'arrachée, précisa Cheney, il était important que le Président enregistrât une nette victoire sur les impôts. S'il devait perdre cette bataille, l'opposition reprendrait des forces et on ne reparlerait plus que de sa défaite en nombre d'électeurs.

Mais Cheney, qui parlait souvent à Lindsey, s'était inquiété du fait que l'économie montrait des signes d'affaiblissement – un problème crucial qui affecterait à la fois l'ampleur et l'opportunité tactique des baisses d'impôts. Il leur demanda leur avis.

O'Neill expliqua qu'il n'y avait pas lieu de « paniquer » devant ce que disaient les chiffres et ajouta : « À dire vrai, la politique monétaire pourrait bien être le meilleur stimulus, le premier. »

Il était important, pour Greenspan, de ne pas réagir précipitamment. Si les Américains sentaient que l'économie était fondamentalement solide – et il était presque convaincu qu'elle l'était–, ils agiraient en conséquence. Ils feraient leur deuil de la chute des valeurs boursières et ils recommenceraient à dépenser et à investir. Il parla en termes généraux de la politique monétaire, indiquant que la Fed était prête à concéder quelques baisses de taux, au besoin. Greenspan se gardait bien de franchir la ligne jaune et de dire ce qu'il avait l'intention de faire. Cheney, qui savait à quoi s'en tenir, ne lui posa pas plus de questions.

O'Neill développa cette thèse à son tour et boucla la boucle. L'élément clé, pour lui, était de continuer à relier les baisses des taux d'intérêt au sentiment qu'ils continuaient « à agir avec prudence et réserve sur le plan budgétaire ». Cette politique, dit-il, emporterait la confiance des marchés obligataires et redonnerait probablement de la vigueur aux actions : « Il est important d'afficher notre sérénité face à l'utilisation qui pourra être faite de ces excédents, chose que nous n'avons pas eu l'habitude de faire. »

Greenspan lui fit écho. Il ajouta que toute baisse des impôts devrait être perçue comme une mesure sobre et parfaitement responsable.

Cheney écoutait attentivement. Sérieux, opaque. Les deux acteurs les plus importants de la politique économique lui avaient offert leurs opinions et il en avait pris bonne note. Puis il porta la discussion sur les répercussions économiques de ce qu'il interprétait comme une crise énergétique. Là, il dirigea le débat. Ses années passées chez Halliburton lui avaient donné l'impression de maîtriser la question.

La Californie était en train d'exploser. Ses coupures d'électricité faisaient tous les jours les gros titres.

Cheney dit qu'il ne s'agissait pas d'un problème de ressources. C'était « le système de distribution qui [fonctionnait] mal et pas un problème fondamental de capacité », se souvient O'Neill : « Il s'interrogeait sur le type d'intervention réglementaire qui serait approprié, pour la Californie et dans des situations similaires qui pourraient survenir ailleurs. » Cheney fit état de l'effet pervers des réglementations protégeant l'environnement qui avaient ralenti la construction de nouveaux générateurs – comment cette réglementation pourrait être assouplie – et parla de la possibilité de créer un réseau d'électricité national. Aujourd'hui, le pays est divisé en trois réseaux séparés – Est, Ouest et Texas. Les lois de chaque État qui gouvernent la production, la distribution et l'utilisation de l'énergie sont autant d'obstacles supplémentaires.

Les trois hommes avaient servi à la Maison-Blanche sous Richard Nixon et Gerald Ford pendant une crise énergétique. Greenspan et O'Neill défendirent les sources alternatives. Ils étaient tous d'accord sur le fait qu'il n'y avait aucun moyen de rendre le pays autosuffisant en hydrocarbures, se souvient O'Neill, qui ajouta : « Nos ressources sont en train de s'épuiser à une vitesse incroyable. La diversification s'impose comme une question de sécurité nationale. »

Cheney comprit qu'il fallait se concentrer sur l'énergie nucléaire, citant l'exemple de la France qui en tirait plus de 60 % de son électricité. Il déclara, se souvient O'Neill, qu'il fallait « relancer le nucléaire et que le Président [voulait] le placer à la tête d'un groupe de travail spécial sur l'énergie ». « Il était clair que Dick allait s'occuper de tout dans ce dossier. C'était son bébé », précisa-t-il.

O'Neill et Greenspan répondirent en parlant de leurs propres ambitions: utiliser l'excédent budgétaire pour enfin réformer la Social Security. O'Neill parla ensuite de réformer le programme Medicare et de changer le système fiscal. Cheney acquiesçait, impassible.

Au bout de deux heures, Cheney commença à conclure. Qu'est-ce qui nous attend maintenant ? Les baisses d'impôts, dit Cheney, d'abord et avant tout. Un groupe de travail sur l'énergie qu'il présiderait. Et tout le monde devait rester attentif à la situation de l'économie. Les autres sujets – comme le réchauffement de la planète ou la réforme du système d'éducation – avanceraient à un autre rythme, plus tard.

La conversation était réfléchie, concentrée et décontractée. Au moins en surface. Voilà trois amis qui se connaissaient depuis trente ans, occupés à construire un gouvernement pour le compte d'un homme que seul Cheney connaissait vraiment, et encore..., pas aussi bien qu'ils se connaissaient entre eux.

Mais des divisions à peine perceptibles étaient déjà en train d'apparaître autour de cette table de cuisine. Cheney avait recommandé O'Neill pour ce job en partie à cause de sa longue relation avec Greenspan.

Les amis de « 41 » s'étaient plaints que la relation entre Greenspan et le gouvernement de Bush père ait pu connaître des hauts et des bas. C'était peut-être la raison pour laquelle le président de la Fed avait pu se sentir autorisé à ne pas relancer suffisamment l'économie en 1992. Ils prétendaient que cela avait contribué à la défaite de Bush. Greenspan avait répondu, et soutient encore aujourd'hui, que, à cette époque, la lutte contre l'inflation était la priorité. Dans des circonstances similaires, il n'hésiterait pas à tirer une nouvelle fois sur les reines de la masse monétaire. Son action avait toujours été guidée par sa fidélité à un principe essentiel : rassembler toutes les informations disponibles pour tenter, chaque jour, de faire ce qui était dans l'intérêt *à long terme* de l'économie américaine. Chez les Bush, bien sûr, on prêtait un tout autre serment : on était fidèle à une personne, que ce soit « 41 » ou « 43 », et à la famille. On pouvait avoir des désaccords sur la meilleure position à adopter au regard des informations disponibles et des calculs politiques, mais on restait tous ensemble, *quoi qu'il advienne.*

Cheney avait depuis longtemps cessé de remettre en question sa fidélité. Cette paix intérieure était la raison pour laquelle les hommes du pouvoir – y compris les deux Bush – s'étaient toujours sentis à l'aise pour confier leurs impressions, placer leurs secrets, leurs doutes, leurs joies et jusqu'à leur carrière entre les mains de cet homme discret du Wyoming. Cette qualité l'avait propulsé au poste auquel il accéderait cette semaine.

Malgré des parcours et des apparences similaires, O'Neill et Greenspan étaient très différents de Cheney. Chacun d'eux se fiait à un code de conduite personnelle, qui leur commandait de déterminer avec franchise quelle était la réalité avant d'agir en conséquence. Cela faisait déjà un petit moment que chacun d'eux n'avait plus à répondre qu'à lui-même. Ils continuaient de se voir, surtout parce qu'ils aimaient leur façon respective de comprendre le monde. « J'aime sa manière de penser », disaient-ils l'un de l'autre. Le lien de fidélité qui les unissait demandait des comptes et était constamment remis en question ; c'était un lien conditionnel et transparent.

Dick avait suivi une autre voie. Il était maintenant d'une loyauté sans faille envers un homme que ni Paul ni Alan ne connaissaient vraiment..., même si cet homme était sur le point de devenir président. Cette situation faisait que les questions de philosophie politique et les débats sur les mesures à adopter – ce que *pensait* Dick Cheney – étaient relégués à une place subalterne. Comme lui.

Depuis qu'il avait été élu président de la Fed, l'indépendance de Greenspan – fidèle à une recherche de vérité plutôt qu'à une personne – était pour lui une obligation qui lui avait été taillée sur mesure. Jusqu'au mois dernier, O'Neill avait aussi apprécié sa propre indépendance. Mais depuis qu'il avait accepté le poste de secrétaire au Trésor, nombreux étaient ceux qui, autour de Bush, s'attendaient à ce que O'Neill soit d'une loyauté sans réserve à l'égard du Président. Le problème était que Bush n'avait pas gagné sa fidélité.

Ceci devint clair pour Paul O'Neill et Alan Greenspan au même moment de cet après-midi finissant. Quand la clé de voûte du « Plan pour l'Amérique » du nouveau Président – la baisse d'impôts de mille six cents milliards de dollars sur dix ans – fut abordée, aucun des deux hommes n'était suffisamment à l'aise pour parler à Dick Cheney de leur pacte secret prévoyant des « garde-fous ».

Ils n'étaient pas très sûrs de ce que Dick pourrait en penser.

* * *

Le Président devait arriver cette semaine pour préparer son investiture. Le mercredi 17 janvier, pendant son audition devant la commission des finances du Sénat pour la confirmation de sa nomination, O'Neill eut l'occasion de parler publiquement de ses principes.

Dans son introduction, il déclara que participer à l'élaboration d'une réponse à la crise que traversait la Social

Security avait été « ce qui [l']a convaincu d'accepter le défi d'un retour dans le service public ».

À Frank Murkowski, un sénateur républicain de l'Alaska, qui lui demandait s'il utiliserait le code des impôts pour relancer l'investissement – une arme qui avait fait ses preuves dans l'arsenal des mesures fédérales –, O'Neill avait répondu : « Je me demande si je vais bien pouvoir continuer à passer pour un iconoclaste pendant encore un ou deux jours », provoquant les rires de l'assemblée, avant de déclarer que, quand il était P.-D.G., il n'avait « jamais pris de décision d'investissement sur la base du code des impôts » et que « les bons gestionnaires ne font pas ce genre de choses ».

Puis, au sénateur démocrate de Louisiane, John Breaux, qui lui demandait s'il pouvait recommander « un remède de politique monétaire... ou un remède rapide à base de réduction d'impôts à grande échelle » pour revigorer une économie en perte de vitesse, O'Neill répondit : « Je pense que la politique monétaire est notre première ligne d'action. Je veux simplement dire ceci. Si nous devons avoir une baisse des impôts, et j'entends de plus en plus de gens dire qu'ils sont en faveur d'une réduction d'impôts, alors je ne vois pas pourquoi nous ne la voudrions pas maintenant, pas parce que c'est un facteur majeur pour relancer l'économie, mais parce que ça ne fera de mal à personne. »

Le lendemain, le *New York Times* titrait en une :

> LE CANDIDAT AU TRÉSOR A UNE AUTRE
> OPINION QUE BUSH SUR LES IMPÔTS
>
> Dans ses premiers commentaires publics depuis que M. Bush l'a choisi pour prendre la tête du département du Trésor et celle de l'équipe écono-

mique de la nouvelle administration, M. O'Neill a apporté son soutien aux baisses des impôts en termes nettement moins enthousiastes que ceux employés par M. Bush. Il s'est déclaré favorable à une baisse des impôts parce qu'il ne voyait pas à qui elles pourraient faire de mal quand le gouvernement dispose d'importants excédents.

Mais, pendant une audition devant la commission des finances du Sénat qui a duré trois heures, il n'a donné aucun détail sur les avantages de ces réductions d'impôts. L'ancien dirigeant d'Alcoa, qui fut également un expert des questions budgétaires pendant les administrations des présidents Nixon et Ford, a également jeté l'ombre d'un doute sur les déclarations du président Bush qui prétend que les baisses d'impôts sont l'antidote nécessaire pour combattre la récession économique qui s'annonce.

Il a déclaré que la Réserve fédérale, à travers son contrôle de la politique monétaire, était la « première ligne d'action » pour combattre un ralentissement et suggéra que même des baisses d'impôts de l'ampleur de celles que M. Bush a promises auraient probablement peu d'effet immédiat sur l'économie du pays.

Karen Hughes, directrice de la communication de la Maison-Blanche, Karl Rove et d'autres proches du Président furent très en colère à la lecture de cet article. Un paragraphe avait particulièrement retenu leur attention :

M. O'Neill fit aussi l'éloge du bilan de l'administration Clinton pour sa discipline budgétaire et sa stabilité économique qu'il a qualifiée de « mer-

> veilleuse ». Il déclara que l'administration Bush devrait s'attacher à lever suffisamment d'impôts pour financer le fonctionnement du gouvernement chaque année sans recourir à la dette – même quand la croissance de l'économie est très faible.

O'Neill lut le *Times* dans son bureau du quartier général de transition. Il s'attendait à quelques remous, mais il avait pensé qu'il était important pour lui d'être clair sur sa position. Lui et Greenspan avaient étudié ces questions plus longtemps – et, ensemble, ils avaient plus d'expérience pratique dans ce domaine – que n'importe qui à Washington. Ils étaient d'accord sur tout ce qu'il avait dit pendant les auditions. Les opinions du Président étaient générales et elles évoluaient. O'Neill pensa que sa franchise nourrirait cette évolution, ou ferait, tout au moins, contrepoids à ce que Larry Lindsey pouvait lui dire.

Le *Times* remarqua que la position de O'Neill « était, en certains points, éloignée de celle de certains économistes de l'offre qui ont toujours prétendu que les baisses d'impôts du président Reagan au début des années 1980 avaient révolutionné l'économie, même si elles ont également contribué à creuser les déficits. Lawrence B. Lindsey, le chef des économistes de M. Bush, est l'un des plus célèbres partisans des réductions d'impôts de l'ère Reagan et le principal architecte du programme de baisse d'impôts de M. Bush, estimée à mille six cents milliards de dollars sur dix ans ».

Enfin, l'argument massue qui dressa les uns contre les autres : « Ses commentaires expliquent pourquoi certains conservateurs se méfient des instincts économiques de O'Neill. C'est lors de son passage au Budget pendant les administrations Nixon et Ford qu'il se fit connaître comme un penseur réfléchi et pragmatique sur les questions fiscales, attaché à la gestion d'un gouvernement restreint et efficace, mais sceptique vis-à-vis des extrêmes idéologiques. »

O'Neill mit le *Times* dans sa mallette, sortit du bureau et croisa Larry Lindsey dans le couloir.

« Bon article, Paul, dit Larry, d'un air plutôt jovial. C'est important que les gens sachent où nous nous situons.

– Absolument, répondit O'Neill. C'est toute la question. Les gens ont besoin de savoir ce que nous pensons. N'ayons pas peur de le leur dire. »

Trouvez-moi un moyen

Paul O'Neill arriva à 6 h 15 le premier jour de sa prise de fonction.

Il avait compris que le Président était, lui aussi, un lève-tôt – à son bureau dès 7 heures – et O'Neill songea que ce serait peut-être une des choses qui caractériserait cette administration : des gens d'une certaine trempe, lucides, toujours les premiers au travail. Au moins, lui et le Président avaient déjà quelque chose en commun.

Sa secrétaire, Annabella Mejia, était déjà là. Elle le gronda :

« Vous êtes en retard, monsieur le secrétaire, l'après-midi va bientôt commencer.

– Merci, je me servirai le café moi-même, répondit-il en riant. Puis-je *vous* apporter quelque chose, Annabella ? »

Avant l'arrivée de ses collaborateurs, O'Neill avait déjà rédigé un mémorandum stratégique pour le Président. En milieu de matinée, il était prêt. Il avait son pacte secret avec Greenspan. Mais l'objectif de faire avancer le programme du Président était au cœur de sa mission. C'était une responsabilité essentielle. O'Neill décida qu'il pourrait être un membre de cette équipe tout en restant lui-même. De bonnes mesures pouvaient faire une bonne politique – du moins, c'était possible. Avec un excédent qui avait atteint les cinq mille milliards de dollars – un chiffre qui, selon un de ses amis du bureau du budget du Congrès, allait bientôt atteindre six mille six cents milliards, il fallait aider le Président à organiser les priorités.

> Mémorandum au Président
> De : Paul O'Neill
> Objet : Réforme fiscale
> Date : 22 janvier 2001
>
> Je pense que nous pouvons engager une action rapide sur votre proposition fiscale si nous agissons maintenant.
>
> Vous avez gagné la partie sur la nécessité d'une baisse des impôts et l'opposition en est réduite à débattre sur le niveau de cette baisse. Leurs chiffres sont en train de se rapprocher des vôtres...

O'Neill savait que les intérêts particuliers et leurs défenseurs au Congrès étaient déjà en train de faire la queue devant la Maison-Blanche pour obtenir leurs réformes – l'abolition des droits de succession, des crédits d'impôts pour enfants à charge –, mais aussi d'autres grands classiques comme des aides à la production d'éthanol ou à la réhabilitation des quartiers défavorisés. En regroupant toutes ces petites demandes individuelles, on pourrait mobiliser une « majorité agissante » et « obtenir une victoire rapide sur les impôts », écrivit O'Neill, pensant que cela allait plaire à l'équipe politique de Bush. Étant donné le résultat des élections, tout signe de force ou de faiblesse serait interprété comme une tendance de fond. Une victoire rapide était cruciale. Mais le problème, écrivait-il au Président, était que sa proposition de procéder à une baisse globale sur toutes les tranches d'imposition marginales risquerait d'être laissée pour compte.

O'Neill s'était fait sa propre opinion sur les priorités. Le regroupement de plusieurs réductions et exemptions ciblées, avec leurs lots de barèmes et d'exceptions, serait difficile à maîtriser à l'aide de garde-fous. Une réduction globale du taux d'imposition offrait l'avantage de pouvoir être gérée simplement et avec clarté. Elle progresserait, année après année, selon un calendrier fixé à l'avance, en fonction de la disponibilité d'un excédent. Si l'excédent devait diminuer, la baisse des taux s'arrêterait.

Il lui restait maintenant à convaincre le Président que cette mesure était aussi la bonne sur le plan stratégique. La vitesse était l'une des clés du succès. « Un consensus grandissant et même l'inquiétude de certains milieux concernant le ralentissement de la croissance pourrait justifier une action rapide sur cette question déterminante, à condition de soumettre une proposition au Congrès dans quelques semaines et de proposer des réductions de taux marginaux – probablement en allégeant certaines retenues à la source – de manière rétroactive au 1er janvier », écrivait-t-il.

Il soulignait que le seul argument que les opposants de cette « police d'assurance contre la récession » pourraient faire valoir au Congrès serait « qu'elle ne correspond pas à leur méthode ». De plus, si l'économie devait entrer en récession, toute inertie exposerait les membres du Congrès à la critique.

Il suggérait au Président d'accepter la réalité. Ce programme devrait les sortir du « bourbier que représente la théologie des économistes » – un petit coup de griffe contre tous ceux qui lui chuchotaient à l'oreille les concepts de l'économie de l'offre – et mettrait en avant leur volonté de « prendre des mesures pratiques dès maintenant ». Cela permettrait également de répondre à l'incertitude qui règne aujourd'hui à propos de l'économie : « Nous savons que l'économie réelle a ralenti, et les statistiques officielles traduiront ce ralentissement dès le prochain trimestre. Si le ralentissement actuel devait se transformer en une re-accélération pendant le deuxième trimestre, notre position en faveur d'une action rapide s'en trouverait affaiblie. »

Après quelques paragraphes mettant l'accent sur la manière dont cette réduction des taux profiterait aussi aux travailleurs et aux classes moyennes et « éloignerait les critiques classiques sur le cadeau fiscal fait aux riches », O'Neill dégaina son sabre : « Afin de rester dans les limites des chiffres que vous avez fixées pour la totalité de vos réductions d'impôts et de permettre dès à présent la mise en œuvre de celles qui concernent les taux marginaux, il conviendra d'étendre dans le temps la mise en œuvre de certaines autres initiatives. Nous devrions proposer de repousser à une date ultérieure l'examen du calendrier de certains autres mécanismes, si l'économie nous le permet. »

Il relut le mémorandum avec satisfaction – le gros morceau sur la réalité budgétaire, assaisonné d'une pointe de conditionnel entre deux tranches de stratégie politique – et ajouta « copies : monsieur le vice-président Cheney et Larry Lindsey ». Bien sûr, la proposition actuelle, même si elle était rétroactive au 1er janvier, n'offrait en réalité qu'un modeste effet de relance. Mais s'ils parvenaient à attraper le train de ceux qui avaient *besoin de mesu-*

res de relance, ils seraient bien obligés de créer quelque chose qui ressemblerait à une relance… tôt ou tard.

* * *

« Pablo ?

– Monsieur le Président.

– Mettons-nous à l'aise », dit George Bush quand O'Neill entra dans le bureau Ovale.

Le Président s'assit dans le fauteuil près de la cheminée, entre les deux groupes de canapés et de fauteuils placés au centre de cet ovale de douze mètres de long et six de large, là ou s'asseyaient toujours les présidents. O'Neill était en face de lui sur le canapé couleur moutarde où prennent place ceux qui rendent visite au Président quand ils sont ses seuls interlocuteurs. O'Neill était déjà venu plusieurs fois dans ce bureau. Il connaissait les règles complexes qui régissent l'attribution des sièges. Il essayait de se souvenir d'une conversation qu'il avait eue avec George W. Bush juste avant la conférence de presse de la mi-décembre pendant laquelle le nouveau Président avait annoncé sa nomination… Oui, il y avait peut-être eu un « Pablo » qui s'était glissé parmi les « Paul », mais il ne l'avait pas remarqué. À l'époque, il ne savait rien du drôle de goût qu'avait Bush pour trouver un surnom à tout le monde.

En s'installant sur le canapé…, il assumait sa nouvelle identité : homme de soixante-cinq ans prénommé « Pablo ».

« Alors, qu'est-ce qui vous amène ? » lança le Président, sans détours.

C'était l'après-midi du mercredi 24 janvier, le troisième jour de l'administration Bush. C'est le Président qui avait fixé l'entretien. C'est le protocole normal. On pouvait souffler à un Andy Card ou à Cheney que l'on souhaitait voir le Président, ils transmettraient la demande, mais c'était toujours le Président qui convoquait.

Bush avait le mémo de O'Neill – Paul pensa que l'entretien porterait sur ce mémo avant d'aborder d'autres sujets. Cheney l'avait prévenu qu'il serait peut-être utile pour Bush d'avoir ce genre d'entretiens au début de son mandat. Pour se dégourdir un peu les jambes.

O'Neill, en tant que secrétaire au Trésor et porte-parole officiel du Président pour l'économie, fit une présentation de quinze minutes de ce qu'il considérait être une analyse informée de la situation (c'est-à-dire, la sienne et celle de Greenspan), et déclara qu'ils étaient en train d'observer les premiers signes de ce qui semblait être soit une récession, apparemment légère, soit une correction prononcée des stocks. Il était important de rester sobre. De regarder les chiffres. Il ne faut ni avoir l'air inquiet ni trop parler de récession, cela découragerait la consommation et encouragerait un ralentissement. Il expliqua aussi que le problème principal était non pas celui des « charges qui pesaient sur le capital » – il y avait plein de capital disponible à bas prix sur le marché, incapable de trouver un investissement rentable–, mais celui de la consommation. Les vrais chiffres, assurait-il au Président, ne permettaient pas de soutenir la thèse alarmiste de certains « théoriciens de l'économie ».

O'Neill se référa à quelques points de son mémorandum : « Les baisses d'impôts sur les taux marginaux, si nous en avons les moyens, devraient être notre priorité. » Il expliqua que le programme de baisses d'impôts, dans tous les cas de figure proposés jusqu'alors, ne produirait pas d'effet de relance sensible à court terme. Ce qui, en revanche, serait susceptible d'avoir des effets économiques positifs serait « l'impression que la discipline budgétaire a été préservée ». Cela relancerait les marchés de capitaux tout en conservant de faibles taux à long terme. Tout cela préparerait l'économie à réagir favorablement à une baisse des taux de la Fed.

Il s'attendait à une douzaine de questions de la part de Bush. Il avait préparé les réponses. Quelles étaient, selon lui, la taille et la réalité de l'excédent budgétaire ? Comment structurer la baisse des impôts ? Comment réformer la Social Security et Medicare, ces deux ogres du Budget ? Comment saurons-nous si l'économie a inversé la tendance ?

Bush ne posa aucune question. Imperturbable, il regardait O'Neill.

Aussi, O'Neill décida de passer de l'économie à un autre sujet qui lui était lié : l'imposition de tarifs douaniers sur les importations d'acier. Le dossier était brûlant – la sidérurgie américaine souffrait et réclamait des protections. Il dit au Président : « Vous avez été admirablement clair pendant votre campagne, au sujet de votre position en faveur du libre-échange – c'est la seule position à adopter – et il n'y a aucun moyen de la réconcilier avec des tarifs douaniers. » En tant que secrétaire au Trésor, il suggéra de prendre l'initiative de réunir tous les plus grands producteurs mondiaux et de créer une structure permettant de partager les sacrifices et les incitations pour éviter une guerre commerciale. Il avait déjà essayé cette méthode avec succès avec l'industrie de l'aluminium en 1993.

Le Président restait silencieux. Aucun changement dans son expression. Sujet suivant. Chaque président peut, certes, avoir son style. O'Neill avait matière à comparer. Nixon, Ford, Bush « 41 » et Clinton, à qui il avait rendu visite quatre ou cinq fois pendant les années 1990 pour de longs entretiens sur des questions de politiques à adopter. À chaque fois, il était arrivé prêt à en découdre, préparé à débattre. Il fallait pouvoir argumenter. Il était connu pour cela. C'était pour cela qu'on vous demandait de venir dans ce bureau. Pour rencontrer le Président et répondre à ses questions.

O'Neill se souvient : « Je me suis demandé dès le début si le Président ne savait pas quelles questions poser ou s'il n'avait tout simplement pas envie de connaître les réponses. Sa stratégie était-elle de ne jamais montrer ce qu'il pensait ? Pourtant, on peut poser des questions, recueillir de l'information, sans nécessairement révéler son jeu. C'était étrange. »

Comme la question des tarifs douaniers sur l'acier laissait le Président de marbre, O'Neill haussa les épaules. Si cela devait être un monologue, autant faire distrayant.

Ils avaient, tous les deux, participé à une conférence sur l'éducation cinq ans plus tôt et il décida de s'emparer du sujet. « "Ne laissons pas un seul enfant sur le bord de la route", ça me plaît bien, dit O'Neill, mais l'idée qui nous fait vraiment avancer, le vrai plan d'action, c'est "Un par un". »

C'était une idée qu'il avait testée avec des enseignants pendant des années – le besoin de « créer un programme individualisé, où les enfants sont constamment évalués, *un par un*, afin d'élaborer un petit plan stratégique pour chaque élève », une stratégie d'apprentissage personnalisée, pour combler les lacunes et éveiller les potentiels. « C'est une remise à plat de ce qui est possible, monsieur le Président. Il n'y a rien de plus important pour le pays que de cultiver notre capital humain, notre avenir en dépend. »

Bush se recala dans son fauteuil. « Oui, c'est le concept de désagrégation [un terme utilisé par les statisticiens de l'éducation pour analyser les résultats des élèves aux tests]. Je m'en occupe. »

O'Neill se demanda s'il devait signaler au Président qu'il avait peut-être mal utilisé ce terme, mais il se ravisa. Il préféra parler de la nécessité d'évaluer rigoureusement la manière dont l'argent public du budget fédéral était dépensé dans des domaines clés et de savoir comment obtenir un meilleur retour sur chaque dollar investi avant d'appliquer cette méthode « aux milliards de dollars [qui ont été dépensés] pour aider des pays étrangers pendant des années..., et comparer les objectifs de ces dépenses avec les résultats obtenus ». Une fois que les preuves seraient réunies, il serait utile d'examiner si des institutions comme la Banque mondiale et le Fonds monétaire international (FMI) auraient besoin d'une restructuration.

Le Président semblait acquiescer, mais O'Neill ne pouvait en être certain.

En partant du même modèle, il proposa la création d'une structure pour évaluer l'utilité du rôle qu'avait joué l'Amérique dans les crises économiques internationales – comme celle du Mexique en 1995 ou de l'Indonésie en 1997. Il ne s'attendait déjà plus à obtenir une réponse de Bush. Il parla des moyens d'appliquer les méthodes d'« analyse de la valeur » pour réformer le système de santé et réduire les dépenses du gouvernement fédéral, un domaine où, dans le pays, sa réflexion est considérée comme l'une des plus originales. Il offrit ensuite une grille d'analyse similaire pour étudier les problèmes économiques du Japon et déterminer le rôle que pourraient y jouer les États-Unis.

Il reprit son souffle. La pendule de style XIIIe siècle du bureau Ovale – deux mètres cinquante d'acajou et de marqueterie – était derrière lui. Il jeta un coup d'œil à sa montre. Il parlait depuis un peu plus de cinquante minutes. L'entretien devait durer une heure.

« Très bien, monsieur le Président, pour finir, nous pourrions peut-être parler du réchauffement de la planète… » Avec son mémo sur la stratégie des baisses d'impôts, O'Neill avait envoyé un petit livre publié par Alcoa en 1998. Il contenait le texte d'un long discours qu'il avait prononcé sur le sujet – une analyse détaillée de la question, ce qui était connu, ce qui ne l'était pas encore, et les principes qui devaient guider toute action future. Bush sembla indiquer d'un mouvement de la tête qu'il l'avait lu, mais, encore une fois, O'Neill ne pouvait en être certain.

Il continua donc, parla de ses idées sur ce que le Président pourrait faire à ce propos – un condensé de sa politique sur l'environnement. Il évalua les faiblesses du protocole de Kyoto et offrit ses réflexions sur la manière d'y remédier.

Les deux hommes étaient ponctuels. L'entretien arrivait à son terme. Ils se levèrent au même moment pour se serrer la main.

« Faites-moi un programme pour le réchauffement de la planète. »

O'Neill acquiesça, un peu surpris.

Bush répéta :

« Faites-moi un programme sur ce sujet.

– Oui, très bien, je ferai une proposition », répondit O'Neill. Il sortit du bureau Ovale, en se demandant s'il devait appeler Christie Whitman, directrice de l'Agence pour la protection de l'environnement (EPA) – qui était le membre du gouvernement chargé de ce dossier – ou *ne pas* l'appeler.

* * *

À l'autre bout de la ville, Alan Greenspan traversa les allées de l'immense Hart Senate Office Building qui abrite les bureaux des sénateurs et entra dans celui de Kent Conrad, le doyen des membres démocrates de la commission budgétaire.

Greenspan craignait que la déclaration qu'il ferait le lendemain devant la commission soit considérée comme trop complexe à un moment où régnait une certaine incertitude économique. Il avait donc fait ce qu'il ne faisait presque jamais en envoyant une copie de sa déclaration à l'avance aux membres de la commission budgétaire afin que ces derniers puissent la lire et préparer des questions pertinentes.

Conrad avait lu la déclaration et ne l'avait pas appréciée. « Si vous soutenez ces baisses d'impôts, Alan, vous allez lâcher la meute des déficits. Après cela, rien n'ira plus. Car tous ceux qui veulent davantage de baisses d'impôts y verront la confirmation qu'ils ont raison – et tous ceux qui veulent plus de dépenses publiques y verront un feu vert. Tout cela finira par jeter par la fenêtre notre discipline budgétaire. »

Greenspan était devenu muet. Conrad, un homme aux manières courtoises, élu du Dakota du Nord, commença à se plaindre du manque de prévision sur dix ans, contesta l'excédent de cinq mille six cents milliards en expliquant que la moitié appartenait à la Social Security et insista : « Si le gouvernement voulait bien tenir une comptabilité honnête et prendre la juste mesure de ses obligations à long terme, il n'y aurait pas d'excédents…, ces excédents sont fictifs ! »

Le président de la Fed l'interrompit : « Ma déclaration comporte de nombreux avertissements. Je préconise la mise en place de vrais moyens de contrôle comme des garde-fous ainsi que de faire de la disponibilité de ces excédents une condition préalable à l'introduction progressive des baisses d'impôts. »

Conrad, calmement : « Écoutez, je suis favorable aux réductions d'impôts, mais celles qui sont proposées ici sont beaucoup trop importantes sur les dix ans à venir et beaucoup trop faibles à court terme pour provoquer une relance. C'est le pire des scénarios. »

Greenspan haussa les épaules. Il ne s'agissait pas de *sa* politique de baisses d'impôts. Mais il devait veiller à ce que la redistribution de l'excédent s'effectue d'une manière prudente et sensée sur le plan économique, et il précisa : « Monsieur le sénateur, je suis très inquiet de voir trop d'argent s'accumuler dans les poches du gouvernement fédéral. Dans la mesure où nous nous trouvons devant des excédents de liquidités, le gouvernement va accumuler ces liquidités, et, pour les faire fructifier, il devra les investir sur les marchés. Des investissements de cette taille, par le gouvernement, ne manqueront pas de donner un caractère politique à l'économie du pays. Rien ne pourrait être pire. »

Le sénateur comprit ce que Greenspan voulait dire.

« Eh bien, il va falloir rembourser beaucoup de dettes avant d'en arriver là.

– Les chiffres montrent que nous nous serons pratiquement débarrassés de la dette, la dette détenue par le gouvernement, en 2008, dit Greenspan.

– Alors, occupons-nous de cela, monsieur le président,

quand nous serons plus près de cette date. Nous aurons tout le temps de le faire, si cette situation devait se produire. »

Conrad savait que Greenspan ne croyait pas à l'efficacité des masques d'investissements (des mécanismes censés protéger l'identité d'un investisseur important) ni qu'investir l'excédent dans des énormes fonds indexés puisse masquer la main du gouvernement. Il avait raison. Il y avait un réel danger de politisation des marchés. Pourtant, tout d'un coup, le président de la Fed avait soulevé ce problème comme si le danger était comparable à celui de son ennemi de toujours – le déficit fédéral.

Greenspan partit. Conrad appela Bob Rubin en l'implorant de parler au président de la Fed. Rubin, qui n'avait pas lu la déclaration, appela Greenspan. Il suggéra que les excédents soient redistribués, comme ils l'avaient été chaque année, sous forme de crédits d'impôts remboursables. Il s'agissait d'une variante du principe de conditionnalité que O'Neill et Greenspan allaient tenter d'introduire avec leurs garde-fous. Rubin expliqua que tout était affaire de perception et que Greenspan risquait d'être perçu comme étant favorable aux baisses d'impôts de Bush.

« Je ne peux pas m'occuper de la perception des gens, dit Greenspan. Je ne fonctionne pas comme ça, je ne peux pas fonctionner comme ça. »

* * *

Le lendemain matin, le 25 janvier, le président de la Fed arriva dans la salle d'audience de la commission budgétaire du Sénat à 10 heures, l'heure habituelle de ses auditions, afin que les marchés aient presque une journée entière pour réagir.

Mais il était déjà trop tard, les marchés avaient déjà réagi. L'envoi préalable de ses déclarations s'était retourné contre lui. Il y avait eu des fuites. Le matin même, le quotidien *USA Today* titrait: « Greenspan soutient les baisses d'impôts; le patron de la Fed "ouvert au changement" explique comment utiliser au mieux l'excédent. »

Greenspan s'assit à la table des témoins et, en trois mille mots soigneusement choisis, tenta de donner une petite leçon de réalité budgétaire. Les excédents, expliqua-t-il, sont le produit de gains de productivité qui s'inscrivent dans un arc ascendant de progrès technologiques, et il est très difficile de savoir exactement où ils se situent à un instant précis. « Ce qui est certain, lisait-il, c'est que ces impressionnantes révisions à la hausse de la croissance de notre productivité structurelle et de notre potentiel économique se fondent sur des déductions tirées de relations économiques qui sont très différentes de ce que nous avons pu observer jusqu'à présent. Les projections budgétaires qui en découlent sont par conséquent nécessairement sujettes à une marge d'erreur relativement importante. »

Soulignant le caractère incertain des prévisions budgétaires, il suggéra qu'une baisse future des impôts « pourrait comprendre une disposition qui, d'une manière ou d'une autre, limiterait toute mesure de réduction de l'excédent si certains seuils concernant celui-ci ou le niveau de la dette n'étaient pas atteints. Des baisses d'impôts sans conditions ne pourraient être acceptables que si la probabilité de les voir creuser le déficit était elle-même très faible ».

Maintenant que la proposition sur les garde-fous était dévoilée, Greenspan passa en revue une longue liste de mises en garde, depuis le risque de voir la hausse des taux d'intérêt accroître le coût de déficits importants, jusqu'à sa crainte que d'importants excédents puissent constituer un poids pour l'économie. Il termina par sa préoccupation principale : le risque que le gouvernement ne perturbe dangereusement les marchés financiers en tentant d'investir ces liquidités excédentaires.

« Dans le contexte actuel, expliqua-t-il, où une réduction d'impôts semble s'imposer pendant quelques années pour permettre de limiter l'accumulation de biens privés, il vaut mieux commencer ce processus le plus tôt possible pour préparer la transition vers un équilibre budgétaire à long terme. Et si la faiblesse actuelle de l'économie devait s'étendre au-delà de ce qui semble maintenant probable, le fait d'avoir préparé une baisse d'impôts pourrait, en fait, être très bénéfique. »

La messe était dite. Les journalistes présents dans la salle écrivaient ou tapaient fébrilement sur leurs claviers ; quelques-uns sortirent de la salle pour confirmer par téléphone le scoop de *USA Today*. Kent Conrad les regarda sortir en hochant la tête. Il ne restait presque personne pour écouter la fin de la déclaration et encore moins pour les questions des membres de la commission.

Quelques instants plus tard, Greenspan conclut avec cette phrase en forme d'avertissement : « Avec l'euphorie qui entoure aujourd'hui ces excédents, il n'est pas difficile d'imaginer comment la discipline budgétaire qui fut chèrement gagnée au cours des dernières années pourrait être rapidement abandonnée. Il nous faut résister aux politiques qui pourraient rapidement faire resurgir moins, dit Lynn. Tout le monde comprend qu'un dividende préférentiel dépend chaque année des résultats de l'entreprise et de l'économie. »

O'Neill pensa que l'analogie qui convenait était celle du dividende ordinaire, versé à tous les actionnaires, dans la mesure où chaque citoyen était une sorte d'actionnaire du gouvernement américain. « La question qui se pose, comme pour un dividende, est de savoir comment distribuer notre argent, tout en le conservant, dit O'Neill. Comment distribuer aux actionnaires une rémunération convenable sans pour autant s'engager sur un montant qui pourrait un jour mettre la société en faillite. »

Prévoir une carotte – avec une baisse des impôts qui pourrait provenir de cet excédent – pourrait être la solution. « Nous leur donnons quelque chose, mais cela doit être en échange de quelque chose d'autre, dit-il à Lynn. Cette contrepartie, c'est d'accepter de vrais principes de prudence pour l'avenir. »

* * *

À deux cents mètres plus à l'ouest, au rez-de-chaussée, Ari Fleischer, porte-parole de la Maison-Blanche, monta sur l'estrade pour sa conférence de presse de la mi-journée. Il allait vendre un tout autre message : le Président se réjouissait du soutien du président Greenspan.

Les journalistes posèrent des questions sur les commentaires de Greenspan indiquant que les baisses d'impôts proposées par le Président n'offriraient pas de réels moyens de relance à court terme pour l'économie. Fleischer répondit : « Je crois qu'il y a largement la place pour un consensus ou même pour quelques divergences de vues entre les économistes au sujet de la vitesse à laquelle une baisse des impôts pourrait aider l'économie. Mais il est clair que le président Greenspan a dit aujourd'hui et a soutenu qu'il y avait de la place pour des baisses d'impôts et que le Congrès pouvait le faire, eu égard aux contraintes budgétaires qui sont les nôtres, et qui sont aujourd'hui celles d'une période d'excédents importants. »

En ce qui concerne la suggestion de Greenspan de prévoir des « garde-fous » ou des « conditions », Fleischer s'en tenait à la ligne du gouvernement. « Nous avons besoin de les inscrire [les baisses d'impôts] de manière *pérenne* dans la loi du pays », dit-il laconiquement.

La position de la Maison-Blanche était maintenant solidement ancrée pour la journée. C'était l'exemple parfait de la règle du « triangle d'or » pour faire passer un message : dites-leur ce qui va être dit, puis, dites-le officiellement, et, enfin, répétez ce que vous venez de dire. *USA Today* s'était chargé de la première partie. Greenspan avait dit : « Une baisse des impôts semble s'imposer dans tous les cas de figure », comme on s'y attendait. Fleischer n'avait plus qu'à boucler la boucle.

Pourtant, à l'intérieur de l'aile ouest, l'inquiétude régnait. L'exposé de Greenspan avait révélé le fond de sa pensée en matière budgétaire, y compris certaines choses que O'Neill avait lui aussi mises en avant pendant son audition devant le Sénat. Non, la baisse des impôts ne serait pas particulièrement susceptible de relancer l'économie, ce qui contredisait ce que le Président proclamait partout haut et fort. Et Greenspan voulait des garde-fous, une montée en puissance des baisses d'impôts pendant plusieurs années, et des conditions rigoureuses basées sur la disponibilité des excédents, en particulier sur les dernières années de la période. Même si ces élé-

Dans l'après-midi du 30 janvier, dix jours après sa prise de fonction comme quarante-troisième président des États-Unis, George Bush rencontra les membres de son Conseil de sécurité nationale (NSC[1]) pour la première fois.

La garde rapprochée s'installa dans la salle des opérations, au rez-de-chaussée, sous le bureau Ovale, à 15 h 35 précises. Certains s'étonnaient de voir que le Président était déjà arrivé et était sur le point de regarder sa montre. Les présidents sont connus pour commencer et finir ce genre de réunions plus tard que prévu.

Ils s'installèrent autour de la table en suivant le protocole habituel : à la tête, le Président, à sa droite, le vice-président, puis O'Neill, le directeur de la CIA, George Tenet, et Condoleezza Rice à l'autre bout de la table ; à la gauche du Président, Powell, Rumsfeld et le chef d'état-major, le général Hugh Shelton. Andy Card était aussi présent et chaque membre avait convié un proche adjoint, un remplaçant ; ces derniers s'asseyaient juste derrière leurs patrons.

Bush commença par quelques remarques d'introduction sur « l'organisation des choses au sein de [s]on NSC ».

« C'est Condi qui s'occupera de ces choses. Je vous verrai tous régulièrement, mais je souhaite que le débat ait lieu ici et c'est Condi qui m'en rendra compte. Elle est ma conseillère pour la sécurité nationale. »

1. Rattaché au bureau du Président, le National Security Council réunit les membres du cabinet chargés de conseiller le Président en matière de défense et de politique étrangère (*NdT*).

Le sujet du jour était « Politique au Moyen-Orient », mais les ordres du jour qui avaient été distribués quelques jours auparavant avaient offert peu de détails. O'Neill et les autres membres avaient été briefés par leurs cabinets sur le seul sujet récent important dans la région, le conflit israélo-palestinien.

Tout au long de l'automne et de l'hiver de 2000-2001, l'administration Clinton avait fait une ultime tentative pour parvenir à un accord. Clinton avait réuni le dirigeant palestinien Yasser Arafat et le Premier ministre israélien Ehoud Barak. Ils avaient presque campé tous ensemble à Camp David. Clinton s'impliqua énormément dans ces discussions et en fit une affaire personnelle. Entre un Barak qui parvenait à peine à se maintenir au pouvoir et souhaitait désespérément un accord et un Clinton anxieux, presque toutes les exigences des Palestiniens avaient été satisfaites, y compris un État séparé par des frontières défendues par l'Onu et une aide de trente-deux milliards de dollars.

Mais pendant la négociation, l'équipe de Clinton avait isolé Arafat. Elle pensait obtenir une meilleure coopération en le coupant des factions radicales du camp palestinien. Cette tactique ôta à Arafat une partie de sa légitimité et le rendit incapable de représenter les multiples intérêts fratricides au sein des Palestiniens. L'accord était prêt à être signé en décembre quand Arafat se retira des négociations en grommelant des revendications bimillénaires concernant des rites religieux sur le mont du Temple de Jérusalem. Avec le recul, il était clair, pour la plupart des participants, qu'il lui restait trop peu d'autorité pour pouvoir signer un quelconque accord.

Le président Bush fit écho à cette analyse : « Nous allons corriger les déséquilibres de l'administration précédente sur le conflit au Moyen-Orient. Nous allons faire pencher la balance en faveur d'Israël. Et nous allons être constants. Clinton a été trop loin, et tout s'est écroulé. C'est pour cela que nous sommes dans le pétrin. Si les deux côtés ne veulent pas la paix, nous ne pouvons pas les y forcer. »

Il marqua une pause. « Quelqu'un ici a-t-il déjà rencontré [Ariel] Sharon ? » demanda-t-il.

Au bout d'un moment, Powell leva la main.

« Je ne vais pas m'attacher à une réputation qui appartient au passé de Sharon, dit Bush. Je vais le juger sur ses actes. Nous nous efforcerons de construire une relation qui évoluera en fonction du cours des événements. » Et il déclara qu'il avait rencontré Sharon, brièvement, lors d'une visite en décembre 1998 pendant laquelle il avait survolé Israël en hélicoptère : « C'est la seule fois où je l'ai rencontré. Nous avons survolé les camps palestiniens, dit Bush d'un ton aigre. Ça avait l'air vraiment terrible là-dessous. Je ne vois pas ce qu'on pourrait bien faire là-bas aujourd'hui. Je pense qu'il est temps de se retirer de cette situation. »

Et voilà ! D'après O'Neill et plusieurs autres personnes présentes dans la pièce, l'affaire était entendue. Le conflit israélo-palestinien était un bourbier, et les États-Unis allaient se désengager. Les combattants allaient devoir s'en sortir tout seuls.

Powell répondit qu'une telle initiative serait peut-être un peu précipitée. Il commenta la violence des affrontements dans la bande de Gaza et dans les territoires occupés et en décrivit les racines profondes. Il souligna qu'un retrait des États-Unis laisserait libre cours à Sharon et à l'armée israélienne : « Les conséquences pourraient être terribles, surtout pour les Palestiniens. »

Bush haussa les épaules. « Peut-être que c'est la meilleure façon de rééquilibrer les choses. »

Powell sembla surpris.

« Parfois une manifestation de force de la part d'un des protagonistes peut vraiment aider à rendre les choses plus claires, dit Bush, et il se tourna vers Rice. Alors Condi, de quoi allons-nous parler aujourd'hui ? Quel est l'ordre du jour ?

– Comment l'Irak déstabilise la région, monsieur le Président », répondit-elle sur un ton qui donna l'impression à plusieurs témoins que l'échange avait été préparé. Elle expliqua que l'Irak pourrait bien être un acteur clé pour remodeler la région tout entière.

Rice annonça que le directeur de la CIA, George Tenet, ferait une présentation des derniers renseignements disponibles sur l'Irak. Tenet sortit un long rouleau qui ressemblait à un plan d'architecte et le déroula sur la table – il s'agissait d'une photographie de mauvaise qualité sur laquelle figurait une usine–, et il expliqua que des avions de surveillance venaient juste de la prendre. La CIA pensait que le bâtiment pouvait être « une usine produisant des matières chimiques ou biologiques destinées à la fabrication d'armes ».

Tenet maniait la baguette : « Voici les rails ferroviaires qui entrent..., ici ce sont les camions..., ils apportent la marchandise par ici et ressortent par là..., ça, c'est le refroidisseur d'eau. »

Cheney se tourna vers les adjoints, les hommes de l'ombre, collés contre le mur. Il leur fit signe du bras : « Venez voir, dit-il avec une joie inhabituelle, il faut absolument voir ça ! » En un instant, le Président et une douzaine de personnes étaient penchés sur la photo.

O'Neill lança : « J'ai vu pas mal d'usines dans le monde qui ressemblent beaucoup à celle-là. Qu'est-ce qui nous fait suspecter qu'elle produit des agents chimiques ou biologiques pour fabriquer des armes ? »

Tenet mentionna quelques éléments de preuve indirecte – comme le fait que l'usine recevait et expédiait des marchandises vingt-quatre heures sur vingt-quatre –, mais reconnut qu'il n'y avait « pas de renseignements confirmant » la nature des produits fabriqués.

Le directeur de la CIA déroula d'autres photographies. Sur l'une d'entre elles, on voyait une piste d'aéroport sur laquelle figurait un avion irakien détruit par des chasseurs américains. Une autre détaillait les itinéraires des avions de surveillance américains. Une troisième montrait un front très dense de batteries antiaériennes que Saddam Hussein avait fait construire tout autour de Bagdad et qui s'étendait comme un entonnoir vers le sud, où se situait la zone interdite de survol.

Un incident venait de se produire. Un avion de reconnaissance américain avait presque été abattu et le général Shelton expliqua que la dépendance des États-Unis sur les renseignements aériens faisait courir un risque de plus en plus important de voir l'un de nos avions touché et un pilote tué ou capturé.

O'Neill demanda des précisions sur notre capacité à détruire leurs batteries antiaériennes – « Pour chaque missile tiré par les Irakiens nous répondons en détruisant une dizaine de leurs batteries », lui fut-il répondu. La conversation prit une tournure technique. Rumsfeld mentionna les systèmes de guidage des missiles. Tenet ajouta que les renseignements demeuraient si mauvais que pour toute cible d'installations militaires ou d'usines d'armement « il faudrait y aller à l'aveugle ».

Le Président parlait peu. Il se contentait de hocher la tête sans poser de questions, avec ce manque d'expression que O'Neill connaissait bien. Mais une nouvelle orientation venait d'être décidée au sommet, et c'est ce changement de politique qui allait maintenant alimenter la discussion. L'hypothèse de départ était que le régime de Saddam déstabilisait la région et qu'il était clairement susceptible de détenir des armes de destruction massive – la photographie était floue, peut-être trompeuse, mais elle prenait aux tripes. On était passé de l'analyse à la logistique : comment obtenir de meilleurs renseignements, resserrer l'étau autour du régime, utiliser l'armée américaine pour aider les opposants irakiens à préparer un coup d'État ?

Après plus de trente ans d'engagement intense – depuis Kissinger jusqu'à la dernière tentative de Clinton, en passant par Nixon – l'Amérique allait se laver les mains du conflit en Israël. Maintenant, il fallait se concentrer sur l'Irak.

Powell déclara que les sanctions étaient inefficaces, que les États-Unis étaient « en train de jouer le jeu de Saddam et de perdre le soutien du peuple irakien ».

Les sanctions devaient évoluer et passer « d'une liste de ce qui est permis à une liste de ce qui ne l'est pas », d'un régime de sanctions à un régime de contrôle de l'armement. « Il nous faut contrôler strictement l'importation de matières premières susceptibles d'être utilisées pour construire des armes et autoriser l'importation de biens qui ne leur parviennent pas aujourd'hui », dit le secrétaire d'État. Saddam se servait de la situation actuelle. Le peuple irakien manquait de médicaments et d'autres denrées essentielles alors que Saddam disposait de plus de trois milliards de dollars qui dormaient aux Nations unies sur le compte du programme « Pétrole contre nourriture». Powell signala que les sanctions n'étaient pas judicieusement ciblées et qu'elles pouvaient mener à des situations embarrassantes, comme celle de cette centrale électrique qui avait dû fermer à cause d'un manque de pièces détachées provoquant la mort de plusieurs Irakiens dans un hôpital privé d'électricité:

«Tout cela nous éloigne du peuple irakien dont nous espérons – si j'ai bien compris notre position – obtenir le soutien pour renverser le régime.

– Ça c'est un problème. Le peuple doit être à nos côtés», dit Bush.

Tenet mentionna que la CIA avait reçu des renseignements indiquant que Saddam versait des primes aux familles de certains kamikazes palestiniens qui posaient des bombes dans la bande de Gaza et en Cisjordanie. Il vendait aussi du pétrole à bas prix à la Jordanie et à la Syrie pour créer un réseau d'interdépendance et de soutien auprès de ses voisins.

«Il nous faut en savoir plus sur ce point, et aussi sur ses armes de destruction», déclara Bush.

D'autres sujets furent abordés: comment remédier à l'insuffisance de renseignements? découvrir la nature du programme d'armement de Saddam et bombarder certaines cibles en Irak?

Ceux qui étaient présents et qui avaient déjà assisté à des réunions du NSC sous l'administration précédente – ils étaient nombreux – avaient remarqué un changement important. «Dans l'administration Clinton, il y avait une énorme répugnance à envoyer les troupes américaines sur le terrain; il s'agissait presque d'un interdit, se souvient l'un d'entre eux. Cet interdit n'était clairement plus de mise, et cela introduisait de nouvelles options, qui n'avaient jamais été étudiées auparavant.»

L'heure était presque écoulée, Bush avait distribué à chacun sa feuille de route. Powell et son équipe se chargeraient de préparer un nouveau régime de sanctions. Rumsfeld et Shelton devraient « examiner les options militaires », précisa-t-il. Celles-ci comprenaient la reconstitution de la coalition militaire de la guerre du Golfe en 1991, l'examen de « la manière dont serait perçu » l'envoi de troupes américaines au nord et au sud de l'Irak et comment les forces armées pourraient soutenir des groupes à l'intérieur du pays pour participer au renversement de Saddam Hussein. Tenet devait faire un rapport sur la manière d'améliorer l'état actuel des renseignements. O'Neill étudierait comment étouffer financièrement le régime.

La réunion était terminée. Dix jours à peine, et l'Irak était le sujet principal.

* * *

O'Neill regagna son bureau du Trésor à pied, en se remémorant quelques scènes de la salle des opérations. Il se souvient que « l'objectif du gouvernement était maintenant de se payer Hussein ; sur ce point les choses étaient claires ». Il savait que Rumsfeld et quelques autres qu'il avait nommés comme adjoints, tels le secrétaire adjoint à la Défense Paul Wolfowitz et Doug Feith – un expert en affaires étrangères qui était alors à la tête d'un cabinet d'avocats de Washington – pensaient tous qu'il aurait fallu se débarrasser de Saddam en 1991.

Mais, dix ans plus tard, Hussein semblait bien inoffensif dans sa cage.

Il était clair que de nombreux facteurs contribuaient à déstabiliser la région et en particulier le conflit israélo-palestinien. Qui était vraiment derrière cette politique étrangère ? Les bonnes questions sur les choix et les conséquences étaient-elles posées ? La réunion semblait avoir été préparée à l'avance. Rumsfeld avait peu parlé, Cheney pas du tout, alors que les deux hommes avaient pendant longtemps réfléchi à la manière de renverser Saddam. Rice avait joué le rôle de chef d'orchestre et Tenet était prêt à faire sa présentation. Powell avait semblé surpris que le conflit israélo-palestinien soit abandonné pour faire de l'Irak une priorité. Le général Shelton avait l'air inquiet. Existait-il vraiment deux groupes, ceux « de l'intérieur » et ceux « de l'extérieur » ?

S'agissait-il simplement de terminer la tâche que la première administration Bush avait laissée en friche ? Est-ce qu'un assaut de toutes parts contre Saddam Hussein était vraiment une priorité au début de l'année 2001 ? La discussion d'aujourd'hui avait essentiellement tourné sur la *manière* d'affaiblir ou de mettre fin au régime de Saddam. L'administration venait d'entrer dans sa deuxième semaine et O'Neill se demandait à quelle date, finalement, on discuterait des *pourquoi* – pourquoi Saddam ? pourquoi maintenant ? et pourquoi était-ce primordial pour les intérêts des États-Unis ?

* * *

Quelques instants après son retour au bureau, O'Neill ouvrit un mémorandum provenant de Donald Rumsfeld. Intitulé « Sujets de discussion, exercice fiscal 2001 et prévisions exercices 2002 à 2007 – Questions budgétaires », il ne s'agissait pourtant pas d'un document budgétaire traditionnel. En décrivant pourquoi le budget de l'armée devait être considérablement augmenté, Rumsfeld expliquait, en s'appuyant sur une présentation en cinq points de l'état préoccupant de la planète, les quelques idées majeures qui, à partir de ce jour, allaient guider la politique étrangère.

1. La chute de l'Union soviétique avait produit des forces centrifuges dans le monde qui avaient créé de nouvelles puissances régionales. Plusieurs de ces puissances étaient fortement hostiles aux États-Unis et s'armaient pour nous dissuader d'utiliser notre puissance nucléaire ou conventionnelle afin d'influer sur une crise régionale.

2. La libéralisation des échanges après la fin de la guerre froide avait permis aux nations les plus pauvres de la planète d'acquérir rapidement les technologies militaires les plus destructrices, y compris des armes nucléaires, chimiques et biologiques ainsi que leurs vecteurs. Il nous est impossible de les en empêcher.

3. C'est le secteur civil et non plus le secteur militaire qui produit maintenant les technologies permettant l'accès aux moyens militaires modernes. Ces technologies disponibles partout peuvent être utilisées par des pays de petite ou moyenne taille pour créer des réponses « asymétriques » à notre puissance militaire conventionnelle. Celles-ci ne sont pas capables de mettre nos forces en échec, mais elles peuvent nous interdire l'accès à des zones critiques en Europe, au Moyen-Orient et en Asie. Des sous-marins conventionnels, des défenses aériennes modernes et des attaques sur notre infrastructure C4ISR (commandement, contrôle, communications, ordinateurs, rensei-

gnement, surveillance et reconnaissance) ainsi que des approches « asymétriques » semblables peuvent limiter notre capacité à exercer notre puissance militaire.

4. La Chine, la Russie, l'Iran, l'Irak, la Corée du Nord et d'autres pays investissent dans ces capacités qui exploitent des failles béantes dans les forces américaines. La libéralisation des échanges internationaux permettra à ces capacités de se propager vers d'autres pays.

5. Les menaces peuvent survenir très rapidement et avec très peu ou pas d'avertissements.

NOTE : Observations de FMR SECDEF[1] Bill Cohen – des missiles pourraient faire surface et menacer les États-Unis d'ici à un an.

CONCLUSION : Le risque pour la sécurité des États-Unis et de l'Alliance ne ferait qu'augmenter si les États-Unis n'apportaient pas de réponse efficace et décisive contre les menaces asymétriques qui caractériseront probablement le premier quart du XXIe siècle.

O'Neill connaissait Rumsfeld depuis la fin des années 1960. Leurs chemins s'étaient souvent croisés. Leurs épouses étaient amies. Ils avaient tous deux quitté le gouvernement pour devenir P.-D.G. Don avait été président de la Rand Corporation. Paul lui avait succédé.

À la mi-décembre, quand O'Neill s'était rendu au Texas, il avait parlé à Bush de Rumsfeld. À ce moment-

1. Abréviation de *Former Secretary of Defense*, ancien secrétaire à la Défense (*NdT*).

là, le sénateur démocrate de l'Indiana, Dan Coats, et Paul Wolfowitz étaient les candidats les mieux placés pour le poste de secrétaire d'État à la Défense. Pendant une réunion à la résidence du gouverneur, Bush laissa entendre que Cheney était trop proche de Rumsfeld pour être objectif et demanda à O'Neill ce qu'il en pensait. « Il ferait un très grand agent du changement », dit O'Neill, et il conseilla Bush sur « la meilleure manière de tirer profit des qualités de Don ».

O'Neill était l'une des rares personnes qui parlait sans détours à un Rumsfeld têtu. Il était même capable de dire à Rummy qu'il avait complètement tort.

Ce jour-là, O'Neill feuilleta les six pages du document, un premier exemple de ce que pouvait donner Rumsfeld dans le rôle de secrétaire à la Défense. Sa vision du monde, austère, était suivie d'une longue liste de réponses sur les changements à apporter à l'armée et sur leurs coûts.

Le mémo reprenait des idées qui avaient fait leur chemin depuis la première administration Bush. La chute de l'Union soviétique en 1991 signifiait que presque tous les principes qui soutenaient la position de l'Amérique devaient être réévalués. Le public avait pu découvrir ce que les dirigeants américains pensaient sur cette question dès 1992, lorsqu'une fuite permit au *New York Times* de publier un projet de rapport confidentiel du Pentagone intitulé *Principes de la politique de défense.* Le plan, rédigé par Paul Wolfowitz, alors sous-secrétaire à la stratégie du secrétaire d'État à la Défense Dick Cheney, décrivait comment de nouveaux centres de pouvoir, dont certains étaient hostiles aux États-Unis, étaient en train de se développer. Ce projet de rapport recommandait aux États-Unis d'adopter une attitude vigoureuse pour décourager la montée en puissance de « concurrents » comme la Chine et la Russie, mais aussi des alliés comme le Japon ou l'Allemagne.

Pendant ce temps, un dialogue parallèle s'était instauré sur le type d'armée la mieux adaptée à la projection des forces américaines dans des pays qui avaient beaucoup changé sur le plan technologique. Ce type de discussion était mené par un discret analyste de la défense, Andy Marshall, qui avait dirigé pendant près de trente ans le Bureau de l'évaluation globale du Pentagone, un bureau de prospective interne, et qui rendait fréquemment visite à la Rand, où il rencontrait Rumsfeld et O'Neill. Marshall est considéré comme le fondateur d'une école de pensée connue sous le nom de « Révolution des affaires militaires » qui prétendait que nous étions entrés dans l'une de ces rares périodes de l'histoire où la tactique comme la technologie militaire étaient en train de faire un bond en avant. Les deux éléments clés de cette avancée étaient le développement d'armes de longue portée très précises qui rendent les porte-avions, les bases aériennes et autres plates-formes découvertes très vulnérables aux attaques depuis des sites de tir éloignés ; ainsi que les avancées de la technologie de l'information – depuis les caméras des satellites jusqu'aux sondes robotisées en passant par le système GPS de positionnement par satellite – qui permettaient aux chefs militaires d'observer les opérations d'un champ de bataille, de garder le contact pour rester coordonnés, et de saisir toutes les opportunités qui pouvaient se présenter.

Pour Marshall et ses supporters, l'armée du futur était une force plus petite, plus rapide, plus moderne sur le plan technologique, au sol comme en mer, soutenue par des armes de précision à longue portée et un fer de lance constitué par une attaque aérienne sophistiquée, basée sur le renseignement.

Cette théorie sur une soi-disant révolution n'avait pas produit beaucoup de résultats pendant les années 1990. Les relations du président Clinton avec l'armée étaient parties du mauvais pied avec sa position sur l'acceptation des homosexuels, et ne s'étaient jamais beaucoup améliorées, ce qui donnait aux traditionalistes de l'armée toutes les munitions dont ils avaient besoin pour bloquer les initiatives de Marshall et d'un secrétaire à la Défense pourtant réformateur, William Perry. Après avoir beaucoup parlé des « dividendes de la paix », Clinton ne réduisit en fait que très peu le budget de la Défense en dollars constants et il s'était installé dans ce qui pouvait ressembler à une trêve négociée.

Il n'avait pas non plus adopté de doctrine militaire très audacieuse. Ses collaborateurs à la Défense et aux Affaires étrangères avaient tendance à approcher les problèmes géopolitiques, comme le conflit en Bosnie ou les relations avec la Chine, au cas par cas. Ils improvisaient, réunissaient des partenaires internationaux et essayaient, avec un certain succès, de parvenir à des accords et de se tenir au centre. En fait, nombre d'entre eux pensaient que la fin de la guerre froide les avait libérés de tout dogme universel qui structurait les relations internationales comme ceux de l'endiguement ou de la *détente**.

À Kennebunkport, en 1998, George H. W. Bush avait présenté son fils à Condoleezza Rice, professeur de sciences politiques à Stanford et recteur de l'université. Le

*Les mots en italique suivis d'un astérisque sont en français dans le texte (*NdT*).

gouverneur avait commencé à songer à une candidature à la présidence. Il ne connaissait qu'un seul pays étranger, le Mexique, à cause de sa frontière avec le Texas. Rice fit équipe avec Wolfowitz et lui donna des cours particuliers. Pendant un an et demi, d'autres professeurs furent appelés, dont la plupart appartenaient à un petit groupe néo-conservateur.

On sait peu de chose de ce qui se passait pendant ces cours. Les seuls commentaires de ses proches sur ce que le gouverneur savait – sur ce qu'il avait appris et par qui – se réduisent à des remarques sur « ses bons instincts ». Richard Perle est la seule exception. Chercheur à l'American Enterprise Institute et ancien secrétaire adjoint à la Défense dans l'administration Reagan, il déclara publiquement : « La première fois que j'ai rencontré Bush "43", je savais qu'il était différent. Deux choses devinrent très claires. La première était qu'il ne connaissait pas grand-chose. L'autre était qu'il avait suffisamment confiance en lui pour poser des questions qui révélaient son ignorance. La plupart des gens hésitent à avouer qu'ils ne connaissent pas quelque chose, un mot ou un terme qu'ils n'ont jamais entendu auparavant. Pas lui. Vous faisiez une remarque et il répondait : "Je n'ai pas compris ça. Pouvez-vous me l'expliquer ?" Il avait envie d'apprendre. »

À cette époque, la fin du mois de janvier, ceux qui avaient enseigné la plupart des idées qui allaient être à la base de la politique étrangère de ce gouvernement étaient sur le point de présider à leur mise en œuvre. Cheney offrirait la supervision et sa protection. Rumsfeld serait en première ligne. Wolfowitz le soutiendrait de l'intérieur. À l'extérieur, Richard Perle, à la tête d'un groupe de civils intitulé « Groupe de conseillers sur la politique de défense», conseillerait la Maison-Blanche, le Pentagone et la CIA.

L'hypothèse du mémo de Rumsfeld était que les menaces contre la sécurité des États-Unis avaient pris racine et s'étaient rapidement développées pendant les années qui suivirent la désintégration du modèle bipolaire. À mesure que des puissances régionales fortement hostiles aux États-Unis «s'armaient pour nous dissuader», écrivait-il, le commerce en technologies avancées avait permis «à toutes les nations, même les plus pauvres, d'acquérir rapidement les armes militaires les plus destructrices». Cette sombre perspective d'une planète grouillant d'armes nucléaires, biologiques et chimiques – et, on l'imaginait, l'intention de les utiliser contre les États-Unis – ne pouvait être évitée, c'était, affirmait le mémo, un *fait accompli**. «Il nous est impossible de les en empêcher.»

La réponse traditionnelle, celle qui passait par les organisations internationales, un réseau d'interdépendances économiques et culturelles et des alliances protectrices pour tenter de contrôler une telle prolifération mortifère n'était même pas mentionnée dans le mémo. Les néoconservateurs faisaient peu confiance à de tels arrangements ou même à la diplomatie.

Dans le scénario «asymétrique», il n'y aurait peut-être aucun pays avec qui négocier. Le terme – employé jusqu'ici par des stratèges militaires pour désigner tout ce qui ne relevait pas de conflits directs entre divisions lourdes conventionnelles – désigne surtout les combats de guérilla. Ajoutez à cela la disponibilité d'armes de destruction massive partout dans le monde et, selon Rumsfeld, de telles approches asymétriques seraient suffisantes pour priver les États-Unis de l'accès à de nombreuses régions du monde et pour « limiter [leur] capacité à exercer [leur] puissance militaire ».

Rumsfeld cita l'Irak, la Chine, la Russie, l'Iran et la Corée du Nord comme des pays susceptibles d'emprunter cette voie – avant de citer le commentaire de l'ancien secrétaire à la Défense de l'administration Clinton, William Cohen.

O'Neill alla directement à la dernière partie du mémo de Rumsfeld qui contenait son exposé de principes. Il avait déjà entendu tout cela, dans des réunions de l'American Enterprise Institute auxquelles il avait participé à la fin des années 1990, où tous les néo-conservateurs étaient présents. On annonçait un péril envahissant sans proposer de réelle solution.

Les pages suivantes soulignaient la détérioration des forces conventionnelles américaines – la conséquence de l'« arrêt des commandes » de systèmes d'armes et de transport militaire sous Clinton – et recommandaient une augmentation des dépenses comprise entre deux cent cinquante-cinq et huit cent quarante-deux milliards de dollars sur les cinq prochaines années. Cet argent servirait à entretenir les forces actuelles tout en construisant l'armée de demain.

Dans la conclusion « Quel est notre objectif ? » figurait une liste de recommandations générales dans un seul but : « Maintenir notre capacité de dissuasion contre l'utilisation d'armes de destruction massive et de missiles à longue portée contre notre pays [un appel de fonds pour les systèmes de missiles de défense], avant d'utiliser notre structure militaire actuelle pour dissuader les nations étrangères de menacer nos intérêts, pendant que nous préparons nos forces armées à faire face à la nouvelle donne du XXIe siècle. »

Le mot clé était « dissuader ». Son utilisation par Rumsfeld signifiait clairement qu'il avait commencé à placer ses pions pour mettre au point, sinon une solution, du moins une réponse à l'échelle mondiale.

O'Neill s'interrogeait. Comment les États-Unis pouvaient-ils réussir à dissuader des pays souverains de poursuivre la modernisation naturelle et inexorable de leurs propres capacités technologiques ?

* * *

La prochaine réunion des membres du NSC était prévue à 15 heures le jeudi 1er février, dans la salle des opérations de la Maison-Blanche.

O'Neill arriva quelques minutes en avance et lut la page de garde du dossier qui lui avait été distribué.

> *Objectif* : Point sur la situation actuelle (briefing de la CIA sur l'Irak) et examen des différents plans d'action.
>
> *Pièces jointes* :
>
> Index A. Ordre du jour et questions sur la politique à mener (préparé par le NSC) – SECRET.
>
> Index B. Environnement économique de l'Irak (préparé par la Deutsche Bank).
>
> Index C. Résumé du programme militaire pour la crise de l'Irak post-Saddam (programme de travail interministériel) – SECRET.
>
> Index D. Résumé des sanctions américaines contre l'Irak.
>
> Index E. « Le régime de sanctions contre l'Irak », Département d'État, à utiliser dans les déclarations publiques.

Colin Powell était assis en face de O'Neill. Ils bavardèrent amicalement en attendant que Rice ouvre la séance. Alors que ses vieux amis Cheney et Rumsfeld lui avaient semblé circonspects pendant les premières réunions – comme s'ils préféraient parler franchement au Président pendant leurs entretiens privés –, Powell essayait vraiment de poser le genre de questions difficiles et fondamentales que O'Neill appréciait particulièrement. De plus, il le faisait en présence de tous les membres du NSC, en essayant de rendre le processus décisionnel plus collégial et transparent.

Le rapport de Powell pour la réunion d'aujourd'hui portait sur la manière de modifier le régime de sanctions. Cependant, les documents préparés par le Département d'État constituaient un attrape-tout bien utile, portant sur les objectifs spécifiques du département de la Défense, du Trésor et d'autres départements ministériels pour participer à tous les échelons de la nouvelle initiative contre Saddam Hussein.

Selon le résumé du Département d'État, « [cette présentation] traite des problèmes à résoudre pour donner un nouveau souffle aux sanctions contre l'Irak, reconstruire la coalition et traiter les programmes irakiens d'armes de destruction massive. Il ne s'agit pas d'une discussion exhaustive de la politique envers l'Irak qui aurait également besoin de couvrir les approches concernant un éventuel changement de régime, les initiatives concernant les crimes de guerre, le règlement de la question kurde et la détermination de la situation militaire de la coalition et de ses lignes rouges [c'est-à-dire les points importants qui ne sauraient faire l'objet d'aucune négociation ou de compromis]. Notre objectif global étant d'empêcher l'Irak de menacer ses voisins ou, plus largement, les intérêts nationaux, en établissant un contrôle continu des ressources irakiennes, en interdisant l'importation d'armes ou de matières susceptibles d'être utilisées dans la construction d'armes de destruction massive et en imposant des inspections de sites. Cette approche s'articule autour de deux démarches qui se renforceront mutuellement et qui seront menées conjointement : la première vise l'amélioration de l'application des sanctions et la seconde l'application de la résolution 1284 du Conseil de sécurité de l'Onu ».

La résolution du Conseil de sécurité, votée en décembre 1999, était la dernière d'une longue série de modifications du régime de sanctions mis en place contre l'Irak depuis son invasion du Koweït en 1990. Ces modifications avaient levé de nombreuses restrictions qui continuaient à peser sur l'économie irakienne. Il fallait éviter que les Irakiens ne souffrent de malnutrition ou d'une pénurie de médicaments. En lâchant du lest sur le terrain des sanctions, les États-Unis espéraient pouvoir obtenir un soutien plus large de la communauté internationale en faveur des inspections de sites irakiens. Le Département d'État était convaincu que son nouveau plan destiné à concentrer les sanctions sur le contrôle des armements serait couvert par la résolution 1284. O'Neill et le Trésor avaient étudié des moyens de convaincre les banques en Turquie, en Jordanie, en Syrie et dans d'autres pays arabes à cesser toute relation avec les banques irakiennes, dans l'espoir de priver Saddam Hussein de ses ressources financières. Pendant ce temps, le département de la Défense et la CIA travaillaient activement à ce que le jargon du Département d'État décrivait comme « un éventuel changement de régime, des initiatives concernant les crimes de guerre, le règlement de la question kurde et la détermination de la situation militaire de la coalition et de ses lignes rouges ».

Rice ouvrit la séance et présenta l'ordre du jour en indiquant ce qui était attendu de chacun des intervenants.

Powell commença à parler de la nouvelle stratégie en faveur de « sanctions ciblées ». Mais, au bout de quelques instants, Rumsfeld l'interrompit.

« Les sanctions, c'est bien, dit-il. Mais ce à quoi il nous faut réfléchir c'est à la manière de s'attaquer à Saddam. »

Il se lança alors dans une évaluation de l'objectif plus large des États-Unis de se débarrasser de Saddam et de remplacer le régime actuel par un régime davantage enclin à construire des relations plus coopératives avec eux et leurs alliés occidentaux.

« Imaginez à quoi ressemblerait la région sans Saddam et avec un régime dont les intérêts seraient alignés sur ceux des États-Unis, dit Rumsfeld. Cela changerait tout dans la région et même bien au-delà. Cela montrerait quels sont les objectifs de la politique américaine dans cette région. »

Rumsfeld commença à parler en termes généraux d'un Irak de l'après-Saddam, de la gestion des Kurdes au nord, des champs de pétrole, de la reconstruction de l'économie du pays et de la « libération du peuple irakien ».

Mais comment parvenir à cet objectif ? Rice, Rumsfeld et le général Shelton parlèrent de reconstruire la coalition militaire de la guerre du Golfe de 1991, mais il ne fut jamais spécifiquement question d'une invasion. Tenet parlait d'un coup d'État et, selon lui, les chances de succès n'étaient pas particulièrement bonnes. Powell dit qu'il n'était « pas question de remplacer un tyran par un autre ». Rumsfeld ajouta que les opérations de contrôle de la zone interdite de survol pourraient être utilisées pour aider tactiquement certains groupes d'opposants au régime à progresser militairement vers le nord. Rumsfeld, pourtant, se dérobait. « Je n'ai pas pour objectif particulier de me débarrasser de Saddam Hussein, dit-il. Je suis à la recherche d'armes de destruction massive. Le changement de régime n'est pas ma préoccupation principale. »

Tout le monde prit note de cette déclaration, et la discussion sur les options et la tactique commença.

O'Neill pensa au mémo de Rumsfeld. Il décrivait comment tout s'emboîtait parfaitement. La soudaine concentration sur Saddam Hussein ne se justifiait que dans le cadre du soutien à une thèse plus large – le besoin de « dissuader » les autres de créer des menaces asymétriques. Là était le *pourquoi*.

Un Saddam faible mais de plus en plus indiscipliné pourrait être utile pour servir de modèle de démonstration de la nouvelle détermination dont faisait preuve l'Amérique de manière unilatérale. S'il était effectivement possible de montrer qu'il possédait, ou qu'il essayait de construire, des armes de destruction massive – en créant dans la région ce que le jargon néo-conservateur désignait comme une « menace asymétrique » pour la puissance des États-Unis – son renversement aiderait à « dissuader » d'autres pays de suivre la même voie.

« Il n'y a jamais eu de discussion sérieuse sur cette grande idée qui semblait commander à toutes les actions spécifiques », dit O'Neill, rejoignant les commentaires de plusieurs autres participants aux débats du NSC. « Dès le début, nous instruisions à charge contre Hussein et nous nous interrogions sur la manière de le faire partir et de faire de l'Irak un nouveau pays. Et, si nous faisions cela, tous les problèmes seraient réglés. Il s'agissait seulement de trouver *un moyen de le faire.* C'était le ton de la discussion. Et le Président disait : “Très bien, allez-y, trouvez-moi un moyen de le faire.” »

Sans laisser d'empreintes

Le gouvernement était maintenant frénétiquement engagé dans son premier mois – celui des tout premiers actes, qui en disent long sur le caractère d'un mandat présidentiel, et de l'arrivée des mesures concrètes, après les promesses de campagne.

Un programme économique prévoyant une réduction massive des impôts avait été déployé, alors même que O'Neill et Greenspan travaillaient discrètement à réduire l'ampleur de cette baisse. En politique étrangère, Bush avait déclaré pendant la campagne qu'il souhaitait voir les États-Unis jouer un rôle « humble » sur la scène internationale et qu'il ne s'aventurerait jamais dans une politique de *nation-building*[1]. Pourtant, le gouvernement avait déjà fait du renversement de Saddam sa priorité et affichait une politique que l'on ne tarderait pas à qualifier de « politique de préemption ».

Les membres du cabinet du Président avaient été invités dans le bureau Ovale pour leurs premiers entretiens individuels. Andy Card avait convoqué les collaborateurs de la Maison-Blanche et leur avait dit, lors de cette première

1. Politique de « construction d'un État » dans un pays étranger (*NdT*).

réunion, de regarder leur voisin de droite, puis celui de gauche et d'« accepter le fait que, dans dix-huit mois, l'un des deux ne [serait] plus là ». Karen Hughes s'installa dans la suite en angle avec la meilleure vue – donnant sur Pennsylvania Avenue au nord et sur les appartements privés du Président à l'est–, tandis que Karl Rove avait pris ses quartiers au deuxième étage de l'aile gauche, dans un labyrinthe de modestes petits bureaux.

Pendant ce temps, le portefeuille de O'Neill se révéla plus étendu qu'il ne l'avait prévu. Toutes sortes de documents passaient par son bureau. Des rapports sur les investissements du gouvernement, aux États-Unis comme à l'étranger, mais aussi des statistiques du département du Travail ou des notes de la CIA. Tous les responsables importants du gouvernement sollicitaient en permanence ses conseils, de Rumsfeld à Karen Hughes.

Le Président faisait de même. L'agenda de O'Neill indiquait, sous le titre « Réunion avec le Président », les entretiens hebdomadaires pendant lesquels ils s'entretenaient de toutes les grandes questions qu'un président – n'importe quel président – doit maîtriser. O'Neill se souvient que Bush « semblait avoir une connaissance limitée de la plupart des questions de politique intérieure », mais il écoutait avec attention, toujours imperturbable.

O'Neill ne savait pas comment interpréter ces entretiens en tête à tête. Le Président était peut-être en train de s'informer pour prendre des décisions futures. Il n'avait peut-être pas eu l'occasion de réfléchir sur certaines questions de politique intérieure. C'était peut-être une sorte d'innovation dans sa stratégie, celle d'un président qui pensait qu'une simple manifestation d'intérêt pour ces questions suffisait à guider sa politique intérieure. Peut-être s'agissait-il de tout cela à la fois.

Quoi qu'il en soit, ces réunions régulières permettaient à O'Neill de mesurer la valeur de son *propre* processus de réflexion – ce qui n'était pas du goût de tout le monde. Il avait déjà dit en décembre qu'il serait peut-être difficile pour lui de rester « une ouaille parmi d'autres ».

Dès ses premières initiatives, cela avait été loin d'être le cas. Pendant la première réunion du cabinet le 31 janvier, il avait fait circuler des copies de son petit livre publié par Alcoa sur le changement climatique à une demi-douzaine des membres du cabinet, y compris à Christine Todd Whitman, la directrice de l'EPA, qui sembla surprise et un peu inquiète de voir O'Neill marcher ainsi sur ses plates-bandes. Pendant la réunion du NSC sur l'Irak le 1er février, O'Neill avait interrogé Rumsfeld sur la capacité des États-Unis à attaquer les batteries irakiennes qui tiraient sur des avions militaires américains en patrouille dans la zone interdite de survol. Il avait demandé à rencontrer le secrétaire à l'Éducation Rod Paige pour discuter de la manière de redonner du souffle au débat sur l'éducation. Paige se demanda de quoi O'Neill voulait parler. O'Neill lui avait répondu : « De tout. »

Le groupe de travail du vice-président consacré à l'énergie, intitulé Groupe de travail sur la politique énergétique nationale (NEPD[1]) s'était réuni pour la première fois le 9 février. Comme partout ailleurs, O'Neill participa avec enthousiasme et dynamisme aux débats. Il connaissait le secteur de l'énergie, il connaissait le monde des affaires et il connaissait la déréglementation des marchés. Pourtant, il restait impressionné de voir avec quelle

1. *National Energy Policy Development Group.*

habileté et quelle efficacité Cheney parvenait à botter en touche sur toutes ces questions dérangeantes.

Le vice-président gardait la haute main sur les échanges, sans s'écarter de son ordre du jour, et présidait les débats dans une grande salle remplie de poids lourds du gouvernement. Il y avait Christine Whitman, le secrétaire à l'Énergie, Spencer Abraham, celui des Transports, Norman Minetta, celui de l'Agriculture, Ann Veneman, celui du Commerce, Donald Evans et celui de l'Intérieur, Gale Norton. Chacun était accompagné de quelques collaborateurs. Karen Hughes et Karl Rove étaient également présents et les collaborateurs politiques de la Maison-Blanche tapissaient les murs. O'Neill n'avait encore jamais vu Bush diriger une telle assemblée.

Cheney était manifestement en train de repenser la politique énergétique du pays. Et O'Neill se sentait prêt à en faire autant avec l'économie. La seule différence était que le secrétaire au Trésor, lui, n'hésitait pas un instant à parler au grand jour de ce qui pourrait constituer une politique économique.

Les longues dissertations qu'il avait faites devant le Congrès pendant ses auditions de confirmation avaient fait l'objet de commentaires très positifs. Il aimait les poursuivre avec les journalistes, au cours de longues discussions où rien n'était *off the record*[1]. Sa nouvelle attachée de presse, Michele Davis, qui avait travaillé pour Dick Armey, le leader de la majorité à la Chambre des représentants, lui avait recommandé de préparer un certain nombre de choses qu'il tenait à dire pendant une

1. Un commentaire que le journaliste s'engage à ne pas publier (*NdT*).

interview, de les dire et de laisser tout le reste *off the record*. « De cette manière, lui avait-elle dit, vous pourrez les impressionner sur des questions beaucoup plus larges, tout en étant seulement cité dans les domaines sur lesquels vous voulez être entendu. »

O'Neill n'avait pas suivi ce conseil. Après des années passées à écrire ses propres discours, et à réfléchir tout haut en public, il préféra s'en tenir à la méthode qu'il connaissait le mieux. « Les gens apprécieront d'entendre la vérité », lui répondit-il. Cela était particulièrement vrai, pensait-il, du *Wall Street Journal*, auquel il faisait depuis longtemps confiance – comme la plupart des P.-D.G. du pays – pour son honnêteté et sa constance, comme s'il s'agissait d'un fidèle allié.

Lors d'une rencontre avec les journalistes du *Wall Street Journal* à la fin du mois de janvier, O'Neill parla d'un très large éventail de sujets allant de la politique budgétaire aux institutions financières internationales et à la politique fiscale américaine. Il déclara également : « Allez parler à des gens qui prennent des décisions dans les entreprises pour savoir quelle est l'influence des crédits d'impôts [en faveur de la recherche et du développement] sur le niveau de leurs investissements en recherche et développement. Si vous rencontrez un seul type qui vous dit : "Je fais plus de recherche et de développement parce que j'en tire un avantage fiscal", vous aurez trouvé un idiot. »

Un peu plus tard, en parlant de l'obsession quotidienne du public pour les hauts et les bas de la Bourse, il expliqua que les *traders*[1] de Wall Street sont « des gens qui passent leurs journées devant un écran pour prendre des

1. Courtiers (*NdT*).

décisions, certes basées sur des modèles très sophistiqués, mais qui n'en demeurent pas moins purement spéculatifs. Moi, je ne sais pas comment on le fait, [mais] je pense que je pourrais probablement l'apprendre en deux semaines ».

Les reporters du *Wall Street Journal* étaient abasourdis et titubaient. « Les deux choses que vous venez de dire sont peut-être vraies, lui fit remarquer l'un des reporters, mais vous venez d'insulter deux populations très importantes – plusieurs millions de personnes qui travaillent dans l'industrie des services financiers ou qui mettent au point des politiques fiscales pour aider les entreprises, c'est-à-dire à peu près la moitié de Washington. »

Environ une semaine plus tard, pendant une réunion du même genre avec des reporters du *Washington Post* cette fois, O'Neill s'attaqua à ceux qui critiquaient les baisses d'impôts de Bush comme un cadeau fait aux riches. Les démocrates et leurs alliés, dit-il, jouent sur les instincts populistes « pour se payer les riches, ces sales fils de pute, et cherchent toujours à les faire payer. Je crois que notre peuple a déjà prouvé qu'il ne pensait pas que le socialisme soit la bonne manière de diriger une société ».

Les gens étaient étonnés. Ils se posaient des questions tout bas. Certains démocrates du Congrès se sont plaints. Les paroles de O'Neill, après leurs publications dans le *Wall Street Journal* et le *Washington Post* firent les choux gras de quelques journalistes et commentateurs de télévision. Mais c'était encore dans le registre de ce que l'on pouvait attendre de O'Neill. Il disait ce qu'il pensait. Après tout, c'est ce que font les francs-tireurs.

* * *

Il était 7h16, le matin du 16 février, quand l'avion de United Airlines se posa sur l'aéroport Malpensa de Milan. Les plus grands responsables économiques de l'Amérique débarquèrent à moitié endormis après ce vol de nuit en provenance de Washington. Il faudrait attendre encore quelques heures avant de pouvoir prendre la correspondance pour Palerme, où se tiendrait la réunion du G7. Les sept pays les plus industrialisés de la planète devaient s'entretenir de leur coopération sur les affaires financières. La délégation de la première puissance économique mondiale errait dans le salon d'attente à la recherche de café.

Michele Davis était accompagnée de Tim Adams, le nouveau directeur de cabinet de O'Neill, qui avait été précédemment directeur général de G-7 Group, un cabinet privé de conseil en économie internationale. Installés dans des fauteuils, une tasse de café à la main, pour parcourir le programme de la journée, ils sursautèrent, horrifiés. Le présentateur du journal télévisé venait de déclarer: « Le dollar est en chute libre sur les marchés financiers aujourd'hui, à la suite des déclarations du secrétaire américain au Trésor Paul O'Neill à un journal allemand, indiquant que les États-Unis avaient abandonné leur politique en faveur d'un dollar fort... », avant d'enchaîner sur un reportage décrivant les marchés en ébullition.

Davis reprit son souffle. Deux jours plus tôt, à Washington, O'Neill avait accordé un entretien à un jeune reporter du quotidien allemand, le *Frankfurter Allgemeine Zeitung*. Il s'était un peu lâché. Il avait parlé comme un professeur et expliqué comment, selon lui, le prix du dollar était établi. C'est dans ce contexte que O'Neill avait fait une déclaration qui était en train de faire le tour du monde: « Nous ne sommes pas, comme on le dit souvent, en train de soutenir une politique du dollar fort. À mon avis, un dollar fort est le produit d'une économie forte. »

La politique du dollar fort avait été mise en place par Robert Rubin et, depuis 1995, la phrase « les États-Unis soutiennent un dollar fort » était devenue le mantra de tous les responsables du Trésor jusqu'à la fin de l'administration Clinton. Qu'est-ce que cela signifiait ? Beaucoup de choses et rien en particulier. Un dollar fort avait joué un rôle important dans la croissance historique qu'avait connue le pays dans les années 1990, en aidant à supprimer l'inflation quand la demande intérieure augmenta précipitamment. C'était un phénomène que les États-Unis « encourageaient », mais sans promouvoir d'action spécifique. À vrai dire, la santé du dollar face à n'importe quelle autre devise est déterminée par les atouts de l'économie du pays en question comparée à celle des États-Unis. « Soutenir » veut dire quelque chose comme « apprécier ». Et aussi que les États-Unis profitent des avantages que cela confère aux consommateurs comme à la plupart des entreprises – qui bénéficient d'un pouvoir d'achat plus fort pour acheter des produits étrangers.

Avec un patron de l'aluminium à la tête du Trésor et une économie américaine en perte de vitesse, les paroles de O'Neill n'avaient rien d'abstrait pour les marchés. Les choses changent, les gouvernements aussi. Tous les courtiers de la planète s'interrogeaient pour savoir s'il s'agissait d'un changement historique dans la politique des États-Unis.

Davis sortit précipitamment du salon de l'aéroport. Sept reporters qui voyageaient avec la délégation étaient déjà en train d'accaparer les deux téléphones publics pour parler frénétiquement à leur rédaction. Elle les interrompit brusquement : « Écoutez-moi tous ! J'ai une déclaration : il n'y a pas de changement de la politique des États-Unis, nous continuons de soutenir un dollar fort. » Les reporters la fixèrent d'un regard creux qui signifiait « c'est ça ! » et s'emparèrent des téléphones.

Dans le salon d'attente de la classe affaires, O'Neill discutait avec Alan Greenspan, qui assistait rarement aux réunions du G7 mais qui, cette fois, avait fait le voyage avec la délégation. O'Neill savait qu'un problème couvait à propos du dollar, mais sa discussion avec Greenspan après ce long vol l'aidait à se reconcentrer sur ce qu'il considérait comme l'essentiel : l'atterrissage en douceur de l'économie. Ils en parlaient, comme à leur habitude, en s'interrogeant mutuellement entre deux tasses de café. Ils se félicitaient également de la manière dont les « garde-fous » étaient finalement parvenus à trouver un écho auprès du Congrès malgré le fait que tout ce qu'avait dit Greenspan pendant ses auditions du mois de janvier avait été occulté par ses recommandations sur la baisse des impôts. O'Neill essayait de convaincre Greenspan qu'il se faisait trop de souci au sujet des excédents à investir sur les marchés. Il pensait qu'il serait possible de le faire sans perturber le marché des actions. Le président de la Fed, lui, pensait que la question n'avait pas été suffisamment étudiée.

Une apparition imprévue les ramena à la réalité. Michele Davis – du haut de son mètre soixante-dix, en tailleur-pantalon noir, les mains sur les hanches – venait de s'interposer, haletante.

« C'est un désastre ! », s'exclama-t-elle.

O'Neill la regarda d'un air penaud. Il s'excusa auprès de Greenspan et tous deux s'avancèrent dans le hall, loin des oreilles de Greenspan.

« C'est irresponsable de la part d'un reporter de ne pas me demander si un commentaire spontané doit être interprété comme un changement de politique, dit O'Neill en colère, en se drapant dans sa vertu. C'est sans scrupules !

– Monsieur le secrétaire, il s'agit d'un jeune reporter qui n'a pas besoin de se préoccuper d'avoir de bonnes relations avec vous. Il a fait ce que de nombreux reporters auraient fait à sa place – il a pris votre petite phrase, et il est parti en courant. Je sais, c'est mal, mais c'est comme ça que ça se passe ici bas. »

Cinq heures plus tard, O'Neill pénétra dans l'hôtel Villa Igea de Palerme. Un collaborateur du G7 lui transmit une feuille sur laquelle était indiqué le cours du dollar pendant la journée. Quand l'avion avait quitté Washington, l'euro valait 90,42 cents. Maintenant, il en valait 91,32 et le dollar continuait de baisser. « Mon Dieu ! » lâcha O'Neill. Il connaissait intimement ce marché, qu'il surveillait fréquemment sur son écran Bloomberg. Il comprit aussitôt qu'il s'agissait de la plus grosse chute du dollar depuis un petit moment.

« Ces fils de pute sont en train de se faire des millions avec mes conneries ! » s'exclama-t-il, avant de jeter la feuille à la poubelle.

* * *

Le 27 février, O'Neill se réveilla dans sa chambre d'hôtel avec plusieurs heures d'avance sur l'aube. Il venait d'acheter avec Nancy un appartement d'un million deux cent mille dollars dans l'immeuble du Watergate – au dixième étage, avec vue sur le Potomac–, mais il faudrait à Nancy plusieurs mois pour terminer les travaux et la décoration. Il était donc tout seul, et il avait quitté le Mariott pour s'installer dans une suite sans chichis que l'hôtel Washington lui avait bradée pour mille dollars par mois. O'Neill, et l'enfant pauvre qu'il était resté, éprouvait toujours une immense satisfaction en pensant à cette bonne affaire, au tarif imbattable, à chaque fois qu'il refermait la porte de cette chambre.

Pendant les périodes de crise ou de changement rapide, comme il en avait connu à Alcoa ou à l'OMB, il était capable de laisser tomber tous ses rituels. Il pouvait travailler jusqu'à minuit et être de retour à son bureau du Trésor avant le lever du soleil. Aujourd'hui, il était devenu une cible. Il le sentait. Il avait bien tenté de rattraper le coup pendant le deuxième jour du G7 en déclarant que si les États-Unis décidaient vraiment de changer de politique « il louerait le Yankee Stadium » pour l'annoncer. Mais le coup était parti, il venait de s'infliger sa propre blessure. Il comprit que, entre un franc-tireur et un chien fou, il n'y avait qu'un pas, vite franchi.

Le lendemain, il arriva à son bureau avant la relève du gardien de nuit. Il se plongea dans un long article de *USA Today* :

> Après seulement un mois à son poste, le secrétaire au Trésor Paul O'Neill a déjà créé une tempête sur le marché des changes internationaux, qualifié les démocrates de socialistes, insulté les *traders* de Wall Street et critiqué les *lobbyistes* des entreprises qui réclament les déductions fiscales que soutient pourtant le président Bush.
>
> Pour certains habitants de la capitale, la candeur du nouveau secrétaire au Trésor est délicieusement

> rafraîchissante. Pour d'autres, y compris à la Maison-Blanche, elle agace, et elle est même dangereuse sur le plan politique et économique.
>
> Mais O'Neill s'étonne que, à soixante-cinq ans, ses déclarations puissent faire autant de bruit. « Je trouve cela incroyable de voir les gens surpris que je dise la vérité », avait-il déclaré pendant une interview d'une heure accordée à *USA Today* mardi dernier.
>
> Après environ une décennie de commentaires circonspects émanant du département du Trésor, la langue de bois a enfin disparu du bureau d'angle qui fait face à la Maison-Blanche. La question est donc maintenant de savoir combien de temps cela – et O'Neill – pourra durer.

Son attachée de presse, Michele Davis, avait raison. John McCain pouvait se permettre d'être un franc-tireur, il n'était qu'un sénateur parmi cent autres. Mais quand vous signez le billet vert, vous devez faire attention à tout ce que vous dites. O'Neill n'était tout simplement pas certain d'en être capable.

Certains hommes politiques ont un caractère de coureur de fond. Ils ne sont jamais meilleurs que lorsque le monde entier les a donnés perdants. O'Neill, qui possédait peu de qualités d'un bon politique, avait celle-là – avec son mélange de dénégation et de détermination.

Il allait *durer* aussi longtemps qu'il lui plairait. Ou plutôt que cela plairait au Président. C'était une distinction importante. Après des années dans le rôle du souverain, il n'était désormais plus le patron et cela commençait à être plus difficile à avaler qu'il ne l'avait escompté. Il avait pris l'habitude de se mettre en avant sur tous les sujets qu'il lui plaisait de commenter. Il savait bien que pendant toutes ces heures de conversation à bâtons rompus, une gaffe, çà et là, était inévitable. Mais cette habitude était peut-être née d'une frustration. Celle de ne pouvoir partager avec le Président son besoin d'analyser les problèmes et son aspiration à placer l'exigence de questionnement au plus haut niveau. Il lui fallait maintenant cesser de penser à lui et commencer à réfléchir sur ce qui était dans l'intérêt du Président, le leader du monde libre, même si, jusqu'ici, ce dernier avait fait peu de chose pour gagner sa confiance. Qu'importe ! Paul O'Neill n'avait jamais échoué dans ce qu'il avait entrepris. Il lui fallait simplement trouver le moyen de relever ce nouveau défi.

Il regarda les journaux du matin. Il n'était pas le seul à faire les gros titres. Toute une série de membres du cabinet était en première page.

La première colonne du *New York Times* était consacrée à un article sur Colin Powell qui venait de remporter l'accord de plusieurs pays arabes pour modifier les sanctions contre l'Irak. Ils étaient parvenus à renforcer la sévérité du contrôle des liquidités et du matériel stratégique que recherchait Hussein, tout en desserrant les mailles du filet pour les importations destinées aux civils.

Sous cette surface lisse, O'Neill avait senti ourdir la bataille depuis la réunion du NSC le 30 janvier. Elle opposait Powell et ses alliés modérés du Département d'État au clan de la ligne dure de Rumsfeld, Cheney et Wolfowitz qui étaient déjà en train de préparer la prochaine guerre en Irak et de dessiner les contours du pays de l'après-Saddam.

L'Agence de renseignement de la Défense[1], le service de renseignements de Rumsfeld, était en train de préparer des documents dressant l'inventaire des champs de pétrole et des zones d'exploration pétrolière en Irak ainsi que des entreprises susceptibles d'être intéressées par la mise en valeur de ces précieux actifs.

Un document en particulier, intitulé « Prétendants étrangers aux contrats d'exploitation de pétrole de l'Irak », comprenait une liste de sociétés d'une trentaine de pays – comme la France, l'Allemagne, la Russie ou le Royaume-Uni – et indiquait leurs spécialités, l'historique de leurs réponses aux appels d'offres et, dans certains cas, leurs zones d'activités respectives. Une carte de l'Irak y était jointe où l'on pouvait situer les « champs super géants », les « autres champs » et les champs « désignés pour une exploitation conjointe » tout en délimitant la partie largement sous-développée du sud-ouest du pays en neuf « blocs » désignant des zones réservées à l'exploration future. Rumsfeld avait dévoilé son objectif au mois de janvier en expliquant comment une attaque préventive aurait valeur d'exemple pour « dissuader » certains pays de se lancer dans des « manœuvres asymétriques » contre les États-Unis. Pour O'Neill, cet objectif, associé à un programme qui prévoyait la distribution de la deuxième plus grande réserve mondiale de pétrole aux grandes entreprises internationales, devenait tout simplement irrésistible.

Dès le mois de février, il n'était déjà plus question que de logistique. Pas du *pourquoi*, mais du *comment* et surtout

1. La *Defense Intelligence Agency* est chargée du renseignement militaire au département de la Défense (*NdT*).

à quelle vitesse. O'Neill se souvient que Rumsfeld était surtout préoccupé par le risque de voir un incident faire monter la tension. Il s'interrogeait sur ce que pourrait être la réponse américaine à un événement comme la destruction d'un avion américain pendant un des fréquents accrochages avec les batteries antiaériennes en Irak. Wolfowitz, lui, souhaitait livrer des armes à des groupes d'opposants irakiens et envoyer des troupes terrestres américaines pour soutenir et défendre leur soulèvement.

Dans un article publié dans le magazine *Foreign Affairs* en 1999, il avait écrit que « les États-Unis doivent se préparer à engager des troupes terrestres pour protéger un sanctuaire au sud de l'Irak où l'opposition pourrait se mobiliser en toute sécurité ».

Lors de sa première audience, Powell avait dit que la fourniture d'armes à l'opposition irakienne serait très difficile à mettre en place sur le plan logistique et ne parviendrait finalement pas à renverser Saddam. Depuis, il eut l'occasion de constater que ce point de vue était minoritaire.

O'Neill s'émerveillait de lire dans les pages du *New York Times* que Powell avait alors décidé de porter l'affaire au grand jour en utilisant la question des sanctions. Celui-ci déclarait au *Times* : « Le message que j'ai entendu partout est que, en faire trop avec les sanctions, c'est offrir à Saddam un moyen de les utiliser contre nous et que, en réalité, ce n'est pas ainsi que nous l'affaiblirons. » D'après lui, son projet visant à concentrer les sanctions serait critiqué à Washington : « Certains prétendront que les sanctions l'affaiblissent. Beaucoup d'entre nous voudront en savoir plus. »

O'Neill avait été le témoin de nombreuses batailles entre le Pentagone et le Département d'État. Elles opposaient souvent ses propres amis – Henry Kissinger contre James Schlesinger pendant l'administration Ford, George Shultz contre Caspar Weinberger pendant celle de Reagan. Mais il était rare d'assister à une guerre de tranchées de ce genre dès les premiers mois de l'administration.

Le moteur de cette situation ne pouvait être dans ce cas visible que par quelqu'un de très haut placé dans ce gouvernement – en fait, quelqu'un qui, comme O'Neill, avait régulièrement accès au Président. George W. Bush commençait à peine à apprendre la nature des problèmes. Il suffisait d'entourer un tel président d'une des équipes les plus chevronnées de l'histoire récente pour que ses responsables finissent non seulement par décider mais aussi, dans certains cas, par conduire la politique étrangère des États-Unis.

Pour O'Neill, c'était le processus de décision qui était défaillant. Ou plutôt, inexistant. Il semblait n'y avoir aucune instance capable d'évaluer les politiques et de délibérer efficacement pour créer une méthode de gouvernement cohérente.

Ce soir-là, Bush allait faire son premier discours sur l'état de l'Union.

Une réception était prévue en l'honneur des membres les plus importants du gouvernement dans les bureaux du vice-président au Congrès, au cœur du Capitole, avant le discours que Bush prononcerait à 9 heures devant les élus des deux Chambres réunies. O'Neill tenta de prendre Cheney à part pour lui parler, encore une fois, de la création d'une structure capable de proposer et d'examiner les politiques d'une manière responsable et réaliste – une démarche particulièrement adaptée aux besoins particuliers de ce Président. Un mois plus tôt, quand il avait dit à Cheney que, sans une bonne méthode de gouvernement, il se retrouverait avec « une bande de gamins en train de faire des galipettes sur la pelouse », il n'avait pas imaginé que certains de ces « gamins » seraient des hommes et des femmes d'expérience, ambitieux, à la tête des plus grandes administrations fédérales, et qui, très souvent, prendraient leurs décisions sur la base d'une simple intuition. L'intuition de ce que pouvait bien penser le Président ou de ce qui pourrait, un jour, lui sembler être la bonne voie, longtemps après que le gouvernement américain se fut déjà embarqué sur cette voie. Car pour savoir ce que le Président pensait, il fallait souvent se contenter d'un hochement de tête ou d'un clin d'œil pendant que vous lui présentiez ses choix.

Le soleil était au zénith et il faisait beaucoup trop chaud pour un jour de février. O'Neill prit son petit-déjeuner avec le sénateur de l'Ohio, George Voinovich, un républicain modéré dont le vote était loin d'être acquis sur le projet de loi concernant les baisses d'impôts. Après lui, c'était au tour du gouverneur de Hawaii, Benjamin Cayetano. Il n'avait pas encore eu le temps de lire le dossier qu'on lui avait préparé sur la situation de cet État et sur les questions que son gouverneur allait bien pouvoir lui poser.

* * *

À l'autre bout de la ville, Christine Whitman était entendue par une commission parlementaire sur la politique du gouvernement en matière de « terrains noirs », pour le nettoiement des milliers de terrains industriels abandonnés et contaminés par des déchets toxiques. Mais elle avait prévu de faire une déclaration après son audition.

À sa sortie, dans le hall, un groupe de reporters se pressa autour d'elle. Il s'agissait d'un rituel bien rodé pour ce genre de rencontre prévue à l'avance – une « disponibilité » accordée aux journalistes spécialisés sur l'environnement–, et Whitman savait pleinement en tirer profit. « Il n'y a aucun doute sur le fait que le réchauffement climatique est un phénomène réel dont souffre actuellement la planète, dit-elle avec emphase. Et même si les scientifiques ne peuvent pas prévoir avec précision où les sécheresses frapperont ni où et quand une inondation pourra avoir lieu, nous savons que ces catastrophes arriveront. »

Cela allait déjà beaucoup plus loin que ce que Bush avait dit pendant la campagne. Lors d'un débat pendant la campagne présidentielle, il avait déclaré : « Le réchauffement de la planète doit être pris très au sérieux », mais il avait ensuite demandé à Gore si « certains scientifiques » n'étaient pas en train « de changer un peu d'avis sur le réchauffement de la planète ». La politique de Bush en matière d'énergie, publiée peu avant le débat, proposait des objectifs de réduction obligatoires des émissions de gaz concernant « quatre polluants principaux – le dioxyde de soufre, l'oxyde d'azote, le mercure et le dioxyde de carbone ». Les conservateurs et les industriels étaient furieux. Le *Oil & Gas Journal* écrivit que « la réglementation qui assimile le dioxyde de carbone à un polluant est une idée qui appartient aux franges les plus radicales des écologistes extrémistes ». Pourtant, cette déclaration permit à Bush de gagner un peu de crédit politique chez les électeurs indépendants et chez les habitants des banlieues, qui considéraient l'environnement comme un thème central – un domaine dans lequel Gore s'était beaucoup investi.

Sur le protocole de Kyoto de 1997 prévoyant le contrôle des émissions de gaz à effet de serre, Bush avait dit qu'il avait des problèmes avec le traité dans sa forme d'alors – en sous-entendant qu'il serait prêt à retourner à la table des négociations. À la demande de l'administration américaine, les Nations unies acceptèrent de repousser à l'été de 2001 le cycle des négociations du traité de Kyoto, initialement prévu au mois de mai. Mais Bush n'avait jamais adhéré publiquement aux thèses scientifiques qui soutenaient Kyoto. Ce jour-là, sa directrice de l'Agence pour la protection de l'environnement venait de le faire.

* * *

L'autorité dont Whitman avait fait preuve dans ses déclarations faisait partie de sa stratégie pour clarifier la politique des États-Unis en matière d'environnement avant sa première participation à une réunion internationale sur le sujet. Il s'agissait d'un sommet sur l'environnement des huit pays les plus industrialisés qui débuterai trois jours plus tard, le 2 mars, à Trieste, sur la côte adriatique de l'Italie.

À cinquante-quatre ans, Whitman avait quitté la résidence du gouverneur du New Jersey pour apporter à Washington une personnalité indépendante et séduisante. Sa stature sur le plan national et son nom étaient sans doute plus connus que celui d'aucun autre membre du cabinet, à l'exception de Colin Powell. Elle jouissait également de cette confiance naturelle que lui avait conférée une enfance privilégiée et une existence où tout ce qu'elle avait entrepris avait rencontré le succès. Fille d'un juge fortuné, aux nombreuses attaches politiques, elle avait commencé sa carrière en rejoignant, à peine sortie de Wheaton College, la campagne de Nelson Rockefeller qui briguait l'investiture républicaine pendant l'été de 1968. Elle travailla ensuite sous Nixon au Bureau des perspectives économiques, une officine chargée de conduire les programmes de la « Grande Société » de Johnson, que dirigeait un certain Donald Rumsfeld. Elle resta en contact étroit avec plusieurs républicains d'envergure nationale et épousa un riche banquier de Wall Street – dont le père avait été gouverneur du New Jersey. Elle s'était impliquée dans la politique locale en tant que jeune maman, avant de décider, en 1990, de partir à la conquête du siège de Bill Bradley, sénateur démocrate du New Jersey. Au sommet de sa gloire, Bradley était alors considéré comme imbattable. Whitman gagna l'investiture par défaut : celle de l'agneau sacrificiel. Elle perdit avec moins de 3 % d'écart et c'est trois ans plus tard, en 1993, qu'elle fut élue triomphalement au poste de gouverneur. Son profil politique favorable au droit à l'avortement, conservateur sur le plan fiscal et modéré en matière sociale, lui rapporta des voix bien au-delà du camp républicain et une grande popularité auprès des électeurs indépendants. Elle fit instantanément partie des noms qui circulaient pour le poste de vice-président et elle se fit réélire gouverneur en 1997.

Whitman avait souvent parlé à George W. Bush lors des réunions auxquelles ils participaient tous les deux en tant que gouverneurs républicains. Whitman et le gouverneur du Texas étaient souvent placés côte à côte, et ils incarnaient parfaitement l'image du républicain centriste capable de bien travailler avec les démocrates et de se faire un nom sur le plan national. Plusieurs de ces conférences avaient été consacrées à l'environnement, un sujet qui préoccupait particulièrement les gouverneurs, car la pollution ne connaît pas de frontières et les déchets toxiques étaient souvent traités comme des problèmes dont « on ne voulait pas dans cet État ». Depuis une dizaine d'années, les gouverneurs s'étaient aussi inquiétés de connaître les intentions de Washington sur Kyoto, sur le réchauffement de la planète et sur la réglementation des émissions de dioxyde de carbone aux États-Unis. Whitman avait l'impression d'être, en général, d'accord avec le gouverneur Bush sur la plupart de ces questions et elle s'était réjouie, pendant la campagne, de ses rares remarques sur Kyoto et sur le contrôle des émissions de dioxyde de carbone aux États-Unis.

Mais, après un mois à la tête de l'EPA, Whitman s'était rendu compte qu'elle ne pouvait s'appuyer que sur ses propres déductions. À aucun moment, pendant son entretien d'embauche au Madison Hotel (où elle arriva quelques minutes après le départ de O'Neill) ni pendant le court entretien formel qu'elle avait eu avec le Président lors de sa prise de fonction en janvier, elle ne s'était entretenue avec lui des problèmes de réglementation de l'environnement.

Pour quelle raison, en effet, quelque chose aurait changé depuis la campagne ? Aucun événement majeur n'était survenu sur le front de l'environnement pendant ces derniers mois. Mais, alors que la fin du mois de février approchait et qu'elle n'avait toujours pas reçu d'instructions du Président, la situation devenait inconfortable. Au cours de la première réunion du groupe de travail du vice-président sur l'énergie, le cap avait clairement été celui de l'antiréglementation, et les dirigeants étrangers la pressaient pour connaître les détails de la position des États-Unis sur le réchauffement de la planète.

Pendant la réunion de Trieste, les responsables de l'environnement du monde entier allaient se réunir pour une répétition de trois jours avant les grandes réunions officielles de l'été sur le protocole de Kyoto. Ils lui demanderaient certainement de définir la politique officielle des États-Unis. Elle ne pouvait pas arriver les mains vides.

À la mi-février, Whitman prit rendez-vous avec Andy Card et Condoleezza Rice. Ils avaient régulièrement accès au Président. Peut-être connaîtraient-ils son opinion sur le contrôle du dioxyde de carbone et sur Kyoto. Elle leur proposa une esquive habile sur la question : elle déclarerait à Trieste que le gouvernement se préparait à considérer le dioxyde de carbone comme une substance toxique, ce qui ouvrait la voie à une réglementation de son émission aux États-Unis, le plus gros émetteur de dioxyde de carbone de la planète. Avec cette annonce dès le début de la conférence, Whitman aurait toute latitude pour rester vague sur les changements que les États-Unis souhaitaient apporter au protocole de Kyoto.

Card et Rice dirent à Whitman que cette stratégie était en phase avec la position du Président. Il s'agissait pour eux d'une tactique raisonnable. Whitman quitta la Maison-Blanche soulagée.

Quelques jours plus tard, elle offrit un avant-goût un peu plus développé de cette nouvelle position. Pendant l'émission *Crossfire* sur CNN, le soir du lundi 26 février, le commentateur conservateur Robert Novak l'interrogea sur le réchauffement de la planète. Portée par son récent entretien avec Rice et Card – et par son dégoût pour Novak, agressif et idéologue – elle lui lança : « George Bush a été très clair pendant la campagne pour dire qu'il croyait à une stratégie qui s'attaque à plusieurs polluants, et le dioxyde de carbone en fait partie. » Novak fit mine d'être surpris. Whitman développa. Comme O'Neill, elle était convaincue que la position du gouvernement devait être explicitée. Elle ajouta : « Il a également été très clair sur le fait que les données scientifiques sur le réchauffement de la planète sont convaincantes », et souligna que « l'introduction du dioxyde de carbone dans la discussion » constituait une avancée cruciale pour s'attaquer à un problème bien réel.

Le lendemain de son intervention au Congrès sur les « terrains noirs », Whitman avait improvisé une dernière sortie, une sorte de cerise sur le gâteau. Elle déclara aux reporters regroupés autour d'elle dans le hall qu'il y avait eu récemment des « discussions au sein de l'administration » sur la manière d'ajouter le dioxyde de carbone au cocktail de substances toxiques faisant actuellement l'objet d'une réglementation. Cette remarque annonçait une simple mesure logistique, comme si la question de fond avait été réglée et qu'il suffisait de s'occuper des détails. Pourtant, ces « discussions » étaient en fait essentiellement constituées de ses propres tentatives de percer le mystère de la pensée du Président. Quand les reporters insistèrent pour obtenir des détails – qui avait dit quoi ? où ? et à quel niveau ? –, elle n'avait rien pu leur offrir. Mais sur le chemin du retour vers ses bureaux de l'EPA, elle était certaine que ses spéculations feraient la une des journaux et donneraient l'impression à ceux qui se rendraient à Trieste que les États-Unis avaient une vraie politique en matière de réchauffement de la planète.

* * *

O'Neill retourna à son bureau vers midi. Michele Davis lui tendit un rapport sur les déclarations de Whitman. Vraiment ? pensa-t-il. Le Président n'avait jamais adhéré à la thèse du réchauffement climatique ni prêté l'oreille aux jérémiades qui annonçaient l'imminence d'un désastre écologique.

Il sentit que la tactique de Whitman était semblable à celle employée par Powell – un membre du cabinet en train de définir une politique dans une partie de poker menteur à haut risque, en lançant des idées et des recommandations pour tenter de situer l'état d'esprit du Président, ou de créer un état d'esprit… ou simplement d'avancer, fût-ce aveuglément, sans indications de la part de ce dernier.

Maintenant, c'était au tour de O'Neill. Il s'attela à la formulation de sa propre stratégie en matière de réchauffement de la planète et à l'obtention d'un accord écrit de Bush sur ce point. Ses collaborateurs travaillaient sur son analyse depuis le début du mois de février.

John Hambor, directeur du Bureau d'analyse microéconomique du Trésor, lui avait écrit, dans un mémo daté du 6 février, qu'il était crucial « d'établir rapidement une concertation interministérielle » pour s'assurer que « les orientations qui seront fixées en matière de politique de l'environnement soient efficaces, efficientes, pragmatiques et réellement intégrées à la stratégie énergétique globale du gouvernement ». La politique énergétique et celle qui concernait le changement climatique – deux préoccupations majeures pour l'administration comme pour le public américain – étaient en effet en train d'emprunter des voies divergentes. Tandis que, sous l'autorité et la direction du vice-président Cheney, un programme énergétique était déjà sur les rails, le réchauffement de la planète avait été laissé de côté.

O'Neill savait que l'EPA s'était lancée dans une démarche similaire et il demanda à Hambor de participer à la création d'un comité interministériel ouvert à d'autres départements que l'Agence. Le comité se réunit pour la première fois le 21 février. Présidé par le secrétaire chargé des affaires maritimes, environnementales et scientifiques du Département d'État, il réunissait des responsables du Département d'État et du Trésor, ainsi que des membres du Bureau de la politique des sciences et de la technologie de la Maison-Blanche. La démarche semblait avoir bien commencé : d'abord, créer un modèle pour évaluer le coût des émissions de dioxyde de carbone ; ensuite, appliquer ce modèle à chaque pays du monde sur la base de leurs obligations en vertu du protocole de Kyoto. Cette forme d'analyse « au plus près des faits » était une véritable religion pour O'Neill. Mais elle était, par nature, difficile à manier dans un contexte politique. Toute analyse nouvelle risquait en effet de mettre à mal un certain nombre de positions idéologiques.

L'un des membres du comité interministériel – Daniel Bodansky du Département d'État – avait ainsi déjà eu à en découdre avec les conservateurs opposés à toute initiative, quelle qu'elle soit, sur le changement climatique. Un mémo anonyme rédigé sur un papier à en-tête du Département d'État avait été envoyé à la mi-février à cinq sénateurs républicains conservateurs, dont Chuck Hagel du Nebraska et Jesse Helms de Caroline du Nord. Le mémo accusait Bodansky et Ian Bowles du NSC – qui avaient tous deux servi sous le président Clinton – d'être « des supporters de Gore, en train d'essayer de coincer l'administration Bush dans une situation où elle devra choisir entre un mauvais accord et une humiliation internationale ». Le mémo prétendait que les deux hommes avaient repris les négociations internationales sur le changement climatique « sans instructions spécifiques de la part de la nouvelle administration ». Le sénateur Hagel fit largement circuler le mémo anonyme et le transmit au secrétaire d'État adjoint, Richard Armitage, et au secrétaire au Commerce, Donald Evans.

O'Neill connaissait suffisamment bien les deux camps pour suspecter certains de ses membres d'être des idéologues. Le conseil qu'il donna à Bush resta très sobre, et Hagel lui-même aurait pu en convenir. O'Neill soulignait que « si le traité de Kyoto devait entrer en vigueur dans sa forme actuelle, il retarderait de onze ans l'accumulation atmosphérique des gaz à effet de serre. En d'autres termes, l'accumulation aujourd'hui prévue pour 2050 serait atteinte en 2061. (Si le problème est réel, l'impact est minime. Comme vous le savez, je pense que ceci risque d'être un très gros problème) ». O'Neill fit le lien entre ce modeste résultat et le coût du protocole et résuma la situation ainsi : « Pour les États-Unis, l'entrée en vigueur de Kyoto dans son intégralité exigerait une réduction de notre consommation d'énergie de 30 % par rapport au niveau de notre consommation attendu entre 2008 et 2012. »

Grâce à ses entrées œcuméniques dans un large cercle d'opinions, O'Neill était en mesure de dire au Président que, malgré ces résultats limités, les écologistes « soutenaient quand même Kyoto, en pensant qu'il s'agissait d'un premier pas dans la bonne direction et de la seule direction à suivre dans ce domaine ». Il suggérait d'ouvrir et d'approfondir un débat devenu beaucoup trop partisan, qui opposait systématiquement l'industrie aux écologistes, et qui laissait finalement aux États-Unis le soin de se préoccuper du reste du monde.

Il offrit un plan d'action en deux temps. Le premier serait consacré à la préparation d'un document signé par le Président et largement diffusé auprès du public, présentant le détail de ce qui est scientifiquement connu et de ce qui peut l'être dans ce domaine. Dans un second temps, il conviendrait de se préoccuper de la *concentration* de gaz à effet de serre, qu'il était aujourd'hui possible de mesurer, plutôt que de poursuivre la vieille méthode consistant à mesurer les *émissions*. Il s'agissait d'un changement important qui recueillait le soutien de nombreux écologistes, mais que ces derniers hésitaient à réclamer par crainte de perdre les modestes avancées de Kyoto.

Il suggéra de créer des « catalogues exhaustifs » d'informations – sur ce qui est connu de l'origine des gaz à effet de serre et sur les coûts et les bénéfices de différentes initiatives – afin de chercher à réunir un seul ensemble de données plutôt qu'une série d'ensembles contradictoires qui paralysent systématiquement le débat.

Avec un tel programme, écrivait O'Neill à Bush, ils seraient en mesure de préparer une analyse des modifications à apporter à Kyoto ou de son remplacement éventuel. « Avec un peu de chance, l'essentiel des travaux nécessaires à l'élaboration de la position des États-Unis seront prêts pour le cycle de négociations du traité de Kyoto prévu l'été prochain. »

Sous une dernière rubrique intitulée « Par où commencer », il suggérait enfin au Président de créer un groupe de travail interministériel, qui pourrait être mis en relation avec celui présidé par le vice-président sur l'énergie – « car l'énergie et l'environnement constituent, dans une très grande mesure, une seule et unique question ». Le Président devrait ensuite inviter des personnalités extérieures à participer aux travaux de ce groupe. Parmi ces « sages » figuraient George Shultz, « le meilleur modérateur d'experts et accoucheur de positions politiques que j'ai jamais connu » ; Jared Cohen, président de l'université Carnegie-Mellon, qui est aussi un scientifique, spécialiste de l'environnement, et Michael Oppenheimer. Professeur à Princeton, Oppenheimer avait été le principal responsable scientifique de l'organisation Environmental Defense, une organisation non gouvernementale qui contribua à établir l'essentiel des bases scientifiques de la thèse du réchauffement planétaire. C'était un paria aux yeux des industriels et des nombreux conservateurs qui rejettent la simple idée que l'activité de l'homme puisse avoir un effet sur le climat.

O'Neill connaissait cette réputation. Pour lui, Oppenheimer devait impérativement siéger dans une commission présidentielle – non pas en dépit de ces éléments de controverse, mais bien à cause d'eux. Les conservateurs étaient en train d'attaquer Bodansky parce qu'il n'adhérait pas à leur vision du monde et parce qu'il préférait être guidé par quelque chose que O'Neill considérait comme des éléments de faits réels, tangibles et nuancés : une accumulation de preuves. Et O'Neill le savait : « Michael est un emmerdeur, très intelligent, et qui connaît bien ses dossiers – c'est la raison pour laquelle je l'ai mis sur ma liste. » Mais il y avait une autre raison, qui dépassait largement le petit plaisir auquel s'attendait O'Neill en voyant la tête que ferait Hagel quand il entendrait le Président prononcer le nom d'Oppenheimer. C'était une affaire de crédibilité. « Vous ne pouvez être crédible qu'en réunissant de chaque côté de la question les voix de leurs meilleurs représentants, dit O'Neill plus tard en repensant à ce mémo. Sinon le résultat devient suspect. Si vous voulez être perçu comme quelqu'un d'ouvert et d'honnête, vous ne pouvez pas échapper à ce travail difficile qui consiste à mettre les adversaires face à face et à observer ensuite comment ils viennent à bout du problème. Que disent les chiffres ? C'est la dernière étape, et vous n'avez aucun moyen de la contrôler. »

* * *

Après avoir envoyé le mémo au Président, O'Neill appela son directeur de cabinet pour faire le point sur les événements de la journée.

Un groupe de proches collaborateurs l'attendaient, furieux et énervés.

Une crise. Michele Davis attrapa un exemplaire du *New York Times*. O'Neill s'était concentré sur la ruse de Powell en passant à côté d'un autre article de la première page. Cet article avait provoqué un trouble qui, en fin de matinée, s'était transformé en un véritable orage.

Écrit par Richard Stevenson, il révélait un point que le Président allait annoncer le soir même dans son discours annuel sur l'état de l'Union: pendant les dix prochaines années, les États-Unis ne pourraient rembourser que deux mille milliards des trois mille deux cents milliards de dollars de leur dette – après avoir mis de côté l'excédent de deux mille quatre cents milliards de la Social Security. La Maison-Blanche indiquerait en particulier que mille deux cents milliards de dollars de la dette ne seraient pas remboursés, principalement parce qu'ils n'arrivaient à échéance qu'après une période de dix ans.

Une chose devenait alors très claire. Si les États-Unis ne pouvaient utiliser mille deux cents milliards de l'excédent pour faire ce que démocrates et républicains avaient recommandé de faire pendant toutes les années 1990 – rembourser la dette fédérale–, il ne leur restait plus qu'à les rendre sous forme de baisse des impôts.

La citation principale de l'article émanait de Gary Gensler, le sous-secrétaire au Trésor pour les affaires financières intérieures de Clinton – celui qui avait si capablement supervisé la transmission des dossiers à O'Neill pendant la transition. Gensler, ancien cadre d'une banque d'investissement et directeur du marché obligataire chez Goldman Sachs, disait qu'il y avait de nombreuses manières de remplacer les bons à long terme – essentiellement des bons du Trésor à trente ans – avec des programmes de rachat de la dette. Le montant qu'il serait difficile de racheter s'élèverait au maximum à cinq cents milliards de dollars, pas à mille deux cents.

O'Neill convoqua rapidement une réunion avec ses sous-secrétaires. « Gensler a raison, n'est-ce pas ? » Hochement de tête unanime. Aucun d'entre eux n'avait « été consulté ». C'était une erreur de près de sept cents milliards ! O'Neill grogna : « Qu'est-ce que vous voulez dire par personne n'a été consulté ? »

Dans l'heure qui suivit, le fin mot de l'histoire allait être découvert. Un collaborateur de l'OMB, fonctionnaire de carrière à un échelon intermédiaire, avait pondu une note d'analyse sur le soi-disant problème du remboursement de la dette. Il avait extrapolé à partir d'une remarque très générale et d'un intérêt tout académique, placée en bas de page du dernier budget préparé par Clinton au moment de son départ. Puis il avait fait remonter la note vers ses supérieurs de l'OMB. Enchantés de lire ce qui semblait être une justification supplémentaire aux baisses d'impôts, ces derniers avaient transmis la note aux collaborateurs politiques du Président et à l'équipe chargée d'écrire ses discours. Cette équipe, conduite par Karl Rove et Karen Hughes, avait récemment renforcé sa place dans l'orbite de Bush. Craignant les fuites et se méfiant des intentions des experts rattachés aux divers départements ministériels, la version finale du discours sur l'état de l'Union n'avait été distribuée à personne en dehors de l'aile ouest.

Les téléphones du département du Trésor n'arrêtaient pas de sonner. Les banques d'investissement à New York voulaient savoir si elles avaient bien lu l'article. Si le Président allait dire que les États-Unis ne toucheraient jamais à ces mille deux cents milliards de dette, cela aurait des conséquences sur la manière dont le Trésor allait émettre ses instruments monétaires aux échéances diverses. Cela impliquerait également que le programme de rachat des bons du Trésor, qui avait été un succès jusque-là, pourrait être réduit, ralenti, ou abandonné. Toutes ces questions avaient un impact significatif sur les marchés en introduisant une mesure d'incertitude et en modifiant les taux.

Michael Paulus, secrétaire adjoint chargé des finances fédérales, expliqua à O'Neill que le prix des obligations à terme était déjà en train de changer. « Les salles des marchés nous appellent, paniquées. » Il implorait : « Qu'est-ce qu'on va bien pouvoir leur répondre ? »

« Dites-leur que ce n'est pas notre politique, répondit O'Neill. Dites-leur que le département du Trésor, qui est chargé de l'émission des bons, n'a pas été consulté. Dites-leur que c'est un coup de l'OMB. Que le Trésor déterminera sa propre politique en matière de bons à long terme, à une date ultérieure et que *nous* l'annoncerons nous-même. »

Paulus se précipita sur les téléphones. Puis il laissa ses collaborateurs répondre aux appels. Le budget du Président allait être publié dans les jours suivants. Paulus vérifia la version finale. L'OMB avait glissé le calcul des mille deux cents milliards et quelques remarques définitives et erronées sur des pénalités encourues pour tout rachat de bons du Trésor avant leur date d'échéance. Il appela un responsable de l'OMB. On lui répondit que le budget était parti chez l'imprimeur. Il était peut-être encore temps de modifier certains passages et de rester évasif sur certains points. « Je vous rejoins chez l'imprimeur ! » cria-t-il dans le téléphone avant de sortir en courant.

Les collaborateurs du Trésor appelèrent la Maison-Blanche. Les passages du discours sur l'état de l'Union qui comprenaient le calcul discutable avaient déjà été distribués à la presse. Il était trop tard.

O'Neill était furieux. Comment les collaborateurs politiques de la Maison-Blanche pouvaient-ils « décider de faire une chose pareille sans même consulter les gens du gouvernement qui savent ce qui est vrai et ce qui ne l'est pas ? » « Bon Dieu ! qui commande ici ?, s'exclama-t-il. C'est un bordel complet ! »

Ce soir-là, Bush fit face à la nation et décrivit l'état de l'Union. Les gens bien informés du gouvernement des États-Unis savaient que ce qu'avait dit le Président était faux.

* * *

Le mardi 6 mars, O'Neill interrompit une réunion de son cabinet pour prendre un appel. C'était Christie Whitman. « Comment s'est passé votre voyage ? » lui demanda-t-il, en faisant signe à ses collaborateurs de sortir.

Superbe, répondit-elle. Elle rentrait à peine d'Italie et était très fatiguée, mais elle se sentait pleine de vie. Les ministres des pays représentés au sommet avaient cherché à sonder auprès d'elle la solidité de la position américaine. D'après elle, ils étaient tous sortis de cette conférence de trois jours « en s'attendant à ce que [les États-Unis prennent] la tête du mouvement ».

C'était aussi l'impression qu'avait eu O'Neill en lisant la presse. Il cita le *Financial Times* de la veille. Un article soulignait que les représentants étrangers avaient été « agréablement surpris » et « impressionnés par la position défendue par Christine Whitman, chef de la délégation des États-Unis qui avait apaisé les craintes de voir les États-Unis se désintéresser du problème du réchauffement de la planète ». Une de ses déclarations était largement citée dans cet article, comme dans tous les autres : « Le Président a dit que le réchauffement de la planète constituait la plus grande menace qui pèse sur notre environnement et que nous devons prendre la mesure de cette menace et nous donner les moyens de progresser dans ce domaine. »

C'est très bien, à condition que le Président soit d'accord, lui dit O'Neill. Ils discutèrent de la meilleure manière de le convaincre d'être plus précis et catégorique sur ce sujet, de faire connaître son opinion à la communauté internationale. Whitman avait fait ce qu'elle avait pu. Elle avait donné son accord à une déclaration annonçant que les pays du G8 « s'efforceraient de trouver un accord » pendant les prochaines réunions de négociation sur le protocole de Kyoto prévues à Bonn au mois de juillet. C'était dans cinq mois à peine. Les grands pays avaient déjà commencé les discussions préliminaires pour préparer Bonn, dit Whitman. Si les États-Unis ne participaient pas à ces discussions, ils brilleraient par leur absence.

Whitman annonça à O'Neill qu'elle était en train de rédiger une note à l'intention de Bush, un court mémo pour le tenir au courant des progrès de Trieste et l'encourager à être plus énergique sur ses principales positions. Elle savait que O'Neill avait déjà passé pas mal de temps avec le Président. Elle lui demanda s'il accepterait de lire son mémo en indiquant qu'elle le lui transmettrait par fax quelques heures plus tard.

Après une vingtaine minutes de conversation, O'Neill avait conclu: « Le Président a besoin d'être clair sur ses convictions et de les expliquer. Nous devons l'y aider. »

* * *

Le premier mardi du mois de mars, à midi, Larry Lindsey, Mitch Daniels, le secrétaire général adjoint de la Maison-Blanche Josh Bolten, le secrétaire au Commerce Don Evans et un nouveau venu, le président du Comité des conseillers économiques, Glenn Hubbard, s'installèrent autour de la table du déjeuner qui réunissait chaque semaine le groupe de politique économique. Depuis que Hubbard était à bord, le groupe avait décidé de se réunir chaque mardi pour déjeuner dans la petite salle de réunions de O'Neill.

Il était clair pour tout le monde que Hubbard, un économiste conservateur respecté de l'université Columbia, allait créer un trio formé par lui, O'Neill et Lindsey pour discuter de la politique économique. O'Neill connaissait un peu Hubbard – il avait passé les entretiens, à la demande de la Maison-Blanche, pour le poste de secrétaire adjoint au Trésor qui fut finalement attribué à Ken

Dam – et il appréciait les manières policées et l'intérêt de cet universitaire pour le débat. Certes, il avait été l'un des conseillers du candidat Bush – et il tenait, comme Lindsey et tant d'autres économistes, à ses modèles bien aimés–, mais Hubbard lui avait semblé plus réfléchi et plus enclin à se fonder sur les chiffres.

Les discussions du déjeuner tournaient autour des baisses d'impôts dont toute la ville parlait déjà. Les démocrates et certains républicains les avaient d'abord trouvées trop importantes; c'était maintenant au tour des démocrates d'offrir un programme de baisses d'impôts évaluées à environ la moitié de celles que proposait Bush. En résumant l'opinion de l'opposition, Kent Conrad, sénateur du Dakota du Nord et doyen des démocrates à la commission budgétaire du Sénat, avait déclaré sur la chaîne de télévision Fox News: « Nous sommes favorables aux baisses d'impôts, mais nous voulons des baisses d'impôts que nous pouvons nous payer. » Pendant ce temps, lors de discours et de déclarations au mois de février, le Président, O'Neill et Lindsey s'étaient efforcés de proposer des solutions pour rendre les baisses d'impôts plus stimulantes. Il s'agissait notamment d'accélérer les baisses de taux et de modifier les tables de déductions fiscales de manière rétroactive au 1er janvier 2001.

À cette époque, le programme du gouvernement ne prévoyait que vingt milliards de dollars pour la relance en 2001 – une goutte d'eau dans une économie de dix mille milliards de dollars. Tandis que Lindsey préconisait d'accélérer la baisse des taux marginaux, O'Neill se concentrait sur les dernières années de la période, quand les excédents auraient sans doute disparu depuis longtemps mais que les baisses d'impôts seraient devenues politiquement impossibles à supprimer. Daniels et d'autres mentionnèrent également les questions épineuses que soulevaient les membres d'une coalition grandissante au centre de l'échiquier politique. Deux républicains modérés – Lincoln Chafee du Rhode Island et Arlen Specter de Pennsylvanie – avaient rejoint des démocrates conservateurs et modérés au début du mois de février pour exiger que les baisses d'impôts soient conditionnées à l'examen effectif d'un excédent, tout au long de la période. Cette coalition soi-disant centriste était en train de gagner tranquillement du terrain.

Pendant le déjeuner, Hubbard parla d'un ton ferme et mesuré des problèmes économiques que posaient ces conditions. Il s'agissait d'un domaine que lui et ses collègues avaient étudié dans le détail. Des études avaient montré qu'il fallait attendre trois à cinq ans pour observer l'impact d'une baisse d'impôts sur la plupart des habitudes de consommation et d'investissement.

Les gens avaient leurs habitudes – dans leurs cuisines comme dans les entreprises–, et n'importe quelle excuse était bonne pour ne pas modifier leur comportement. Rendre les baisses d'impôts conditionnelles et déterminées par quelque chose sur laquelle le consommateur n'a aucun contrôle – le glissement d'un budget à l'excédent vers le déficit – effacerait tous les effets de relance d'une réduction des taux marginaux.

Les effacerait *partiellement*, corrigea O'Neill. Il avait lu la recherche universitaire sur ce sujet. Si la baisse d'impôts était construite de manière plus progressive, plus orientée en faveur des tranches à bas et à moyens revenus – là où chaque dollar disponible a plus de chances d'être dépensé pour l'achat de produits de base que d'être investi–, alors l'effet négatif de la conditionnalité serait d'autant plus réduit. Oui, répondit Hubbard, mais un dollar investi est multiplié par son retour sur investissement, et stimule, tout compte fait, beaucoup plus la relance qu'un dollar dépensé pour consommer.

Et la conversation s'engagea. O'Neill comprit que Hubbard était convaincant, peu enclin à changer d'avis et qu'il prêtait une attention aux chiffres d'une manière qu'il avait rarement observée chez Larry. Il défendit ses arguments. Durant toute la discussion, O'Neill ne fit jamais état de ses idées de garde-fous, de ses conversations avec Greenspan ou de ses craintes concernant la prodigalité justifiée par des excédents qu'il considérait plus « imaginaires » que réels. Il préféra conclure le déjeuner en rappelant les déclarations de Greenspan, la veille, devant la commission budgétaire de la Chambre des représentants, où le président de la Fed avait mis en garde tous ceux qui assimilaient l'excédent budgétaire à des liquidités de banque. « Vous pouvez retourner ça dans tous les sens, dit O'Neill, il n'en demeure pas moins que dépenser plus que ce nous gagnons est irresponsable. Nous devons trouver un moyen d'empêcher cela. » Tout le monde acquiesça et O'Neill se demanda comment Hubbard pourrait en parler facilement au Président.

* * *

De retour à son bureau, le mémo de Whitman au Président était arrivé. O'Neill le lut avec attention. C'était le genre de langage direct auquel Bush ne devait pas être très habitué.

> Je vous recommande fortement de continuer à considérer que le réchauffement de la planète est un problème à la fois réel et préoccupant.

Sans vous engager sur les objectifs précis contenus dans Kyoto, vous pourriez indiquer que vous êtes en train d'étudier des moyens de réduire les émissions de gaz à effet de serre aux États-Unis et que vous continuerez à le faire, quoi qu'il arrive.

Monsieur le Président, ceci [le réchauffement de la planète] est une question de crédibilité pour les États-Unis dans la communauté internationale. Il s'agit également d'une question très suivie dans tout le pays. Il nous faut donner des signes d'action et dépasser notre fixation sur Kyoto comme s'il s'agissait d'un gros mot pour nous engager dans l'action. Mais il faut commencer par prouver notre bonne foi.

Nous avons marqué quelques points pendant ce sommet. Sur la reconnaissance du coût de Kyoto et sur la santé des enfants, et nous sommes parvenus à éviter quelques pièges de dernière minute tendus par les Allemands et les Japonais.

Je reste à votre disposition pour en parler plus en détail.

O'Neill fut surpris de la franchise du mémo. Whitman avait jeté le gant. Elle avait choisi des mots forts, mais justes. Comme Whitman le soulignait, Bush avait des problèmes de « crédibilité ». O'Neill pensa à Gerald Ford. Ford était-il plus intelligent que Henry Kissinger ou James Schlesinger – ou encore que lui et Greenspan ? Les quatre hommes se bagarraient régulièrement, ouvertement et ardemment sur divers champs de batailles politiques. Et chacun d'eux pouvait prétendre à une expertise que Ford ne pouvait égaler. Pourtant, tout le monde s'en remettait finalement au jugement de ce dernier. Pourquoi ? Ce n'était pas seulement parce qu'il était président, pensa O'Neill. Si seulement c'était si simple. Ford inspirait le respect à cause d'un trait de caractère plus profond. À chaque fois qu'il rendait son arbitrage sur une question ou sur une autre, chacun d'entre eux l'écoutait parler en pensant la même chose : *j'aime sa façon de réfléchir*.

O'Neill savait que Whitman n'avait jamais entendu le Président analyser un problème complexe, décortiquer des positions divergentes avant de trancher pour choisir le chemin le plus judicieux. En fait, personne – à l'extérieur comme au sein du gouvernement, ici ou ailleurs – ne l'avait jamais vu le faire très sérieusement. C'était ça, pensa O'Neill, que Whitman voulait dire en parlant de « crédibilité ». Il ne s'agissait pas seulement de la crédibilité du Président autour du monde, mais de celle dont il jouissait aussi auprès de ses ministres les plus importants.

* * *

Le jour suivant, le 7 mars, O'Neill marcha jusqu'à la Maison-Blanche pour déjeuner avec Bush et le président sud-coréen Kim Dae-jung.

Le déjeuner fut précédé d'une courte conférence de presse dans le bureau Ovale. Bush venait très officiellement de snober Kim Dae-jung en déclarant qu'il ne poursuivrait pas la politique de l'administration Clinton. Celle-ci consistait à négocier avec le dictateur nord-coréen Kim Jong-il, pour l'inciter de manière plus ou moins contraignante à renoncer à construire des armes nucléaires. Kim Dae-jung, qui avait été prisonnier politique avant d'être élu président, avait initié une politique d'ouverture intitulée *sunshine policy* à l'égard de son voisin du Nord. Cette ouverture s'appliquait également aux échanges économiques et avait contribué à permettre une rencontre historique avec Kim Jong-il au mois de juin précédent. La politique de Kim Dae-jung – sur laquelle il avait joué sa carrière politique – était dans une très large mesure basée sur le soutien que les États-Unis accorderaient à l'idée de dialoguer avec le dictateur de la Corée du Nord.

« J'ai été très clair avec le Président en lui indiquant que je me réjouissais à l'idée d'œuvrer en faveur de la paix sur la péninsule, que nous travaillerons en étroite collaboration, que nos contacts seront permanents, que je demeure sceptique à propos du leader de la Corée du Nord, mais que cela ne nous empêchera pas d'essayer d'atteindre un objectif commun », dit le président Bush sous le regard sombre de Kim Dae-jung.

O'Neill avait observé pendant ces derniers mois le déroulement des négociations sur la Corée et il avait vu se dessiner un schéma qu'il connaissait bien. Comme pendant sa campagne en faveur de sanctions « intelligentes » contre l'Irak, Powell avait été, encore une fois, du côté des internationalistes convaincus. La veille encore, le 6 mars, il déclarait que la Maison-Blanche de Bush avait l'intention « de reprendre la tâche, là où l'avait laissée le président Clinton et son administration » dans ses négociations avec la Corée du Nord, afin de limiter sa production et ses ventes de missiles balistiques. Mais Rumsfeld, Wolfowitz et Cheney défendaient discrètement la thèse contraire. Ils prétendaient que la politique de Kim Dae-jung ne faisait qu'apaiser un tyran en Corée du Nord et que les États-Unis étaient en train de donner à Kim Jong-il les moyens de renforcer une économie sur le point de s'effondrer.

Dans ses déclarations précédant le déjeuner, le Président souligna, à propos de la Corée du Nord : « Nous ne sommes pas certains qu'ils respectent les engagements de tous leurs accords. » Tout le monde savait qu'il n'existait qu'un seul accord avec la Corée du Nord – datant de 1994, pour geler sa production de plutonium –, et immédiatement la Maison-Blanche expliquait que le Président le savait et qu'il avait employé le pluriel par inadvertance.

O'Neill, de son côté, avait compris qu'il s'agissait des conséquences de sa précipitation. La suractivité imposée par l'arrivée imminente du président sud-coréen Kim Dae-jung avait contraint le président Bush à digérer des éléments qu'il connaissait mal, à comprendre des intérêts complexes et contradictoires et à prendre une décision rapide en disposant de très peu d'informations sur le contexte de la situation. Pendant le déjeuner à la Maison-Blanche, O'Neill – qui avait travaillé avec la Corée du Sud pendant ses années chez International Paper et chez Alcoa – discuta avec un Kim Dae-jung abattu. Il indiqua à Bush que « la Corée du Sud avait l'un des plus forts taux d'alphabétisation de la planète, ce qui prouvait que tous les enfants, ici aux États-Unis, pouvaient eux aussi réussir ». Bush parut surpris. O'Neill, de son côté, ne pouvait cesser de penser au processus de décision qui régnait à la Maison-Blanche. Dix ans d'une politique américaine délicatement recousue avec la Corée du Nord – une économie asiatique en état critique (en particulier si ses problèmes devaient atteindre la Corée du Sud) et qui était peut-être en train de devenir une puissance nucléaire incontrôlée – avait été anéantie en probablement moins de vingt-quatre heures. Comment Powell aurait-il pu être tellement à côté de la plaque le jour précédent, s'il en avait été autrement ? Le remède était clair : O'Neill ne pouvait plus se permettre de rester en dehors du cercle qui entourait le Président à propos des questions importantes qui restaient à régler sur le front économique. Il ne pouvait plus se contenter de donner des petits cours à Bush sur les choix et les conséquences de diverses politiques intérieures. Il allait devoir plaider sa cause en faveur d'une politique fiscale basée sur la prudence.

Après avoir raccompagné Kim Dae-jung, O'Neill et le Président devaient se rendre à pied jusqu'au département du Trésor pour une réunion d'une heure dans le bureau du secrétaire d'État. C'est ce que font parfois les présidents au début de leur mandat : une petite visite aux membres de leur cabinet, pour sortir le drapeau et motiver les troupes.

C'était aussi ce que O'Neill considérait comme une obligation protocolaire pour tout patron qui montrait l'exemple. Rendre visite aux lieutenants et aussi à l'infanterie. Il avait ainsi régulièrement parcouru les usines d'Alcoa sans se faire annoncer ni accompagner. Il faisait la même chose au Trésor. Presque chaque semaine, il disparaissait de son bureau et se promenait dans le bâtiment. Il demandait aux gens qui travaillaient dans des box s'ils aimaient leur job, s'ils aimeraient changer certaines choses. Avaient-ils l'impression de faire un travail valorisant ? Il aimait la façon dont les collaborateurs, à tous les niveaux, signalaient les problèmes et proposaient des solutions.

« Dites, si on prenait le tunnel jusqu'au Trésor ? » lui dit Bush en souriant. O'Neill ria. Il avait déjà fait cela en 1976 pendant un exercice de préparation à l'intention de ceux qui avaient été désignés pour faire fonctionner le gouvernement en cas de catastrophe nucléaire. Sans attendre sa réponse, Bush avait pris le téléphone pour prévenir les agents des services de sécurité et, en quelques instants, les deux hommes, accompagnés de quelques agents, s'éclipsaient par une porte dérobée du bureau Ovale.

Ils descendirent un escalier en colimaçon jusqu'au sous-sol et parcoururent un labyrinthe de portes en plomb et de salles étanches. Ils prirent une direction, rebroussèrent chemin, empruntèrent un autre couloir et revinrent encore une fois sur leurs pas. Ils étaient perdus. Ils finirent par trouver un couloir qui filait vers le nord-ouest. « Ça doit être ça », dit Bush en faisant signe aux agents. « Allons-y, les gars ! » Ils marchèrent le long du tunnel étroit, sur environ cent cinquante mètres, le long de lits de camps en toile rabattus contre les murs. Enfin, ils émergèrent dans la cave du Trésor où un agent d'entretien rangeait des cartons. Il les regarda comme s'il venait de voir des fantômes. Bush se mit à rire – « On a réussi ! » – et donna spontanément une accolade à l'homme, éberlué.

Ils grimpèrent quelques marches, et enfin ils arrivèrent. Bush parlait aux secrétaires et aux employés – il plaisantait avec tout le monde et apostrophait les gens sur son passage, faisait des remarques obligeantes sur la cravate de l'un ou sur la coiffure d'une autre. Il se souvenait aussi du nom de l'assistance de O'Neill, que Paul avait invitée à sa prestation de serment le mois précédent – la seule fois où l'un des quatre secrétaires au Trésor avec qui elle avait collaboré lui avait fait l'honneur de la visite du bureau Ovale. O'Neill se souvenait de la manière dont le Président avait parlé à Andy Card pendant leur déjeuner de *cheeseburgers*. Aujourd'hui, avec ces gens-là, des inconnus qui se trouvaient bien plus bas dans l'échelle du pouvoir et du statut qu'un Andy Card, il était le plus magnanime des hommes.

Ils entrèrent dans le bureau de O'Neill. Le Président fit quelques plaisanteries sur le mobilier... O'Neill pensa qu'après cette petite promenade le moment était enfin arrivé et il lança sa plaidoirie en faveur des garde-fous. Il avait présumé que Lindsey ou Hubbard en auraient sans doute déjà parlé à Bush. Il expliqua le pour et le contre de la conditionnalité, le mécanisme des plafonds ou des garde-fous ou d'une réduction progressive. « Cela risque d'émousser certains effets de relance », dit-il au Président, mais celui-ci serait récompensé en fin de course par les marchés de capitaux. La baisse des taux d'intérêt à long terme et la hausse du marché des actions viendraient récompenser un président qui aurait su « promouvoir et renforcer les vertus de la prudence fiscale ».

La convivialité avait fait long feu. Bush le regardait maintenant avec ce regard inexpressif auquel il s'était habitué.

« Je refuse de négocier avec moi-même, dit Bush. C'est aussi simple que ça. Si quelqu'un vient me voir avec un programme, et qu'il bénéficie d'un soutien politique important, je le recevrai – je suis prêt à en parler. Mais pour le moment, la question est réglée. »

O'Neill voulait faire la liste de tout ce que l'on savait sur le caractère illusoire que pouvait revêtir une estimation de l'excédent sur dix ans : expliquer comment le chiffre de mille six cents milliards était parti d'une suggestion pendant la campagne en 1999 et ne correspondait plus à la réalité économique. Il voulait lui dire pourquoi c'était l'intégrité même des comptes de l'État qui était actuellement attaquée, tout comme elle l'avait été ces dernières années dans un grand nombre d'entreprises qui avaient succombé aux *anticipations de revenus futurs*..., et comme le gouvernement s'apprêtait à le faire en anticipant les recettes fiscales. « Je voulais aussi dire au Président que pour se livrer à n'importe quelle réflexion honnête il fallait être prêt à négocier avec soi-même, se souvient O'Neill. Qu'Alan et moi étions d'accord sur toute cette question et que cela faisait quarante ans que nous nous occupions de ce genre de choses. »

Mais il se contenta de hocher la tête. Le Président avait clairement indiqué qu'il ne s'agissait pas d'analyser quoi que ce soit. C'était une question de tactique politique.

* * *

Le lendemain, à 8 heures, Christie Whitman arriva dans la petite salle de conférences du Trésor pour un petit-déjeuner avec O'Neill. Elle le renvoya à la dure réalité.

Un quartet de sénateurs républicains – Chuck Hagel, Larry Craig de l'Idaho, Jesse Helms et Pat Roberts du Kansas – venaient d'écrire au Président. Ces quatre hommes représentaient le fer de lance de l'opposition à Kyoto, contre la réglementation du dioxyde de carbone et contre toutes les idées qui soutiennent la réglementation industrielle en Amérique.

O'Neill hocha la tête. Il avait eu l'occasion de lire la lettre au petit matin. Une copie lui avait été faxée par le bureau de Hagel dans l'après-midi du 6 mars, le jour où Christie lui avait faxé son projet de mémo au Président.

Ils réclamaient une « clarification de la politique de [son] administration sur le changement climatique » et soulignaient qu'ils avaient été informés du fait que « [son] administration a récemment entrepris un examen formel au niveau interministériel de sa politique en matière de changement climatique. Cependant, le mardi 27 février, Christine Todd Whitman, directrice de l'Agence pour la protection de l'environnement a fait des déclarations sur le sujet » devant le Congrès. Ils citaient quelques déclarations de Whitman avant, pendant et après son audition, y compris celles qu'elle avait prononcées sur CNN à Kim Novak, et réitéraient mot à mot ce que le Président avait dit pendant la campagne. Et ils concluaient :

> Nous nous réjouissons de pouvoir collaborer avec vous et votre administration au développement d'une stratégie énergétique nationale globale respectueuse des impératifs écologiques et économiques ainsi qu'au développement d'une politique concernant le changement climatique fondée sur le bon sens et sur la réalité scientifique. Nous avons cependant besoin de comprendre précisément la position de votre gouvernement sur le changement climatique et en particulier sur le protocole de Kyoto et sur les dispositions de la loi fédérale américaine du *Clean Air Act* concernant la réglementation des émissions de dioxyde de carbone.

« L'attaque est frontale », dit Christie.

O'Neill se raidit. Il ne s'agissait plus du terrain mou des pronostics économiques – où des centaines de milliards de dollars sont affectées sur la base d'estimations spéculatives sur dix ans. La réalité était devant eux. Il y avait des éléments concrets, mesurables.

« Christie et moi étions d'accord sur cette question, se souvient O'Neill. Nous pensions qu'il s'agissait d'un domaine qui nous incombait, parce que c'est un des rares problèmes qui peut faire l'objet d'une réflexion rationnelle. On peut collecter les données. On peut savoir dans quel domaine il en manque et mettre en place une méthode pour les collecter si elles sont nécessaires à la décision. C'est un domaine où l'on peut financer de la recherche et des travaux pour mettre en évidence les phénomènes. On peut réunir des gens pour écouter ce qu'ils ont à dire et leur demander leur avis. Sur un sujet aussi important, on peut vraiment conduire une politique rationnelle, dans l'intérêt général. C'était mon sentiment et je pense que Christie partageait cette conception de la politique. »

Pendant le petit-déjeuner, ils discutèrent du rapport que l'EPA avait préparé pour le Président. Bien que sensiblement semblable à celui du Trésor, on y trouvait plus de détails. Il publiait la montagne de preuves qui avaient déjà été rassemblées ainsi que des propositions d'actions en dehors du cadre de Kyoto et, si nécessaire, dans le cadre du protocole international.

Ils abordèrent de nouveau les questions de tactique politique. La fameuse lettre leur semblait suspecte. Le moment, le ton, l'insistance sur le désir des sénateurs de collaborer avec le gouvernement à une « stratégie énergétique nationale globale », où les questions d'environnement étaient subordonnées aux exigences de l'énergie et de l'économie. Tout cela semblait sortir directement de la bouche de Cheney.

« Vous savez quoi ? demanda O'Neill. Je parie qu'ils n'ont même pas eu l'idée d'écrire cette lettre tout seuls. Vu d'ici, en connaissant bien l'histoire, on dirait que quelqu'un de la Maison-Blanche a appelé Hagel pour lui dire "Chuck, pourquoi ne pas nous demander une petite lettre d'explication ?"

– Oui, je ne serais pas surprise si vous découvriez que c'est la Maison-Blanche qui a demandé cette lettre d'explication et que le vice-président est en train de préparer la réponse. »

O'Neill, comme la plupart de ceux qui avaient déjà travaillé avec Cheney, savait qu'il ne laissait jamais rien transparaître de ses convictions profondes. Pourtant, il était parfois possible de démasquer sa méthode. C'était toujours la même. Choisir une question, discrètement, conseiller quelques participants au débat, fabriquer un échange de lettres ou de rapports qui faisaient toujours surface par hasard – la version bureaucratique d'un coup médiatique –, avant de guider l'enchaînement des événements vers l'objectif désiré. C'était du grand art de marionnettiste !

Tout se déroulait sans laisser d'empreintes. Sans comptes à rendre à personne.

* * *

Whitman regagna son bureau et appela immédiatement Andy Card. Elle voulait rencontrer le Président dès que possible.

Les choses devenaient limpides. Le cercle qui entourait le Président était extrêmement restreint : Rove, Hughes, Cheney, Card et, peut-être, Rice. Elle expliqua à Andy qu'elle avait besoin d'une audience. Elle avait parcouru le monde entier pour présenter la politique des États-Unis, et le Président ne lui avait toujours pas dit ce qu'il pensait sur ce sujet d'importance nationale.

Whitman aimait bien Card et lui faisait confiance. Il n'avait pas le pouvoir d'un Rove ou d'une Hughes, mais il était franc et on pouvait compter sur lui. Il rappela quelques instants plus tard. Un rendez-vous fut fixé pour le 13 mars à 10 heures. Whitman pensait que le Président avait lu le rapport de l'EPA et celui du Trésor. Pendant les quelques jours qui suivirent, elle prépara une synthèse des deux rapports – et de son mémo sur la crédibilité – pour déterminer les points importants de ce qu'elle dirait au Président. Il s'agissait d'une présentation de son plan d'action sur tous les sujets les plus importants de son mandat.

En entrant dans le bureau Ovale ce mardi matin, elle avait le sentiment que c'était pour défendre ce mandat, dans ce bureau, qu'elle était venue à Washington.

Le Président s'installa dans le fauteuil près de la cheminée, Whitman était en face, assise au bout du canapé couleur moutarde. Elle sourit et alla droit au but. Elle parla de l'importance qu'il y avait à encourager une coopération internationale, puis des domaines où les données scientifiques étaient incontestées, avant d'aborder la question de la crédibilité des États-Unis.

Bush l'interrompit. « Christie, j'ai déjà pris ma décision. » Il avait une lettre prête à partir pour Hagel, Helms et les autres. Il lui en lut quelques extraits.

Il allait s'opposer à Kyoto parce que 80 % des pays de la planète en avaient été exemptés, y compris la Chine et l'Inde. C'était pour lui « un moyen injuste et inefficace de répondre aux préoccupations concernant le réchauffement de la planète ».

À propos de sa promesse de campagne qui proposait de réglementer l'émission de dioxyde de carbone aux États-Unis, il avait changé d'avis. Les quelques paragraphes de la lettre sur le dioxyde de carbone se contentaient de souligner la primauté de la politique énergétique. Il expliqua que sa lettre faisait référence à un nouveau rapport du département de l'Énergie qui montrait comment les plafonds d'émissions de dioxyde de carbone conduisaient à un report encore plus massif de la consommation de charbon vers le gaz naturel dans la production d'énergie et à une augmentation sensible du prix de l'électricité. Avec la pénurie énergétique qui frappait la Californie et d'autres États de l'Ouest, les gens s'inquiétaient de la disponibilité et du prix de l'électricité cet été. Bush n'avait eu besoin que de quelques minutes pour se souvenir de ce qu'il allait dire à Hagel, à Helms et au reste du monde.

Whitman resta coite. La mise à mort était impeccable. Elle se promenait dans le monde entier, usant de son propre crédit politique et de la réputation qu'elle s'était si durement forgée d'une femme non partisane pour ajouter un peu de couleur et de profondeur à *ses* déclarations de campagne, et, aujourd'hui, c'est elle qui avait l'air d'une idiote.

Bush se leva et la remercia d'être venue le voir.

Elle errait, les mains vides, dans le petit atrium qui jouxte le bureau Ovale et où travaillent plusieurs secrétaires. L'une d'entre elles disait: « Monsieur le vice-président, voilà la lettre pour le sénateur Hagel. »

Dick Cheney apparut, enfilant sa veste. Il cueillit la lettre sur le bureau de la secrétaire, passa devant Whitman et se dirigea vers le Capitole.

Les travailleurs de l'ombre

Quelques heures après sa réunion avec Bush, la directrice de l'EPA était au téléphone sur son mobile, furieuse. « Personne n'aurait pu espérer qu'il aille si loin dans cette lettre, même pas Hagel ! » dit-elle incrédule. Kyoto était mort. Les projets de contrôles d'émission de dioxyde de carbone pour les centrales thermiques étaient abandonnés. Les États-Unis cesseraient de s'occuper de ces problèmes. Elle enrageait, on était retourné à la case départ, celle du « voyons voir s'il s'agit d'un vrai problème ».

« La production énergétique est la seule chose qui compte. Il ne pouvait pas être plus clair, dit-elle.

– Ça n'a aucun sens, on vient de laisser tomber l'environnement sans aucune raison », répondit O'Neill.

On venait de nier une décennie de dialogue pour établir les preuves du réchauffement planétaire et une réponse responsable avec la communauté internationale. On abandonnait tous les efforts qu'il avait fallu déployer pour trouver un terrain d'entente entre les défenseurs du progrès économique et ceux du développement durable, des efforts qui avaient donné de bons résultats depuis que Nixon avait créé l'EPA.

Mais il y aurait toujours assez de bonnes raisons pour vouloir transformer les intentions en actions. Tandis que O'Neill et Whitman reprenaient leurs esprits, ils passèrent en revue chacun des événements, à la recherche du mobile. Ce qui était clair, c'était que tous les deux, qui étaient considérés comme des modérés sur cette question, mais aussi tous ceux qui, plus largement, faisaient partie de la communauté de plus en plus nombreuse des défenseurs de l'environnement, s'étaient fait mener en bateau..., avant de se faire abattre à bout portant. Ce dernier point les laissait sans voix. Pourquoi tant d'acharnement ?

« Quand Christie m'a raconté cette histoire, j'étais sidéré, se souvient O'Neill. Mais nous avons tout de suite cherché à comprendre ce qui avait pu se passer. Peu importait qui tirait les ficelles. La vraie question était de savoir si l'on avait étudié le problème avant de parvenir à une position réfléchie et avant de décider que toute cette histoire de réchauffement de la planète n'était finalement que des foutaises dont il ne fallait plus se préoccuper. Mais puisque l'on avait étudié le problème, ne s'agissait-il pas plutôt d'une décision politique reflet d'une vision plus étroite du genre “la base est de cet avis et, de toute façon, personne n'y connaît rien” ? »

La base est de cet avis et, de toute façon, personne n'y connaît rien... Cette phrase était une véritable machine de guerre pour combattre la vision du monde que partageaient Whitman et Greenspan ainsi que toute une classe politique d'hommes et de femmes pragmatiques qui se levaient chaque matin en se posant de nouvelles questions et avec l'envie d'analyser de nouveaux problèmes, convaincus que les bonnes réponses seraient au bout du chemin..., parce que, en fin de compte, il serait toujours *important d'avoir raison.*

O'Neill avait l'impression qu'il venait d'acquérir un terrain marécageux en Floride. Première chose à faire, relire l'acte de vente. « Si vous avez l'impression d'avoir bien fait votre travail de recherche pour faire le tour d'une question – si votre vision est claire et que la question ne pose pas de problème particulier–, s'il ne s'agit pas de plaire à la base mais plutôt de faire *ce que vous pensez être juste*, alors les choses sont différentes. »

Whitman se souvenait que la lettre de Hagel était claire et qu'il n'y était nulle part question de prendre en compte des intérêts ou des opinions divergentes. C'était donc bien les intérêts de la politique énergétique et les protestations infondées des *lobbyistes* de l'industrie – pour qui les États-Unis étaient déjà entrés dans les premiers stades d'une crise énergétique – qui avaient tout simplement éclipsé toute réflexion sur l'action à mener pour combattre le réchauffement de la planète. Tout simplement.

Mais, en fait, *qui tirait les ficelles* ? Whitman et O'Neill étaient rapidement parvenus à la même conclusion : Dick Cheney. La rudesse du langage utilisé dans la lettre et l'attaque gratuite contre les écologistes démasquaient le vice-président. La lettre mettait en avant plusieurs affirmations bien connues : la production d'énergie constituait une priorité absolue ; le charbon – cette bête de somme de l'Amérique, mal aimée, et qui produisait pourtant la moitié de son électricité – devait être protégé ; tout seuil visant à plafonner l'émission de dioxyde de carbone menaçait la liberté d'un commerce sans entrave si essentiel à l'Amérique. Toutes ces affirmations étaient les préceptes que Dick avait soutenus dès les premières réunions de *son* groupe de travail sur l'énergie.

O'Neill était convaincu : « C'est le *modus operandi* de Cheney, du début à la fin. » Et il se demanda alors pour la première fois s'il était possible que Dick ait accepté ce poste pour être une voix dissonante, le trouble-fête dans une équipe d'idéologues ? Brusquement, plus aucun des postes importants de la Maison-Blanche ne semblait être occupé par un médiateur objectif cher à O'Neill, celui qui se chargeait de rassembler toutes les données d'un problème.

Chez un grand nombre d'intellectuels pragmatistes qui avaient servi sous Gerald Ford et George H. W. Bush et qui constituaient le noyau dur des républicains traditionnels, une question circulait : qui donc était Dick, finalement ?

O'Neill finit par le demander à Roger Porter, avec qui il parla à plusieurs reprises pendant la fin de l'hiver et le début du printemps. Porter, chef de la politique intérieure du premier président Bush, enseignait un cours célèbre à Harvard sur les présidents américains. C'est à peu près à cette époque qu'il commença à recevoir des appels provenant de membres modérés de l'*establishment* républicain. Son bureau à Harvard était devenu une sorte de confessionnal. La question était souvent la même.

« Au début, on avait l'impression que Dick serait une voix pragmatique, dit O'Neill, qu'il s'occuperait de beaucoup de choses, bien sûr, mais qu'il préparerait surtout le terrain pour réfléchir clairement et discuter – il serait le garant d'une politique raisonnable et d'une analyse réfléchie. Il avait souvent joué ce rôle avec d'autres présidents. Il n'avait jamais été du genre à prendre une position et à se braquer ou à hausser le ton. Nous étions tous d'accord. Nous pensions connaître Dick. Mais, était-ce le cas ? Peu à peu, les gens ont commencé à se demander si Dick avait changé ou si c'est nous qui ne le connaissions pas si bien que cela. Peut-être ne pouvait-il pas faire vraiment *ce qu'il voulait*, et avons-nous surestimé son pouvoir. En tout cas, Dick donnait l'impression d'être devenu un idéologue et de ne plus être aussi attentif au débat et à la réalité. »

O'Neill commençait à se poser des questions sur le Président. Il parcourut l'un de ses livres préférés, *Beyond Human Scale*, coécrit par Eli Ginzberg et George Votja. Eli Ginzberg était depuis cinquante ans un expert de la théorie des organisations et de la gestion des ressources humaines. Il avait été le conseiller de neuf présidents. Son livre décrit comment de très grandes organisations comme le gouvernement des États-Unis, mais aussi de très grandes entreprises ou même le Vatican, échouent, la plupart du temps, dans leurs efforts pour entourer leurs dirigeants de ces intermédiaires impartiaux et de l'analyse sereine dont ils ont besoin pour prendre de bonnes décisions. Au début de ce petit livre, Ginzberg cite une anecdote tirée de la première journée du président Kennedy à la Maison-Blanche. Après avoir lu une note qui lui recommandait la position à prendre sur un problème, il déclara à ses conseillers qu'il avait trouvé la note très convaincante, mais, ajouta-t-il, « je ne sais pas si le gouvernement des États-Unis est d'accord avec cette position ».

Si John Kennedy avait passé dix ans au Congrès, le problème du président Bush, selon O'Neill, provenait de son manque d'expérience et de curiosité intellectuelle. Ceci se traduisait par une ignorance ou un désintérêt quant à la position du gouvernement des États-Unis. Il ne suffisait pas de faire le contraire de tout ce que Clinton avait pu faire, attitude très répandue à tous les niveaux de ce gouvernement. George W. Bush partait de zéro sur la plupart des dossiers et il s'appuyait sur des idéologues comme Larry Lindsey, Karl Rove et, on pouvait le craindre, son vieil ami Dick Cheney. Pas un seul intermédiaire impartial là-dedans.

« Une administration se définit par son Président », dit O'Neill.

Alors qu'il était déjà apparent aux yeux de nombreux membres du gouvernement que ce Président déléguait une part importante de son autorité à des tiers, il « était clairement en train d'apposer sa signature sur des positions fortement idéologiques qui n'avaient pas été complètement réfléchies. C'est, bien sûr, la nature même de l'idéologie. Réfléchir en profondeur est la dernière chose qu'un idéologue veut faire ».

* * *

Le lendemain matin, O'Neill serrait les dents. La une du *New York Times* titrait : « Bush change d'avis, pas de réductions d'émissions de dioxyde carbone », et rapportait que le Président avait renoncé à sa promesse « sous la pression de républicains conservateurs et des industriels ». La décision, ajoutait le *Times*, « avait provoqué la colère des organisations écologistes et de certains démocrates du Congrès qui dénonçaient une trahison majeure. Mais la Maison-Blanche avait dit qu'un examen par les membres du cabinet du Président avait conclu que la promesse de M. Bush avait été une erreur et qu'elle entrait en conflit avec l'objectif plus large d'accroître la production nationale d'énergie ».

Un examen par les membres du cabinet ?

O'Neill était furieux. Ce qui était sûr, c'est que le secrétaire au Trésor et la directrice de l'EPA en avaient été exclus.

Après tous les coups tordus à l'intérieur de la Maison-Blanche, les choses sortaient enfin au grand jour. Le texte de la lettre adressée à Hagel était lourd de sous-entendus sur les incertitudes scientifiques concernant le réchauffement de la planète, et dénonçait le coût prohibitif de toute initiative pour le contrôler. Il était largement repris dans les articles des principaux journaux. Cheney et Spencer Abraham y faisaient figure de gagnants, et on citait quelques remarques triomphales des *lobbyistes* de l'industrie. John Grasser, au nom de l'Association nationale des industries minières, déclarait ainsi au *Washington Post*: « Les contrôles obligatoires [d'émissions de dioxyde de carbone] porteraient un coup fatal au cœur d'un programme énergétique parfaitement équilibré. »

Le député démocrate de Californie, Henry Waxman, quant à lui, déclara au même journal qu'imputer ce recul en arrière à l'augmentation du prix de l'énergie était « une honte ». « Si le gouvernement ne fait rien, ce ne sera pas à cause du prix de l'énergie, dit-il. Ce sera parce que des intérêts particuliers sont en train de dicter au Président sa politique en matière d'environnement. »

L'épitaphe de Whitman était lisible pour tout le monde. « Pas plus tard qu'il y a dix jours, écrivit le *Times*, Christine Whitman, la nouvelle directrice de l'Agence pour la protection de l'environnement, avait parlé de la promesse de campagne de M. Bush comme s'il s'agissait déjà de sa politique. Les membres du gouvernement interrogés aujourd'hui n'ont pas souhaité confirmer si Mme Whitman avait soutenu ce changement de position, mais ils ont suggéré qu'elle ne l'avait pas fait. » Tina Kreisher, la porte-parole de Whitman, déclara que le patron de l'EPA « suivrait la direction indiquée par le Président ».

Plusieurs journaux allèrent jusqu'à citer O'Neill comme l'un des membres du gouvernement qui avaient été favorables à une initiative contre le réchauffement de la planète et qui avait, lui aussi, perdu la partie.

Cela ne faisait aucun doute, pensa O'Neill. Mais comment suivre un Président si vous êtes certain qu'il est engagé sur la mauvaise voie et qu'il n'y a aucun moyen de faire entendre votre différence ? Pourquoi le suivre ?

* * *

Tous les spécialistes du régime présidentiel savent qu'il est extrêmement rare de voir un Président revenir sur une promesse électorale pendant les cent premiers jours. C'est une période d'état de grâce pendant laquelle le nouvel élu brandit avec force la bannière de la *vox populi* et déclare à qui veut l'entendre qu'il est prêt à faire « ce pour quoi [il a été] élu ». Aussi, assiste-t-on généralement à une activité frénétique et au lancement de plusieurs mesures politiques attendues.

À ce stade de la mi-mars 2001, un modèle venait de naître. Celui-ci provoquait un certain malaise chez quelques hauts responsables comme O'Neill, Powell et Whitman, qui ne faisaient pas partie de la petite coterie des conseillers venus de la campagne électorale ou du passé texan de Bush. De novembre à mars, il n'y avait eu aucun changement majeur, sauf, peut-être, sur l'économie. Sur ce point, Bush restait accroché à ses promesses électorales sur les impôts en dépit de nombreux conseils qui l'invitaient à revoir sa position. Au Sénat, les républicains modérés, O'Neill et quelques autres, pensaient en effet qu'une mutation économique d'ampleur historique était probablement déjà engagée et que les conditions actuelles n'avaient plus rien à voir avec le paysage économique de 1999.

En ce qui concernait les affaires étrangères, la scène mondiale n'avait pas connu de bouleversements importants entre la fin de 2000 et le début de 2001. Pendant la campagne, Bush s'était déclaré en faveur d'une Amérique non interventionniste. Une Amérique qui y réfléchirait à deux fois avant de se laisser entraîner dans des conflits comme elle l'avait fait en Bosnie et en Somalie. Il avait déclaré qu'elle serait « humble à l'étranger » et qu'elle ne se livrerait pas au *nation-building*. Cela étant, O'Neill, Powell et d'autres membres du NSC voyaient le Président agir tout à fait autrement. À la surprise de O'Neill, on parlait de véritables plans pour envahir l'Irak, occuper le pays et promouvoir une doctrine non avouée de guerre préventive. Pour l'Irak, tous les détails étaient prévus, depuis l'emplacement des champs de pétrole, en passant par celui des forces de maintien de la paix, jusqu'aux tribunaux pour les crimes de guerre. O'Neill se demandait si Bush – « qui n'était pratiquement jamais sorti du pays » – avait parlé pendant la campagne sans bien connaître les affaires étrangères et appris, pendant la courte période de transition, tout ce qui lui semblait nécessaire de savoir. Cela paraissait très improbable.

De la même manière, le débat sur le réchauffement de la planète était resté au point mort depuis l'été de 2000, alors que la communauté internationale attendait que son acteur principal changeât d'administration pour recommencer à faire des propositions sur le sujet.

O'Neill et Whitman connaissaient parfaitement les informations dont le Président avait disposé sur ce sujet. « Le travail de plusieurs commissions chargées d'examiner avec attention les éléments de preuves était déjà très avancé », dit O'Neill, et une politique qui s'appuyait sur les promesses électorales du Président était lancée. Bush n'avait reçu aucun élément nouveau et la crise énergétique qu'avait traversée la Californie ne pouvait expliquer un tel changement de politique. Elle avait été rapidement surmontée et on l'avait déjà attribuée à une défaillance du réseau de distribution plutôt qu'à une véritable pénurie d'électricité. En observant comment la Maison-Blanche conduisait son analyse des mesures politiques – dans tous les domaines–, O'Neill restait stupéfait devant les véritables intentions qui inspiraient toutes ses décisions.

Il se demandait s'il était possible que le pays ait cru élire un centriste pour confier finalement le pouvoir à un idéologue. L'incident avec Whitman était le début de ce que O'Neill appela plus tard « un lever de rideau sur le fonctionnement de ce gouvernement ».

« Ce qui était devenu très clair pour moi, dit-il dans un entretien qu'il m'accorda dans sa maison de Pittsburgh, peu de temps après avoir quitté ses fonctions, c'est que la présence de gens comme moi, comme Colin et comme Christie a aidé à convaincre les électeurs que ce gouvernement serait en fait capable de chercher les meilleures solutions, sans se préoccuper de savoir quel parti l'avait proposé en premier ni d'en faire un quelconque enjeu électoral à court terme. C'était pour ces qualités que nous étions tous les trois connus. Nous n'étions pas des idéologues. Nous étions capables de dépasser les frontières politiques et de rechercher les terrains d'entente. En repensant à la manière dont nous avons tous été fait prisonniers dès le début, de l'intérieur, il me semble aujourd'hui que nous avons peut-être surtout servi, par inadvertance, de couverture. »

* * *

Dans l'après-midi – encore sous le choc de la défaite sur le réchauffement de la planète –, O'Neill se plongea dans les documents qu'on lui avait préparés pour sa réunion du jour avec la « coalition centriste » du Sénat au Capitole.

La bataille fiscale était en train de se jouer entre deux équipes. Les libéraux, les modérés et quelques démocrates conservateurs, comme Conrad du Dakota du Nord, s'étaient rassemblés autour d'une proposition de huit cents milliards de dollars sur dix ans, avec un mélange de baisses de taux plus progressives pour favoriser les classes moyennes. Ils cherchaient également à rembourser une plus grosse partie de la dette fédérale et à le faire rapidement. Leur saint patron, Bob Rubin, et Paul Volcker, l'ancien président de la Fed, s'étaient tous les deux exprimés contre le programme de réduction d'impôts du Président, soulignant dans une conférence de presse conjointe le 12 mars qu'il était « budgétairement douteux ».

Les républicains au Sénat et à la Chambre des représentants étaient partis à la pêche pour obtenir des baisses d'impôts plus importantes. Le leader de la majorité à la Chambre des représentants, Dick Armey et celui de la majorité au Sénat, Trent Lott, faisaient campagne pour inclure des réductions de l'impôt sur les plus values. Le matin même, le leader de la majorité Tom DeLay[1] avait déclaré que les propositions du Président constituaient « un point de départ, pas un plafond ».

1. Tom DeLay, élu républicain du Texas, est le leader de la majorité républicaine à la Chambre des représentants (*NdT*).

Cet enthousiasme était certainement encouragé par l'attitude de la Maison-Blanche. Dans un mémo adressé à O'Neill et à quelques autres à la mi-février, Mitch Daniels avait écrit qu'il existait « des perspectives et des contingences importantes susceptibles d'*accroître* les excédents sur dix ans », au-dessus des prévisions actuelles de cinq mille six cents milliards de dollars. O'Neill avait critiqué cette estimation lors de plusieurs conférences internationales en indiquant qu'elle était issue d'une analyse spécieuse. Mais elle avait fait l'objet de fuites chez les sénateurs et attisé leurs discussions en faveur d'une réduction plus importante qui comprendrait également une série de nouveaux cadeaux fiscaux, allant des crédits d'impôts pour enfants mineurs ou pour couples mariés à la suppression de l'impôt sur les successions.

Avec les deux groupes fermement ancrés dans leurs camps respectifs et un Sénat divisé cinquante-cinquante – le vice-président Cheney détenant la voix prépondérante–, les centristes de la Chambre étaient courtisés de toutes parts, leurs voix prenant chaque jour un peu plus de valeur.

Les centristes avaient soutenu les garde-fous. Même si elle avait rencontré de forts vents contraires des deux côtés de l'échiquier politique, la graine plantée par O'Neill et Greenspan avait lentement germé chez eux depuis le mois de février.

Les garde-fous étaient des outils imparfaits, un dernier recours – comme pouvait l'être une intervention chirurgicale sur un alcoolique–, destinés à contrôler des hommes politiques en mal de libertinage fiscal.

« C'est mauvais sur le plan économique, surtout si vous voulez essayer d'avoir une influence sur la croissance », avait déclaré Dick Armey au *Boston Globe* le 18 février, en expliquant que la croissance devait s'appuyer sur des certitudes et la prévisibilité, pas sur des conditions.

Robert Reischauer, ancien directeur du Bureau du budget du Congrès quand celui-ci était contrôlé par les démocrates, offrait une critique plus ésotérique deux jours plus tard dans le *San Francisco Chronicle*: « Mettre un garde-fou dans une proposition de loi fiscale, c'est pire que ne pas en mettre, car cela donne une fausse impression de sécurité à ceux qui s'inquiètent que la baisse d'impôts puisse se révéler trop importante. »

Une semaine plus tard, dans le magazine *Meet The Press* de la chaîne NBC, Andy Card déclarait: « Il n'y a pas besoin de garde-fous si vous avez une procédure budgétaire responsable, et ce programme d'allégement des impôts est responsable et il est lui-même intégré à un budget responsable. Il y un excédent de cinq mille six cents milliards, et c'est une estimation très conservatrice. »

Le 4 mars, Leon Panetta, ancien président de la commission budgétaire à la Chambre des représentants puis directeur du Budget et secrétaire général de la Maison-Blanche du président Clinton, expliquait dans les colonnes du *Los Angeles Times* que « quand vous mettez en place des garde-fous, ce que vous faites, c'est dire que vous mettez en place des procédures automatiques parce qu'il n'y a pas de volonté politique. Mais à chaque fois que vous faites cela, c'est toujours la politique qui reprend le dessus ».

Très bien, répondirent les centristes. Au moins, avec ce mécanisme, le Congrès sera obligé soit de s'y plier soit de le désarmer, un acte politique qui l'exposerait ouvertement et qui appellerait au débat sur la question de la prudence en matière fiscale.

En d'autres termes : pas parfait, mais mieux que rien. Le 7 mars, le sénateur républicain du Maine, Olympia Snowe, et le sénateur démocrate de l'Indiana, Evan Bayh, introduisaient une proposition soutenue par les deux partis en faveur d'un mécanisme de garde-fous qui « permettrait au Congrès de proposer une baisse des impôts responsable sur le plan fiscal et qui éviterait un retour aux déficits annuels ». La proposition était rédigée de manière à permettre à la première phase de baisses d'impôts proposées par le Président de se mettre en place sans conditions, tandis que certains éléments d'une baisse progressive seraient mis en œuvre dès que certains objectifs de réduction de la dette seraient remplis. Aux côtés de Snowe et de Bayh se trouvaient les sénateurs Tom Carper (démocrate du Delaware), Lincoln Chafee (républicain du Rhode Island), Susan Collins (républicaine du Maine), Dianne Feinstein (démocrate de Californie), Jim Jeffords (républicain du Vermont), Mary Landrieu (démocrate de Louisiane), Arlen Specter (républicain de Pennsylvanie), Debbie Stabenow (démocrate du Michigan) et Robert Torricelli (démocrate du New Jersey).

En prenant, ce matin-là, son petit-déjeuner en compagnie d'Olympia Snowe, O'Neill demeurait, contrairement à son habitude, très circonspect sur la question. Il ne souhaitait pas lui montrer qu'il était de son avis et qu'il avait été, en fait, à l'origine de cette initiative depuis le début.

Il lui serait plus difficile de cacher ses convictions pendant l'après-midi qui l'attendait dans l'arène. Les centristes allaient présumer que lui et Greenspan étaient d'accord, et ils feraient leur possible pour le lui faire admettre à O'Neill. Un signal de sa part en faveur des garde-fous suffirait. Il leur permettrait de prétendre qu'ils avaient le soutien du Président et de présenter officiellement les garde-fous comme la solution de compromis. Mais O'Neill en avait déjà parlé au Président la semaine précédente. Sa réaction négative l'avait convaincu qu'il ne les accepterait jamais dans la loi. Dans ces circonstances, un soutien devant le Congrès équivaudrait à de l'insubordination.

Isolé dans son bureau, O'Neill ouvrit le dossier contenant les rapports préparés par ses collaborateurs pour la réunion du jour. Un résumé était placé en tête :

> Comme vous le savez, les centristes du Congrès détiennent la clé du vote concernant le programme budgétaire et fiscal du Président. Plutôt que de réitérer la position du gouvernement sur le programme et la politique fiscale, vous devriez leur montrer que les lignes de communication entre le Capitole et le Trésor restent ouvertes et écouter leurs idées. Cependant, le temps n'est pas à la négociation.

C'était, clairement, la position de la Maison-Blanche. Gardez le cap. Si le Congrès veut accélérer les baisses d'impôts pour relancer plus vite l'économie, c'est très bien. Rien n'empêchera le Congrès de donner à Bush plus que ce qu'il avait demandé : la baisse de mille six cents milliards arriverait simplement plus rapidement. On en avait discuté lors de nombreuses réunions et le Président avait assisté à nombre d'entre elles. Toute analyse de la santé léthargique de l'économie et des remèdes dont elle pourrait avoir besoin passait au second plan. Le mémo des collaborateurs était clair. Un consensus : *ne négociez pas*.

* * *

O'Neill et sa délégation entrèrent dans la salle 11 du Dirksen Office Building du Sénat à 16 h 15. Il était accompagné de Mark Weinberger, son spécialiste des questions fiscales, de Michele Davis, son directeur de la communication, et de John M. Duncan, son directeur des affaires législatives.

La salle était comble. Chaque sénateur avait amené au moins un de ses proches adjoints et quelques collaborateurs de la commission bancaire et de la commission des finances. Une dizaine de sénateurs s'était réunie autour d'une grande table et O'Neill avait pris la place d'honneur. Les attachés parlementaires s'entassaient le long des murs. On entra vite dans le vif du sujet. Les cordialités d'usage avaient été réglées d'un hochement de tête. Olympia Snowe, l'une des premières à avoir défendu la thèse de la conditionnalité au Sénat, ouvrit la discussion sur l'opportunité des garde-fous. La proposition de ces centristes était de lier la baisse des impôts à la réduction de la dette, qui s'élevait actuellement à trois mille deux cents milliards de dollars en excluant la Social Security. Tout en conservant un budget équilibré, la majorité d'entre eux avait l'intention d'utiliser une plus grande part de l'excédent pour rembourser la dette. Joe Lieberman, sénateur du Connecticut, mentionna le chiffre trompeur de mille deux cents milliards de dollars que le Président avait utilisé pour évaluer le niveau de la dette qui ne pouvait pas être réduite. La plupart des sénateurs, y compris les républicains, trouvaient que le chiffre était plus près de celui de Gary Gensler qui l'estimait à cinq cents milliards. O'Neill admit que « l'on [pouvait] être en désaccord sur le total » – une stratégie d'évitement qu'il avait déjà utilisée au cours des deux semaines précédentes dans plusieurs déclarations publiques. Il se souvient qu'il détestait faire cela : « Mais j'ai décidé que contredire le Président sur ce sujet était une bataille que je n'avais pas les moyens de mener. »

Pendant que la conversation battait son plein sur les garde-fous, les sénateurs citaient les recommandations que Greenspan avait émises en leur faveur dans ses déclarations du 25 janvier et qu'il avait répétées devant la commission budgétaire de la Chambre le 2 mars. O'Neill restait de marbre. Sois comme Cheney, pensa-t-il, hoche la tête sans cesse, ne leur montre rien, ne parle pas. Pour lui, cela signifiait « ne respire plus ».

Lieberman, que O'Neill appréciait et respectait, tenta de le tirer de sa réserve.

« Êtes-vous en train de dire que vous n'êtes pas d'accord avec le président Greenspan sur ce point ?

– Je m'efforce de ne *jamais* être en désaccord avec le président Greenspan, répondit O'Neill, provoquant l'hilarité de la salle, sauf en cas d'absolue nécessité. »

Il lui fallait avancer avec prudence. Dans tous les cas de figure, le vote de ces élus centristes serait crucial pour faire passer une loi sur les impôts, un « produit fini » dans le langage des attachés parlementaires. La stratégie de la Maison-Blanche était de laisser les centristes penser que O'Neill – et par association, le Président – était ouvert aux suggestions sur les garde-fous, même si cela était faux. Ainsi les centristes resteraient dans le jeu jusqu'à la fin, jusqu'à ce que le Sénat et la Chambre ouvrent les débats sur des textes différents. C'est seulement à ce moment-là qu'il serait opportun pour le Président de relever ses manches, de s'asseoir, et, éventuellement, de négocier. Jusque-là, Bush ne bougerait pas, même si sa proposition de baisse d'impôts apparaissait chaque jour de plus en plus inadaptée à l'économie d'aujourd'hui.

O'Neill détestait l'idée d'être obligé de tromper délibérément son monde. Pour lui, c'était « le genre de stratégie qui finit toujours par vous rattraper ». Il espérait secrètement que les sénateurs iraient jusqu'à convoquer un débat commun au Sénat et à la Chambre en brandissant si haut les garde-fous que le Président, pour faire adopter une loi, serait forcé de conserver ces mécanismes. C'était ce que lui et Alan avaient espéré depuis le début.

Mais, plus le temps passait, plus il sentit s'éloigner cette perspective. John Breaux, sénateur de Louisiane, grand maître des mariages éclairs qui ignoraient les lignes de partis, déclara : « Nous devons conserver une gestion prudente du budget fédéral, aujourd'hui et demain. » Snowe parla de la mise en garde de Greenspan contre la tentation de considérer l'excédent comme de l'argent comptant : « Nous allons bientôt y voir beaucoup plus clair sur la somme dont nous pourrons disposer. » Max Baucus, sénateur du Montana, un démocrate conservateur qui essayait de garder son siège dans un État républicain, resta sobre et direct : « Il nous faut simplement regarder les chiffres du budget avec sérénité et les garde-fous ont au moins le mérite de nous encourager à réfléchir sur des chiffres réels – pas des chiffres imaginaires. »

O'Neill avait l'impression que bien que certains sénateurs aient souvent cherché à soigner leur image, la conversation était franche et réunissait une majorité d'élus pragmatiques. Ces sénateurs de deux partis étaient en train de chercher une solution responsable, fondée sur la réalité des faits tels qu'on les connaissait, tout comme lui, Whitman et d'autres l'avaient fait à propos du réchauffement de la planète, et comme Powell tentait de le faire en défendant sa vision pragmatique et internationaliste des affaires étrangères. Cette croyance en un débat ouvert, ancré dans la réalité, allait bientôt, O'Neill le comprenait peu à peu, les exposer à l'attaque cynique de leurs opposants: *la base est de cet avis et, de toute façon, personne n'y connaît rien*. La débâcle se préparait.

« Cette réunion a marqué le début d'un véritable changement pour moi, se souvient O'Neill. Je savais que je devais être guidé par les principes d'une politique raisonnable et pas par ce que l'on attendait de moi. »

Il interrompit la discussion des sénateurs sur les garde-fous: « Je crois que nous avons compris la position de chacun sur la question de la conditionnalité, dit-il. Parlons de la manière de provoquer une relance économique. Mais est-ce qu'une relance est nécessaire ? Eh bien ! c'est une tout autre question. En ce qui me concerne, je crois que oui, nous avons besoin d'une relance. » La discussion s'orienta vers les derniers chiffres de l'économie. Ils examinèrent les stocks d'automobiles, le niveau d'endettement des ménages qui avait atteint un niveau historiquement élevé, et les derniers chiffres indiquant que les suppressions d'emplois continuaient. Le terrain était fragile. Une relance était nécessaire. Aujourd'hui. Dans six mois, peut-être seront-ils tous aux abois. C'était ça la réalité.

« Eh bien ! j'ai à peu près cent vingt-cinq milliards de dollars d'excédents sur le compte bancaire du Trésor. Pourquoi n'utilisez-vous pas cet argent pour faire une baisse d'impôts immédiate ? » demanda O'Neill.

La salle resta silencieuse. Pendant une minute, personne ne dit rien, craignant de rompre ce silence. Chacun pouvait faire le calcul: la dernière chose que le Président voulait était une loi séparée, une réduction en une seule fois pour s'attaquer à la situation économique actuelle, probablement au détriment de son *package* de réductions à long terme des taux marginaux. Mais une baisse importante et immédiate était effectivement ce qu'il fallait. Il suffisait d'une semaine pour ficeler un projet, peut-être moins. Le Président devrait alors défendre son programme de réduction des taux marginaux de mille six cents milliards sur ses propres mérites, plutôt que de faire croire qu'il pourrait à lui seul relancer une économie chancelante.

C'est à cet instant que Paul O'Neill arracha la politique économique des mains de ceux qui, depuis la Maison-Blanche, s'amusaient à tirer les ficelles.

« Je crois que je me suis dit : "Et puis merde !", se souvient-il. Et la suite a montré que c'était l'une des meilleures choses que j'avais faites. »

* * *

Le lendemain matin, Greenspan attendait dans sa salle de réunions, en mangeant son porridge au raisin, quand O'Neill entra.

« J'ai un train d'avance sur toi aujourd'hui », dit-il. O'Neill sourit. Depuis leur petit-déjeuner à la Fed le mois précédent, les deux hommes avaient été rejoints par Ken Dam, le secrétaire adjoint au Trésor, que Greenspan connaissait depuis presque aussi longtemps que O'Neill. Dam avait aussi fait partie de la Maison-Blanche de Nixon et avait travaillé avec Greenspan au conseil d'administration d'Alcoa.

Tandis que Dam prenait quelques notes, Greenspan et O'Neill se lancèrent dans leur conversation habituelle : « Que nous disent les chiffres ce matin ? »

La nouvelle de la journée aurait pu être apportée sur un lit de glace pilée. Tous les journaux importants faisaient leur une sur la chute des marchés. Le Dow Jones avait chuté ces trois derniers jours et il était tombé sous la barre des dix mille pour la première fois en un an. Le *Washington Post* titrait : « Récession mondiale ». Le *Los Angeles Times* avait trouvé le coupable : « Le Japon. » *USA Today*, que O'Neill avait ajouté à sa revue de presse matinale, avait choisi un autre angle. Son article de première page mettait l'accent sur l'impact que la chute des marchés allait avoir sur le Trésor américain. Le journal citait plusieurs experts réputés dont les analyses suggéraient que la chute des recettes fiscales – notamment celles de l'impôt sur les sociétés et celles de l'impôt sur les plus-values – provoquée par la crise allait effacer entre un cinquième et la moitié de l'excédent de cinq mille six cents milliards attendu sur dix ans.

Les deux amis parlèrent des prochaines estimations de l'excédent budgétaire qui ne seraient pas publiées avant la mi-juillet et qui feraient état d'une réduction de l'excédent, mais ils pensaient que le débat sur la loi fiscale serait terminé d'ici là.

« J'ai entendu que tu t'étais attiré des histoires, hier », dit Greenspan.

O'Neill sourit. « Je ne suis pas certain que les garde-fous survivront, mais j'imagine que j'ai donné un peu de munitions au centre. »

Greenspan pensa à leurs conversations depuis le mois de décembre. « Je ne suis pas certain qu'une baisse des impôts de cette taille et sur une période aussi longue soit appropriée sans prévoir un mécanisme qui la conditionne, dit-il. Ces excédents, ou la perception des excédents, ont un effet étonnamment corrosif sur nos efforts pour conserver une discipline budgétaire. »

O'Neill acquiesça. « Ils ont un effet corrosif sur le principe même de la responsabilité budgétaire. » Il expliqua comment une baisse de cent vingt-cinq milliards de dollars pourrait jouer un rôle crucial pour relancer l'économie à court terme : « Cela revient à concentrer nos efforts en début de période, là où on en a le plus besoin, et pourrait provoquer une réduction du paquet de réformes fiscales que le Président a proposé pour le long terme ou un appel en faveur de leur conditionnement à l'existence d'un réel excédent. »

Ils y réfléchirent en silence pendant un instant. Dam écoutait. « La Maison-Blanche ne va pas être très contente de tout ça », dit finalement Greenspan, en regardant son ami avec inquiétude.

« Mais quelles sont nos vraies options ? demanda O'Neill. Si nous ne nous imposons pas une certaine discipline en matière de dépenses et d'impôts, on risque de se retrouver en fin de parcours sans les mille milliards qu'il nous faut pour la Social Security. »

Le chiffre d'un millier de milliards de dollars était devenu ces dernières années l'élément central du projet qu'avait le Président de retirer la Social Security des mains du gouvernement. Ce dernier en assurait une gestion sans risques, mais moribonde. Le projet prévoyait de la transférer vers des comptes privés à plus haut rendement dont les bénéficiaires pourraient participer à la gestion. En mai 2000, le candidat Bush avait soutenu l'idée de créer des comptes privés et s'était rallié à un projet de créer une commission bipartite proposée par les sénateurs Daniel Patrick Moynihan, un démocrate de New York, Bob Kerrey, un démocrate du Nebraska, et le républicain John McCain de l'Arizona. Dans ce projet, la commission se proposait de faire une proposition de réforme de la Social Security avec un calendrier assez serré, et le Congrès voterait ensuite pour ou contre.

La proposition de Bush envisageait le financement simultané de deux systèmes de retraites pendant une certaine période. Au cours de plusieurs échanges enflammés pendant l'automne, Bush avait suggéré que les travailleurs de moins de cinquante-cinq ans puissent ouvrir de nouveaux comptes. Une partie de leurs charges salariales serait versée sur un compte d'investissement privé, tandis que l'essentiel irait, comme d'habitude, dans les caisses de l'État. Les avantages qui avaient été promis aux travailleurs plus âgés et aux retraités actuels seraient, par ailleurs, garantis. Une partie de ce calcul était une façon de reconnaître que les prestations du système actuel devraient continuer à être versées pendant au moins douze ans, avant que les participants du nouveau système atteignent l'âge de la retraite et puissent ouvrir leurs droits à des prestations qui, sans ce système, ne pourraient pas être financées correctement, créant un écart de financement que le gouvernement serait alors contraint de combler.

Les mille milliards de dollars permettraient de financer le programme privé parallèle ainsi que cet écart de financement. Mais Greenspan et O'Neill avaient une autre idée sur la manière de distribuer cette somme. Ils étaient en faveur d'une rupture claire et complète. Ceux qui resteraient dans l'ancien système de la Social Security ne constateraient aucun changement ; ceux qui participeraient au nouveau projet investiraient l'intégralité de leur épargne dans des grands fonds d'investissement indexés, composés d'actions ou d'obligations. C'était la seule façon de faire bénéficier ce dernier groupe des avantages de ce que Warren Buffet appelait « le miracle de la capitalisation du retour sur investissement ».

Ils prirent une autre tasse de café.

« Alors, qu'est-ce que tu as obtenu avec notre chiffre ? » demanda Greenspan avec curiosité.

O'Neill était venu préparé. Pendant leur petit-déjeuner de la semaine précédente, ils s'étaient demandé ce qu'on pouvait acheter avec mille milliards de dollars. Plus précisément, ce qu'un fonds de transition d'un tel montant permettrait de faire et combien d'Américains pourraient souscrire à un nouveau programme d'investissement privé.

Il fallait vraiment une rupture nette. Tout le monde au-dessus d'un certain âge resterait complètement garanti par l'ancien système. Tout le monde au-dessous participerait à un nouveau programme « de capitalisation des richesses plutôt que de répartition entre les générations », comme le prêchait souvent O'Neill.

« J'obtiens un âge pivot de trente-sept ans », dit O'Neill.

Greenspan ria. « Moi aussi. »

Ils mirent quelques questions mathématiques sur la table – as-tu compté ceci ? mesuré cela ? – puis gribouillèrent quelques opérations de vérification au dos d'une enveloppe. Ken Dam les observait et se demandait s'il devait aller chercher une calculatrice dans l'autre pièce. Non, ils s'en sortaient. Tout était correct. Avec un fonds de transition de mille milliards de dollars, ils pouvaient maintenant faire passer tous ceux qui avaient moins de trente-sept ans dans le nouveau programme.

« O.K. ! fit Greenspan, tout ce qu'il te reste à faire maintenant c'est de prendre mille milliards de dollars et de les mettre au coffre. »

* * *

Le lundi 19 mars, comme la loi le prévoit, O'Neill, en qualité de secrétaire au Trésor, devait présider une réunion du conseil de surveillance de la Social Security et du programme Medicare. Le secrétaire au Travail et le secrétaire à la Santé et aux Affaires sociales y assistaient en qualité de membres du conseil. L'ordre du jour était fixe, et, année après année, il s'agissait de desserrer un garrot de plus en plus court.

Le système était en crise et, aujourd'hui, il était menacé par une économie en déclin. C'était un grand arbre centenaire, en train de pourrir de l'intérieur.

Vers midi, après une matinée d'intenses calculs et d'impossibles négociations, O'Neill fut en mesure de donner une conférence de presse dans la salle de réception diplomatique du Trésor, à l'autre bout du hall. Il annonça la publication du « Rapport annuel sur la Social Security et Medicare ». Les principales conclusions de ce rapport indiquaient que les ressources du programme Medicare seraient épuisées en 2029. Celles de la Social Security en 2038.

Les journalistes s'arrachèrent les copies du document. Ces derniers temps, ils étaient nombreux aux conférences de presse de O'Neill. Sa liberté de ton et la franchise parfois désastreuse de ses déclarations des mois de janvier et de février avaient fait de lui un numéro à ne pas manquer. Surtout dans un gouvernement qui – les journalistes commençaient à s'en rendre compte – traquait la sincérité comme un déchet toxique.

O'Neill monta sur l'estrade.

PREMIER REPORTER.– Monsieur le secrétaire d'État, quand le gouvernement envisage-t-il de transmettre au Congrès ses propositions de réforme de la Social Security ?

O'NEILL.– Eh bien ! voyons. Le Président va annoncer sa commission dans les prochains jours et je pense que nous verrons quelque chose, j'espère, au début de l'automne. Et après cela, il y aura une période de préparation.

Donc, il m'est difficile de répondre avec précision à votre question. Mais nous travaillons rapidement sur ce dossier et, avec un peu de chance, nous en aurons fini avec la réforme fiscale dans les deux prochaines semaines ; après quoi nous pourrons travailler plus particulièrement et presque exclusivement sur la Social Security.

DEUXIÈME REPORTER.– Étant donné la chute récente des marchés et la nervosité avec laquelle tous les salariés, y compris les ouvriers, observent aujourd'hui avec horreur et incrédulité l'état de leurs fonds de retraite, comment allez-vous convaincre le public américain qu'un programme qui a été leur ultime havre de sécurité financière devrait maintenant être confié à une forme d'investissement privé beaucoup plus risquée ?

O'NEILL.– Tout d'abord, nous ne sommes pas réunis ici aujourd'hui pour construire un nouveau système de Social Security. Et il faudrait que j'accepte l'hypothèse de départ que vous formulez concernant sa forme et sa composition particulière pour être seulement tenté de répondre à votre question, et je le suis un petit peu.

O'Neill marqua une pause..., but un verre d'eau. Il voulait s'efforcer d'être plus circonspect dans ses déclarations publiques, et ses hésitations créaient souvent des appels d'air ambigus semblables aux célèbres silences de Greenspan, qui pouvaient être tout aussi éclairants que, dans ce cas précis, désastreux. Il pensa qu'il devrait se souvenir d'envoyer une transcription de cette dernière réponse à Alan. Il était sûr d'en tirer un petit ricanement. Il s'éclaircit la voix avant de reprendre la question.

– Laissez-moi faire une réponse courte sans trop m'avancer dans les détails sur la manière dont on pourrait construire un tel programme. Si vous jetez un coup d'œil sur l'histoire de l'économie des sociétés occidentales – je pense qu'il faut que je définisse cela un peu plus précisément, disons sur les cent dernières années–, vous constaterez – je crois qu'on peut honnêtement dire que sur n'importe quelle période de quarante années, disons que je vous laisse choisir les quarante années que vous voudrez – que le retour sur investissement d'un investissement privé a été plus important que l'alternative sans risque que propose le gouvernement. C'est peut-être un peu plus compliqué que ce vous attendiez comme réponse.

DEUXIÈME REPORTER.– En effet, monsieur.

* * *

Dans l'après-midi, O'Neill et les membres du Groupe de travail sur la politique énergétique nationale (NEPD) du vice-président se rassemblèrent dans la salle de réunions du cabinet pour présenter au Président leurs conclusions sur l'état de la production et de la consommation d'énergie aux États-Unis.

Cette présentation marquait la fin de la première des deux phases (la seconde serait consacrée à l'élaboration de propositions) qui avaient été décidées à la fin du mois de janvier, quand Bush avait officiellement chargé Dick Cheney de s'occuper de l'énergie.

Le vice-président, après avoir reçu son mandat, avait promis que cela ne se passerait pas comme avant. Dans ce cas, *avant* désignait le premier groupe de travail sur l'énergie que le premier président Bush avait constitué en 1989 pour comprendre d'où l'Amérique tirait son énergie et comment sevrer le pays de sa dépendance des importations de pétrole.

À l'époque, le secrétaire à l'Énergie James D. Watkins avait pris la tête du groupe de travail. Il y eut dix-huit auditions publiques. Quatre cent quatre-vingt-dix personnes venues de quarante-trois États avaient participé aux discussions. Les débats, d'après le rapport de la Cour des comptes, « avaient représenté un effort sans précédent de la part du département de l'Énergie pour solliciter l'opinion des citoyens sur la politique énergétique ». En fait, cette initiative eut un tel succès que le département de l'Énergie fut dans l'impossibilité de publier ses recommandations dans les délais. Son rapport, présenté au président Bush en décembre 1990, détaillait toute une série d'options – de la déréglementation des gazoducs à l'instauration d'une taxe sur l'essence de cinquante cents par gallon – et fut considéré comme l'étude la plus ambitieuse jamais conduite par le gouvernement sur l'énergie. Près d'un an plus tard, une loi issue du rapport, approuvée à la fois par le Président et par les principaux leaders démocrates, fut rejetée par un vote de procédure au Sénat, essentiellement à cause d'une disposition qui prévoyait l'ouverture du Refuge national de l'Arctique (ANWR) à l'exploration pétrolière – un vieux serpent de mer du *lobby* des compagnies pétrolières qui, depuis la fin des années 1970, luttaient pour son ouverture. Certains sénateurs déclarèrent qu'il existait d'autres endroits pour chercher du pétrole sans faire courir de tels risques environnementaux. Après le rejet de la loi en 1991, le *New York Times* avait écrit dans un éditorial: « Cette disposition était surtout le symbole du parti pris stupide de cette loi en faveur de la production plutôt que de la conservation d'énergie. [...] L'échec au Sénat aura pourtant permis de tirer l'enseignement suivant pour la prochaine tentative d'élaboration d'une politique énergétique nationale: Restez simple, faites équilibré ! »

Dans cette deuxième administration Bush, Dick Cheney chercha donc à rester simple. Mais également discret et efficace. Il avait traversé deux crises énergétiques sous Nixon et Ford. Il avait tout entendu des empoignades concernant la politique énergétique pendant la première présidence Bush. Il avait dirigé une entreprise pétrolière, Halliburton, pendant cinq ans, dans les années 1990, et, tout compte fait, il se considérait comme un expert. Cela signifiait qu'aucune audition publique ou débat avec des opposants n'était nécessaire. Cheney était convaincu qu'il savait déjà tout ce qu'il avait besoin de savoir.

Le NEPD était structuré pour ne *pas* avoir à entendre de débat public ou de positions contraires. Pendant sa première réunion de travail, à 10 heures, le matin du 9 février, Cheney et ses collaborateurs, ainsi que huit membres du cabinet accompagnés de leurs collaborateurs, prenaient place autour d'une longue table en acajou dans la salle de réunions du vice-président, une grande salle sombre à haut plafond dans l'Old Executive Office Building.

On avait beaucoup parlé de la crise de l'énergie en Californie. Les documents internes échangés entre le Trésor et la Maison-Blanche montrent que pendant les semaines qui ont précédé la crise, le gouvernement des États-Unis avait étudié la possibilité de renflouer financièrement les compagnies d'électricité de Californie comme il l'avait fait pour Chrysler. Après des débats passionnés, le gouvernement avait décidé de prolonger de deux semaines un décret de l'administration Clinton obligeant les producteurs d'électricité à vendre leurs excédents de production aux compagnies californiennes, accordant ainsi à l'État un peu plus de temps pour gérer la crise. Cette initiative avait provoqué un déluge de lettres de protestation adressées au Trésor et à la Maison-Blanche de la part de fournisseurs mécontents qui prétendaient que cet ordre les avait contraints à vendre leur production à des compagnies en cessation de paiement, sans aucun espoir d'être payés. La Californie profita de ces deux semaines de répit pour faire adopter un emprunt de dix milliards de dollars qui renfloua ses compagnies d'électricité. Le décret était expiré depuis à peine deux jours quand le NEPD se réunit pour la première fois. En quelques jours, tous ces producteurs furieux avaient été conviés à la table des négociations pour signer des contrats à long terme avec les compagnies de l'État de Californie. À cette époque, même avec ses dix milliards de dollars, l'État de Californie était déjà coincé. C'était un marché de dupes et les compagnies publiques furent obligées de signer, tout de suite, et à n'importe quel prix[1].

1. Deux ans après, la Commission fédérale de régulation de l'énergie (FERC) accusa les fournisseurs d'électricité de manipulation illégale des marchés pendant la période qui avait précédé et celle qui avait suivi la signature des contrats d'approvisionnement à long terme. Plu-

O'Neill pensa que le groupe de travail de Cheney était bizarrement composé : il ne réunissait que des membres du gouvernement. La plupart des groupes de travail ont une approche différente. Leur intérêt est de créer un forum dans lequel les membres du gouvernement peuvent rencontrer des experts reconnus, des membres des gouvernements précédents et des hommes d'affaires respectés. De telles entités sont prévues par la loi fédérale sur les organes consultatifs qui impose la publication des activités de toute entité dans laquelle siègent à la fois des membres du gouvernement et des personnes extérieures. La liste des membres, celle des conseillers, les ordres du jour et les procès-verbaux des réunions doivent ainsi être rendus publics.

Comme ce groupe de travail ne réunissait que des membres ou des employés du gouvernement, il n'avait aucune obligation de publier ses travaux. O'Neill savait bien que c'était comme ça que Cheney préférait procéder. Cheney avait souvent rouspété à propos de questions indiscrètes et de problèmes de transparence et il s'était plaint que certaines informations qui avaient été rendues publiques grâce à ce « droit de savoir » aient pu servir de munitions à un grand nombre d'ennemis politiques. Ce groupe de travail-là travaillerait donc en toute confidentialité.

Cela ne signifiait pas que d'autres voix n'étaient pas invitées à se joindre à la conversation. Des représentants

sieurs procédures judiciaires sont actuellement chargées d'examiner si ces agissements ont été encouragés par les autorités fédérales ou si les procédures d'électricité et leurs courtiers ont pu se sentir protégés par les relations qu'ils entretenaient avec certains hauts responsables du gouvernement.

de l'industrie – en langage bureaucratique, les « intéressés non gouvernementaux » – attendaient juste derrière la porte. Avant et après les réunions formelles du groupe de travail, les membres du gouvernement et leurs collaborateurs se déplaçaient souvent en petits groupes de plusieurs départements et agences fédérales pour rencontrer les *lobbyistes* de toutes les grandes entreprises d'énergie. La plupart du temps, les écologistes étaient absents de ces réunions.

D'après des documents contenus dans les dossiers de O'Neill, ainsi que d'autres obtenus grâce à plusieurs actions en justice ayant permis d'obtenir la publication des activités du groupe de travail de Cheney, le secrétaire à l'Énergie, Spencer Abraham, avait rencontré plusieurs entreprises et syndicats professionnels, comme Chevron, l'Association nationale des industries minières et l'Association nationale des industries pétrochimiques et du raffinage. Chacune d'entre elles avait proposé ses recommandations détaillées dans des rapports spéciaux. Sur l'agenda des réunions de la secrétaire à l'Intérieur Gale Norton on trouve des entreprises pétrolières basées dans la région des Rocheuses qui cherchaient à louer des terrains appartenant au gouvernement fédéral et une tribu indienne du Nevada intéressée par la construction d'une centrale thermique. Cheney avait rencontré le président d'Enron, Kenneth Lay, et reçu des recommandations détaillées en matière de politique énergétique de la part d'un groupe industriel dont la préoccupation principale était de ne pas laisser l'émission de dioxyde de carbone être réglementée, comme pouvaient l'être les autres gaz polluants. Il reçut également la visite d'un autre groupe – le Coal-Based Generation Stakeholders, groupe d'intérêt de la génération tout charbon – dont la position centrale était l'élimination de tous les contrôles de pollution effectués sur les centrales à charbon.

Même Whitman rencontra quelques représentants de l'industrie, y compris des cadres de l'Alliance des constructeurs automobiles et de l'institut électrique Edison qui représente les producteurs privés d'électricité.

O'Neill, quant à lui, reçut trois appels téléphoniques à la fin de l'hiver et au début du printemps de la part de Ken Lay. Lors de l'un de ces appels, Lay avait demandé le soutien du gouvernement fédéral pour la création d'un marché d'instruments financiers dérivés portant sur les combustibles. Une autre fois, il lui avait fait part de son soutien en faveur des initiatives contre le réchauffement de la planète, parce que cela encouragerait la consommation de gaz naturel, qui constituait une grosse partie de l'activité de courtage d'Enron. O'Neill reçut aussi une lettre de protestation assez véhémente de la part du P.-D.G. de Goldman Sachs, Hank Paulson, sur la manière dont le contrôle fédéral des prix en Californie avait porté préjudice à J. Aron & Company, une filiale de la société, fournisseur des compagnies d'électricité californiennes. J. Aron se retira du marché californien et ne fit pas partie des entreprises qui allaient être plus tard accusées de manipulation des prix par la commission de régulation fédérale de l'énergie.

Si la méthode détermine les résultats – un axiome cher à O'Neill et à ses amis –, cette combinaison de confidentialité et d'influence de la part de puissants groupes d'intérêts allait parfaitement définir l'analyse que conduirait le groupe de travail sur les questions d'énergie.

« Autrement dit, les préoccupations des écologistes furent pratiquement absentes des débats », devait conclure O'Neill.

Ainsi, le 19 mars, pendant une longue réunion dans la salle du cabinet, le Président entendit les sombres prédictions de l'impact économique d'une crise énergétique imminente.

Chacun joua son rôle. Pour ce Président, les réunions du cabinet et toutes les autres, grandes ou petites, auxquelles il assistait étaient préparées avec soin. Au préalable, les chefs de cabinet des secrétaires d'État recevaient une note de la part d'un haut responsable de la Maison-Blanche, qui indiquait à quel moment chaque secrétaire devait prendre la parole, sur quel sujet, et pour combien de temps. Quand O'Neill reçut la première de ces notes, il fut stupéfait. La simple intention de prévoir le détail d'une réunion importante entre le Président et ses principaux collaborateurs semblait aller à l'encontre du principe même de ces réunions censées rapprocher les membres du gouvernement. Jamais, pendant toutes les années passées à la Maison-Blanche, il n'avait vu une chose pareille !

Au moins, pensa-t-il, il lui restait ses entretiens particuliers réguliers avec le Président. Presque aucun autre membre du cabinet ne bénéficiait de ce privilège, à l'exception de Rumsfeld.

Pour la réunion d'aujourd'hui, la mise en scène avait été préparée par le bureau du vice-président et, comme prévu, Dick parla le premier, assis dans le fauteuil qui faisait face au Président. Il parla de la structure du groupe de travail, de sa méthodologie et des sources sur lesquelles il s'était appuyé. Il présenta l'objectif de la première phase qui avait été de « déterminer avec plus de précision quels étaient les besoins en énergie d'un pays en croissance et la manière de répondre à ces besoins ».

O'Neill intervint ensuite, comme prévu, et précisa qu'une augmentation du coût de l'énergie pourrait asphyxier l'économie et que la crise en Californie pourrait se propager à d'autres régions, ce qui augmenterait le prix de l'énergie pendant l'été suivant. Spencer Abraham parla de la crise de l'industrie du charbon, qui continuait à produire la moitié de l'énergie du pays, et de la manière dont une augmentation du prix de l'essence pourrait survenir aux États-Unis à l'occasion de « nouvelles contraintes sur la production ». Ann Veneman, secrétaire à l'Agriculture, exposa rapidement l'impact d'une augmentation du coût de l'énergie sur l'agriculture. Larry Lindsey décrivit la manière dont le prix de l'énergie influait sur plusieurs aspects de l'économie américaine et pouvait avoir une influence particulièrement sévère sur certaines activités industrielles. Whitman n'était pas invitée à prendre la parole.

O'Neill observait Bush de près. Il lui lança quelques phrases, quelques regards, mais il n'y eut quasiment pas d'échange. Les rapports détaillés étaient le résultat de plus d'un mois de travail. Plusieurs collègues de O'Neill à la Maison-Blanche lui avaient fait comprendre qu'on ne pouvait pas attendre du Président qu'il lise les rapports. Il lui semblait même qu'il n'avait pas lu les courts mémos qu'il lui avait envoyés.

Le silence de Bush n'en était que plus préoccupant. Il y avait tellement de questions importantes à se poser dans tous ces domaines ! O'Neill restait assis en silence, préoccupé par les dizaines de questions qui lui traversaient l'esprit.

« Cette réunion fut semblable à de nombreuses autres auxquelles j'ai assisté pendant deux ans, se souvient O'Neill. La seule chose que je puisse dire, c'est que le Président était comme un aveugle dans une pièce remplie de sourds. »

* * *

Pendant les dix jours suivants, la Maison-Blanche garda à distance les arguments en faveur des garde-fous et le compromis sur la baisse d'impôts immédiate que O'Neill avait négocié avec les centristes du Congrès. Mais cela ne pouvait durer. La proposition de baisser les impôts rencontrait un succès croissant. Le 22 mars, les républicains modérés du Sénat s'accordèrent sur une baisse immédiate de soixante milliards de dollars pour relancer l'économie. Mais l'impression générale au Congrès était que le montant de ce cadeau allait encore augmenter.

Pendant une visite à Portland, dans le Maine, le 23 mars, Bush fut interrogé sur la proposition des garde-fous qui commençait, elle aussi, à avoir du succès. « Il y a beaucoup d'idées qui circulent actuellement au Congrès, et je reste ouvert à toute bonne idée, dit-il. Je suis prêt à écouter toutes les suggestions. »

Peu après, le sénateur Snowe avait du mal à cacher son optimisme : « Je pense que, en fin de compte, il acceptera ce garde-fou. Il ne l'a pas dit, mais je le sens. »

Pendant ce temps, de plus en plus de sénateurs se ralliaient à la proposition d'une baisse d'impôts immédiate.

Il fallait donc en parler. Le 27 mars, le Président prononça un discours à Kalamazoo, dans le Michigan, dans lequel il mit en garde ceux qui souhaitaient faire passer une baisse immédiate de soixante milliards de dollars à la place d'un programme de baisses d'impôts plus général. « Notre économie a besoin de plus que d'un simple remontant, de plus que d'un stimulant ponctuel », dit-il.

O'Neill reçut un mémo de Michele Davis concernant la conférence de presse du lendemain pendant laquelle le Président allait dévoiler son budget.

Davis, qui, chaque matin, retrouvait les autres directeurs de la communication, essuyait les critiques de la Maison-Blanche – tout comme Tim Adams, le chef de cabinet de O'Neill. Rove et Card étaient encore à vif à propos de la manœuvre unilatérale de O'Neill avec les centristes. Le message qu'ils tentaient de faire passer à Davis était clair : gardez la main sur votre homme.

Le mémo que Davis avait préparé était donc laconique :

> Vous et Mitch Daniels allez présenter à la presse le budget du Président, demain matin à 10 h 15, dans le bâtiment de l'Old Executive Office Building. *Cet événement, plus que tout autre auquel vous avez participé jusqu'à présent, exige que vous soyez parfaitement monotone et aligné sur le message*… Votre rôle est de : a) répéter que nous allons rembourser toutes les dettes qui peuvent l'être ; b) déclarer clairement que nous devons faire baisser les impôts parce que nous prenons aux gens plus que ce dont nous avons besoin pour financer ces nouvelles priorités, et que si nous ne le rendons pas à ceux qui ont payé ces impôts, nous finirons par le gaspiller ici à Washington.

O'Neill lut le mémo. Ce n'était pas le genre de conseil qu'il prenait très bien, en particulier celui d'être monotone. Oui, il pouvait parler du gaspillage…, mais il trouverait aussi un moyen de mentionner la menace des déficits.

* * *

« Salut Pablo, comment ça va ?
– Très bien, monsieur le Président, et vous-même ?
– Jamais été aussi bien. »

Il était 15 heures, le 28 mars, juste après la conférence de presse. L'entretien devait durer quarante-cinq minutes. La rencontre hebdomadaire de O'Neill avec le président des États-Unis avait été honorée la plupart du temps. En moyenne, avec les voyages et les événements imprévus, ils se voyaient environ tous les onze jours. Bien que ces réunions inquiétassent O'Neill sur la manière détachée qu'affichait le Président, il lui était néanmoins reconnaissant de lui avoir conservé une plage régulière sur son emploi du temps.

La semaine précédente, O'Neill avait rencontré son spécialiste des questions fiscales, Mark Weinberger. Aussi, il pensa que le moment était propice pour parler de la Social Security. Deux semaines auparavant, il avait présidé la réunion du conseil de surveillance et, dans à peu près un mois, le Président devait annoncer la formation de sa commission sur la Social Security, coprésidée par Daniel Patrick Moynihan et le dirigeant d'AOL-Time Warner, Richard Parsons, un proche de O'Neill depuis l'administration Ford.

« Réparer la Social Security pourrait être le succès historique de votre mandat », dit-il.

Bush acquiesça.

« Nous devons réussir cela, quoi que nous puissions faire par ailleurs », poursuivit O'Neill avec énergie, prêt à continuer son monologue – il s'attendait à ce que le Président hochât simplement la tête.

Bush l'interrompit.

« En fait, la proposition spectaculaire que j'ai adoptée sur la Social Security, et qui créait ces comptes privés, c'est ce qui m'a fait élire. C'était la mesure principale. Les gens ont compris que je m'occuperai de l'un des vrais gros problèmes – que je le réglerai.

– O.K. ! monsieur le Président, maintenant c'est le moment d'aller jusqu'au bout. »

O'Neill exposa les diverses options qui se présentaient. Il expliqua comment les comptes privés pourraient être structurés et comment l'approche « mixte » faisait figure de compromis « qui contient la pilule à faire passer pour convaincre les gens de changer mais sans les avantages du changement ».

Il expliqua que lui et Greenspan avaient fixé un âge limite : trente-sept ans. Pour mille milliards de dollars, tout le monde en dessous de cet âge pouvait être entièrement couvert par ces nouveaux comptes, qui comprendraient un mélange de fonds investis en actions et en obligations largement indexés afin que leur croissance corresponde pratiquement à la croissance économique du pays.

« Je crois que cet âge limite correspond assez bien à la ligne de démarcation qui existe entre ceux qui ne veulent pas que les choses changent et ceux qui pensent qu'ils n'obtiendront rien, *sauf* si les choses changent, précisa O'Neill.

– Ce n'est pas l'approche que j'ai proposée pendant la campagne », répliqua Bush.

Il ne s'agissait pas d'une question banale. C'était le contrat le plus important conclu entre le gouvernement et les citoyens. Le système était au bord du gouffre à un moment où un excédent exceptionnel – financé en grande partie par les impôts payés par des gens qui réalisaient des gains exceptionnels en vendant toutes leurs actions – venait de leur tomber sur les bras. Un excédent qui s'évaporait un peu plus d'heure en heure.

Aussi, O'Neill décida d'expliquer au Président les calculs auxquels il s'était livré avec Greenspan. Il s'agissait de calculs complexes qui multipliaient les impôts sur le revenu payés chaque année par un Américain moyen par le taux de retour sur investissement moyen indexé sur les quarante dernières années.

« Monsieur le Président, voici un exemple. Une personne dotée d'un véritable plan d'épargne privé dès l'âge de dix-huit ans disposerait, à soixante-cinq ans, d'un capital d'un million de dollars. »

O'Neill marqua une pause pour laisser ce raisonnement faire son chemin.

« Imaginez ce que cela pourrait changer dans la vie des gens de ce pays – arriver à l'âge de soixante-cinq ans avec un capital d'un million. »

Bush resta impassible. Il avait décroché, et c'était l'heure de se séparer.

« Je pensais simplement que nous avions besoin d'avoir une vraie discussion, se souvient O'Neill. Une vraie discussion pour nous livrer à une vraie réflexion et pour se poser des questions. J'étais secrétaire au Trésor et j'avais passé quarante années à étudier la Social Security. Le président de la Fed et moi étions d'accord. J'ai même eu de réelles conversations avec d'autres présidents sur les choix et les conséquences de ce problème... Mais il s'est juste calé au fond de son fauteuil. Son attitude se résumait ainsi : "J'ai dit cela pendant la campagne et tout ce que j'ai dit pendant la campagne doit être vrai." »

O'Neill, qui était arrivé à Washington en rêvant de réformer la Social Security, en repartit désorienté et découragé.

* * *

Le 11 avril, le vice-président et huit membres du cabinet représentant le Trésor, le Commerce, l'Intérieur, la Santé et les Affaires sociales, l'Énergie, l'Agriculture, l'EPA et les Transports, Larry Lindsey, et quelques collaborateurs de la Maison-Blanche comme Karl Rove assistaient à une ultime réunion consacrée aux problèmes de l'énergie et des recommandations. Les recommandations des *lobbyistes* de l'énergie étaient maintenant fréquemment adoptées par le groupe, qui présenterait bientôt ses conclusions au président Bush.

Dans de nombreux domaines, Whitman et O'Neill défendaient le point de vue des écologistes et espéraient pouvoir sauver trente années de réglementation destinée à protéger l'eau, l'air et la terre.

« C'est un massacre, dit Whitman à O'Neill. Nous sommes dix contre deux, sans compter les gens de la Maison-Blanche et tous les représentants des industriels qui conseillaient le groupe. »

Quelques-unes des propositions qui figureraient dans le rapport final prévoyaient l'ouverture du Refuge national de l'Arctique aux explorations pétrolières ainsi que toute une série de changements réglementaires et d'avantages fiscaux divers en faveur des industries nucléaires, du charbon et du gaz naturel.

L'un des sujets de discussion du 11 avril était une proposition de l'EPA visant à simplifier la procédure d'obtention des permis de construire pour les nouvelles centrales électriques. Le Président ordonnerait aux agences fédérales de coordonner leurs actions avec les responsables locaux de chaque État afin de simplifier le système de certification. D'après les procès-verbaux, le gouvernement devrait, en vue d'accélérer la construction de nouvelles centrales, « identifier à l'avance les types de contrôles de pollution qui faciliteraient une procédure d'agrément accélérée pour obtenir le droit de polluer ».

Whitman avait préparé la réponse de l'EPA aux critiques qui lui reprochaient une situation où régnait l'incertitude et qui compliquait la procédure. O'Neill avait noté à cette occasion, dans un mémorandum du Trésor, que « l'incertitude réglementaire entraîne des surcoûts inutiles et des retards dans la construction de nouvelles capacités de production. L'essentiel de cette incertitude provient de l'approche parcellaire actuelle qui gouverne la réglementation en matière d'environnement, où chaque proposition réglementaire est mise au point de manière isolée. Les agences et même certains bureaux au sein des agences elles-mêmes ne coordonnent généralement pas les obligations qu'elles imposent ». La proposition de l'EPA supprimerait cette incertitude en forçant les agences réglementaires à adopter des règles communes.

Pour Whitman, il s'agissait d'une réponse à un problème simple, mais c'était un remède qui pourrait mettre le feu aux poudres d'un projet visant à remettre à plat tout l'appareil réglementaire. C'est après six réunions du groupe de travail, pendant lesquelles l'EPA fut accusée de pratiquement tous les maux qui accablaient l'Amérique sur le terrain énergétique, que Whitman présenta son projet avec détermination : « Oui, nous faisons face à nos problèmes et nous nous y attaquons. » La plupart des participants – et, en particulier, Abraham, Cheney et Lindsey, le critique le plus véhément du contingent antiréglementation – étaient aux anges. Tous les producteurs d'énergie avaient bataillé ferme pour obtenir ce résultat. En exerçant une pression suffisante, les industriels et la Maison-Blanche pourraient provoquer la révision de pans entiers de la réglementation – à travers plusieurs départements ministériels – au nom de la coordination et de la simplification.

Lindsey, qui avait attaqué Whitman, l'EPA, et le concept même de réglementation de l'environnement depuis le début avec un zèle tout idéologique, trépignait d'enthousiasme.

« Cela pourrait être le début d'un réel changement, dit-il. Des milliers de centrales n'ont pu être construites à cause de cet amas de règles et nous avons été privés, à cause d'elles, d'une quantité incalculable d'énergie, de l'énergie dont nous avons besoin. »

Whitman n'en pouvait plus.

« Avec tout le respect que je vous dois, Larry, avez-vous des éléments pour soutenir ce que vous avancez ? Moi, je m'intéresse à la réalité, et je serais curieuse de voir des preuves qui montrent qu'une seule centrale n'a pas pu être construite à cause de cette réglementation. »

Lindsey leva les yeux au ciel et murmura quelque chose aux membres du groupe de travail qui se trouvaient à ses côtés. Ils ricanaient.

Whitman explosa : « Si vous avez quelque chose à me dire Larry, dites-le-moi en face ! »

Le vice-président intervint pour passer à la question suivante. L'ordre du jour était très chargé.

En fait, aucune des recommandations du Trésor ne fut retenue dans le rapport final. Mais pendant les quelques semaines qui suivirent, O'Neill et Mark Weinberger travaillèrent à supprimer près d'une douzaine de crédits d'impôts qui avaient été accordés aux industriels de l'énergie dans les dernières versions des recommandations.

« Nous en avons élagué notre part, dit O'Neill. Nous les considérions presque toutes comme du gaspillage.

Les entreprises qui sont déjà engagées dans une activité n'en font en général pas plus parce qu'elles bénéficient d'un avantage fiscal. Et celles qui ne font pas ce que vous souhaitez qu'elles fassent se contenteront probablement de prendre l'argent et de traîner les pieds ou de trouver un moyen de ne pas faire ce que vous souhaitiez obtenir. »

Quelques bonnes idées avaient pourtant été échangées pendant ces réunions. En particulier, la création d'un réseau national de distribution d'électricité, afin que les compagnies puissent traverser les frontières des États sans être confrontées à un cauchemar de règles locales, ainsi que l'adoption de normes de sécurité et de fiabilité pour les oléoducs et les infrastructures électriques, qui figurent toutes deux dans le rapport final.

Dans l'ensemble, O'Neill considérait le groupe de travail du vice-président comme un bon exemple de ce qui pouvait se produire en l'absence d'une méthode de « bonne gouvernance » : « Quand vous avez des gens qui soutiennent des approches essentiellement idéologiques et que vous n'écoutez qu'une seule voix, vous pouvez assez bien prévoir ce qui va se passer. Disons simplement que les recommandations qui ont suivi n'étaient généralement pas à la hauteur de ce qui pouvait être "dans l'intérêt général". »

* * *

Le 2 mai, le Président annonça la création de sa commission sur la Social Security. Tous les membres de la commission avaient été sélectionnés à l'avance par Larry Lindsey et Karl Rove pour s'assurer qu'ils soutenaient le principe de la création de comptes privés.

O'Neill, qui était un fervent partisan de ces comptes privés, critiqua néanmoins très sévèrement cette sélection. « Cela signifiait que nous abandonnions notre atout principal, notre crédibilité. Si vous êtes certain d'avoir raison – et je pense que nous avions raison sur les comptes privés –, vous ne devriez pas avoir peur d'inviter des voix opposées à votre table. Si vous ne pouvez pas les convaincre, c'est qu'il existe peut-être d'autres éléments à examiner, ou quelque chose auquel vous n'avez pas clairement réfléchi. Dans le cas présent, nous aurions dû avoir suffisamment confiance en nous pour inviter le camp adverse. »

La commission, qui allait mener les débats pendant les six prochains mois, fut immédiatement attaquée par le leader de la minorité au Sénat, le démocrate Tom Daschle : « Il s'agit d'une commission noyautée et d'une tentative complètement téléguidée de parvenir à un résultat annoncé. Je suis très déçu de constater que cette voie a été privilégiée. »

Le 16 mai, O'Neill arriva quelques minutes en avance pour une réunion du NSC prévue à 14 h 30 sur le Moyen-Orient. Powell et Rumsfeld étaient déjà là. Pour une fois, le Président était en retard et les trois hommes s'installèrent autour de la table pour discuter comme de vieux amis. C'était le cas pour Rumsfeld et pour O'Neill qui se fréquentaient depuis le début des années 1970. Mais Powell n'était pas non plus un étranger. Au début des années soixante-dix, il avait travaillé comme stagiaire pour O'Neill à la Maison-Blanche – une belle récompense pour un officier en vue –, et ils avaient de nombreux amis en commun.

Aujourd'hui, ils étaient tous riches, plus âgés, puissants, et irritables. Ils avaient accompli beaucoup de choses avant d'en arriver à ces postes prestigieux et, ces derniers temps, ils avaient tous dû faire face à l'examen minutieux de leur vie privée, comme l'exigeaient leurs responsabilités. Être sélectionné pour un poste important exige beaucoup d'humilité, en particulier pour révéler ses affaires personnelles. Chacun d'entre eux était passé par là – revenus, biens et affaires privées avaient été passés au peigne fin pendant leurs auditions de confirmation devant le Sénat–, mais le passage de O'Neill ne s'était pas fait sans quelques problèmes. Son cas était, il est vrai, un peu particulier. Il avait gagné vingt-cinq millions de dollars pendant sa dernière année à la tête d'Alcoa et avait quitté l'entreprise avec deux millions trois cent soixante-dix mille actions évaluées à quatre-vingts millions de dollars ainsi que des options portant sur quatre millions d'actions supplémentaires. Il pouvait vendre les actions, mais il avait initialement pensé qu'il lui faudrait abandonner ses options. Il avait estimé la valeur de celles-ci à deux cent cinquante millions de dollars en se fondant sur une vision très optimiste de l'avenir d'Alcoa après son départ. Pourtant, d'après des modèles d'évaluation bien établis, ces options valaient moins que la moitié de ce montant.

Quoi qu'il en soit, les avocats du Trésor avaient dit à O'Neill, en janvier 2001, qu'il pouvait conserver ses titres et ses options à condition de s'abstenir de toute intervention dans des décisions susceptibles d'affecter Alcoa, et il avait choisi cette option. Il avait été un tel modèle de probité à Alcoa, où il avait passé les années 1990 à adopter des règles de transparence et à supprimer les notes de frais, qu'il ne pouvait pas imaginer qu'on puisse l'accuser de comportement contraire à l'éthique.

De plus, O'Neill avait toujours considéré le principe de l'« apparence d'une irrégularité » comme une règle idiote. Soit votre comportement est coupable, soit il ne l'est pas – les apparences, dans la vision du monde de O'Neill, n'ont pas *vraiment* d'importance. Mais c'est bien sûr faux. Et depuis le mois de février, date à laquelle l'affaire des actions de O'Neill avait fait surface, il avait enduré des milliers de petits coups de canifs à ce propos – y compris une caricature sur le site web du comité national du parti démocrate qui le représentait entouré de sacs d'or. « Je compris alors que j'aurai dû me débarrasser de tout ça sans écouter les avocats », confia-t-il enfin au *New York Times* et, le 25 mars, il avait déclaré dans l'émission *This Week* sur la chaîne de télévision ABC qu'il se séparerait de ses actions.

Mais, encore une fois, l'histoire était devenue plus compliquée. O'Neill, en tant qu'actionnaire important d'Alcoa, pensait qu'il risquait d'avoir un impact significatif sur le cours du titre s'il vendait toutes ses actions en une seule fois. Le risque existait peut-être, mais si c'était le cas l'impact serait modeste. Quoi qu'il en soit, il avait confié la transaction à son gestionnaire de portefeuille, qui commença finalement à vendre sa part d'Alcoa par petits morceaux à partir du 28 avril, au cours de trente-sept dollars et demi par action. En février, quand la plupart des membres du gouvernement s'étaient séparés de leurs actions, le titre Alcoa s'échangeait autour de trente-cinq dollars. La veille de la réunion, le 15 mai, le titre avait clôturé à quarante-deux dollars et neuf cents. Aujourd'hui, le cours s'envole bien au-delà.

Pour un détenteur de plus de deux millions de titres, cette évolution se chiffrait en dizaine de millions de dollars. O'Neill, qui vérifiait souvent le cours de l'action, pensait que ses options lui rapporteraient bien plus que la vente de ses actions et, encore une fois, il ne se soucia pas des apparences. Il était certain qu'un journaliste remarquerait cette manne accidentelle. Il s'attendait à devoir répondre à des questions sur le prix auquel il avait vendu ses actions et Dieu savait combien cette question intéressait la presse ! Mais il ne fit rien pour se séparer en une seule fois de ses actions et avait préféré laisser son gestionnaire travailler pendant plusieurs mois pour obtenir le meilleur prix. Il négligea également de préparer une campagne de relations de presse préventive pour parer à tout scandale. Cherchait-il la bagarre ? Pas exactement. Il s'agissait plutôt d'une sorte de dissonance cognitive[1], un genre de péché d'orgueil qui le poussait à ne pas céder à ce qu'il considérait comme la « tyrannie des apparences » – une tentation de provoquer la bataille sur cette grande question philosophique du combat entre les apparences et la réalité. Une bataille perdue, la plupart du temps. « Cela n'avait rien à voir avec moi, marmonnait O'Neill. Il s'agissait de ne pas dilapider l'héritage de mes enfants. »

Mais cette question le travaillait plus que les autres. S'il avait été plus au courant de la manière dont se passe ce genre de choses – comme Powell l'était sans aucun doute – il se serait débarrassé des actions et aurait réglé le problème en février. C'était une histoire où il aurait dû jouer au même jeu que tout le monde. Il s'était planté.

1. Contradiction entre deux éléments de connaissance, deux croyances ou deux opinions, selon la définition de Leon Festinger, auteur de la *Théorie de la dissonance cognitive* (*NdT*).

Les trois hommes discutaient autour de la table des petites servitudes indignes de la vie publique. Il était donc mal à l'aise de penser qu'ils étaient tous au courant du pétrin dans lequel il s'était mis à propos de ses actions. Mais ses plus vieux amis préféraient éviter d'en parler.

O'Neill se souvint d'une conversation qu'ils avaient eue tous les trois à la mi-février pendant une réunion du NSC dans la salle des opérations. Ils étaient tous arrivés en avance ce jour-là, et la conversation était enjouée et détendue. L'administration fiscale de l'IRS venait juste de terminer un audit de contrôle fiscal sur les déclarations de revenus de O'Neill. Le contrôle avait commencé quand il était apparu que O'Neill avait oublié de déclarer comme salaire les cadeaux de Noël que lui et Nancy avaient donné à leur gouvernante. Les résultats de cet audit coûteux qui avait duré trois ans venaient de tomber, leur raconta-t-il : « Et devinez quoi ? je dois maintenant m'acquitter d'une somme totale de vingt-huit dollars à l'IRS ! » Tout le monde s'esclaffa – c'était bien le comble !

« Et dis-toi bien, avait taquiné Powell, que le type qui s'est occupé de ton contrôle fiscal travaille pour toi maintenant.

– Plus maintenant, lança Rumsfeld en riant, plus maintenant ! »

Oui, c'était assez amusant, presque risible même. Parfois, à Washington, il fallait se plier au jeu, pensa O'Neill, et ne pas chercher à savoir qui a raison à chaque fois – lui ou l'IRS, lui ou les avocats, lui ou les gens qui lui avaient dit en février qu'il devrait se débarrasser de ses actions parce que c'était ce que faisaient la plupart des gens dans cette ville, même si, dans le meilleur des mondes, ce n'était pas la meilleure chose à faire.

Le Président entra. Rumsfeld était en train de dire combien il aimait le portrait de Teddy Roosevelt accroché au mur – il lui trouvait des qualités d'homme d'action qu'il admirait–, et Bush s'approcha du trio. Il était attiré par la convivialité comme un missile par la chaleur. Mais ce n'était plus le moment. Après tout, les trois hommes se connaissaient depuis une époque où le Président sortait à peine du collège, une intimité que ce dernier ne pouvait pas partager. Et, de toute façon, ils travaillaient pour lui maintenant.

On passa donc aux choses sérieuses. Les membres du cabinet du Président s'appelaient, en sa présence, par leurs titres officiels. Le Président pouvait les accueillir d'un Pablo ou d'un *Balloonfoot*, le surnom de Powell, mais ses interlocuteurs reprenaient vite leurs distances, et les conversations se déroulaient sur un ton formel, presque militaire.

C'était en tout cas ainsi cet après-midi-là, quand le Président passa en revue ses principaux collaborateurs pour leur demander leur point de vue sur la conduite à tenir à propos de l'Irak. Le Département d'État avait alors déjà publié des douzaines de rapports sur la situation dans ce pays. Le département de la Défense en avait fait autant, examinant les options militaires et comment stabiliser le pays après un coup d'État ou une invasion. Le Trésor, quant à lui, tentait de fermer les frontières des transactions financières – une tâche impossible – en mettant la pression sur les banques en Jordanie et en Syrie pour qu'elles évitent de travailler avec Saddam. Chaque membre du cabinet parla dans l'ordre et sur le sujet qui avait été fixé à l'avance. George Tenet avait dit à Bush que la détention par Saddam Hussein d'armes de destruction massive ou son ambition de lancer des programmes d'armement relevaient toujours de la spéculation. Mais quand il commença à faire son rapport sur les renseignements, Rumsfeld, jetant un coup d'œil sur les nombreux collaborateurs qui les entouraient, l'avait interrompu en déclarant : « Je ne suis pas certain que tout le monde dans cette pièce soit autorisé à entendre ça. »

Le Président acquiesça. « O.K. ! parlons-en à un autre moment. »

Malgré les craintes concernant les autorisations respectives de chacun d'accéder aux secrets du pays, il n'y avait pas grand-chose à dire ou à entendre. O'Neill avait lu, avant cette réunion, une pile de rapports de renseignements préparés par la CIA. « Tout ce que Tenet présentait à Bush et à Cheney à propos de l'Irak était très judicieux et nuancé avec précision. Le Président était visiblement très intéressé par les armes ou par les programmes d'armement – et il se sentait frustré par notre faible capacité à recueillir des renseignements –, mais Tenet faisait très attention de lui préciser, voici le peu que nous savons et voilà l'étendue de ce que nous ignorons. Rien de tout cela ne changerait plus tard, se souvient O'Neill, *et j'ai lu ces rapports de la CIA pendant deux ans.* »

* * *

Le lancement de la prestigieuse commission sur la Social Security sélectionnée avec tant de soins par le gouvernement passa presque inaperçu. O'Neill attribuait cet échec au caractère programmé de cette aventure à laquelle on avait uniquement convié les partisans des comptes privés. « Imaginez, si vous aviez à la fois ceux qui sont pour et ceux qui sont contre... », dit-il à Michele Davis, qui avait espéré que le lancement d'une initiative pour changer la Social Security aurait attiré plus de monde. « Imaginez, si nous avions mis face à face des gens qui croyaient à la pure création de richesses qu'offrait les comptes privés et d'autres qui pensaient qu'il suffirait de garder notre vieux système... On aurait eu beaucoup plus de succès, car la commission aurait alors reflété la réalité des opinions qui existent sur cette question. »

Le problème était aussi une question de *timing*, et ça, O'Neill en était certain, c'était un signe qui ne trompait pas sur les priorités de la Maison-Blanche. La Social Security, c'était pour plus tard. Aujourd'hui, la priorité était de baisser les impôts. Le Congrès, à cette époque de la mi-mai, était en pleine négociation concernant la proposition de loi sur les impôts. Les chiffres définitifs commençaient à prendre forme. Ceux de la formule finale se stabilisaient : une baisse de mille trois cent cinquante milliards de dollars sur dix ans et une réduction immédiate et générale de quatre-vingt-cinq milliards.

Le 18 mai, les sénateurs Olympia Snowe et Evan Bayh introduisirent un amendement à cette proposition de loi fiscale visant à « déclencher un ralentissement des baisses d'impôts programmées et des nouveaux programmes de dépense au cas où certains objectifs ne seraient pas atteints pour réduire la dette de trois mille milliards de dollars du pays ». Trois jours plus tard, l'amendement fut rejeté par cinquante voix contre quarante-neuf. Ce serait l'un des derniers obstacles importants à la loi.

Tout au long du mois de mai, les efforts déployés par la Maison-Blanche pour convaincre les sénateurs furent, de mémoire de certains élus du Congrès, les plus acharnés et les plus violents jamais observés. Le sénateur du Vermont, Jim Jeffords, critiquant à demi-mot les manières « brutales et irrespectueuses » des collaborateurs de la Maison-Blanche, alla jusqu'à quitter le parti républicain – rendant ainsi aux démocrates la majorité au Sénat.

Le matin du 22 mai, après la défaite des garde-fous proposés par Snowe et Bayh, Greenspan arriva au Trésor pour son petit-déjeuner avec O'Neill. Il avait manqué une voix à leur pacte secret sur les garde-fous.

En politique intérieure comme en politique étrangère, O'Neill voyait sortir chaque jour des politiques et des lois inspirées par des « dialogues » à sens unique, à l'intérieur de la Maison-Blanche – ce que ses amis militaires appelaient une « résonance incestueuse ».

« On a fait tout ce qu'on a pu sur la conditionnalité », dit O'Neill d'un ton résigné avant d'indiquer à Greenspan que la commission sur la Social Security venait de commencer ses lentes délibérations et qu'il fallait s'attendre à un agenda présidentiel allégé pendant l'été. « La première grande bataille est terminée, vraiment. Je pense que nous nous sommes bien battus, nous avons fait connaître notre point de vue avec force. »

Greenspan répondit que cela n'était pas suffisant. « Sans les garde-fous, cette baisse des impôts est une politique irresponsable, dit-il d'un ton funèbre. En fin de course, je pense qu'il existera un consensus sur ce point. »

La loi, dont les chiffres s'étaient arrêtés à mille trois cent cinquante milliards et à quatre-vingt-cinq milliards pour les deux baisses d'impôts respectives, fut paraphée par le Président et entra en vigueur le 7 juin. Pour Cheney, cette loi était « proche de ce que voulait le Président ».

L'ampleur de la tragédie

La principale promesse de campagne ayant été adoptée, une baisse massive d'impôts, le temps était venu de passer à la suite. Du moins dès que les problèmes logistiques seraient résolus. C'était une tâche en laquelle O'Neill avait toujours excellé – la mise en œuvre et l'exécution, l'orchestration des hommes et des machines. C'était du tangible: imprimer des chèques et les poster par camions entiers. On pouvait pointer des indicateurs de performance et prédire des résultats. C'est dans cet état d'esprit, plutôt enthousiaste, qu'il prit place dans le bureau Ovale en compagnie de Mark Weinberger, pour aborder la question du *comment*.

« Alors, combien de temps cela va-t-il prendre pour que les chèques soient distribués ? » demanda Bush quelques jours après l'adoption de la baisse d'impôts.

L'été approchait. La saison idéale pour dépenser son argent de façon agréable, en biens de consommation courante ou en vacances.

« On dirait que l'économie a plus que jamais besoin de ce coup de pouce. »

O'Neill se contenta de hocher la tête. Le remboursement de cent milliards de dollars d'impôts – quatre-vingt-cinq milliards officiellement recensés comme tels, car quinze avaient été inscrits dans les dépenses au titre du crédit d'impôt par enfant mineur à charge – résultait, après tout, de son alliance insurrectionnelle avec les centristes. Bush le savait certainement. Les journaux s'en étaient fait l'écho. Mais il ne se faisait plus d'illusions, le Président ne lisait pas les journaux. Cela étant, il devait bien y avoir quelqu'un – Card, Rove ou Hughes – qui se chargeait de le tenir informé. Dans tous les cas, l'enthousiasme du Président indiquait qu'il avait mis tout ça derrière lui.

« Oui, en effet, monsieur le Président, dit O'Neill, se référant à de toutes récentes statistiques qui confirmaient un ralentissement de l'économie depuis le début du mois de mars. Je pense que notre *timing* est particulièrement bon.

– Alors, quel est-il exactement, ce *timing* ? » demanda Bush.

Weinberger, qui avait dirigé le service fiscal d'Ernst & Young avant de venir travailler pour le gouvernement, était un fiscaliste influent. D'après lui, si l'on faisait tourner la machine administrative à plein régime – afin de gérer et de financer l'impression et l'envoi de quatre-vingt-onze millions six cent mille chèques –, il fallait compter trois mois avant qu'ils ne soient distribués dans les boîtes aux lettres.

Bush fronça les sourcils.

« Cela nous mène à l'automne.

– On peut le faire en trois semaines, monsieur le Président », intervint O'Neill.

Le Texan laissa échapper un petit sifflement.

« Voilà le P.-D.G. qui parle ! s'exclama Bush sous le regard incrédule de Weinberger. C'est ça ! On peut le faire. Voilà un langage qui me plaît. »

O'Neill s'y attela aussitôt, peaufinant lui-même les mécanismes, arrondissant les angles, bouleversant « la façon habituelle de procéder » à coups de questions précises et affûtées comme des lames de rasoir.

Le 23 juillet, sept semaines après que Bush eut signé la loi entérinant la baisse d'impôts, les chèques étaient au courrier.

Une question de méthode, là encore : repenser une procédure administrative basique – le simple envoi de chèques – en réunissant tous les principaux acteurs dans une même pièce, fermer la porte à clé et laisser fuser les questions les plus pointues. Seuls les plus solides survivent à une telle pression, mais, au bout du compte, chacun en a pour sa peine. À l'issue d'une séance comme celle-ci, un participant lessivé revint dans le bureau de O'Neill avec un cadeau, une petite plaque en acier sur laquelle était gravé : « Que tenteriez-vous si vous étiez certain de réussir ? » O'Neill la colla au beau milieu de son bureau.

* * *

Dieu sait si l'administration a besoin d'une analyse rigoureuse, laissait entendre O'Neill à ses collaborateurs – maintenant que le moment était venu de s'attaquer au gros morceau de la politique intérieure. En un sens, la baisse d'impôts n'était qu'une affaire d'exécution : le gouvernement avait purement et simplement supprimé la question du *pourquoi*. *Pourquoi* le faire ? « Parce que le peuple américain m'a élu pour cela », avait répondu Bush un nombre incalculable de fois durant ces six derniers mois.

Mais on pouvait difficilement se montrer aussi catégorique en matière d'éducation ou de santé. Dans ces domaines, les attentes de l'opinion publique n'étaient pas claires. Les promesses du candidat Bush non plus. La nouvelle administration allait devoir argumenter et justifier publiquement ses choix.

Et pourtant, ce passage obligé avait été court-circuité lorsque s'était posée la question du réchauffement climatique. O'Neill ne s'en était pas encore remis. Ce type d'incident était-il appelé à se répéter ? C'était la négation même du débat. Ou alors le débat était tronqué. Tous les efforts visant à rassembler des informations pertinentes pour construire une politique digne de ce nom étaient récupérés sans avertissement par les conseillers politiques de la Maison-Blanche, ou par le vice-président, ou par n'importe qui d'autre *ayant l'oreille du Président*, prêchant le vrai ou le faux en toute impunité.

L'intérêt d'une discussion ouverte *à l'intérieur* de la Maison-Blanche – qui ne doit pas être divulguée – c'est que, en fin de compte, chacun ayant entendu tous les arguments, les raisons qui ont emporté la décision peuvent être identifiées. Aux niveaux inférieurs, là où assistants et adjoints dissèquent tout, un vrai débat existe. Mais quand il faut décider, c'est au Président de donner le cap.

Lorsqu'un président ne donne pas d'explications, même à ses collaborateurs les plus proches, les problèmes se multiplient. Bush justifiait souvent ses décisions par un « J'y suis allé à l'instinct », laissant à O'Neill et aux autres membres du gouvernement ou de la Maison-Blanche le soin de deviner en quoi consistait l'instinct en question – entre une vision à l'emporte-pièce de la marche du monde, des principes passe-partout comme : « Je refuse de négocier avec moi-même », et des propos rapportés de petits-déjeuners en famille.

Les plus hauts responsables du gouvernement commençaient à se demander s'ils finiraient par comprendre *un jour* la façon de penser du Président. Six mois après être entré au gouvernement, après toutes les conversations en tête à tête avec Bush et les innombrables réunions auxquelles il avait assisté, O'Neill se rendit compte qu'il ne savait pas ce que le Président pensait – alors qu'il était généralement capable de lire les intentions de n'importe qui à l'issue d'un bon entretien d'embauche.

Une vieille plaisanterie court parmi les spécialistes de la présidence : faut-il qu'un président soit plus intelligent que ses conseillers ? Tout dépend de ce que l'on entend par « intelligent ». On ne peut demander à un président d'être plus *expert* que tous ses conseillers réunis, chacun possédant une longue expérience dans son domaine, en politique intérieure ou étrangère. C'est lorsque le Président endosse les rôles de synthétiseur, de provocateur, d'aiguilleur, de clarificateur et, en dernier ressort, de décideur, qu'il révèle sa personnalité et ses qualités intellectuelles. Alors que l'image publique du Président résulte de plus en plus souvent d'une mise en scène – écrite au millimètre près, depuis le choix de ses mots et de ses gestes jusqu'à l'angle des caméras –, le cheminement de ses *pensées* doit être lisible pour ses proches collaborateurs.

Le processus, rapporté tant par O'Neill que par d'autres anciens hauts responsables, fonctionne dans les deux sens : les collaborateurs présentent à leur chef une série d'alternatives mûrement pesées, assorties de leurs conséquences. Le Président, en retour, partage ses vues avec ses collaborateurs : il dit ce qu'il pense, pourquoi il le pense, ou, sur des sujets larges et complexes, expose le cheminement de sa pensée. O'Neill était persuadé que les précédents présidents avaient su le faire.

À la mi-juillet, assis à son bureau, O'Neill prenait des notes pour un entretien qu'il souhaitait avoir avec Cheney. Encore une discussion sérieuse sur comment gouverner de façon efficace, et éviter de servir aux Américains des politiques mal ficelées et truffées d'intentions partisanes. Ils avaient tous les deux été conseillers de Richard Nixon et de Gerald Ford, et il y avait quelques leçons à tirer de ces années-là. Nixon, tout d'abord, avait créé le très moderne Bureau de l'administration et du budget, l'OMB, un embryon de réponse à la question du *comment* : comment gouverner de façon avisée ? L'OMB, qui passa de trente gestionnaires professionnels à sa création à cent trente lorsque Nixon quitta le pouvoir, donna au Président le pouvoir de contrôler l'ensemble de l'administration sans avoir à en actionner lui-même les leviers. Ce que Nixon avait très vite saisi c'est qu'un OMB élargi et puissant n'était pas tant une extension de son propre cerveau qu'un second cerveau sur lequel il pouvait toujours compter. Un cerveau capable d'analyser les données en provenance de tous les départements ministériels, de les décortiquer et de les distiller. Capable aussi de déterminer l'efficacité de telle ou telle décision politique. Une fois que l'OMB avait produit son rapport écrit, une analyse souvent volumineuse des alternatives et des conséquences des choix, Nixon essayait de l'absorber.

Mais même Nixon, qui avait consacré sa vie à étudier la politique et les tactiques politiciennes de Washington, découvrit qu'il finissait toujours par écouter celui qui maîtrisait le mieux cet art difficile que constitue l'épreuve du grand oral dans l'atmosphère raréfiée du bureau Ovale. « L'oral ne lui posait pas de problème en soi, se souvient O'Neill. Mais il s'en méfiait parce qu'il en connaissait la force. N'importe qui pouvait se laisser influencer par une bonne prestation et les personnes les plus sensées risquaient elles-mêmes de prendre de mauvaises décisions sur la base d'une présentation trop réussie. »

Nixon demanda alors à l'OMB et à tous les autres services importants de lui préparer, sur toutes les questions pertinentes, des notes de synthèse de type « Brandeis », du nom du juge de la Cour suprême Brandeis, connu parmi ses pairs pour la minutie et l'objectivité de ses exposés, des modèles d'analyse et de limpidité.

Aussitôt dit, aussitôt fait, des dossiers en cuir reliés s'empilèrent sur le bureau du Président. « Nos rapports ne tenaient pas sur une simple feuille. C'étaient des analyses complexes d'une dizaine de pages, et mieux valait pour vous que vous n'ayez pas oublié un argument important ou un contrepoint, sinon Nixon vous convoquait derechef pour vous passer un savon. Il nous obligeait non seulement à collecter minutieusement les données et à présenter tous les points de vue, mais il nous demandait également de réfléchir intensément au gouvernement idéal et aux moyens à employer pour y parvenir, rapporte O'Neill. Après avoir lu les rapports, Nixon pouvait dominer n'importe quel débat, même le plus animé, et les différents combattants quittaient toujours les réunions en sachant exactement où ils allaient. En dépit de tous ses défauts, il avait un esprit analytique incroyable et une maîtrise totale des sujets qui importaient. Des qualités innées auxquelles on peut ajouter la profondeur et la rigueur. »

O'Neill voulait parler des rapports Brandeis avec Cheney – et du besoin exprimé par Nixon de pouvoir s'appuyer sur des analyses exhaustives pour gouverner. Partant de là, il pourrait ensuite aborder la question de ce dont ce président-ci avait besoin.

Ford, d'après O'Neill, s'appuyait lui aussi sur les notes Brandeis bien que, tout comme Bush, il préférât les présentations orales. Mais Ford, qui était pourtant entouré de fortes personnalités comme Kissinger et Schlesinger, toujours prêts à batailler entre eux, n'avait jamais eu de mal pour dominer son monde. Après vingt années passées au Congrès, il maîtrisait parfaitement les questions de politique intérieure et la plupart des domaines de politique étrangère. O'Neill se souvient encore du jour où Ford, présidant une conférence de presse d'une heure sur le projet de budget de 1976, avait aligné derrière lui les principaux membres de son gouvernement. À un moment donné, il s'était tourné vers O'Neill pour qu'il réponde à sa place à une question sur le problème du logement. O'Neill en a longtemps gardé un souvenir ému.

Et, maintenant, tandis qu'il griffonnait quelques notes pour convaincre Cheney qu'il fallait étoffer le processus d'élaboration des politiques dans cette Maison-Blanche-ci, il se mit à réfléchir au fossé qui séparait Bush l'indécis, le railleur, du solide et magnanime Ford. « J'ai compris, en y réfléchissant, que Ford n'avait pas eu besoin que je réponde à sa place. C'était juste une façon pour lui de me mettre en avant, l'occasion de me faire un compliment devant la presse. Merde ! il connaissait ce satané budget dans ses moindres détails, bien mieux que n'importe lequel d'entre nous. » « Je réalisai alors qu'il serait difficile d'appliquer ce que nous avions appris auprès de Nixon ou Ford à l'actuel Président », rapporte O'Neill. Se remémorant l'attitude passive de Bush lors des réunions, que ce soit en petit ou en grand comité, il ajoute : « Ce président-ci était tellement différent de ces hommes-là ».

Il se rendit dans le bureau de Cheney. Les craintes qu'il avait exprimées durant la période de transition s'étaient confirmées. On risquait de se retrouver avec une « bande de gamins en train de faire des galipettes sur la pelouse ».

« Nous avons encore des efforts de rigueur et de précision à faire dans la collecte et l'analyse de l'information. Nous devons aussi réellement procéder à des analyses coût/bénéfice des politiques du gouvernement – ou de celles que nous envisageons de mettre en œuvre, sans quoi nous pilotons à vue. On ne peut pas se contenter de fonctionner à l'instinct. Ou alors on finit par commettre trop d'erreurs, déclara O'Neill au vice-président. Nous devons aussi veiller à ce que les considérations partisanes n'empiètent pas sur le processus d'élaboration de nos politiques. Il nous faut des coupe-feux. Les conseillers politiques sont là pour présenter et exécuter. Pas pour créer. »

Cette fois-ci encore, Cheney hocha la tête d'un air convaincu. Comme toujours, il remercia Paul pour ses « remarques si pertinentes ».

Alors qu'il sortait du bureau, O'Neill se souvint qu'il avait oublié de mentionner à Cheney un épisode de leur histoire commune : les derniers jours de l'ère Nixon.

Dans le tumulte de cette dernière année, Nixon avait resserré les rangs. Il ne voulait plus prendre d'initiative. L'OMB et les autres services continuèrent de produire leurs notes de synthèse. Comme John Herbers le souligna dans un très long article paru dans le *New York Times* en 1974, Roy Ash, le directeur de l'OMB à l'époque, entouré de O'Neill, de Fred Malek, le sous-directeur de l'OMB, et de Frank Zarb, son directeur adjoint, gouvernaient par défaut.

O'Neill se demanda alors qui, à présent, se trouvait réellement aux commandes ? L'OMB actuel consacrait l'essentiel de son action à la gestion de ce mammouth qu'est le budget fédéral, et Mitch Daniels, en dépit de ses grandes capacités, était avant tout issu de la sphère politique. C'était tout dire. D'une certaine façon, il y avait bien un petit groupe – Cheney, Rove, Hughes et, de plus en plus, Rice – qui paraissait être aux commandes, mais là aussi par défaut.

« La plus grande différence entre cette époque-là et aujourd'hui, c'est que notre groupe à nous était fondé sur la recherche des preuves et l'analyse, alors que pour Karl, Dick, Karen et les autres, l'important, c'est d'abord la politique. La différence est énorme », rappelle O'Neill.

* * *

Tandis que O'Neill rencontrait Cheney, un autre haut responsable, lui aussi préoccupé par le fonctionnement du gouvernement, s'apprêtait à laisser éclater sa frustration. John J. DiIulio Jr, professeur à l'université de Pennsylvanie et idéologue de longue date pour les républicains, avait été chargé par Bush de diriger son programme d'aide aux associations caritatives confessionnelles, le *Faith-based Initiative*. Ce programme était destiné à soutenir les efforts de ces associations, devenues, depuis longtemps déjà, les derniers remparts contre le chaos dans les zones défavorisées du pays. Il annonça en août – quelques jours après la discussion de O'Neill avec Cheney – qu'il démissionnait. Il était le premier haut responsable à partir.

Bien que DiIulio et O'Neill ne se connaissent que de vue, les ressemblances étaient frappantes : les deux hommes ne mâchent pas leurs mots, ils sont tous deux des intellectuels, des francs-tireurs et, au bout du compte, des hommes d'action. DiIulio, un peu comme O'Neill, a été applaudi pour son exigence exceptionnelle dans la quête de la vérité. Ainsi que pour sa foi inébranlable dans les chiffres, quelle que soit la direction qu'ils indiquent, même s'ils contredisent ses prises de position.

Mais huit mois après être entré à la Maison-Blanche, DiIulio avait le sentiment que son programme avait été dévoyé de sa mission première, définie durant la campagne par le slogan « conservatisme compatissant » – une façon de venir en aide aux plus démunis –, pour se transformer en un outil politique et financier à l'usage des évangélistes de « la base ». Pour O'Neill, il s'agissait du piratage pur et simple d'une promesse de campagne.

En privé, les craintes qu'exprimait DiIulio dépassaient la question du programme caritatif. Il se confia à plusieurs hauts responsables dont il est resté proche : « Ce qui se passe actuellement à la Maison-Blanche est sans précédent dans notre histoire moderne : l'appareil d'État est tout bonnement inexistant. Tout – et je dis bien tout – est dirigé par le bras politique. C'est le règne des "Machiavel de Mayberry[1]" », le surnom qu'il avait choisi pour les opérations politiques animées par Karl Rove.

1. Mayberry est une petite ville de Caroline du Nord qui servit de décor aux feuilletons télévisés extrêmement populaires de Andy Griffith (le *Andy Griffith Show*, dans les années 1960, *Matlock*, etc.). Elle représente une Amérique « moyenne », simpliste et passéiste, où tout est vu en termes de bien et de mal, de noir et de blanc (*NdT*).

DiIulio fit cette déclaration près d'un an après être parti de la Maison-Blanche. Il étoffa par la suite son jugement dans une lettre publiée en janvier 2003 dans le magazine *Esquire*. Ses critiques reprenaient presque mot pour mot les inquiétudes de O'Neill.

« J'ai assisté à beaucoup, beaucoup de réunions du *staff*, mais pas plus de trois d'entre elles ont consisté en discussions constructives et substantielles, écrit DiIulio. Il n'y avait de livre blanc sur aucun sujet de politique intérieure. Il n'y avait, en vérité, pas plus de deux personnes dans toute l'aile ouest de la Maison-Blanche qui se souciaient d'apporter substance et analyse dans le processus d'élaboration des politiques publiques et elles étaient encore plus débordées que l'employé moyen de la Maison-Blanche, qui travaille déjà vingt heures par jour non-stop. Toutes les présidences modernes doivent gouverner sur le fil. Mais sur les questions de politique sociale et sur tout ce qui s'y rattache, l'absence totale de connaissances, même basiques, et de curiosité, même occasionnelle, de ce gouvernement avait quelque chose de stupéfiant : des personnes plutôt haut placées dans la hiérarchie qui confondaient Medicaid avec Medicare dans leurs discussions ; des débats de fond sur les politiques publiques qui viraient brusquement à des considérations de communication et de stratégie médiatique. Certains hauts responsables ne se cachaient même pas de leurs subordonnés pour déprécier les vertus du questionnement et de la recherche de vérité dans l'action gouvernementale. »

* * *

Dans le courant de l'été, O'Neill fit des pieds et des mains pour faire avancer la cause de ce qu'il appelait une « discussion authentique ». Le problème, c'est qu'il ne siégeait pas aux réunions des conseillers de la Maison-Blanche qui avaient lieu tous les matins à 7 h 30 et qui regroupaient la vingtaine de hauts fonctionnaires les plus influents de l'aile ouest.

Robert Rubin, lorsqu'il était secrétaire au Trésor, considérait comme une grande victoire le fait d'avoir gagné le droit d'assister à ce conseil – auquel les membres du gouvernement étaient rarement admis. Ainsi, chaque matin, il pouvait prendre le pouls de la Maison-Blanche et se rendre compte en temps réel de la direction que prenait la machinerie politique. Six mois avant que Lawrence Summers ne le remplace au Trésor, Rubin avait commencé à l'emmener avec lui à ces séances pour s'assurer que son successeur y hériterait bien de son siège.

O'Neill n'allait pas, lui-même, demander la permission. Mais il chargea plusieurs fois son directeur de cabinet, Tim Adams, de se renseigner, pour savoir s'il était possible que le secrétaire au Trésor assiste à ces réunions. « D'abord, ils traînaient les pieds, puis ils ne nous répondaient pas, se souvient O'Neill. C'est ainsi que l'on étouffe généralement les choses à la Maison-Blanche. »

Bien que personne ne se risquât à attaquer de front un personnage aussi puissant que le secrétaire au Trésor, qui supervisait des pans entiers du gouvernement des États-Unis, il était clair que O'Neill était considéré par l'équipe politique de la Maison-Blanche comme un homme dangereux, et de surcroît avec des munitions. Ses remarques « non autorisées » lors de la bataille fiscale qui avait eu lieu ce premier hiver et ce printemps – même si, au final, elles avaient permis la mise en œuvre d'une politique sensée – l'avaient placé dans le collimateur de Karl Rove et de Karen Hughes.

« Dès l'été, on pouvait sentir une certaine froideur de leur part. Je n'allais pas laisser les politiques me contrôler ni me faire l'écho de demi-vérités juste pour des raisons stratégiques ou parce qu'il fallait plaire à la base, se rappelle O'Neill. Ils avaient déjà compris tout cela. »

Plusieurs mémos adressés par O'Neill au Président avaient été divulgués dans les mois précédents, y compris celui sur le réchauffement climatique, qui avait donné lieu à un article féroce de Paul Gigot dans le *Wall Street Journal*.

Sous le titre « O'Neill, une image qui se dégrade », Gigot passait en revue toute une litanie de citations jugées « à côté de la plaque » et le fustigeait pour avoir suggéré le nom de Michael Oppenheimer pour le poste de conseiller de Bush pour les questions climatiques. « Cela revient, écrivait Gigot, à charger James Carville[1] de mettre en œuvre la baisse d'impôts de Bush. »

Cet article était un signal en direction de la droite dure : la chasse contre O'Neill était ouverte.

O'Neill leur fournit de nouvelles cartouches. La crise financière en Argentine était en train d'éclater. Après une période de prospérité dans le milieu des années 1990, l'économie du pays avait connu une lente et interminable dépression qui avait fini par la dévaster. À l'été de 2001, les chômeurs se comptaient par millions et le niveau de vie des Argentins était en chute libre. Le pays se trouvait au bord de la faillite.

1. Influent consultant politique démocrate, il a notamment conduit avec succès la campagne électorale de Bill Clinton en 1992 (*NdT*).

Pour l'équipe chargée de la politique internationale de Bush, l'Argentine constituait le premier grand test. Elle leur offrait aussi la chance de se démarquer de leurs prédécesseurs. Rubin et Summers avaient poursuivi une politique économique interventionniste à l'étranger, poussant le FMI à soutenir, à l'aide de prêts, les économies du Mexique, de la Russie et des pays d'Asie. Le Trésor américain et le FMI avaient prêté des milliards de dollars. Un pays comme l'Argentine, considéré à la fois comme un allié loyal et une démocratie émergente de première importance, aurait pu espérer des conditions favorables de la part de l'équipe de Clinton.

George W. Bush, en revanche, était arrivé à la Maison-Blanche avec la promesse de désengager les États-Unis de la gestion des crises financières. De nombreux économistes conservateurs, dont Larry Lindsey, déploraient les prêts internationaux de l'ère Clinton qui, selon eux, mettaient en péril une part trop importante de l'argent des contribuables américains et avaient fait plus de mal que de bien. En fournissant de l'argent à ces pays, on leur permettait de repousser les réformes économiques drastiques qui s'imposaient, ce qui ne faisait que prolonger leurs difficultés et les mènerait probablement à renouveler leurs demandes de prêts à l'avenir. Au passage, ajoutaient-ils, on avait participé au sauvetage de banques et d'institutions financières qui offraient des prêts plus ou moins douteux. Le filon Rubin et Summers, selon eux, créait un « risque moral », une situation où les pays en voie de développement étaient encouragés à prendre des mauvaises décisions parce qu'ils savaient que le FMI serait toujours là pour les renflouer.

Ce courant de pensée masquait des scissions importantes dans l'administration Bush. O'Neill s'opposait d'une manière générale aux sauvetages, mais il n'était pas dogmatique. Il pouvait être flexible. Lors de son audition pour la confirmation de sa nomination devant le Congrès en janvier, O'Neill avait fait l'éloge du sauvetage du Mexique par Clinton en 1995, une politique que méprisaient la plupart des conservateurs du parti républicain, et, parmi eux, Lindsey. Pour O'Neill, les décisions qui affectaient la vie de millions de personnes dans le monde en développement méritaient une approche au cas par cas plutôt que des formules rigides.

La requête de l'Argentine au cours de l'été de 2001 était relativement technique. Le président et le ministre des Finances de ce pays voulaient reporter le remboursement de neuf milliards de dollars de dettes au FMI, mais Washington devait au préalable donner son accord. Malgré l'importance politique que revêtait l'Argentine pour les États-Unis, O'Neill, pour cette occasion, rallia le camp des fiscalistes les plus conservateurs et s'opposa à un tel marché. Mais il voulut ensuite s'en expliquer et dévoiler la logique qui sous-tendait sa décision. Quelques semaines avant l'arrivée de la délégation argentine à Washington, un article du magazine *The Economist* publia une citation de O'Neill qui disait, en substance, que les problèmes économiques de l'Argentine résultaient principalement de ses propres erreurs. « Cela fait soixante-dix ans qu'elle a régulièrement des problèmes, disait-il. Elle n'a pas à proprement parler d'industrie à l'exportation. Et elle se complaît dans cette situation. » L'argument de O'Neill, comme l'atteste le reste de l'article, était que l'Argentine avait eu le choix. Elle aurait pu s'engager avec plus de vigueur dans le commerce international ; elle aurait pu arrêter de subventionner ses monopoles nationaux et ouvrir ses marchés ; elle aurait pu faire montre de la discipline que d'autres pays avaient adoptée avec succès.

La machine de guerre de la Maison-Blanche se mit aussitôt en branle – contre O'Neill. Officiellement, le gouvernement ne réagit pas. Officieusement, le bureau de Larry Lindsey passa à la vitesse supérieure.

« Jusqu'à ce jour, ils l'avaient attaqué à intervalles réguliers, à coup de commentaires *off* et de citations de sources "proches du pouvoir", se souvient l'un des plus proches collaborateurs de O'Neill. Dès lors, les attaques devinrent quotidiennes. C'était déjà incroyable avant, mais là, c'est devenu complètement dingue. Tous les deux jours en moyenne, on recevait un coup de fil d'un journaliste, et c'était presque toujours la même chose : le reporter appelait pour vérifier auprès de Paul quelque chose qu'il avait dit lors du repas hebdomadaire sur l'économie ou durant un entretien privé avec Larry, mais complètement sorti de son contexte. Ce n'était même pas subtil. Dès les premiers jours du gouvernement, tous les journalistes savaient qu'ils pouvaient appeler le bureau de Lindsey pour obtenir des infos saignantes sur O'Neill. »

Plusieurs personnes haut placées dans le gouvernement répondirent, sous couvert d'anonymat, aux propos de O'Neill dans *The Economist* et affirmèrent que, cette fois, il était allé trop loin. Le président Bush appela le président argentin Fernando de la Rua pour l'apaiser.

Bush, durant un entretien avec son secrétaire au Trésor, lui confia qu'il comprenait le message que celui-ci avait voulu faire passer aux Argentins, même s'il l'avait trouvé un peu abrupt. Il avait de toute façon décidé de leur accorder l'aide du FMI. O'Neill jugea que cette décision était sensée.

Oubliant ses critiques passées à l'encontre de la politique de Clinton en la matière, Bush donna sa bénédiction au plan d'aide du FMI pour l'Argentine le 22 août 2001. Cette décision établissait sa stratégie en matière de finance internationale : parler plus durement que par le passé, lancer un ultimatum comme quoi l'occasion ne se représenterait pas, tout en empêchant discrètement les pays naufragés de sombrer. Bush savait que O'Neill ne souhaitait pas l'implosion de l'Argentine, pas plus que ne le souhaitaient Colin Powell ou Condi Rice. En apportant son soutien aux prêts du FMI, il se rangea du côté de ce trio et passa outre Lindsey et Hubbard qui pensaient que si un pays se trouvait enlisé dans ses problèmes, il n'avait qu'à s'en sortir par ses propres moyens.

Dans la confusion entre rhétorique et action, Lindsey crut voir une volte-face dans la décision de Bush et en fit porter le chapeau à O'Neill.

L'opinion communément admise, de Lindsey à Gigot, était que O'Neill était dangereux car ses positions n'étaient pas idéologiques et qu'il n'avait aucun sens politique. Il ne se rendait pas compte de la répercussion de ses actes en tant qu'homme public.

Les collaborateurs les plus proches de O'Neill au département du Trésor, dont certains sont des vétérans du sérail de Washington, contestent cette analyse. D'après eux, ce qui était en train de naître sous leurs yeux c'était le début d'une bataille philosophique radicale entre une certaine idée, vénérable et, pour l'essentiel, couronnée de succès, du pragmatisme en gouvernance, et une conjuration politique et idéologique. « Paul n'envisage pas l'action du gouvernement dans un dessein politique. C'est la Maison-Blanche qui définit la portée politique de l'action du gouvernement, analyse David Aufhauser, le directeur juridique du département du Trésor et artisan chevronné de la politique. C'est là que réside la tension. Ce n'est pas simplement un commentaire sur le gouvernement de Bush, c'est un commentaire sur Washington. Ce qui fait que Paul est unique, c'est qu'il aborde la gestion des affaires publiques en pesant toutes les conséquences de chaque action, et non par dessein politique. On l'a accusé, à tort, de ne pas avoir de sens politique. Il savait parfaitement mesurer les conséquences politiques, mais il était persuadé que la justesse de l'action suffisait à écraser n'importe quelles conséquences négatives imaginables. Et ce type d'attitude, quand on gouverne, exige de vous le courage de posséder les bonnes réponses. Je ne parle pas de courage moral, mais de l'obligation que vous avez d'être bon dans ce que vous faites et d'apporter avec vous un talent authentique. Personne ne dira jamais le contraire. Personne. O'Neill est l'un des hommes les plus doués que n'importe lequel d'entre nous ait jamais rencontré. C'est pourquoi... il y avait tant de dissonance cognitive. »

Aufhauser est un homme à la voix douce et qui choisit ses mots avec soin – il est payé pour cela.

« Les gens pensent qu'il n'a pas de sens politique. C'est faux ! hurle-t-il. Il connaissait parfaitement les conséquences politiques. Mais il disait : cette idée finira par prévaloir parce qu'elle repose sur un socle de faits – et qu'elle va dans le sens du bien. [...] C'est pour cela que O'Neill déclenche tant de passions dans cette ville. Ce n'est pas juste une question de personne. Il ne craint absolument pas d'incarner ce que nous devrions être. Et même, ce que nous pourrions être. »

* * *

L'hôtel Impérial de Tokyo, l'un des plus grands hôtels au monde, était une oasis de luxe et de confort pour la délégation américaine après une semaine exténuante de réunions avec les dirigeants chinois, à Pékin, au début du mois de septembre.

À 22 heures, O'Neill s'apprêtait à téléphoner à Nancy. Le décalage horaire entre Tokyo et New York est de onze heures et il voulait lui parler avant qu'elle ne commence sa journée.

En attendant la connexion satellite, il alluma la télévision sur CNN. Puis il s'assit au bord du lit.

Ses yeux regardaient la tour en flammes, mais son esprit remonta le temps jusqu'à 1945, lorsqu'il était un petit garçon du Missouri. Il se souvenait de cette séance de cinéma où il avait vu aux actualités les images d'un avion percutant l'Empire State Building. L'appareil paraissait très petit, comme un canif planté dans un séquoia.

Mon Dieu, se dit-il, c'est sans doute la pire erreur jamais commise par la FAA[1] – un contrôleur aérien aurait guidé un avion tout droit sur les Twin Towers. Mais comment, par temps clair, un pilote pouvait-il se laisser diriger sur un immeuble ? À la télévision, des témoins juraient qu'il s'agissait d'une explosion interne. D'autres affirmaient que c'était une roquette.

Tim Adams frappa à la porte.

« Oui, je suis en train de regarder », dit O'Neill.

Adams et le reste de la délégation s'étaient réunis pour suivre ensemble la tournure des événements.

« Je vais rester ici », informa-t-il Adams.

1. Federal Aviation Authority, l'Autorité fédérale de l'aviation (*NdT*).

C'est alors, tandis que les tourbillons de fumée s'élevaient dans le ciel, qu'il vit un second avion s'écraser. Le temps s'arrêta.

Il était figé, à l'autre bout du monde, avec l'impression que son corps se séparait de son âme. C'était comme de voir sa propre vie se dérouler à travers une feuille de cellophane. Il était allé au World Trade Center un nombre incalculable de fois et des visions fugitives et floues surgies de son passé, à la fois proche et ancien, défilaient devant lui : la réunion au cent deuxième étage, l'an dernier ; un déjeuner avec Nancy dans les années 1980, les deux traversant au pas de course l'immense nef en direction des ascenseurs, aujourd'hui couverts de cendres et de suie.

Sur l'écran, un couple sautait, main dans la main. Mon Dieu !

Quelqu'un frappa encore à la porte. Tim Adams de nouveau.

« Monsieur le secrétaire, je suppose que vous avez vu, maintenant... Les agents du Secret Service sont en train de parler avec les types des renseignements. On a installé une salle d'état-major au bout du couloir où tout le monde peut travailler.

– Tim, il faut rentrer. »

O'Neill appela chez lui à Pittsburgh.

« C'est pire que tout, dit Nancy. Je suis si heureuse que tu ne sois pas là. C'est de la folie pure, ici. »

Paul espéra alors que tout se passerait bien pour elle et lui demanda d'essayer malgré tout de tirer le meilleur de cette journée. Le 11 septembre, c'est l'anniversaire de sa femme.

Adams n'avait trouvé aucun vol commercial disponible en direction des États-Unis, la plupart des aéroports étaient fermés. « Comment fait-on pour obtenir un avion militaire ? » lui demanda O'Neill.

* * *

En ce bel après-midi anglais, le directeur juridique du département du Trésor, David Aufhauser, se trouvait sous une tente. C'était la réunion annuelle du Symposium international sur les crimes économiques ; elle se déroulait sur les terres paradisiaques de l'université de Cambridge. Des représentants des forces de l'ordre et des autorités judiciaires du monde entier s'étaient réunis pour de graves discussions sur les flux de capitaux illégaux et les initiatives globales en matière de sanctions.

Il y eut des discours du chef d'Interpol, du responsable de l'équivalent allemand du FBI et puis d'Aufhauser. La coopération internationale avançait à grandes enjambées. La localisation des réseaux de blanchiment d'argent était l'un des rares domaines dans lequel on pouvait se targuer de résultats tangibles au cours des deux dernières décennies. Les trafiquants de drogue et les criminels en tout genre étaient sur le qui-vive, poussés à innover constamment pour garder une longueur d'avance sur les autorités – et c'est toujours là que les méchants commettaient des erreurs. Non pas qu'on en ait attrapé beaucoup, puisque, justement, ils *innovaient*.

Néanmoins, l'atmosphère était à la réjouissance. Bien installée dans le cadre historique de la vieille université – immuable pierre philosophale du monde civilisé –, cette noble assemblée des personnalités les plus influentes de la scène financière internationale se sentait à l'abri, utile et juste. Un peu plus tard, on servirait l'apéritif.

C'est alors qu'un murmure enfla dans la foule de près de trois cents personnes. En un instant, l'écran géant – qui, quelques secondes plus tôt, affichait les chiffres de réalisations et succès divers – retransmit les tours du commerce mondial en feu.

Un terrible silence s'abattit sur l'assistance. La scène, qui venait tout juste d'être enregistrée sur un téléviseur, n'avait pas de son. Les oiseaux gazouillaient, tandis que les regards étaient fixés sur les tours qui disparaissaient dans les flammes et la poussière.

« Intuitivement, vous saviez ce que les autres pensaient : que nous avions regardé le monde à travers le petit bout de la lorgnette, se souvient Aufhauser. Que l'ennemi principal de la paix ne se trouvait pas dans les fonds criminels en quête d'un endroit sûr pour se blanchir, mais plutôt dans ce qu'on peut appeler de l'argent propre – de l'argent en provenance d'œuvres caritatives, même – qui avait été discrètement disséminé autour du globe afin de tuer des gens. »

* * *

Des véhicules militaires arrivèrent le lendemain en milieu de matinée pour emmener la délégation de O'Neill. Au moment où ils émergèrent de l'entrée principale, des centaines d'employés de l'hôtel Impérial – grooms, réceptionnistes, cuisiniers –, formant une haie d'honneur jusqu'aux voitures, applaudirent bruyamment sur leur passage. Une heure plus tard, O'Neill et une vingtaine de personnes montèrent à bord d'un appareil C-17 de l'Air Force. Chacun d'entre eux reçut une toute petite couverture en laine, des boules Quiès et une boîte de sandwichs. Ils s'assirent sur les sièges de parachutistes en toile, alignés le long des parois. On proposa à O'Neill de s'installer dans le cockpit. « Non, répondit-il. J'aime autant rester avec les troupes. »

Une fois dans le ciel, O'Neill fouilla dans sa serviette à la recherche de quelques feuilles de papier qu'il avait conservées de son voyage en Chine. Il fut rétrospectivement impressionné par son emploi du temps : réunions d'affaires, visites d'écoles, rencontres avec Jiang Zemin à l'Assemblée populaire nationale, avec le ministre des Finances qui l'avait averti que la monnaie chinoise allait flotter un peu, mais pas trop. C'était encore une économie planifiée, après tout. Jiang et lui s'étaient dit : « Soyons patients, travaillons ensemble. » O'Neill se réjouissait d'un tel esprit de coopération. Les relations sino-américaines venaient de traverser une passe difficile, à commencer par la décision de l'administration Bush de ne plus considérer la Chine comme un « partenaire stratégique » mais comme un « *concurrent* stratégique ». Depuis le début, les néo-conservateurs de la Maison-Blanche et du Pentagone l'avaient mise sur la liste des pays en possession d'armes de destruction massive prêts à défier les intérêts américains. Puis, en avril, un avion espion américain avait été descendu sur le sol chinois. Il était grand temps de se réconcilier…

Mais tout cela appartenait désormais au passé, tout comme la série de rencontres américano-japonaises prévues pour ce jour-ci. Il plia les programmes en deux et commença à écrire au dos.

Mémorial – reconstruire.
Mesures pour redonner confiance aux marchés.

Leçons à tirer de ces événements.

Conférence de presse commune Greenspan/O'Neill.

Rencontre avec le P. Images télévisées.

Estimation honnête de l'importance des pertes des personnes/capacités dans le bas de Manhattan.

Il sentait déjà à quel point la tentation serait grande de recourir aux euphémismes et à la distorsion de faits – à quel point la Maison-Blanche risquait encore, comme il l'avait déjà vu faire, de recourir à de pieux mensonges plutôt que d'assener au public les vérités cruelles qui devaient être dites. Jamais il n'avait été aussi important de se montrer franc, de la façon la plus brutale et la plus exhaustive qui soit. L'enjeu était bien trop important pour que l'on s'y prenne autrement. Il entoura les mots « Estimation honnête ».

Il sut immédiatement que l'une des clés se trouvait entre les mains du Trésor : il fallait identifier les ramifications financières qui se cachaient derrière les terroristes qui avaient causé cette dévastation.

Des discussions animées avaient eu lieu ce même été sur la façon dont les États-Unis essayaient de lutter contre le blanchiment d'argent et d'autres types de crimes financiers. O'Neill avait épluché les budgets et trouvé que son pays dépensait un milliard cent millions de dollars par an pour combattre le blanchiment d'argent et les transactions bancaires *offshore* illégales, ainsi que pour geler les comptes de criminels internationaux. L'essentiel de cette somme était dévolu à la collecte et à la gestion d'une quantité colossale de données déversée par des institutions financières du monde entier, qu'il fallait passer au crible pour y déceler d'éventuelles activités illégales. Une joute avait eu lieu au Congrès entre O'Neill et le sénateur démocrate du Michigan Carl Levin, qui dirigeait la sous-commission d'enquête du Sénat, O'Neill mettant en cause le retour sur investissement de pareille somme. En fait, il avait découvert que le montant total dépensé était plus près de sept cents millions de dollars – une approximation de près d'un demi-milliard – et que les résultats étaient modestes. Aussi, il aurait aimé passer des accords de transparence avec les pays abritant les banques *offshore*, ou avec ceux dont les régulations bancaires étaient peu strictes, afin de mieux combattre la fraude. Levin lui avait répondu que c'était impossible.

« En étudiant les données bancaires, vous vous apercevez qu'il y a un nombre incalculable de transactions d'un montant de neuf mille neuf cent quatre-vingt-dix-neuf dollars. Bien entendu, le seuil d'alarme pour les autorités de régulation est de dix mille dollars, rapporte O'Neill. Il faut beaucoup de temps et de moyens pour passer toutes ces données au crible, avec peu de résultats. Nous avons beaucoup investi dans cette technique, mais cela ne signifie pas pour autant qu'elle soit efficace. J'ai compris que le 11 septembre allait changer tout cela – nous devions reconsidérer notre façon d'aborder les choses. »

O'Neill repensa au couple qu'il avait vu sauter, main dans la main, et se remit à écrire.

> Ampleur de cette tragédie (comparée à Hiroshima et Nagasaki), infligée par si peu à tant de personnes.
>
> Les questions économiques sont importantes, mais, dans de telles circonstances, on doit les mettre en perspective et elles ne sont clairement pas prioritaires dans nos pensées.

> S'en prendre au symbole de notre système de marché est un acte pathétique produit par un esprit maléfique qui ne comprend pas que le génie de notre système réside dans le cœur et dans l'esprit des gens – pas dans les bâtiments dans lesquels nous travaillons.

Il se laissa glisser de son siège en toile rudimentaire sur le sol en aluminium, un alliage spécial qu'il ne pouvait que remarquer. Il n'avait dormi qu'une heure la nuit précédente et le sommeil était en train de le rattraper. À plus de mille mètres d'altitude, la température extérieure était de moins trente degrés ; dans l'avion-cargo, il faisait non seulement froid, mais la température baissait d'heure en heure. Quand O'Neill était enfant, son père, un caporal-chef de l'armée américaine employé dans un hôpital pour anciens combattants, déménageait souvent. Lors d'un hiver particulièrement glacial, toute la famille – deux parents et quatre enfants – avait vécu dans une seule pièce, une cuisine d'été sans plomberie ni chauffage dont le sol était en dur. Peu après, ils avaient emménagé à Hawaii dans une caserne ayant autrefois abrité un camp de détention japonais. O'Neill tirait une grande fierté de n'avoir pas été élevé dans le confort et d'être l'un de ces rares exemples – de moins en moins fréquents, d'après les statistiques – de personnes qui avaient gravi tous les barreaux de l'échelle sociale.

Le plancher de l'avion était poreux et percé de rainures – pour y arrimer l'équipement pendant le transport–, et maintenant glacial. Ce n'était pas un problème. Il avait connu pire. Le plus haut responsable du gouvernement des États-Unis en matière de politique intérieure tira donc la couverture sur ses épaules et, dans son costume bleu, avec sa cravate rouge et ses richelieus, s'endormit en frissonnant tandis que le C-17 fonçait vers l'Amérique.

* * *

Seize heures plus tard, l'appareil survolait Washington. O'Neill contempla l'aéroport Reagan National par le hublot, puis son regard se posa sur le mur carbonisé du Pentagone. Seul dans le ciel parmi les avions de combat, le C-17 ne passait pas inaperçu.

Pendant ce temps, Aufhauser et Greenspan voyageaient côte à côte à bord d'un autre avion-cargo qui s'apprêtait à décrire une grande boucle dans le ciel au-dessus de la ville de New York. Ils avaient embarqué en compagnie de tout un assortiment de généraux et d'officiels du gouvernement américain. L'appareil avait marqué plusieurs arrêts sur différentes bases européennes, tel un bus de ville à l'heure de pointe. Greenspan venait de participer à une conférence en Suisse. Aufhauser avait précipitamment quitté Cambridge pour l'y rejoindre. Et maintenant, après dix heures de vol agrémentées de sandwichs et de boules Quiès, leur appareil décrivait un arc en direction de Manhattan. Juste en dessous, les décombres des tours se consumaient et la fumée montait jusqu'à eux accompagnée d'une abominable odeur de brûlé.

« Nous nous sentîmes tous empreints d'une grande détermination, se souvient Aufhauser. Nous n'allions pas nous laisser faire sans réagir. »

Une heure plus tard, Aufhauser débarqua à la base aérienne d'Andrews et vit s'éloigner un cortège de voitures qu'il connaissait bien. C'était celui de O'Neill. Il se mit à courir derrière, pour rattraper la berline du département du Trésor. En vain ! Quelques minutes plus tard, à bout de souffle, il se mit en quête d'un taxi.

* * *

« Le Président veut rouvrir le New York Stock Exchange demain – c'est ce qu'on m'a dit, déclara Peter Fisher, le sous-secrétaire aux Finances. Je crois qu'il a fait part de son souhait à plusieurs hauts responsables. »

O'Neill écouta patiemment son interlocuteur, tout en cogitant à toute allure. On l'avait conduit à une ligne téléphonique sécurisée de l'hôtel Washington, où il résidait encore. On était mercredi soir, le 12 septembre, et il ne décollait pas du téléphone. Greenspan et Josh Bolten, directeur adjoint du cabinet. Frank Zarb du Nasdaq. Et maintenant Peter Fisher.

« Nous n'avons pas le droit à l'erreur, Peter. J'ai cru comprendre que les ordinateurs, là-bas, étaient recouverts de neuf mètres d'eau. Les circuits électriques et téléphoniques sont touchés. On n'aura droit qu'à un seul essai pour rouvrir le marché et il faut que ça marche. S'il y a des ratés ou s'il sombre à nouveau, les terroristes auront gagné. Quand il rouvrira, il faut que ce soit bien clair : ce sera pour de bon. »

O'Neill et ses adjoints téléphonèrent à des électriciens, à des informaticiens et à des équipes de réparateurs pour « obtenir une estimation du temps nécessaire pour bien faire les choses ».

Le lendemain matin, le 13 septembre à 9 h 45, Bush réunit le NSC dans la salle des opérations. Il s'était adressé aux Américains à plusieurs reprises – dont deux pendant la journée du 11 septembre, pour informer son pays que les pouvoirs publics étaient engagés avec force dans la recherche de la vérité et la poursuite des auteurs de la catastrophe. Il avait pris à nouveau la parole le matin du 12, dans la salle de réunions du cabinet, décrivant les attaques comme « un acte de guerre [...] dans la bataille monumentale qui oppose le bien au mal ». Aucune de ces interventions n'avait été particulièrement rassurante. Bush avait buté sur plusieurs mots ; il avait l'air fatigué et hésitant.

O'Neill avait été rapidement briefé avant la réunion. Tout le monde se demandait s'il s'agissait d'une guerre contre Al-Qaida et ceux qui l'hébergeaient – les talibans d'Afghanistan – ou bien de la première étape d'un combat plus large contre le terrorisme international et les nombreux États qui apportent leur soutien à la terreur. Lors de la réunion du NSC la veille, alors que le C-17 de O'Neill atterrissait, Rumsfeld avait évoqué le cas de l'Irak. Le Pentagone travaillait depuis des mois sur un plan militaire ayant pour but de renverser Saddam Hussein. Selon Rumsfeld, tout plan destiné à combattre le terrorisme international conduirait les États-Unis, à un moment ou à un autre, jusqu'à Bagdad. Powell, pour sa part, s'opposait pour le moment à toute attaque contre l'Irak, soulignant que le peuple américain était focalisé sur Al-Qaida qui avait attaqué les États-Unis, et que le soutien du peuple était un préalable indispensable pour partir en guerre contre qui que ce soit. Le Président, qui avait depuis le début poussé son gouvernement à se concentrer sur Saddam, sans grands résultats, était lui aussi opposé à une attaque contre l'Irak.

À la réunion du NSC ce matin-là, Bush désirait obtenir des informations plus fiables et plus approfondies sur les différentes options qui s'offraient à lui. George Tenet décrivit comment on pouvait financer et renforcer l'Alliance du Nord et ses vingt mille combattants en Afghanistan pour évincer les talibans et déloger Al-Qaida. Depuis l'assassinat de son leader charismatique, Ahmed Shah Massoud, le 9 septembre, l'Alliance était divisée en de multiples factions. Mais avec l'injection d'armes et d'unités paramilitaires de la CIA, elle pourrait se transformer en une unité cohérente, éventuellement renforcée par les forces spéciales et l'armée américaine.

Tenet conclut alors son exposé « en beauté », en donnant la parole à l'arrogant et dynamique Cofer Black, agent de la CIA depuis toujours et qui dirigeait aujourd'hui son unité antiterroriste. Il démontra, en une demi-heure, comment le plan de Tenet devait aboutir à la capture et à l'extermination des terroristes qui se cachaient dans les montagnes et les cavernes. « Quand on en aura fini avec eux, déclara-t-il à Bush, les mouches s'agglutineront sur leurs yeux. » Mais, prévint-il, les pertes américaines étaient inévitables et « elles [risquaient] d'être nombreuses ».

Bush répondit qu'il comprenait – que c'était « la guerre », qu'on était là « pour gagner » – et il demanda à Black combien de temps il faudrait pour la gagner. Pour Black, c'était une affaire de semaines.

O'Neill et d'autres haussèrent les sourcils mais constatèrent que les propos de Black avaient remonté le Président.

« Monsieur le Président, on ne pourra rouvrir la Bourse que lundi, au plus tôt, déclara O'Neill. Nous n'avons pas le droit à l'erreur, nous devons y arriver du premier coup – et pour de bon. Rouvrir les marchés, puis interrompre les transactions pour effectuer des réparations serait un désastre. »

Avec en tête le souvenir encore frais de la prestation de O'Neill au sujet des chèques, Bush acquiesça. « D'accord, si vous le dites. Lundi, alors. »

* * *

Ce week-end-là, O'Neill et sa femme arrivèrent à Camp David. Bush avait créé un conseil de guerre, composé de ses plus proches collaborateurs, pour mener la guerre contre Al-Qaida. Cheney, Rumsfeld, Rice, Powell, Tenet, le chef d'état-major Hugh Shelton, l'attorney général John Ashcroft et O'Neill étaient là, dans la retraite présidentielle au cœur des montagnes du Maryland, accompagnés de leurs conjointes.

La première réunion commença à 9 h 30 et d'autres membres de la Maison-Blanche avaient déjà rejoint le conseil de guerre, dont Karen Hughes et Ari Fleischer.

Le Président voulait entendre toutes les opinions et c'est seulement après qu'il prendrait sa décision, dans un jour ou deux.

Ils commencèrent par une prière, comme le Président le faisait faire désormais à l'ouverture de chaque réunion. Il avait inauguré cette pratique dès les premiers jours de son administration, ce qui avait déconcerté plus d'un membre du cabinet, mais, pour la première fois, elle paraissait évidente et nécessaire.

Powell présenta l'état des différents pourparlers avec les Pakistanais, puis évoqua le statut de la coalition qui était en train de se construire.

O'Neill aborda ensuite la question de la réouverture des marchés lundi 17 et l'avancée des recherches sur l'identification des pirates de l'air. Les enquêteurs étaient désormais convaincus que quinze des dix-neuf hommes étaient des ressortissants saoudiens. Leurs transactions sur le sol américain avaient laissé une piste que les enquêteurs du Trésor et d'autres départements étaient en train de remonter et d'analyser : « Cela pourrait nous livrer énormément d'informations sur leurs réseaux – avec qui ils étaient en relation, où et quand. La piste de l'argent ne ment pas, ce sont des faits tangibles. »

Tenet fit passer un épais paquet de documents provenant des services de renseignements et portant sur le terrorisme mondial, ainsi qu'un plan d'action de la CIA décrivant des opérations clandestines contre les terroristes, en Afghanistan et partout ailleurs. L'idée était d'étendre les pouvoirs de la CIA. Le plan définissait une sorte de mission globale, durant laquelle l'agence serait autorisée à attaquer les réseaux terroristes sur tous les fronts, à utiliser tous les moyens nécessaires, sans avoir à demander d'autorisation spécifique et préalable au Président ou à l'un des hauts responsables de son gouvernement. Le projet comprenait également la destruction de l'infrastructure financière des terroristes.

Après avoir longuement détaillé la stratégie de la CIA pour ranimer l'Alliance du Nord en Afghanistan, Tenet passa en revue les différents projets, dont certains étaient déjà lancés, visant à attaquer les terroristes dans des dizaines de pays. Le Président, se souvient O'Neill, « paraissait captivé par George et son plan ».

Les exposés se succédèrent tout au long de la matinée : celui de l'attorney général Ashcroft sur l'élargissement des pouvoirs de la police en matière de lutte contre le terrorisme et celui de Robert Mueller, le chef du FBI, avant que le général Hugh Shelton ne promène le groupe à travers les plans militaires qu'il avait ébauchés pour l'Afghanistan, incluant une opération à grande échelle utilisant bombes, missiles de croisière et un nombre significatif de forces terrestres américaines.

Bush déclara que chasser les terroristes de l'Afghanistan « persuaderait les autres pays de changer leurs pratiques » d'accueil et de soutien aux terroristes. Il cita l'exemple de l'Iran.

L'idée communément admise était que l'Afghanistan pourrait servir de « modèle de démonstration » de ce que les autres pays encourraient s'ils envisageaient de participer à des actions contre les États-Unis. Condi saisit aussitôt l'occasion pour discuter des menaces existant au-delà de l'Afghanistan et des moyens pour y faire face.

Le secrétaire adjoint à la Défense, Paul Wolfowitz, embraya aussitôt sur l'Irak. En Afghanistan, toute intervention risquait de tourner au désastre, avec l'embourbement des troupes américaines dans les montagnes reculées du pays à la recherche d'hypothétiques cellules d'Al-Qaida. En Irak, en revanche, le régime anti-américain et corrompu devait être renversé. Alors que les renseignements en provenance d'Irak étaient ténus, le Département d'État et celui de la Défense, en réponse au grand intérêt que le Président portait à Saddam Hussein, avaient produit des dizaines de rapports depuis le mois de janvier sur la façon dont on pouvait se débarrasser du régime Baas et de son chef. Wolfowitz laissa entendre que si le Président voulait faire quelque chose, l'Irak était faisable.

O'Neill se souvint alors du mémo de Rumsfeld du mois de janvier qui avait inscrit l'Iran, l'Irak, la Corée du Nord, la Chine, la Russie et quelques autres sur la liste des pays tentant d'exploiter les défaillances des capacités américaines – et surtout de sa conclusion qui soulignait la nécessité d'agir pour *dissuader* les nations de défier les intérêts américains.

« Les arguments avancés par Wolfowitz sur l'Irak me parurent hors de propos, et je crois que d'autres dans la pièce partagèrent mon sentiment. C'était comme si l'on avait changé de sujet. L'Irak n'était pas le pays où Ben Laden se cachait, ni celui qui avait des problèmes, se souvient O'Neill. J'étais perplexe. C'était comme si un relieur avait accidentellement collé le chapitre entier d'un livre au beau milieu d'un autre. Le chapitre est cohérent en soi, mais il n'est pas à sa place. »

Andy Card, interrompant Wolfowitz, déclara qu'il ne semblait pas y avoir du nouveau dans tous ces arguments. Ils s'arrêtèrent pour déjeuner.

O'Neill retourna dans son chalet. En de pareils moments, Nancy veillait sur son mari avec attention. Elle savait que ce président-ci éveillait en lui un enthousiasme mitigé. Elle l'avait vu avec d'autres présidents – ou d'autres personnes dont il respectait profondément l'intelligence –, et elle connaissait les inflexions que prenait sa voix lorsqu'il parlait d'eux. Elle se souvenait de ses envolées à propos de Nixon, qui était si brillant, ou de Ford, qui savait si habilement tirer la substance d'un débat contradictoire, ou encore du premier président Bush, si judicieux et à l'esprit tellement ouvert. Cette fois-ci, c'était différent. « Paul sortait de ses réunions avec le Président en secouant la tête, se rappelle-t-elle. Comme s'il se disait : “Je ne suis pas sûr que ce type soit capable de réussir.” »

Nancy avait rencontré brièvement le Président lors de la cérémonie d'investiture, mais cette fois-ci, à Camp David, elle semblait être l'objet de toutes ses attentions. « Vous vous asseyez à côté de moi », lui dit-il en l'embrassant sur la joue au moment où elle pénétra dans la salle à manger du Laurel Lodge. Elle pensa en le voyant qu'il était bien mieux en tenue décontractée – en l'occurrence, un jean et un pull – qu'en costume. Il tenait à la main un cigare qu'il n'avait pas allumé.

Elle s'assit donc à côté de Bush. Les convives étaient nombreux – une quinzaine de personnes – et l'ambiance était au bavardage. On leur servit un bouillon de poule aux vermicelles fait maison et des sandwichs préparés avec du pain tout frais.

« J'adore ce qu'on nous sert ici, déclara Bush. C'est très réconfortant. C'est bien de manger ça en un moment pareil. »

Elle lui demanda quel type de nourriture lui procurait le plus de plaisir quand il était enfant, quels étaient les petits plats que lui confectionnait sa mère pour lui faire plaisir.

Bush secoua la tête. « Vous voulez rire ! Ma mère n'a jamais cuisiné. Elle avait des engelures au bout des doigts. Tout sortait du congélateur. »

Le Président fit une pause. « On nous sert encore de la cuisine maison ce soir. J'ai hâte d'y être ! »

* * *

À 15 h 30, ils regagnèrent la salle de réunions pour les conclusions. Bush fit le tour des participants, demandant à chacun d'eux ce que devaient faire les États-Unis. La plupart se déclarèrent en faveur de l'option Tenet – une opération militaire d'envergure, doublée d'une action clandestine et la traque des terroristes jusque dans leur refuge afghan, pour en éliminer un maximum. On évoqua l'utilité d'une guerre contre le terrorisme, mais personne n'abondait dans le sens d'une invasion de l'Irak.

Le Président écouta et hocha la tête, impassible – mettant toute son énergie, semblait-il, à comprendre la complexité de la situation.

O'Neill parla de la localisation des actifs financiers des terroristes et des mesures à prendre pour étouffer ces sources de revenus. Puis il regarda intensément le Président. « Je vous ai dit où nous en étions et où nous nous dirigions dans les domaines que je maîtrise, déclara-t-il. Je ne possède pas assez d'informations pour donner une position mûrement réfléchie sur le plan militaire. »

La réunion prit fin à la tombée du soir. La journée avait été intense. Pour le dîner, il y avait du poulet frit, du pain de maïs, de la purée de pommes de terre et une sauce au jus de viande – un repas solide et roboratif, suivi d'un moment de détente.

L'amie de Nancy, Joyce Rumsfeld, et son mari, Don, prirent congé de bonne heure. Une autre de ses amies, Alma Powell, n'était pas venue. Nancy s'attabla donc avec Laura Bush et Janet Ashcroft pour faire un puzzle en bois représentant la Maison-Blanche et la famille présidentielle, réalisé spécialement pour elle.

Puis Laura annonça qu'elle allait se coucher. Condi demanda à voix haute si quelqu'un voulait faire un bowling.

« Pas de bowling pour moi ce soir », répondit Bush sur un ton badin avant de suivre Laura.

À l'autre bout de la pièce, Ashcroft se mit à jouer du piano. Rice s'approcha.

« Connaissez-vous des hymnes ?

– Est-ce que je connais des hymnes, moi ? » répondit Ashcroft en prenant un air faussement ébahi. Et il entonna les premières notes de *Amazing Grace*.

Rice se mit à chanter – elle a une jolie voix. Pendant près d'une heure, ils chantèrent en duo, avec Ashcroft toujours au piano.

Assis dans un grand fauteuil en cuir dans un coin de la pièce, O'Neill dévorait la pile de documents remis par George Tenet lors de la réunion. Y étaient exposées un ensemble d'activités secrètes avec complots et assassinats – un plan visant à neutraliser les ennemis des États-Unis par tous les moyens. Une clause excluait pratiquement tout contrôle de la part des autorités civiles. Le concept était clair : dites-nous ce que vous voulez, monsieur le Président, et nous nous chargeons du reste.

« Je pensai alors : "J'espère que le Président lira tout ça avec attention", se souvient O'Neill. C'est son boulot, après tout. On ne peut pas confier de telles responsabilités à des personnes qui ne sont pas élues. Mais je savais qu'il ne le lirait pas. »

* * *

Le lundi 17 septembre, les marchés furent rouverts avec succès. Un pompier, quelques policiers et un employé du Samu new-yorkais sonnèrent la cloche qui annonce l'ouverture du New York Stock Exchange. La Bourse rouvrit et resta ouverte. Le secrétaire au Trésor et d'autres dignitaires passèrent en revue la salle des marchés.

La reprise des affaires sonnait comme un appel à prendre les armes.

Pendant qu'il était à Wall Street, O'Neill alla visiter les décombres. Au sixième étage de l'immeuble qui avait abrité l'American Stock Exchange, il traversa, avec sa délégation, un gigantesque bureau qui avait été abandonné dans la panique. Des papiers recouvraient le sol, des fils électriques, des plafonniers et tout un tas d'équipements pendaient des murs et du plafond. Des ouvriers qui accompagnaient le groupe enlevèrent les planches de contreplaqué qui obscurcissaient les grandes fenêtres. Le soleil brilla à travers un écran de poussière. O'Neill baissa les yeux vers les ruines du quartier financier et remarqua une fine poudre qui s'était accumulée sur le haut parapet, comme de la neige après la tempête. Il en ramassa une poignée et la laissa filer entre ses mains.

« C'était déchirant. Cette poussière, c'était celle des tours et des gens qui s'y trouvaient. »

C'est ce matin-là que le Président réunit le NSC, afin de distribuer à chacun sa feuille de route pour l'invasion de l'Afghanistan et la guerre contre le terrorisme. Il s'était décidé pour le plan en trois parties – bombardements, missiles de croisière et « bruit de bottes ». Il voulait que Tenet progresse, avec une autorité nouvelle et élargie, sur les opérations secrètes, d'abord en Afghanistan, puis dans le reste du monde. O'Neill, pendant ce temps, serait chargé de mener le premier combat : la guerre financière.

Mais comment ? Dans les jours qui suivirent, O'Neill rencontra David Aufhauser qui, décida-t-il, tiendrait le rôle du médiateur, supervisant les opérations de « guerre financière » du FBI, de la CIA et du Trésor.

C'était la première fois qu'Aufhauser intégrait l'administration. Mais, en tant qu'associé principal chez Williams & Connolly, le cabinet juridique de choix de Washington, cela faisait des années qu'il prodiguait ses conseils au gouvernement. Il avait fait sa première apparition dans l'équipe de Bush pendant la campagne, lorsqu'on l'avait recruté pour dénouer un imbroglio : Dick Cheney et George W. Bush étaient tous les deux domiciliés au Texas et la Constitution interdit que le Président et le vice-président soient originaires du même État. Aufhauser réussit à établir une domiciliation dans le Wyoming pour Cheney, bien que cela fasse des années qu'il ne vivait plus dans cet État. Cheney recommanda Aufhauser à O'Neill dans les premiers jours de l'administration Bush.

Aufhauser allait enfin pouvoir faire la preuve de son efficacité. Il devait gérer un groupe interagences, chargé de localiser les actifs des terroristes dans un moment particulièrement sensible. « Ils veulent tous des résultats, et avant-hier s'il vous plaît, lui dit O'Neill. Dites-moi ce dont vous avez besoin et je m'assurerai que vous l'obteniez. Et tenez-moi au courant. »

Rapidement, le groupe, qui n'avait pas encore de nom, s'engagea sur deux fronts. Premièrement, mettre en place une nouvelle structure légale pour geler des biens, sur la base de preuves qui ne tiendraient sans doute pas la route devant un tribunal. Deuxièmement, relever le « niveau de responsabilité » exigé des personnes physiques ou morales dans le monde entier. Cela signifiait que l'on pouvait geler les fonds de n'importe qui en rapport avec une personne ou une entité liée au terrorisme. Comme les fonds incriminés étaient gelés, et non pas saisis, un simple faisceau de suspicion suffisait, ce qui élargissait considérablement la pêche. Mais le « gel » des fonds est une appellation légale quelque peu galvaudée : les fonds de Cuba la communiste sont en effet « gelés » depuis quarante ans dans différentes banques américaines.

En tout cas, la nécessité de passer à l'action à ce moment-là – une semaine après les attaques – impliquait la disparition des frontières conventionnelles. Un décret présidentiel fut rapidement signé, entérinant le nouveau niveau de responsabilité auquel chacun était désormais tenu, sur un mandat élargi. Parallèlement, une résolution des Nations unies lui donna valeur de loi dans le monde entier.

Maintenant, il n'y avait plus qu'à geler des fonds, et vite. Comme le Président rendrait publiques les nouvelles réglementations le 24 septembre, lançant officiellement l'offensive contre le terrorisme, il fallait qu'il puisse pointer des fonds du doigt.

« C'était presque comique, se souvient Aufhauser. On a fait la liste de tous les suspects habituels et puis on a dit : "Allez, on va geler leurs fonds." »

* * *

O'Neill avait toujours marché d'un pas vif. Mais ces derniers temps il accélérait tellement l'allure que ses conseillers commencèrent à se plaindre. Il ne dormait plus que quelques heures par nuit – c'était ses derniers jours à l'hôtel Washington, les travaux de rénovation de l'appartement du Watergate étant presque terminés.

Et il parlait en continu sur les tranches matinales de CNBC, Fox et NBC, le journal du soir d'ABC et n'importe quelle autre chaîne disposant d'un canal de diffusion. L'idée était essentiellement de restaurer la confiance. Il déclara aux téléspectateurs de Fox qu'il était de leur devoir patriotique d'investir en Bourse. Sur CNBC, alors que le Dow Jones avait chuté de cinq cents points depuis le 11 septembre et qu'on lui demandait s'il pouvait remonter, il répondit par l'affirmative. Oui, le marché pouvait atteindre un nouveau pic d'ici à douze ou dix-huit mois. Les commentateurs boursiers le huèrent. Lindsey et ses hommes décrochèrent leurs téléphones pour prévenir les journalistes : « Ça y est, il recommence. » Et l'on accusa O'Neill d'optimisme déplacé.

Il n'avait pas le temps de lire ce que disaient les journaux. Le 17 septembre, à New York, entre deux interviews, Michele Davis lui lut la presse et lui rappela, une fois de plus, qu'il devait faire attention à ce qu'il déclarait. O'Neill lui rétorqua : « Michele, si vous regardez les chiffres, vous verrez que sur les quarante dernières années, chaque fois que la Bourse s'est effondrée, elle est remontée en l'espace de dix-huit mois. »

Michele était abasourdie. « Ça repose sur une analyse factuelle ? Pourquoi ne l'avez-vous pas dit ? »

O'Neill haussa les épaules : « Personne ne me l'a demandé. »

* * *

Le 19 septembre à 9 h 05, Greenspan l'appela au téléphone.

« Alors, que penses-tu du billet d'Hubbard [dans le *Wall Street Journal* du 17 septembre 2001] ? demanda Greenspan. Il laisse entendre que le 11 septembre pourrait ne pas avoir d'effets significatifs.

– Je crois qu'il essaie de soutenir le moral des troupes, Alan. En privé, il se montre beaucoup plus pessimiste. Et tu imagines aisément ce que dit Larry. »

Les deux hommes abordèrent le nouveau conflit qui se préparait et dans lequel il leur faudrait une fois encore se serrer les coudes.

« Crois-moi, je le regrette, mais je crains que Larry et les idéologues, et même Glenn [Hubbard], ne trouvent dans ce désastre ce qu'ils cherchaient : de quoi justifier une nouvelle et gigantesque baisse d'impôts », déclara O'Neill. Il confia que Lindsey était déjà en train d'avancer des chiffres – qui dépassaient cent milliards de dollars – pour un plan de relance immédiat de l'économie.

« Je crois qu'il va falloir que nous les ramenions sur terre.

– Il faut attendre de voir les chiffres et la façon dont l'économie réagit, confirma Greenspan avec emphase. C'est la seule option responsable.

– Pousser pour faire passer une baisse d'impôts maintenant, continua O'Neill, paraîtrait opportuniste et partisan, *parce que* ce serait opportuniste et partisan. Peut-être qu'en nous y mettant tous les deux on arriverait à leur faire entendre raison. »

Ils présentèrent leur contre-proposition le lendemain, devant la commission bancaire du Sénat.

« On ne peut pas distinguer pour l'instant ce qui relève d'un problème physique qui se résoudra, un peu comme un ouragan ou une inondation, et ce qui relève d'un problème plus profond et sous-jacent, entonna Greenspan en notant que O'Neill, assis à sa droite, avait affirmé qu'il faudrait attendre une dizaine de jours avant que n'apparaissent clairement les effets sur l'économie. Bien que le désir soit fort d'agir rapidement, il est plus important de ne pas se tromper que d'aller trop vite. »

O'Neill, de son côté, conseilla vivement à l'administration, qui était en train d'étudier les plans de relance de l'économie, de se donner un délai. « Nous examinons tous les instruments existants et d'autres qui n'ont jamais été utilisés... Certains qui sont mis en avant aujourd'hui sont d'une efficacité douteuse », affirma-t-il.

Il rapporta que, parmi les différentes options possibles, figuraient notamment une augmentation du salaire minimum, un « complément » pour les gens qui ne payaient pas d'impôts et une réduction d'impôts sur les plus-values. « Nous n'excluons rien, dit-il. Peut-être que la mesure la plus efficace pourrait être la baisse de l'impôt sur les sociétés. Cela encouragerait les investisseurs à revoir à la hausse leurs estimations des résultats des entreprises après impôt, et l'augmentation des bénéfices qui en découlerait regonflerait la Bourse. »

Se faisant l'écho de la prudence – nous devons attendre de laisser parler les chiffres avant de nous précipiter sur les remèdes –, O'Neill adressa un reproche voilé à Lindsey et compagnie. « Nous devons agir de bonne foi, et ne pas tomber dans ce travers qui consiste à dire "nous connaissons déjà la réponse, nous avons cet instrument, et le moment est venu de l'utiliser", sans avoir d'abord procédé à un examen minutieux de ses conséquences et de son efficacité à long terme sur l'économie. »

O'Neill fit alors part, sous le regard attentif de Greenspan, d'une série de chiffres fraîchement moissonnés, le type même de statistiques qu'Alan et lui consommaient lors de leurs petits-déjeuners.

« Hier, je me suis entretenu avec l'une des plus importantes compagnies de cartes de crédit, et elle m'a appris que les achats par cartes bancaires depuis mardi dernier étaient inférieurs de 20 % comparés à ceux de l'an dernier à la même période », annonça-t-il aux sénateurs. Mais, en y regardant de plus près, c'était « tout à fait prévisible, car les gens [étaient] restés chez eux pour regarder la télévision ; ils [avaient] le cœur brisé », ajouta-t-il. Une semaine après le 11 septembre, les gens s'éloignaient peu à peu de leurs téléviseurs et reprenaient le cours de la vie.

O'Neill fit une pause. « Nous nous en remettrons », conclut-il.

* * *

Le 24 septembre, Bush donna une conférence de presse dans la roseraie de la Maison-Blanche.

« Ce matin, une importante bataille dans la lutte contre le terrorisme a été lancée à l'aide d'un coup de stylo. Aujourd'hui, nous avons attaqué les fondations financières du réseau international de la terreur. » Le Président dévoila alors une liste comprenant vingt-sept entités, treize groupes terroristes, onze individus et trois associations caritatives, dont les États-Unis allaient s'efforcer d'obtenir le gel de tous les actifs, sur leur sol comme à l'étranger. Certaines de ces organisations étaient liées à Oussama ben Laden, d'autres étaient indépendantes et agissaient aux Philippines, au Cachemire et ailleurs.

O'Neill succéda à Bush au micro. Sa déclaration, qui dura deux minutes, se termina par une promesse : « Nous parviendrons à couper les vivres des terroristes et à fermer toutes les institutions qui soutiennent le terrorisme ou qui facilitent son essor. »

Il descendit de l'estrade. Maintenant, bon Dieu, il ne restait plus qu'à trouver par quel bout on allait bien pouvoir commencer.

Le groupe de travail interagences était coincé. On pouvait remonter les traces des dix-neuf terroristes à partir du 11 septembre aux États-Unis, mais leur piste se perdait ensuite au beau milieu du monde arabe et de ses organismes bancaires régulés de façon très approximative. Les banques et les organismes financiers des États arabes non démocratiques sont souvent le domaine réservé des familles régnantes. Des personnages aussi disparates que le très érudit prince Bandar d'Arabie Saoudite et Oussama ben Laden émergent tous deux de la même communauté, une élite entremêlée de cheiks, de magnats du pétrole et de diverses familles royales, agrémentée de tout un réseau d'amis. Au centre de cette communauté se trouve, bien sûr, le royaume : un pays qui possède les plus grandes réserves mondiales de pétrole et qui porte le nom de ses fondateurs, les Saoud. On y trouve également un mouvement fondamentaliste islamique, profondément ancré dans le pays, farouchement antiaméricain et anti-israélien, financé, en une sorte de symbiose obligée, par la famille royale saoudienne. Après le 11 septembre, l'appel à la chasse aux terroristes et à leur argent – avec la distinction bien nette et joliment formulée de Bush du « qui n'est pas avec nous est contre nous » – vint se heurter de plein fouet à la complexité de *notre propre* symbiose obligée avec les dirigeants saoudiens.

O'Neill, qui devait régulièrement faire part des progrès de la « guerre financière » lors des réunions du conseil de guerre, observa la situation avec un immense intérêt. Ken Dam, qui avait été un secrétaire adjoint du Département d'État sous Ronald Reagan, fut chargé de contacter les dirigeants arabes. Il appela le vice-ministre des Finances saoudien le 28 septembre, quatre jours après la conférence de presse de Bush et de O'Neill, afin de jauger la coopération de l'Arabie Saoudite. Le vice-ministre, si l'on en croit le compte rendu interne des services du Trésor, déclara à Dam : « Je ne pense pas que nous possédons des comptes pouvant aider les terroristes. »

Dam était sidéré. Il rendit compte à O'Neill et, quelques semaines plus tard, des représentants du Trésor, du

Département d'État et du NSC se réunirent pour décortiquer le problème saoudien. Dans une note adressée à O'Neill, le groupe s'accorda pour dire, en dépit du caractère urgent de la mission, que, « en raison de sensibilités politiques intérieures à l'Arabie Saoudite, une approche discrète de type consultatif [était] nécessaire pour mettre en œuvre des actions spécifiques ». Traduction : les Saoudiens craignaient la contestation croissante des fondamentalistes islamiques qui accusaient la très nombreuse famille royale d'être pourrie et contaminée par ses liaisons avec l'Occident. L'approche « discrète de type consultatif » ? Les Saoudiens étaient dans l'impossibilité d'offrir une aide qui soit publiquement détectable.

* * *

Le 7 octobre 2001, les États-Unis commencèrent la guerre en Afghanistan par une attaque aérienne combinée avec des opérations clandestines au sol. Le mois suivant, l'attention se déplaça sur les opérations militaires et le groupe de travail du Trésor sur le financement du terrorisme engagea des actions dans d'autres pays que l'Arabie Saoudite.

Les progrès étaient le plus souvent lents – entre autres, la signature de traités de coopération avec cent trente pays dont le royaume d'Arabie Saoudite – et, malgré l'étalage de documents et de bonne volonté, les résultats, maigres.

Le 7 novembre, le Président, O'Neill, Powell et Ashcroft donnèrent une conférence de presse au FinCen, le centre pour la guerre financière contre la terreur, à Vienna en Virginie. Le quatuor annonça que le Trésor avait bloqué les actifs de soixante-deux personnes physiques et morales connectées à deux réseaux de financement du terrorisme, Al-Taqwa et Al-Barakaat. Al-Taqwa était un groupement de banques et d'organismes financiers *offshore* qui avaient aidé Al-Qaida à faire transiter de l'argent partout dans le monde. Il était basé aux Bahamas et, quasiment tous les fonds connus d'Al-Qaida à ce moment précis – vingt millions de dollars – s'y trouvaient. Rien d'exotique dans cette découverte spectaculaire qui était due au fait qu'un responsable de banque des Bahamas avait tout simplement donné l'alarme au sujet de ce groupe. Des documents internes du Trésor estimaient qu'il y avait encore entre quatre-vingts et cent millions de dollars de fonds appartenant à Al-Qaida répartis en d'autres comptes tout aussi indétectables.

Al-Barakaat, lui, était un groupe d'entreprises financières et de communication appartenant à un sympathisant et ami d'Oussama ben Laden. Il était basé à Dubaï et à Mogadiscio. Al-Barakaat gérait, investissait et distribuait des fonds aux terroristes. Il leur procurait également un accès à Internet, des communications téléphoniques sécurisées et tout un tas d'autres moyens pour envoyer des messages et échanger des informations. Le groupe s'occupait même de l'envoi d'armes. En mettant fin à ses activités, les États-Unis gelaient des actifs de Minneapolis jusqu'à la Suisse, où vivait l'un des directeurs d'Al-Barakaat.

Le Président félicita chaleureusement O'Neill durant la conférence de presse et déclara : « En fermant ces réseaux, on gêne le travail des assassins. »

Puis les quatre hommes visitèrent les locaux du FinCen où plusieurs centaines d'agents étaient occupés à localiser et à geler des actifs.

« Vous avez fait du très bon boulot, Paul, déclara Bush tandis qu'ils longeaient la ruche des bureaux avec ses ouvrières affairées devant leurs écrans allumés. Je sens qu'on fait, là, de réels progrès. Ou, du moins, que c'est le début d'un réel progrès.

– Oui, répondit O'Neill. C'est un début. Mais on sait qu'il y a beaucoup plus d'argent en jeu que ce que l'on peut atteindre. C'est de l'argent propre, dans des associations caritatives et l'on ne sait pas où il se trouve jusqu'à ce qu'il soit alloué et dépensé. Et alors, il est déjà trop tard. »

Il voulait parler de l'argent provenant de – et traversant – l'Arabie Saoudite. En l'absence de recherches précises à l'intérieur même du royaume, et sans la coopération totale des Saoudiens, on en était réduit à renifler la piste des transactions des pirates de l'air du 11 septembre, et la piste était en train de refroidir.

* * *

Une semaine après la conférence de presse au FinCen, Paul et Nancy s'apprêtaient à quitter leur appartement du Watergate, finalement rénové, pour se rendre à une soirée de gala. Ce soir-là, deux mois après que des avions de ligne, détournés par des pirates de l'air majoritairement saoudiens, s'étaient écrasés sur le sol américain, causant un désastre sans précédent, l'ambassadeur d'Arabie Saoudite, le prince Bandar, recevait en grande pompe dans sa résidence de Virginie.

Officiellement, la soirée était organisée sous le haut patronage de Laura Bush et de la Mosaic Foundation, l'association des épouses des ambassadeurs des pays arabes aux États-Unis, ainsi que de la fondation des Nations unies, afin de recueillir des fonds pour la lutte contre le Sida en Afrique. L'invité d'honneur était Nelson Mandela.

Mais c'était tout autant la cause des Saoudiens que l'on y célébrait, à un moment où ils avaient désespérément besoin de rappeler au tout Washington la pérennité de leur amitié.

Pratiquement toutes les branches du pouvoir américain étaient représentées. ExxonMobil était le sponsor de la soirée. Chevron Texaco et Ford Motor Company faisaient partie des bienfaiteurs et l'on comptait, parmi les nombreux autres mécènes et invités, les compagnies General Dynamics et General Electrics, Koweït Investment Partners, Raytheon, Saudi Aramco, Citigroup, Marriott, Black Entertainment Television, Merrill Lynch et le laboratoire Pfizer. Sur le carton d'invitation de l'un des co-sponsors – les mécènes du Mandela Challenge Grant – figuraient les noms de Paul Newman, Joanne Woodward et David Rockefeller.

Les O'Neill se trouvaient à la table d'honneur, en compagnie de Mandela et de sa nouvelle épouse et de Ted Turner et de la brunette d'une trentaine d'années avec laquelle il sort depuis sa rupture avec Jane Fonda. Miriam Makeba, la légendaire militante antiapartheid sud-africaine, chantait tandis que les invités se régalaient de noisettes d'agneau à la lavande et à la marjolaine sur un lit de poireaux, accompagné de riz basmati aux pignons et amandes. À un moment, Mandela se leva de table et esquissa un pas de danse traditionnel sous les regards d'une assistance pâmée d'admiration.

Les liens unissant Mandela au royaume d'Arabie Saoudite sont controversés. On lui attribue d'avoir déclaré que le royaume était une société bien plus honorable et exemplaire que les États-Unis. À la fin des années 1990, le roi Fahd fit don de cinquante millions de dollars au Congrès national africain (ANC), l'une de ses plus généreuses donations. Ce qui avait scellé leur amitié. En fait, qu'il s'agisse d'un haut responsable du Département d'État ou de la Défense, d'un chef de cabinet du Sénat ou de la Chambre des représentants, d'un parlementaire venant tout juste de perdre son siège ou d'un ancien président ayant signé avec le Carlyle Group[1], bref, tout ce que Washington compte de bien informé sait pertinemment que la munificence saoudienne est sans limites. Il y a toujours un boulot à prendre...

Tandis que l'on faisait passer les marquises au chocolat et à la fleur d'oranger et que l'on servait le thé à la menthe, il apparut clairement à O'Neill, qui se voyait comme un *outsider* à Washington, combien jusqu'aujourd'hui il n'avait pas mesuré le dilemme saoudien.

Le prince Bandar se leva. Il parla de l'amitié entre les États-Unis et l'Arabie Saoudite, un pacte « pour l'éternité ». Il dit aussi que son pays faisait « tout son possible pour aider l'Amérique en ces temps si éprouvants ».

O'Neill se mit à penser. « Les Saoudiens, en somme, c'est comme l'AARP[2]. Tous deux représentent un intérêt et ils ne s'arrêtent pas à la distinction entre démocrates et républicains. La seule chose qui compte, pour les uns comme pour l'autre, c'est de savoir comment ils peuvent obtenir plus. L'AARP demande toujours plus pour ceux

1. Fonds d'investissement américain très puissant, qui compte notamment l'ancien président Bush parmi ses administrateurs (*NdT*).
2. American Association of Retired Persons, *lobby* en faveur des personnes âgées (*NdT*).

qu'elle représente et appelle cela la réforme du Medicare, tandis que les Saoudiens obtiennent de nous ce qu'ils veulent – ils veulent nos bases, une source de protection, la sécurité et ils veulent qu'on ne mette pas notre nez dans leurs affaires... Tout ça, c'est des conneries. Les uns comme l'autre, ce qu'ils veulent, c'est arnaquer l'ensemble de la population des États-Unis. Ils veulent quelque chose qui, en toute justice, ne leur est pas dû. »

Bandar se rassit au milieu des applaudissements et, comme en réponse, une invitée de marque se leva et lui sourit. Il hocha la tête.

C'était la chanteuse Roberta Flack. La soixantaine élégante, elle traversa la pièce et s'assit au piano à queue devant la baie vitrée. Tapotant les touches avec doigté, elle entonna une version lancinante de *Killing Me Softly*.

Ce qu'il faut faire

Le 10 janvier à 9 h 10, une petite foule de gens à l'air affairé envahit le bureau Ovale et chacun se chercha une place. O'Neill, le plus haut placé dans la hiérarchie, s'assit dans le fauteuil qui trônait au centre de la pièce et les autres s'éparpillèrent autour de lui en un jeu de chaises musicales. Les secrétaires Donald Evans, du Commerce, et Elaine Chao, du Travail, étaient là, ainsi que Glenn Hubbard et Larry Lindsey, Andy Card, son adjoint Josh Bolten et l'équipe politique formée par Rove, Hughes et le directeur adjoint à la communication, Dan Bartlett.

L'ordre du jour était « la gouvernance d'entreprise et la protection des retraites ». Enron venait d'exploser en vol, semant des débris un peu partout. La société avait commencé à tanguer au vu de tous à la mi-octobre 2001, quelques semaines à peine après que le président Ken Lay avait déclaré que les actions de la société étaient « une affaire incroyable » et que « le troisième trimestre s'annonçait excellent ». Enron annonça ensuite des pertes de six cent dix-huit millions de dollars pour le troisième trimestre, partit en quête d'un repreneur, et reçut un avis d'ouverture d'enquête de la SEC, l'autorité régulatrice des marchés financiers. Fin novembre, la SEC élargissait ses investigations au cabinet d'audit Arthur Andersen. Le 2 décembre, le courtier en énergie déposait le bilan.

La chute paraissait inévitable, mais le moment n'aurait pas pu être mieux choisi d'un point de vue politique. Le président Bush surfait sur une vague de popularité telle que même ses pires ennemis cherchaient à se procurer des Levi's et des paires de bottes. La campagne d'Afghanistan avait commencé le 7 octobre par une série de bombardements et d'incursions des forces spéciales. À la mi-novembre, le régime des talibans était tombé et l'on brandissait des drapeaux dans les rues de la capitale afghane, dont la bannière étoilée. Les pertes américaines étaient limitées. Oussama ben Laden n'avait sans doute pas été tué ni même arrêté, mais le sentiment général était à la célébration. Il ne restait plus qu'à consolider la victoire.

O'Neill avait partagé son temps entre les réunions du cabinet de guerre et du NSC – y envoyant parfois son adjoint, Ken Dam – tout en focalisant son énergie sur la guerre financière contre le terrorisme. On avait fait des progrès, malgré les Saoudiens. En janvier 2002, d'après un mémorandum interne du Trésor, cent quatre millions de dollars de fonds suspectés d'appartenir au terrorisme avaient été gelés. Dorénavant, après la victoire afghane, l'attention du gouvernement se reportait sur l'Irak. Rumsfeld et Wolfowitz se servaient de l'exemple taliban, dont le régime avait été si facilement renversé, pour montrer qu'une intervention en Irak était tout à fait envisageable.

C'était presque un soulagement, ce matin-là, de revenir aux affaires intérieures. Un peu comme de faire le ménage – une succession de tâches gérables requérant des efforts honnêtes et consciencieux.

Bush paraissait particulièrement détendu.

« Qu'allons-nous faire au sujet de ce problème de retraites ? » demanda-t-il au groupe, sur un ton empreint d'optimisme et de résolution. Les actionnaires ruinés d'Enron se bousculaient sur les ondes pour raconter leurs malheurs. Des milliers d'employés avaient perdu toutes leurs économies et vu disparaître la plupart de leur épargne-retraite lorsque l'action avait sombré au mois de novembre.

Des plans d'actions plus ou moins réalisables avaient été élaborés. On s'était échangé des mémos. Le Président allait annoncer la création de deux groupes de travail, tous deux confiés à O'Neill. Le premier, auquel participeraient également Evans et Chao, serait chargé d'analyser le système de retraites et les règles qui le gouvernent et de proposer des réformes visant à protéger les retraites des employés en cas de faillite de leur entreprise. Dans l'autre groupe, O'Neill travaillerait avec Harvey Pitt, le président de la SEC, et Alan Greenspan. Ils seraient chargés d'étudier plus largement les questions de la gouvernance d'entreprise et de sa transparence.

Bush devait annoncer tout cela vingt minutes plus tard, lorsque les journalistes seraient invités à les rejoindre dans le bureau Ovale pour un moment d'échange privilégié avec lui et ses principaux conseillers.

Durant la réunion, on évoqua des idées de réforme du système de retraite et l'on revint sur la débâcle d'Enron. Le sentiment général était à l'incrédulité. Le gouvernement était tout aussi surpris par l'effondrement et les agissements malhonnêtes d'Enron que les courtiers de Wall Street ou les retraités mystifiés. Bush, Card, Hughes et d'autres regrettèrent que personne au gouvernement n'ait parlé avec Enron. On aurait peut-être pu mieux gérer les retombées du scandale. La conversation dévia alors sur la question de l'anticipation et de la gestion des crises.

« Un instant, monsieur le Président, intervint O'Neill. Moi *j'ai* parlé avec Ken Lay peu de temps avant qu'Enron ne dépose le bilan. Je sais que Don aussi a parlé avec lui, parce que Don m'a appelé pour me demander ce qu'il pouvait faire – s'il y avait quelque chose à faire – pour aider Ken Lay. »

Lindsey et le reste des conseillers politiques dévisagèrent O'Neill avec incrédulité. Avait-il décidé de s'immoler en public ?

Le Président leva la main : « Racontez-moi tout. »

O'Neill déballa son histoire. Fin octobre, Enron, qui affichait déjà de graves difficultés, espérait être racheté par Dynegy, un concurrent de la compagnie d'énergie. Moody's était en train d'examiner les comptes d'Enron et Lay craignait que l'agence de notation ne dégrade la note d'Enron et de son énorme dette, sabordant la vente.

Lay avait appelé O'Neill le dernier vendredi du mois d'octobre. Il avait décrit les problèmes financiers d'Enron et affirmé que, en tant que septième plus grande société cotée en Bourse du pays et détenteur d'un marché de près d'un millier de matières premières, sa faillite aurait de grandes répercussions économiques. Lay ne demanda rien de précis, mais il paraissait évident qu'il essayait de prendre la température du gouvernement sur l'hypothèse d'un sauvetage public.

O'Neill se souvenait de lui avoir répondu qu'il se renseignerait, mais qu'il ne lui semblait pas que l'échec d'Enron puisse avoir de graves répercussions sur l'économie américaine. Le lundi suivant, Don Evans avait reçu un coup de fil similaire. Cette fois-ci, Lay s'était montré plus direct, demandant à Evans s'il pouvait apporter son aide en intervenant auprès de Moody's pour le convaincre de ne pas dégrader la note d'Enron.

Evans avait appelé O'Neill. « Je n'ai pas l'intention de parler à sa place, continua O'Neill, mais Don m'a appelé pour savoir ce que j'en pensais. Je lui ai répondu : "Ne jamais, en aucun cas, appeler une agence de notation. Absolument jamais." Et je crois que les choses en sont restées là. »

Tandis que O'Neill décrivait l'enchaînement des faits au Président, les autres écoutaient, pétrifiés. O'Neill ajouta que le sous-secrétaire Peter Fisher – qui avait géré l'effondrement de la firme Long Term Capital Management sous l'administration Clinton – avait passé quelques coups de fil à Wall Street ainsi qu'à d'autres sociétés, et avait conclu que la faillite d'Enron n'aurait pas d'effets significatifs sur l'économie.

Evans confirma la version de O'Neill.

Bush réfléchit. « Nous devrions faire part de ce qui s'est passé aux médias…, rendre tout cela public », dit-il.

Soulagé, O'Neill faillit éclater de rire : « Je ne puis qu'en convenir, monsieur le Président. La vérité est toujours préférable. Toujours. La transparence est la règle. »

Quelques instants plus tard, Bush évoqua avec les journalistes les questions générales de la protection des retraites, de la responsabilité des entreprises et de la formation de deux commissions qui seraient dirigées par O'Neill. Il mentionna Enron et déclara qu'il n'avait rencontré Lay dernièrement qu'une seule fois et qu'ils n'avaient pas évoqué ensemble les problèmes de la compagnie. Il ne parla pas des appels de Lay à O'Neill et à Evans. Puis il répondit à une question sur l'Afghanistan.

C'est Ari Fleischer qui fut chargé de mentionner les coups de téléphone en passant, devant une assistance clairsemée, lors d'une conférence de presse à la mi-journée. Les journalistes se figèrent aussitôt.

Après coup, Fleischer conféra avec O'Neill. L'attaché de presse s'inquiétait de l'éclosion d'un scandale qui allait faire des dégâts.

« Il faut vraiment que vous parliez à la télévision », lui dit-il.

– Pas de problème, lui répondit O'Neill. Nous n'avons rien fait de mal en répondant au téléphone et en disant à Ken d'aller se faire voir. » O'Neill passa une partie de la soirée sur l'estrade de la salle de presse de la Maison-Blanche à répondre aux questions de CNN et de CNBC. Le lendemain matin de bonne heure, il donna une interview pour l'émission *Good Morning America* de la chaîne ABC.

Et puis on passa à autre chose. Globalement, cette histoire – complexe mais carrée – s'épuisa d'elle-même. Pour O'Neill, qui plus est, elle démontrait les vertus de la transparence et du franc-parler. Si l'on avait essayé d'étouffer ces coups de téléphone, ou si on les avait rendus publics après les avoir dissimulés dans un premier temps, on aurait sans doute jeté sur l'affaire un voile de suspicion qu'il aurait été difficile de dissiper. Tandis que là, l'incident avait seulement montré qu'un ami et donateur majeur de la campagne du Président avait demandé de l'aide au gouvernement – et ne l'avait pas obtenue.

O'Neill sortit du bureau d'ABC à Washington satisfait de la tournure que prenaient les choses... Et ce, grâce à, et non pas en dépit de, la franchise des plus tonifiantes qu'il manifestait.

O'Neill, que l'on considérait globalement comme quelqu'un d'ingérable, était persuadé que le public désirait la vérité et la transparence et il avait bien l'intention de les lui donner. C'était un miracle, pour nombre d'observateurs de la capitale, qu'il ait survécu aussi longtemps. Si l'on se fiait à la grille de lecture communément admise du fonctionnement de Washington, quelque chose ne tournait décidément pas rond. Il était donc grand temps de procéder à une réévaluation des choses.

Le tableau avait été esquissé quelques mois plus tôt, le 7 octobre, dans un article de Glenn Kessler, reporter de longue date à la Maison-Blanche pour le *Washington Post*. Dans une analyse publiée en première page du quotidien, Kessler, sous le titre « Première impression, influence durable : O'Neill a plus de pouvoir qu'il n'y paraît », écrivait :

> La sagesse populaire à Washington prétend que O'Neill est une sorte de supernova spectaculaire condamnée à l'explosion. La vérité est plus fascinante et plus complexe – et révélatrice sur la Maison-Blanche de Bush.
>
> O'Neill semble avoir non seulement survécu à l'intérieur de l'administration Bush, mais encore, prospéré. Son goût pour le parler vrai et son zèle à défendre des idées neuves en ont fait un favori du président Bush, bien que son style soit resté en travers de la gorge de certains officiels. Le Président le rencontre en tête à tête environ une demi-heure par semaine, un privilège que le président Bill Clinton n'avait pas accordé à son secrétaire au Trésor de peur que cela ne procure à celui-ci un avantage injustifié lors des discussions interministérielles. O'Neill est aussi un personnage clé du conseil de guerre du Président.
>
> « Le Président aime sa hauteur de vue, même si ses idées dépassent parfois largement son champ de compétence, rapporte un haut responsable de

> la Maison-Blanche directement impliqué dans l'action gouvernementale. Il y a beaucoup d'affinités entre lui et le Président. »

La vérité, songea O'Neill en lisant l'article de Kessler, était un peu plus compliquée que cela. Il n'y avait pas vraiment d'affinités entre les deux hommes, mais ce dernier incident – le choix de la franchise pour les coups de téléphone de Ken Lay – lui avait remonté le moral. Les présidents, qu'on le veuille ou non, ont besoin d'une dose de candeur de temps en temps, quitte à mettre en péril les stratégies soigneusement élaborées par leurs conseillers si protecteurs.

Maintenant, le Président semblait pencher, ne serait-ce que légèrement, en faveur du secrétaire au Trésor. O'Neill avait perçu une différence lors de leurs dernières rencontres. Avec une cote de popularité proche de 90 % d'opinions favorables et le regard toujours tourné au loin vers l'étranger, le Président semblait trouver quelque répit sur la scène intérieure. Les gros problèmes étaient ailleurs – la guerre et la paix, le combat titanesque du bien contre le mal.

Sur toute une série de sujets qui avaient globalement été mis de côté, tels la responsabilité des entreprises, la réforme des retraites et le prix de l'acier, « le Président semblait dire : laissons parler les faits, nous déciderons ensuite ce qu'il faut faire », se souvient O'Neill.

En d'autres termes, sur plusieurs de ces questions, laissons donc se débrouiller le secrétaire au Trésor – qui préside deux commissions de premier plan.

Deux jours après que O'Neill eut bouclé ses apparitions télévisées au sujet des coups de fil de Ken Lay, le portrait le plus complet jamais réalisé à ce jour du secrétaire au Trésor déboula dans les kiosques à journaux : un article de huit mille mots faisant la couverture du *New York Times Magazine*, signé Michael Lewis. O'Neill lut le papier le dimanche 13 janvier 2002. Lewis y travaillait depuis l'été précédent. Il n'avait rien d'élogieux – il rapportait la plupart des explosions verbales et désormais célèbres de O'Neill et émettait l'hypothèse que le secrétaire au Trésor serait peut-être déjà remercié au moment où les lecteurs liraient son portrait. Il relatait également la façon dont O'Neill « [violait] le dogme principal de la scène financière de Washington : ne jamais expliciter ses propos dans un anglais compréhensible ». C'était un jeu auquel Greenspan excellait depuis des années.

Pour le meilleur et pour le pire, O'Neill, que ce soit à la tête d'Alcoa ou, maintenant, du Trésor, « [prenait] d'instinct la position inverse, écrivait Lewis, affirmant que si l'on [fournissait] aux gens des informations sûres dans un anglais parfaitement compréhensible, les gens ne [pouvaient] que réussir ». La plupart des soi-disant gaffes de O'Neill appartenaient, d'après Lewis, à cette catégorie.

O'Neill lut l'article en sirotant son café du matin, peu avant l'aube, dans sa maison de Pittsburgh. Puis il réveilla Nancy. « Je crois que quelqu'un a enfin compris, déclara-t-il à sa femme encore endormie. Compris que je suis en train de tenter l'expérience de la vérité avec le peuple américain. Et que c'est moi le cobaye. »

* * *

Paul O'Neill aborda la semaine suivante – la deuxième année de la présidence Bush – avec un certain enthousiasme.

Une occasion unique se présentait à lui : s'il y avait bien une chose qu'il connaissait, c'était l'Amérique des entreprises. Après le surprenant effondrement de la Bourse à la fin des années 1990, l'éclatement de la bulle Internet et les revers du secteur des télécommunications – la fin d'une ère coïncidant de façon parfaite avec la fin d'une décennie –, puis la révélation des malversations à grande échelle commises par certaines entreprises, O'Neill avait toutes les cartes en main pour innover et assainir le système. Il avait de la crédibilité à revendre dans ce rôle-là. Il vivait depuis vingt ans dans le monde des entreprises. Maintenant, on lui donnait l'occasion de le changer.

Le 17 janvier, Greenspan entra dans la petite salle de réunions de O'Neill pour prendre le petit-déjeuner. C'était au tour de Greenspan de s'aventurer sur les terres du Trésor – un changement de lieu approprié puisque O'Neill était résolument déterminé à modifier la façon dont les grandes entreprises faisaient affaire.

Le président de la Fed avait lui aussi une opinion bien arrêtée sur le sujet. Il pensait que les analyses boursières étaient trop souvent trompeuses, qu'il était nécessaire de redessiner de fond en comble les procédures comptables et que les conseils d'administration devaient faire la preuve de leur indépendance ou, dans le cas contraire, assumer leurs responsabilités.

O'Neill ne pouvait qu'acquiescer. Cela faisait vingt ans qu'il réfléchissait à toutes ces questions, et il relata à Greenspan un épisode qui avait été déterminant pour lui. En 1981, alors qu'il était vice-président d'International Paper, il avait siégé au conseil d'administration de la National Westminster Bank, une institution financière appartenant à une grande banque britannique qui opérait essentiellement aux États-Unis. Tous les mois, le président du conseil d'administration prenait l'avion pour rencontrer le P.-D.G. aux États-Unis avec lequel il s'entretenait durant une longue journée. « Et même là, Alan, le président, qui était un type intelligent et dévoué, n'avait pas la moindre idée de ce qui se passait dans cette banque », lui confie O'Neill.

En vingt ans, il avait connu plusieurs tentatives de réforme de la gestion des entreprises et du rôle des membres du conseil d'administration, et il en revenait toujours à la même conclusion : le P.-D.G. était la pierre angulaire du système.

« La solution, c'est de rendre le P.-D.G. responsable de l'entreprise qu'il dirige. Point final. Et quand je dis responsable, cela signifie *légalement* responsable. Après, tout le reste en découlera. Les comptables devront faire leur boulot ou le P.-D.G. les virera – il ne pourra plus se permettre de prendre le moindre risque. Cela vaut aussi pour les cadres dirigeants et pour le conseil d'administration. Si l'on applique un niveau de responsabilité élevé à celui qui tient les commandes, tout le monde s'alignera derrière lui.

– Tu as peut-être raison, lui dit-il. Mais je ne suis pas sûr que ce ne soit pas un petit peu plus complexe que cela..., mais, en même temps, c'est peut-être la solution la plus sensée. Tout le reste a échoué jusqu'à présent. »

– Alors, on refait équipe ensemble, déclara le secrétaire au Trésor. Voyons si nous pouvons réussir cette fois-ci... À moins qu'il n'y ait plus de place à Washington pour des intellectuels pragmatistes dans notre genre. »

* * *

Le 7 février, O'Neill était assis à la table de la commission budgétaire du Sénat, mais il aurait pu tout aussi bien se trouver devant la commission des procédures parlementaires, tant la discussion qui avait cours portait sur les règles qui gouvernent Washington. O'Neill, comme l'avaient compris les trois-quarts de la ville, tenait les règles en horreur. Chaque fois qu'une règle se présentait à lui, il se demandait aussitôt *pourquoi*, et corollairement, *pourquoi pas*. Ce questionnement permanent lui avait plutôt réussi dans la vie, y compris financièrement. Mais les *pourquoi* sont exténuants : ils requièrent que l'on réexamine à chaque fois ce qui est, pour le meilleur et pour le pire, communément accepté. Les *pourquoi* sont des éléments perturbateurs. Ils sont souvent à l'origine de bagarres.

En face de lui, l'irascible Robert C. Byrd, sénateur démocrate de Virginie-Occidentale et maître incontesté des règles à Washington, le dévisageait d'un air sévère. Au cours des cinquante années qu'il avait passées au Congrès, Byrd avait couché sur le papier plus de règles portant sur la conduite des hommes et des femmes – dans l'enceinte de l'assemblée législative et au-delà – qu'un scribe de la Bible. Un vrai garant de l'ordre ancien.

Ce matin-là, à Washington, Byrd tenait à la main un exemplaire du projet de budget fédéral des États-Unis, une encyclopédie de mille trente pages de règles accompagnées de leur prix en dollars. O'Neill le présentait ce même jour au Congrès. La somme en dollars figurant sur ce document constitue une appréciation de l'intérêt accordé par le gouvernement aux différentes règles qui devront s'appliquer à la protection de l'environnement, aux remboursements effectués par le programme Medicare ou encore à la construction d'hélicoptères de combat dans l'année qui suivra. Les pères fondateurs, dans leur infinie sagesse, ont attribué au Sénat le pouvoir de contrôler ces attributions et de broyer les oppositions – et celles émises en réponse par le Congrès – pour en extraire les principes qui dicteront le financement auquel la société aspire.

Mais ce que Byrd pointait du doigt ce jour-là, ce n'était pas un montant en dollars, c'était une caricature. O'Neill avait trouvé drôle un dessin de Gulliver ligoté par les Lilliputiens et avait approuvé son inclusion dans le budget. C'était une allusion à une remarque qu'il avait faite l'année précédente devant la National Association of Business Economists, comme quoi les règles du Congrès – et notamment la disposition Byrd, qui requiert généralement une soixantaine de votes pour l'adoption de certains passages clés de la loi de finance – ont été créées par des « gens tout ce qu'il y a de plus ordinaires » et que ces règles sont « comme des Lilliputiens qui nous ligotent au sol ». Bien entendu, Byrd y vit un jugement de valeur – ce qui était le cas – sur tout ce qu'il défendait, sur la valeur des règles et celle des sénateurs. Ils n'étaient que des Lilliputiens, stupides et bornés.

Cela faisait bientôt un an que Byrd ressassait la remarque de O'Neill. La caricature à la main, il entonna : « Je ne m'appesantirai pas là-dessus plus longtemps, si ce n'est pour dire que nous sommes des sénateurs et que cela ne fait qu'un an que vous habitez cette ville. Moi j'y habite depuis cinquante ans. J'ai vu passer beaucoup de secrétaires au Trésor. Et je voudrais seulement vous dire que nous, les sénateurs, nous sommes là pour défendre les intérêts des citoyens de nos États. »

Il s'interrompit, dévisagea durement O'Neill dans son beau costume taillé sur mesure, et se lança : « Dans mon

État, il n'y a pas que des gens aisés, ah non ! Il n'y a pas que des P.-D.G. de multinationales brassant des milliards de dollars. Ils ne peuvent pas juste décrocher leur téléphone et appeler un secrétaire. Quand les temps sont durs, en cas de sécheresse ou d'inondation, de famine ou lorsqu'un pont menace de s'effondrer, lorsqu'il n'y a plus d'eau potable, lorsque les services de santé sont en péril, c'est vers nous qu'ils se tournent. Les gens viennent nous voir. Oui, ce sont des gens tout ce qu'il y a de plus ordinaires. Ils sont mineurs, fermiers, instituteurs, membres du clergé, avocats ou banquiers. Mais cette caricature à la page cinquante et un et les commentaires qui parsèment ce budget suggèrent que ce gouvernement est persuadé que ce sont de soi-disant experts de l'administration qui doivent déterminer les priorités de la nation et non pas le Congrès, ni les gens qu'il représente. Ce qui nous laisse penser que les problèmes des gens sont trop petits pour mériter l'attention du gouvernement. »

Il retourna le document : « Voici ce que dit le paragraphe, citant le Dr Gulliver : “En des temps de crises nationales, il est crucial que le gouvernement agisse efficacement et dépense avec sagesse chaque dollar du contribuable. Malheureusement, les gestionnaires fédéraux sont grandement limités dans la façon dont ils peuvent utiliser les ressources financières, humaines et autres pour mettre en œuvre leurs programmes. Ils [c'est-à-dire les gestionnaires fédéraux] ne disposent pas du pouvoir accordé à leurs homologues du secteur privé pour que le travail soit fait...” Eh bien ! vous prétendez que les gestionnaires fédéraux sont grandement limités dans la façon dont ils peuvent utiliser les ressources financières ? C'est une bonne chose. Ces gens-là, ces soi-disant gestionnaires fédéraux, ne sont pas élus par le peuple. Nous parlons ici de l'argent du contribuable, de l'argent du contribuable, martela-t-il. C'est pour cette raison que les règles existent. C'est bien pour cette raison que les règles existent ! »

Byrd enfourcha alors son cheval de bataille en faveur de l'imposition de tarifs douaniers sur l'acier, un sujet cher à la Virginie-Occidentale.

O'Neill écoutait, serrant les dents, les yeux fichés comme des poignards sur le vieux sénateur âgé de quatre-vingt-quatre ans, aux grands airs solennels. Mais, au bout de quinze minutes passées à subir ce monologue, il décida d'enfreindre une autre règle d'or de Washington : au sénateur Byrd, jamais tu ne te frotteras ; laisse-le baratiner, puis change de sujet.

« Eh bien ! sénateur, lui répondit-il enfin. Je maintiens ce que j'ai déclaré devant la National Association of Business Economists, car ce que je voulais dire, et ce que je crois, c'est que lorsque les règles, qui sont faites par des hommes, entravent la réalisation du potentiel humain, il faut les changer. »

Encore sous le coup de l'insinuation de Byrd l'accusant de n'être qu'un puissant né dans un monde de privilèges, un chef d'entreprise sans la moindre expérience à Washington, O'Neill se souvint soudainement que le sénateur, dans sa jeunesse, avait été membre du Ku Klux Klan. Et après tout, on était bien en train de parler de règles coercitives. « Il fut un temps où les règles disaient : "Interdit aux gens de couleur." C'étaient des règles établies par les hommes et il en existe bien d'autres du même style qui limitent les hommes dans la réalisation de leur potentiel. J'ai consacré ma vie à l'abolition des règles qui empêchent les hommes d'accomplir tout leur potentiel et je ne vais pas m'arrêter aujourd'hui ! »

Et la scène dégénéra.

Byrd.– Monsieur le secrétaire, je suis ici depuis un certain temps et je m'efforce de respecter les règles. Vous dénonciez spécifiquement la disposition Byrd.

O'Neill.– Je parlais de toutes les règles qui empêchent les hommes de réaliser leur potentiel. Si vous voulez y entendre quelque chose d'autre, parfait. Mais je voudrais aussi dire, monsieur le sénateur – parce que vous voudriez faire croire que je suis né avec une cuiller en argent dans la bouche et que j'en suis fier – que j'ai commencé ma vie dans une maison sans eau ni électricité. Alors je ne vous reconnais pas le droit de vous poser en moralisateur et de me faire la leçon ni de m'expliquer ce que c'est que d'être pauvre.

Byrd.– Monsieur le secrétaire, moi aussi j'ai vécu dans une maison sans électricité, sans eau courante ni téléphone, une petite cabane en bois.

O'Neill.– J'avais la même.

Byrd.– J'ai commencé dans la vie en grimpant à une échelle qui n'avait pas de barreaux en bas.

Byrd, le regard hagard et les joues rouges, s'interrompit brusquement. Qui aurait cru que ce P.-D.G. avait grandi dans une cabane ? On aurait dit qu'il secouait la tête, essayant de retrouver ses esprits. Comment tout cela avait-il commencé ? N'étions-nous pas en train de parler des règles ?

Byrd.– Je ne parle pas de mettre des barrières ou des freins à qui que ce soit, aux initiatives de qui que ce soit. J'ai eu cette expérience et je peux me mesurer à vous pied à pied. Je ne fréquente pas les conseils d'administration. On ne m'a jamais confié des millions de dollars à faire fructifier pour le compte de quelques-uns. J'aurais aimé avoir ces millions de dollars. J'ai grandi dans une maison de mineur. J'ai épousé une fille de mineur. Alors j'espère que vous ne voulez pas que nous nous lancions là-dedans, que nous évoquions nos origines respectives et tout le chemin que nous avons parcouru pour en arriver là. Je vous cite ce que vous avez déclaré en réponse à une question sur la disposition Byrd.

Il continua à discourir et, pour finir, il assena sa conclusion :

... la disposition Byrd a permis d'économiser des millions et des millions de dollars pour ce gouvernement et nous devons lui être fidèles. Vous devriez peut-être un peu étudier cette disposition, si ce n'est déjà fait, pour pouvoir en parler. Et n'oubliez pas, lorsque vous parlez de ces gens ordinaires, que c'est de sénateurs dont vous parlez. Ce sont des gens ordinaires. Et nous ne vous laisserons pas vous en tirer comme ça. Vous ne vous en tirerez pas comme ça !

O'Neill avait évoqué ses origines modestes la voix tremblant de rage et les yeux brillants. Au cours de cet échange sur les règles du jeu à Washington, il avait enfreint plusieurs règles tacites. Des règles qui conseillaient de ne pas se bagarrer avec quelqu'un comme Byrd ou qui portaient sur la tenue dont était censé faire preuve celui qui apposait sa signature sur le billet vert, l'homme vers qui les gens – riches pour la plupart, privilégiés dès la naissance, ceux qui tiennent les rênes du système financier américain – se tournent pour chercher du réconfort, comme vers l'un de leurs semblables. Mais il n'avait jamais vraiment été l'un des leurs.

En sortant de l'audition, un journaliste lui demanda si c'étaient des larmes. « C'était du feu », répondit-il.

Un feu qui, le temps venu, finirait par le consumer.

* * *

Le dimanche 10 février, O'Neill et Greenspan se rendirent à la résidence du vice-président pour y déjeuner. Ils prirent place sur le perron, au soleil, sur d'élégantes chaises en osier et écoutèrent Cheney leur parler de l'acier. Comme O'Neill l'avait annoncé au Président lors de leur première rencontre, l'acier était devenu un problème. Cheney, Rove et Robert Zoellick, le représentant américain du Commerce, s'étaient considérablement impliqués dans le dossier. Les problèmes de la sidérurgie étaient complexes et l'on mettait finalement à profit la clairvoyance de O'Neill en la matière. Des pays pratiquaient le *dumping* sur le marché de l'acier et l'on assistait à une soi-disant hausse des importations du matériau à bas prix.

O'Neill affirma que l'on pouvait encore réunir autour d'une table de négociation les plus grands producteurs d'acier américains et étrangers. Au cours des derniers mois, il avait accompagné Don Evans à plusieurs réunions avec des cadres de l'industrie. O'Neill en connaissait plusieurs et leur avait parlé franchement. Il avait commissionné une enquête indépendante et les résultats correspondaient à ce que l'on savait déjà : il fallait réduire la production sidérurgique, le prix de vente de l'acier était trop élevé et c'était une activité industrielle nuisible pour l'environnement. Ce serait l'occasion pour les sidérurgistes américains de restructurer une industrie qui en avait grandement besoin. Cela donnerait aussi du poids aux États-Unis pour mettre un terme au *dumping* des pays étrangers. Les prix se stabiliseraient; la surproduction serait réduite.

Les sidérurgistes lui répondirent par une note verbeuse rédigée en langage juridique qui tentait de démontrer par A plus B que leurs produits étaient rentables et sans danger pour l'environnement. Quand O'Neill leur répondit: « Si vous voulez jouer à ce genre de conneries, vous n'avez qu'à aller au diable, tous autant que vous êtes! », les P.-D.G. restèrent sans voix et acceptèrent de négocier. Ils se mirent au travail ensemble pour monter un projet.

Mais un autre point de vue faisait son chemin: l'acier était avant tout une question de politique et non pas un problème économique ou de libre-échange. Il y avait des dettes politiques à rembourser. Durant la campagne, Cheney s'était engagé à soutenir les sidérurgistes de Virginie-Occidentale et le « ticket » Bush-Cheney avait remporté les élections dans cet État. Rove avait déjà en vue les élections de mi-mandat en Pennsylvanie et dans le Michigan. L'objectif était donc non seulement de revigorer la base, mais aussi, discrètement, là où c'était possible, d'essayer de gagner du terrain contre l'adversaire. C'était un procédé auquel Clinton avait régulièrement recouru, concoctant différentes coalitions centristes en fonction du contexte. Maintenant, c'était au tour de Rove de s'y essayer.

Qui plus est, la Maison-Blanche espérait monnayer son soutien à l'imposition de tarifs douaniers pour l'acier en échange d'une ou deux voix au Sénat en faveur de Bush lors du vote sur la Trade Promotion Authority

(TPA), l'autorité en matière de promotion commerciale. La Chambre des représentants, à majorité républicaine, avait adopté un texte similaire en décembre 2001, accordant au Président le droit de passer des accords de libre-échange sur lesquels le Congrès n'exerçait pratiquement aucun contrôle.

C'était dans ce contexte que le déjeuner de ce dimanche-là avait été organisé. Cheney confia à O'Neill et à Greenspan que Bush allait statuer sur la question de l'acier. Mais Cheney voulait surtout clairement éviter de se retrouver acculé à un débat public sur la question avec O'Neill, qui connaissait parfaitement le sujet, ou avec l'ingérable Greenspan. Aussi, il leur avait accordé une audience. Il leur donnait à tous deux la possibilité de défendre leur point de vue sur les tarifs douaniers, et même l'occasion de parler les premiers, avant que la bataille ne s'engage vraiment. Ils savaient tous les deux que le débat serait intensément politique. C'était le moment ou jamais, leur dit Cheney, de donner leur avis sur « ce qu'il [fallait] faire ». Leurs remarques seraient dûment notées et ils n'auraient ensuite plus grand-chose à ajouter. Cheney conclut : « Nous prendrons ensuite notre décision et il n'y aura plus à discuter. »

O'Neill et Greenspan tentèrent ensemble d'exposer de façon convaincante leurs arguments : le consensus – largement bipartisan – qui s'était imposé sur la question du libre-échange était l'une des grandes victoires de cette dernière décennie, et le Président risquait de semer la confusion parmi ses supporters en n'en tenant pas compte. O'Neill expliqua que l'imposition de tarifs douaniers pour l'acier ne servirait pas à grand-chose pour soutenir l'industrie sidérurgique sur le long terme. Greenspan souligna qu'elle pourrait même violer certains engagements de l'Organisation mondiale du commerce (OMC) et affaiblir la position américaine dans les futures négociations à l'OMC.

* * *

À 14 heures, le 11 février, une petite armée pénétra dans la salle des opérations de la Maison-Blanche. Officiellement, il s'agissait d'une réunion du NSC, mais la pièce était remplie de gens qui, normalement, n'avaient pas grand-chose à faire autour de cette longue table – Elaine Chao, du Travail, Don Evans, Mitch Daniels, le négociateur américain pour le commerce international Robert Zoellick, Lindsey, Hubbard – et enfin les habitués – Powell, Rice, O'Neill, Card, Ashcroft. La présence du vice-président apportait une solennité certaine au débat.

Zoellick et Evans abordèrent le problème. La Commission pour le commerce international (ITC[1]) avait recommandé l'imposition d'une série de tarifs douaniers en réponse à l'augmentation des importations d'acier qui avaient eu lieu en 1999 et 2000. Toute une série d'options étaient envisageables – avec, en toile de fond, le risque de déclencher une guerre commerciale et de s'attaquer à l'un des rares principes fondamentaux qui faisait consensus, celui du libre-échange. Les options étaient les suivantes : on pouvait rejeter les tarifs douaniers proposés par l'ITC ; on pouvait créer un mécanisme de protection douanière qui ne se déclencherait qu'en cas de brusque augmentation des importations ; on pouvait aussi établir

1. International Trade Commission, organisme de consultation indépendant (*NdT*).

un calendrier limité et révisable des tarifs douaniers ; on pouvait encore imposer des tarifs douaniers de 20 % sur certains produits ; et l'on pouvait enfin imposer des tarifs douaniers allant jusqu'à 40 % sur l'ensemble des produits. Cette dernière solution était préconisée par l'industrie sidérurgique et ses divers alliés dans les États de la *rust belt*[1], dont le poids électoral était précieux.

Avant même que ne commence la bataille, certains joueurs avancèrent leurs pions. Rice souligna l'importance d'accorder des dérogations au Canada et au Mexique, leurs partenaires de l'Alena, l'Alliance pour le libre-échange des États d'Amérique du Nord. Zoellick proposa l'idée d'un programme pilote d'assistance en matière d'assurance-santé et d'assurance-retraite pour les employés de la sidérurgie ayant perdu leur emploi – ce qu'il pensait pouvoir monnayer contre plusieurs voix au Sénat en faveur du vote de la TPA. Puis la conversation s'engagea plus largement sur un fait communément admis : le protectionnisme n'avait jamais, d'un point de vue historique, profité à l'industrie sidérurgique. Si les entreprises ne réussissaient pas à rester compétitives sur la scène mondiale – ou si l'on ne pouvait pas les rendre compétitives –, le protectionnisme ne serait jamais qu'un cautère sur une jambe de bois. Zoellick fit plusieurs références indirectes aux « réalités politiques ».

Cheney demanda quelle était la « surproduction des États-Unis, comparée à celle de l'OCDE », (Organisation de coopération et de développement économiques, composée principalement de pays européens). Il cherchait des billes pour alimenter la querelle du « eux contre

1. « Ceinture rouillée », par analogie avec *bible belt*, la « ceinture religieuse », qui désigne les États religieux du Sud (*NdT*).

nous » avec les Européens, dont certains étaient accusés de se livrer au *dumping*. En fait, près des trois-quarts de la surproduction mondiale provenaient des États-Unis et du Japon. Très vite, il apparut que les faits contredisaient Cheney.

Don Evans, qui avait eu droit à des cours privés réguliers avec O'Neill, mentionna : « Nous avons assisté en fait à une augmentation des prix de 6 % aux États-Unis », une saine augmentation qui démentait les affirmations des entreprises sidérurgiques selon lesquelles le *dumping* avait fait chuter les prix. « Quoi que nous fassions, ajouta-t-il en glissant un mot en faveur du libre-échange, nous devons demeurer fidèles à nos principes. »

Mitch Daniels commença à s'agiter. « Eh bien ! oui, laissa-t-il finalement échapper, mais si l'on ne peut pas faire ce qui est juste quand on est à 85 % d'opinions favorables, alors, quand peut-on le faire ? Je crois qu'il est temps de dire non. »

Tout le monde dévisagea Daniels d'un air surpris – il a le don pour dire tout haut ce que les autres pensent tout bas. La plupart du temps, un simple haussement de sourcils de Cheney ou de Rove suffit pour le ramener à l'ordre, mais une fois que c'est sorti, c'est sorti.

Ce soudain éclat parut faire basculer la pièce. Une foule de questions semblait se bousculer dans la tête des participants. L'équipe politique n'admettra-t-elle donc jamais qu'elle s'est constitué un capital et une avance suffisants ? Ne sera-t-elle jamais assez satisfaite pour laisser les gouvernants gouverner sans essayer d'influencer les choix ? C'est en tout cas la question que se posa O'Neill avant de briser le silence qu'il avait promis de garder. Un silence qui lui ressemblait si peu qu'il commençait à attirer l'attention.

« Eh bien ! déclara-t-il d'une voix calme, il est certain que nous aurons à franchir un très gros obstacle avant de prendre [la] décision » d'imposer des tarifs douaniers.

Cheney lui jeta un coup d'œil impatient. Mais l'intervention de O'Neill parut encourager Rice et, brusquement, la réunion prit des allures de mêlée générale. « Je crois que nous sommes partagés en deux camps, dit-elle. Le Président doit-il trancher ? »

C'était exactement ce que Cheney avait voulu éviter – une scission. Bien que, en fait, ce n'en fût pas une. Tout le monde semblait dans le même camp, à part Cheney et Zoellick qui essayaient de maintenir leurs positions. Une politique sage et consensuelle venait d'entrer en collision avec une promesse électorale.

Finalement, Powell prit la parole : « Pourquoi envisageons-nous de prendre cette décision ? J'ai entendu aujourd'hui beaucoup de bonnes raisons pour ne pas le faire, mais je n'ai pas entendu une seule bonne raison pour imposer des tarifs douaniers. Cela nuirait aux producteurs qui se trouvent en aval. On ne peut même pas affirmer que cela aidera notre industrie sidérurgique. »

Avec le commentaire de Mitch Daniels toujours frais dans les esprits – si ce n'est pas possible aujourd'hui, alors quand ? – Zoellick reprit mollement la parole : « Nous devons penser à la Pension Benefit Guaranty Corporation[1]. » Ce que voulait dire Zoellick, c'était que la PBGC était déjà sous-capitalisée et que la faillite des entreprises sidérurgiques entraînerait le versement des retraites aux sidérurgistes et ne ferait qu'aggraver les choses.

1. PBGC, un fonds de pension américain auquel souscrivent plus de quarante-quatre millions de salariés (*NdT*).

O'Neill secoua la tête. Cela, rappela-t-il, « n'a absolument rien à voir avec la question de savoir si les États-Unis veulent imposer aujourd'hui une politique de tarifs douaniers ».

Finalement, la parole revint à Cheney. Il marmonna que « les importations [étaient], en fait, bien redescendues depuis la brusque augmentation..., [que les] *minimills*[1] [restaient] très compétitifs » et que, de toute façon, quelle que soit la décision prise, le texte de loi qui permettait d'imposer des tarifs douaniers, la fameuse « Section 201 », prévoyait qu'ils pouvaient « réexaminer la situation dans dix-huit mois ».

En d'autres termes, l'imposition de tarifs douaniers aujourd'hui n'est qu'un appât politique et, dans dix-huit mois – après les élections de mi-mandat –, on pourra revenir dessus. Fin de la réunion.

* * *

Le lendemain, à son bureau, O'Neill ouvrit un fichier qui lui avait été envoyé sur son ordinateur et remarqua qu'il était assez long.

Il était de Greenspan. Dans le message qui accompagnait le mémo, il avait écrit : « Je suis allé au-delà de ce que nous avions envisagé à l'origine, mais j'ai pensé que cela pourrait néanmoins être utile. »

O'Neill ouvrit le document en pièce jointe.

1. Les *minimills* sont des unités de production sidérurgique de taille réduite utilisant l'électricité (*NdT*).

Alan Greenspan
12 février 2002

Comptabilité et transparence dans l'entreprise
Diagnostic d'un problème

La gouvernance d'entreprise a évolué au cours du siècle dernier afin d'encourager l'affectation la plus efficace possible de l'épargne des ménages vers les investissements les plus productifs. Et, généralement parlant, cela nous a réussi. Nous n'aurions jamais pu atteindre notre niveau actuel de productivité si la gouvernance d'entreprise était gravement défaillante.

Et pourtant, nos expériences les plus récentes de la faillite d'Enron et, précédant celle-ci, nombre d'incidents de moindre importance, nous amènent à penser que l'exercice de la gouvernance d'entreprise s'est écarté de l'idée que nous nous faisons de son bon fonctionnement. Légalement, les actionnaires sont les propriétaires de nos entreprises et ils dirigent l'affectation des ressources des entreprises dans l'intention d'en maximiser la valeur. Dans la mesure où ils réussissent, ils participent à une meilleure allocation du capital dans notre économie.

Mais, alors que notre économie s'est développée et que nos entreprises n'ont cessé de croître et de s'agrandir, le contrôle des actionnaires a *de facto* diminué : la propriété s'est dispersée et peu d'actionnaires ont suffisamment de poids pour individuellement influer sur les décisions du conseil d'administration ou du P.-D.G. La grande majorité des actionnaires achètent des actions pour

> investir. Ils ne souhaitent pas obtenir le contrôle d'une compagnie – si l'on met de côté les cas relativement peu fréquents d'OPA hostiles.
>
> En conséquence, il appartient de plus en plus au P.-D.G. de guider la compagnie dans la direction qu'il ou qu'elle estime, avec un peu de chance, être dans le meilleur intérêt des actionnaires...

Sur les pages suivantes, Greenspan développait le concept de O'Neill et l'appuyait de ses analyses, notant que les conseils d'administration sont souvent composés de personnes proposées par le P.-D.G. et que la stratégie commerciale d'une compagnie, décidée par lui, « influence fortement le choix de règles comptables qui mesurent en continu le degré de succès ou d'échec de cette stratégie. [...] En conséquence, poursuivait-il, les marchés n'ont pas d'autre choix que de s'en remettre au P.-D.G. pour assurer une évaluation objective des perspectives de la compagnie ».

Il pointait ensuite une litanie de mensonges et d'omissions perpétrés dernièrement par différents acteurs, depuis les analystes boursiers (qui, d'après les études, se sont montrés « exagérément et invariablement optimistes ») jusqu'aux P.-D.G. (qui, « sous la pression croissante de la communauté des investisseurs pour satisfaire des attentes de plus en plus élevées, [ont été] poussés à recourir à des procédures comptables dans le seul but de camoufler d'éventuels mauvais résultats »).

Page après page, le désespoir de Greenspan à l'endroit de l'Amérique des entreprises allait croissant, dépassant même les inquiétudes de O'Neill.

« Dans ce contexte, résumait Greenspan, une proportion inquiétante de la comptabilité des entreprises en est venue à se reposer sur le respect des règles de... l'US GAAP [General Accepted Accounting Practice, les principes comptables américains généralement admis], sans se préoccuper de savoir si l'intégralité des comptes d'une compagnie présentait une image fidèle de sa situation financière. Tant que l'obligation d'information des entreprises se limitera au respect des principes de l'US GAAP, l'information financière demeurera inadéquate. »

Eh bien ! se dit O'Neill, Greenspan vient juste de jeter à la poubelle l'ensemble du système de l'US GAAP – qui constitue depuis longtemps une référence pour la gestion des entreprises et pour la publication de leurs résultats. Ces règles n'ont jamais cessé d'être manipulées.

Ce manifeste révélait un Greenspan que seuls quelques privilégiés avaient la chance de côtoyer. Logique, clair comme de l'eau de roche. Un vrai plaisir. Dommage que le public n'ait pas la chance de connaître *ce* Greenspan-là, se dit O'Neill.

Il reposa le mémo.

Si le P.-D.G. devait représenter un idéal de probité et guider l'ensemble des personnes qui gravitent autour d'une compagnie vers une plus haute ambition en termes d'honnêteté et de transparence, il fallait qu'il soit motivé par la peur – la peur du gouffre. Compte tenu de l'état des lieux sépulcral dressé par Greenspan, O'Neill était maintenant convaincu que le fait d'avoir commis une imprudence ne pouvait plus être considéré comme l'unique faute pouvant engager la responsabilité juridique ou permettant de désavouer un chef. C'était un critère trop étroit, trop rare – qui s'appliquait sans aucun doute à Ken Lay lorsqu'il était à la tête d'Enron. Mais Lay n'était qu'un parmi tant d'autres. Non, il fallait que le nouveau critère soit la négligence. Si vous ne présentez pas aux investisseurs un tableau fidèle de la compagnie que vous dirigez – qui soit compréhensible pour une « personne raisonnable », ou, dans ce cas précis, un « investisseur raisonnable », afin qu'il puisse estimer si vous dites la vérité–, alors vous êtes coupable de négligence.

On était à la croisée des chemins. Des événements historiques venaient de révéler subitement la lente et progressive dégénérescence que subissait l'Amérique des entreprises depuis une vingtaine d'années. Mais, si l'on imposait aux P.-D.G un niveau d'exigence supérieur, le courant pouvait encore s'inverser. En engageant leur responsabilité en cas de simple négligence, ils auraient désormais des comptes à rendre à l'« investisseur raisonnable ». Les bénéfices, pour le chef comme pour les actionnaires, découleraient de ce nouveau critère, en une sorte de course à l'intégrité – plutôt que l'attitude actuelle du « jusqu'où *mon* entreprise et *moi* pouvons-nous aller sans nous faire pincer ? ».

Quant au P.-D.G. coupable de négligence, gare ! tonna O'Neill en endossant le rôle du Père Fouettard.

* * *

On constitua des dossiers. Divers avis furent donnés. Les bureaux de la Fed, du Trésor, du Conseil économique national et de la SEC avaient préparé leurs champions.

Le 22 février, à 13 heures, une brochette des plus hauts responsables financiers américains se réunit dans une grande salle de conférences du Trésor : O'Neill, Greenspan, Harvey Pitt – le président de l'autorité de régulation de la Bourse–, Glenn Hubbard, Lawrence Lindsey, William McDonough – le président de la Réserve fédérale de New York–, Ken Dam, David Aufhauser ainsi que plusieurs adjoints au Trésor.

Oui, c'était la crise. Trois semaines plus tôt, Global Crossing – fournisseur d'accès d'un important réseau de fibres optiques – avait déposé le bilan. Une enquête de la SEC avait aussitôt été diligentée. La compagnie de Dennis Kozlowski, Tyco Inc., n'avait plus l'air très solide non plus. Qwest, un autre fournisseur d'accès, était également en péril. Chaque jour, on avait droit à de nouvelles informations au sujet de ce que la compagnie AOL avait ou n'avait pas révélé à Time Warner avant de mettre la main sur le géant des médias grâce à l'inflation démesurée du cours de ses actions. Le moment de passer à la caisse était finalement arrivé. Ce que l'on savait depuis longtemps sans oser se l'avouer éclatait au grand jour : en l'espace de deux décennies, les entreprises s'étaient irrésistiblement détournées de ce qui était communément considéré comme une conduite acceptable.

Les hommes présents dans la pièce ce jour-là s'accordaient tous sur ce postulat ainsi que sur ce qu'il impliquait, à savoir qu'il y avait des dizaines de milliers de compagnies en Amérique – plus que n'importe quelle autorité de régulation pouvait surveiller – qui opéraient en l'absence totale de garde-fous garantissant leur probité.

Ils étaient donc réunis pour discuter du remède à adopter. O'Neill, en tant que président du groupe, devait présenter le résultat de leurs discussions au Président la semaine suivante. Le temps était venu de prendre une décision. Pour l'instant, il allait écouter les arguments de chacun d'entre eux, n'intervenant que lorsqu'il le jugerait nécessaire.

Greenspan ouvrit le débat :

« Sur quels principes sommes-nous d'accord ?

– Nous sommes d'accord pour accroître les obligations qui pèsent sur les dirigeants d'entreprises », répondit O'Neill.

Harvey Pitt, un homme barbu au tempérament parfois volcanique, qui avait été régulateur et avocat spécialisé dans le droit des marchés financiers, prit la mesure des deux hommes plus âgés qui lui faisaient face. O'Neill et Greenspan avaient pour habitude de faire équipe. Il interpella O'Neill qui avait proposé, lors d'une réunion précédente, un nouveau critère de responsabilité – la négligence : « Imposer le critère de la négligence est un très gros problème. On ne peut pas s'aventurer sur ce terrain-là. Il est certain que nous devons empêcher les abus, mais nous devons définir un critère plus difficile à atteindre, sinon, nous allons nous retrouver submergés par les actions en justice. »

Harvey avait déjà fait savoir à Greenspan ce qu'il pensait. L'adoption du critère de négligence attraperait dans la nasse un nombre plus important de P.-D.G. – un nombre impossible à gérer, du moins au début, pour la SEC. La création d'une nouvelle agence chargée de gérer les problèmes de transparence avait été évoquée. Harvey parlait boutique.

Le président de la Fed voulait se débarrasser de cette question au plus vite : « Nous parlons ici de changements ambitieux, mais ce sera la SEC et uniquement la SEC qui sera chargée de faire appliquer la loi. »

Aujourd'hui, vous n'êtes poursuivis que si l'on peut prouver que vous ne respectez pas les règles de l'US GAAP. Or, ce système ne constitue pas une incitation suffisante. Au fil de ses conversations avec O'Neill, il en était donc arrivé à la conclusion qu'il fallait renverser la charge de la preuve sur le P.-D.G., afin qu'il ait le devoir de tenir informé « toute personne raisonnable ».

« Paul, quel est le critère engageant la responsabilité du P.-D.G. aujourd'hui ? demanda Glenn Hubbard.

– Il est en train de se développer dans la jurisprudence, mais certains P.-D.G. ont dépassé les bornes. »

Après avoir passé en revue différents cas spécifiques où des P.-D.G. avaient enfreint les limites, Pitt déclara : « Le P.-D.G. doit dire ce qu'il sait sur sa société et cela doit être conforme à ce qui est publié. »

Greenspan s'impatientait. Oui, oui, ils savaient tout ça. « Revenons à la logique financière des entreprises : dividendes, actions, primes », claironna-t-il.

Ce qu'il réclamait, c'était une logique de cause à effet si convaincante que personne ne pourrait plus la nier. « Avant 1980, on décourageait les rachats d'actions, dit Greenspan. La rémunération reposait sur les dividendes. Le bénéfice est un instrument de mesure douteux... » Et il s'attaqua à l'étalon-or – le ratio bénéfice par action – qui guide les marchés, les attentes, l'espoir et la peur. Il y a tant d'outils qu'un chef d'entreprise peut utiliser pour « fabriquer » une annonce de résultats, tant de façons de désinformer. « Toutes les valeurs d'actifs sont, après tout, uniquement basées sur des prévisions... »

Le groupe était pendu à ses lèvres, mais le président de la Fed ne décelait pas dans leurs yeux le reflet de sa propre indignation. Il frappa du plat de la main sur la table et haussa le ton : « On a abusé du système jusqu'à ce qu'il se casse. Le capitalisme ne marche pas ! Le système capitaliste a été corrompu. »

Pas un souffle dans la pièce. Plusieurs personnes se souviennent d'avoir physiquement ressenti un choc. La vision de Greenspan, d'ordinaire si calme et mesuré, même à travers les pires tempêtes, haussant la voix tel le roi Lear s'insurgeant contre la voûte céleste, leur donna des frissons dans le dos.

O'Neill garda lui aussi le silence, respectant l'indignation de son ami. Après un moment de flottement, ses adjoints reprirent la parole.

« Je crois, commença Aufhauser sur un ton hésitant, que nous devrions revenir au critère engageant la responsabilité du P.-D.G. et, plus spécifiquement, à celui que doit exiger la SEC. »

Peter Fisher, le sous-secrétaire délégué aux Finances, embraya : « Si un P.-D.G. a connaissance d'un fait qu'un investisseur raisonnable est en droit de savoir, ce fait doit être divulgué. »

Harvey Pitt se tenait prêt : « Discutons des remèdes : le pouvoir de démettre un P.-D.G., le pouvoir de l'empêcher de travailler à nouveau dans une autre société cotée en Bourse. » Il énonça toute une série de méthodes de restitution – comment obliger les dirigeants à rembourser des sommes indûment perçues. Mais il était encore trop tôt pour aborder la question des punitions. Il fallait d'abord définir une nouvelle norme de conduite. Pitt essaya encore de redéfinir le concept. « Le P.-D.G. a l'obligation de fournir aux investisseurs les informations matérielles dont il sait qu'elles les intéressent. Le "mensonge par omission" n'est pas admissible. »

O'Neill fronça les sourcils. Il n'y avait qu'un pas entre le mensonge par omission et l'imprudence – là encore, il faudrait pouvoir prouver l'intention. Au moment même où ils discutaient, les hauts responsables et les membres du conseil d'administration d'Enron prétendaient qu'ils n'avaient pas eu connaissance des infortunes financières ayant mené la compagnie à la faillite. Dans l'état actuel du droit, cela suffisait pour les exonérer, puisqu'ils affirmaient ne pas avoir, en connaissance de cause..., par imprudence..., trompé les actionnaires. Si l'on choisissait en revanche de retenir le critère de la négligence, un juge ou un arbitre pourrait déterminer que, même si les responsables d'une entreprise n'avaient pas eu connaissance de certains problèmes, ils *auraient dû* en avoir connaissance et auraient dû tenter de les résoudre.

Tandis que Pitt parlait, O'Neill jeta un coup d'œil à Greenspan. Il avait espéré que son ami mènerait l'attaque ce jour-là et cet espoir avait déjà été largement dépassé.

« Si l'on ne veut plus du système actuel, alors quoi ? demanda Greenspan. Il y a un vide dans le système actuel, de cela, au moins, nous sommes certains. » Mais le président de la Fed enfourcha alors son cheval de bataille favori – les analystes financiers, l'incorrigible optimisme qui leur rapportait tant, et le projet qu'il avait de recenser et de publier un comparatif « avant/après » de leurs recommandations –, ce qu'ils avaient conseillé de faire et ce qui est véritablement arrivé – afin que leur crédibilité et celle des firmes qui les emploient puissent être établies. Il était en train de s'égarer. « Mais tout ce que nous évoquons aujourd'hui entre dans le cadre du *second best* », ajouta-t-il en référence à la théorie du « second best » qui avance que, en se focalisant sur une variable et en la changeant, on cause des altérations imprévues dans les variables connexes.

Pitt s'engouffra dans la brèche. « Ce n'est pas au gouvernement de protéger les actionnaires des risques inhérents à une mauvaise gestion de l'entreprise. Nous devons nous concentrer sur la qualité de ce qui doit être divulgué, pas sur la justesse des décisions qui ont été prises. » Puis il ramena la discussion sur le thème du « mensonge par omission », sans éluder pour autant celui des devoirs auxquels sont tenus les cadres dirigeants. Ces devoirs consisteraient à rendre publique toute information de nature « indiscutablement significative ».

« Indiscutablement significative » ? C'étaient des termes juridiques, des mots confus, flous et Greenspan essaya à nouveau d'élargir le débat : « C'est un problème moral et éthique. Le Président doit parler à la nation des questions morales – c'est une chose qu'il réussit à merveille. Il faut qu'il y ait une réunion entre le secrétaire au Trésor et le Président pour discuter de ce dont notre système capitaliste a besoin. »

Larry Lindsey était resté assis, silencieux et un peu en retrait durant cette réunion, qui était de toute évidence la chasse gardée de O'Neill. Il répondit à la litanie de Greenspan par un cliché. « Nous devons renforcer les règles actuelles, nous devons réellement appliquer les lois existantes. »

Greenspan secoua la tête. Il ne s'agissait pas d'une question de respect des lois existantes, il s'agissait de s'imposer un plus grand niveau d'intégrité. C'était une question de devoir. Il en revint au mantra de O'Neill, la seule façon, réalisa-t-il, de rester centré sur le débat. « Si le P.-D.G. s'aligne, tout le monde suivra. »

Glenn Hubbard essaya de tirer dans l'autre sens.

« Non, non, non... Nous devons évoquer le cas des investisseurs institutionnels, des commissaires aux comptes et des analystes », déclara-t-il, et il commença à décrire par le menu les différents intérêts de chacun de ces groupes.

Pour O'Neill, c'en était assez.

« Il faut que les P.-D.G. certifient les relevés financiers. Cela créera un système de contrôles internes », dit-il. L'idée était si claire – venant, d'autant plus, de la seule personne dans toute la pièce ayant jamais dirigé une grande compagnie – qu'elle réduisit au silence ses interlocuteurs. Et il alla encore plus loin. La clé, comme dans beaucoup d'autres occasions, consistait à créer un processus d'amélioration constante. Pour y parvenir, il fallait définir un étalon-or de la « bonne conduite » à tenir puis noter où se situaient les entreprises par rapport à cet étalon. Cet élément venait s'ajouter au système des seuils de tolérance et des sanctions, ouvrant la voie à la notion de progression. « Tout investisseur doit savoir si telle ou telle entreprise se conforme aux règles de bonne conduite. Tout auditeur doit transmettre au comité d'audit de l'entreprise les informations qu'il a récoltées, et ce comité doit publier et certifier ses conclusions – s'il découvre que l'entreprise ne s'est pas conformée aux règles, il a pour obligation d'expliquer pourquoi. Tout cela permettra d'étoffer le contexte et apportera un ensemble de paramètres qui devront aider à déterminer s'il y a eu négligence. Je vais briefer le Président en vue d'un discours qu'il doit prononcer dans quelques semaines. Ces idées seront au centre de mon *briefing*. »

Le ton de O'Neill n'admettait pas de réplique. C'était son groupe, après tout, et Greenspan et lui – qui avaient effectué la majeure partie des analyses sur la question – étaient clairement d'accord. Tous opinèrent du chef. Tous, sauf Larry Lindsey.

« Il nous reste encore une option : celle de ne rien faire, dit-il avec la foi inébranlable de ceux qui croient en la force de l'autorégulation des marchés financiers. Peut-être devons-nous modifier les incitations ! Les marchés vont de l'avant. Ils sont déjà en train de brader les actions des entreprises dont les comptes présentent des irrégularités. » Les autres participants étaient ahuris. C'était comme si Lindsey s'était trouvé dans une autre pièce pendant tout ce temps. Comme s'il n'avait prêté la moindre attention ni au cap donné par O'Neill ni à ce qu'avait dit Greenspan, qui, après cinquante années passées à étudier la scène financière américaine, avait parlé avec une ferveur impressionnante.

« Nous devons nous soucier de la loi des conséquences involontaires, continua Lindsey. Inciter les P.-D.G. à améliorer leur comportement, voilà qui pourrait être envisageable dans le cadre actuel. »

Alors que Lindsey continuait de discourir, O'Neill prit son bloc-notes et se mit à écrire. Un instant plus tard, il interrompit Lindsey.

« Voici comment commence le brouillon de ce que je vais dire au Président : le système financier repose sur la transparence et sur la notion que les investisseurs disposent de toutes les informations nécessaires pour prendre leurs décisions. Ce dont nous avons besoin aujourd'hui, c'est d'un nouveau niveau de transparence plus exigeant et d'une bonne circulation des informations, sous les auspices du P.-D.G.

– Il est important d'utiliser l'autorité existante de la SEC, intervint Pitt.

– Nous avons aujourd'hui la possibilité d'imposer ces nouveaux critères d'exigence, déclara fermement O'Neill. Bon sang, c'est peut-être la seule occasion qui nous sera jamais donnée ! »

* * *

Trois jours plus tard, le *Wall Street Journal* publia un article qui dévoilait la position de O'Neill sur la gouvernance d'entreprise et son désir de modifier le critère engageant la responsabilité du P.-D.G., de l'imprudence à la simple négligence.

Le journal mentionnait que Pitt et Hubbard s'opposaient à ce nouveau critère de responsabilité, « craignant que, quelle que soit la façon dont on le définisse, il n'entraîne une augmentation des poursuites judiciaires ».

Larry Lindsey était présenté comme la voix de la modération. « D'un point de vue historique, lorsque l'on étudie ces périodes, il n'y a jamais assez de régulation en amont et toujours la tentation d'en faire trop en aval », avait-il déclaré au *Wall Street Journal*. Mais, pouvait-on lire encore,

> ... l'iconoclaste monsieur O'Neill – l'ancien président d'Alcoa Inc., qui s'est toujours fait un plaisir de réprimander ses collègues P.-D.G. ayant l'outrecuidance de ne pas suivre ses préceptes vertueux en matière de gestion – semble s'épanouir dans le rôle de censeur des entreprises. D'après lui, lorsqu'il a évoqué devant des P.-D.G. la possibilité de durcir le critère engageant la responsabilité des chefs d'entreprise, « ils ont fait des yeux ronds comme des soucoupes, ce qui [lui] convient tout à fait ». Si les dirigeants d'entreprise « considèrent que les réformes de la Maison-Blanche, "c'est de la tarte", alors c'est qu'on n'a sans doute pas mis la barre assez haut », conclut-il.

* * *

Tôt le lendemain matin, le 26 février, O'Neill envoya son mémo au Président. Il ne comportait que trois pages, pour se conformer aux habitudes de travail du Président.

« Le défi, écrivit-il à Bush, consiste à restaurer un système de valeur des responsabilités destiné à favoriser la croissance à long terme et non pas l'enrichissement des marchés financiers à court terme. »

Après avoir décrit ce qu'il appela les « réformes nécessaires » – aligner les pratiques courantes en matière de transparence dans les entreprises sur les besoins à long terme des investisseurs ; renforcer et étendre les devoirs des dirigeants d'entreprises et des commissaires aux comptes sans entraîner pour autant une judiciarisation ; garantir l'indépendance des auditeurs et créer des procédures comptables raisonnables –, il fit part du consensus qui existait dans son groupe de travail : « Les entreprises doivent garantir à leurs investisseurs un accès à l'information identique à celui dont disposent les dirigeants. »

C'est dans la catégorie suivante, celle des « questions qui font encore débat », qu'il mentionna le changement du critère d'incrimination, d'imprudence en négligence. « Nous avons peut-être aujourd'hui la chance unique, qui ne se représentera pas pour notre génération, implorait-il, d'imposer un niveau de responsabilité plus grand en matière de transparence pour les entreprises. »

Ce mémo, selon lui, comme tant d'autres précédemment, décrivait honnêtement l'état des discussions. Dans ce cas particulier, en tant que président du groupe de travail, il voulait montrer comment devait agir un médiateur honnête. En rédigeant ces paragraphes, il s'était demandé s'il aurait dû se montrer plus véhément et combatif – faire ce que Greenspan semblait lui suggérer : rallier le Président à sa cause grâce à un dossier irréfutable.

Au lieu de quoi O'Neill inclut dans sa présentation un paragraphe décrivant comment l'adoption d'un critère de responsabilité plus contraignant risquait d'encourager des poursuites judiciaires infondées.

* * *

Une brise tiède traversait le grand hall du Ritz-Carlton d'Amelia Island, en Floride – à une cinquantaine de kilomètres au nord-est de Jacksonville par la plage – quand O'Neill et Michele Davis pénétrèrent dans l'hôtel, le 26 février à la mi-journée.

Ce même jour, après avoir envoyé son mémo à Bush, O'Neill allait avoir l'opportunité de tester en direct certaines des idées qu'il avait suggérées au Président. Au cours du déjeuner du Financial Services Forum, un groupe très influent qui regroupait les chefs des vingt et une plus grandes entreprises de services financiers du pays, il devait prononcer un discours.

Phil Purcell, le P.-D.G. de Morgan Stanley, l'attendait dans la Mayport Room.

« Merci d'avoir fait tout ce chemin pour un déjeuner dans la fosse aux lions, ironisa Purcell.

– Et je suppose que c'est moi le plat principal, répondit O'Neill. Je crois que c'est maintenant ou jamais pour relever le niveau des dirigeants d'entreprise. »

Purcell, qui était diplômé de l'université Notre-Dame et qui avait dirigé Dean Witter Discover avant de rejoindre Morgan en 1997, était un homme bienveillant. Il se pencha vers lui d'un air compatissant. « Je crains que vous n'ayez du mal à faire passer ça auprès de nombre de patrons. Ils se sentent déjà coincés par l'économie. Et je suis sûr qu'ils vont appeler la Maison-Blanche. »

Quelques minutes plus tard, O'Neill aborda toute une série de thèmes, depuis le 11 septembre et la remise sur pied de Wall Street jusqu'à l'économie et les aides à l'étranger, pour, finalement, poser la question de la gouvernance d'entreprise.

Il défendit la cause d'un durcissement des critères de responsabilité. « Savoir tout simplement ce qui se passe dans votre entreprise – et en être tenu pour responsable – est un critère qui ne devrait poser de problème à aucun de vous réunis ici. Cela ne devrait pas poser le moindre problème à la plupart des directeurs généraux. »

L'article publié la veille dans le *Wall Street Journal* avait permis aux participants, tous fervents lecteurs de ce quotidien, de savoir de quoi il retournait. Aussi, les troupes étaient venues armées.

Les commentaires furent presque exclusivement négatifs. La réponse préférée de tous étant l'argument de Lindsey, selon lequel les mécanismes d'autorégulation du marché s'étaient déjà activés – les entreprises connaissant des problèmes de comptabilité ou de régulation faisaient déjà les frais de la vente à découvert de leurs actions en Bourse.

« La perte de valeur de ces entreprises est d'actualité aujourd'hui, au moment où sont révélés des scandales historiques, mais cela va vite se décanter. Les affaires reprendront avant même que vous ne vous en rendiez compte, leur dit O'Neill. Ce que l'on essaie de trouver aujourd'hui, c'est un moyen pour garantir un changement durable. » La plupart des responsables présents s'étaient déjà entretenus avec leurs services juridiques. La dernière chose qu'ils souhaitaient c'était de voir ne serait-ce qu'une très légère hausse du nombre de litiges.

La discussion continua à s'embourber pendant une demi-heure, jusqu'à ce que le P.-D.G. d'une entreprise de services financiers, qui se tenait à moins de deux mètres de O'Neill, n'intervienne avec emphase : « Je préfère démissionner plutôt que d'être tenu de savoir tout ce qui se passe dans ma compagnie. C'est tout simplement impossible. Mon conseil d'administration est là pour ça, ainsi que mon directeur comptable. Je ne peux tout de même pas être tenu pour responsable de ce que font tous ces gens-là ! »

O'Neill ne lui répondit pas. Il le remercia de lui avoir fait part de son opinion. Dans tous les cas, il devait maintenant les quitter pour rejoindre une assemblée générale des habitants de Jacksonville, en présence des responsables des douanes, à la base locale de l'aéronavale.

Michele Davis trottinait à ses côtés tandis qu'il quittait le grand hall du Ritz-Carlton.

« Je n'arrive pas à croire ce qu'a dit ce type. Qu'il préférait démissionner plutôt que d'être tenu pour responsable de ce qui se passait, dit-elle.

– C'est incroyable, lui répondit O'Neill, en tout cas, moi, je n'achèterai pas ses actions. »

* * *

Le lendemain matin, tandis que son avion approchait de Washington, O'Neill repensa aux réactions négatives des patrons en Floride. Il était certain que des dirigeants appelaient la Maison-Blanche d'un peu partout. Il faudrait du courage au Président pour leur tenir tête. La plupart d'entre eux lui avaient fait des donations massives lors de la campagne présidentielle de l'année 2000.

Si cela ne tenait qu'à eux, le sacro-saint P.-D.G. garderait son statut d'intouchable.

Il repensa à la réunion sur l'acier qui avait eu lieu deux semaines plus tôt et à la remarque qui avait échappé à Mitch Daniels. La gouvernance d'entreprise était, comme l'acier, une question sur laquelle les intérêts particuliers étaient affûtés. Ils avaient investi leur capital politique. Ils allaient maintenant utiliser toute leur influence pour récupérer leur retour sur investissement. Mais, si l'on ne peut pas faire « ce qu'il faut » et oublier, ne serait-ce qu'un instant, les calculs politiques, quand on a une cote de 85 %, alors, quand donc peut-on le faire ? Il prit note d'appeler Mitch pour le remercier d'avoir parlé avec autant de franchise.

Pendant ce temps-là, de l'autre côté de la ville, les téléphones sonnaient sans relâche dans l'aile ouest de la Maison-Blanche. La plupart des messages des patrons qui avaient contribué financièrement à la campagne de Bush étaient brefs : « Je sais que O'Neill est censé être l'un des nôtres..., mais faites-le taire ! »

C'était un vrai dilemme pour l'équipe de « stratégerie[1] » de la Maison-Blanche, à savoir Karl Rove et ses agents politiques. À la fin de l'hiver et au début du printemps de 2002, tandis que les scandales éclataient, Rove avait déclaré à plusieurs hauts responsables du gouvernement que les sondages étaient catégoriques : les scandales financiers nuisaient au Président. C'était l'unique nuage dans le ciel bleu de l'après-Afghanistan, où planait un Bush triomphal. Ce qui inquiétait Rove, c'était

1. *Strategery* est l'un des « bushismes » préféré des humoristes, parmi les nombreux barbarismes attribués au Président (*NdT*).

que la colère exprimée par le public à l'égard d'Enron et d'autres entreprises scélérates ne vienne se télescoper avec le sentiment de doute qui subsistait sur les relations entre Bush et la société Harken Energy ou celles de Cheney avec Halliburton. Mais que faire ? Lorsque Bush avait placé O'Neill à la tête d'un groupe de travail chargé d'étudier cette grave question, le Président ne s'était pas interrogé sur les possibles conséquences politiques qui en découleraient. Quelles que soient les propositions que lui ferait son intransigeant secrétaire au Trésor, il les adopterait.

Mais ce qu'il n'avait pas prévu, c'était que tant de patrons prendraient leur téléphone et leur stylo. « La base » était contrariée.

* * *

Le 28 février, le département du Commerce annonça que le PNB avait, selon ses premières estimations, connu une saine croissance de 1,4 % au quatrième trimestre 2001.

Au département du Trésor, O'Neill et son adjoint, Richard Clarida, exultèrent. Leur joie ne reflétait pas uniquement l'enthousiasme général suscité par l'incroyable résistance de l'économie américaine. Cela faisait quatre mois que Clarida dirigeait un groupe de travail chargé d'effectuer ce que jamais ni le Trésor ni aucun autre département n'avait fait : collecter – et presque immédiatement analyser – des statistiques en temps réel sur l'économie du pays.

Après le 11 septembre, lorsque O'Neill s'était adressé aux compagnies de cartes de crédit pour connaître le volume des transactions et aux constructeurs automobiles pour se faire communiquer l'état des carnets de commandes, une idée avait pris forme.

« Je m'étais toujours senti frustré par la lenteur avec laquelle le gouvernement collecte et analyse les données économiques. C'est pour cela qu'Alan et moi étions toujours à l'affût de chiffres frais, des indicateurs reflétant le présent, et grâce auxquels vous pouvez procéder à une analyse anticipant, disons, les quelques semaines à venir, explique O'Neill. Alors, j'ai chargé Clarida de trouver des indices clés parmi les statistiques en temps réel et d'analyser leur signification. »

Cette initiative était surtout née de la frustration.

Au cours des déjeuners économiques du lundi de l'année précédente, O'Neill s'était souvent trouvé en désaccord avec les sombres prévisions de Lindsey pour l'économie américaine. « J'avais l'impression que ses opinions ne reflétaient que ses propres intérêts, sans s'appuyer sur des faits réels, se souvient O'Neill. Larry voulait diminuer les impôts – des coupes franches et continues –, et il retenait uniquement les arguments qui corroboraient cette idéologie. Il est clair qu'il ne s'est jamais vraiment préoccupé de rassembler les vrais chiffres. »

À la fin du mois de septembre, au cours d'une réunion de l'équipe économique, Lindsey – convaincu que l'économie allait brutalement s'effondrer – avait défendu un plan de relance par une baisse d'impôts de cent cinquante milliards de dollars. Plutôt que de le reprendre sur son absence d'éléments corroboratifs, O'Neill décida de collecter ses propres preuves. Le jour suivant, Clarida, professeur à l'université Columbia unanimement respecté, qui avait brièvement travaillé dans l'administration Reagan, était affecté à temps plein à cette nouvelle tâche.

Ce système « en temps réel » produisit des rapports hebdomadaires sur l'activité économique grâce à l'analyse de données provenant de trente catégories distinctes. L'analyse, par essence, montrait la trajectoire de l'économie. Elle offrait, entre autres choses, une estimation du PNB *semaine par semaine*, au lieu de l'amalgame trimestriel publié par le département du Commerce plusieurs semaines *après* la fin de chaque trimestre.

Au début du mois de décembre, l'équipe de statisticiens travaillant « en temps réel » était capable de produire sa première estimation du PNB. Elle devait porter sur le quatrième trimestre, plusieurs semaines avant qu'il ne s'achevât. Le chiffre : une croissance de 1,1 %. Eu égard aux graves chocs qu'avait subis l'économie dans les mois suivant le 11 septembre, c'était encourageant. Au même moment, les estimations du PNB pour le quatrième trimestre variaient, selon les observateurs les plus réputés du secteur privé, d'une croissance de 0,6 % à une récession de 2,5 %.

Pendant ce temps, le plan de relance de l'après-11 septembre, qui semblait acquis au début de l'hiver, perdit de sa popularité. On ne pouvait tout simplement pas dire clairement si l'économie avait vraiment souffert de l'attaque terroriste et si elle avait besoin d'un coup de pouce. Cette incertitude sur une question qui, en temps normal, aurait dû faire l'unanimité, était en partie due à O'Neill. Dans les entretiens et les discours qu'il donna et les témoignages qu'il fit devant le Congrès, il s'appuya sur ses statistiques en temps réel et offrit un contrepoids face aux preuves anecdotiques et aux prévisions alarmistes qui affluaient de toutes parts. Lors de ses fréquentes visites au Capitole, O'Neill répéta à qui voulait l'entendre : « Ce n'est peut-être pas aussi grave qu'on le croit », citant des données extraites de sa base en temps réel, comme, par exemple les inventaires des constructeurs automobiles de ce jour-là.

Les efforts du Trésor permirent de barrer la route à nombre de propositions fourre-tout ayant émergé de l'après-11 septembre, dont la plupart étaient l'œuvre de Lindsey. Avec une croissance de 1,1 %, comme semblaient l'annoncer les prévisions du Trésor, la « prime » de l'après-11 septembre serait considérablement réduite.

Le 28 février, lorsque le département du Commerce publia les résultats du quatrième trimestre 2001, soit une croissance de 1,4 %, les marchés financiers s'envolèrent, les analystes firent part de leur stupéfaction et l'incroyable résistance de l'économie américaine fit la une de l'actualité pendant plusieurs jours. Larry Lindsey et Glenn Hubbard furent parmi les plus surpris. Lindsey, d'ordinaire si loquace, n'aborda pas le sujet avec O'Neill – pour éviter de céder du terrain à son adversaire–, tandis que Hubbard, lorsqu'ils furent tous les trois, reconnut simplement la victoire du Trésor. O'Neill était persuadé qu'il avait fabriqué un instrument analytique capable d'aider à comprendre la réalité.

Le lendemain, O'Neill trouva sur son bureau une enveloppe interne portant l'inscription *Personnel* envoyée par Hubbard. Il l'ouvrit. Elle contenait une note manuscrite sur une simple feuille de papier blanc.

> Mes calculs pour 2001 : 4e T à -1,1 %.
> Je mange mon chapeau, officiellement.
> Glenn

O'Neill retourna la feuille et y inscrivit au dos : « À faire encadrer. »

* * *

Le 5 mars, le Président annonça qu'il allait imposer des tarifs douaniers de 30 % sur toutes les importations d'acier afin de consolider une industrie qui déclinait depuis longtemps. Les responsables du secteur louèrent la décision du Président et affirmèrent que cette imposition pourrait sauver des emplois. Les partisans du libre-échange, en revanche, se demandèrent quelle serait la réaction des autres pays et quels seraient les effets de cette mesure sur les prix de tout un tas de produits.

Le 6 mars, les leaders de la majorité républicaine à la Chambre des représentants revirent à la baisse leur proposition de baisse d'impôt sur les sociétés afin de rallier les démocrates du Sénat à leur texte. Quelques jours plus tard, le Président entérina le soi-disant plan de relance de l'après-11 septembre, qui incluait une diminution annuelle de quarante-trois milliards de dollars d'impôts pour les entreprises et le versement de huit milliards et demi de dollars d'indemnités de chômage. Soit, en gros, un tiers seulement du montant généreusement proposé depuis l'automne par Lindsey et les autres ardents défenseurs de la baisse des impôts.

Le 7 mars, lors de la cérémonie de remise des Malcom Balridge Awards, le Président prononça un discours sur la responsabilité des entreprises. Il dévoila un plan en dix points incluant quelques-uns à peine des éléments clés mis en avant par O'Neill et Greenspan.

Le P.-D.G. serait tenu à l'avenir de certifier, en y apposant sa signature, les comptes de son entreprise, engageant par là sa responsabilité sur leur exactitude. Mais la question des sanctions encourues en cas de certification d'informations erronées ou trompeuses était laissée en suspens. En cas de malversation avérée – et prouvée d'un point de vue légal – de la part de responsables de l'entreprise, le Président recommanda le remboursement des sommes perçues – comme les bonus, par exemple. Les cadres dirigeants achetant ou vendant des actions étaient désormais tenus de le déclarer dans les deux jours suivant la transaction, au lieu de quarante-cinq auparavant.

Les autres mesures annoncées par Bush ne concernaient que des détails mineurs et techniques. Neuf points sur dix ne nécessitaient pas le vote d'une loi et la plupart d'entre eux reprenaient une série d'initiatives sur lesquelles Harvey Pitt et ses collaborateurs travaillaient déjà depuis un certain temps. Bien entendu, cette activité d'élaboration des règles de la SEC demeure un domaine obscur auquel le grand public a peu accès. Et Pitt, qui prenait rarement position publiquement, à l'inverse de son prédécesseur, Arthur Levitt, risquait de se trouver coincé dans d'interminables discussions avec une foule de *lobbyistes*.

Le remplacement du critère d'imprudence par la simple négligence avait été abandonné de peur qu'il n'entraîne une augmentation du nombre de procès. L'adoption d'un code de bonne conduite pour les comptables et les cabinets d'audit, avec la publication des performances des entreprises, avait également été abandonnée. Aucun changement n'était proposé quant à la conformité aux règles de l'US GAAP, contrairement à ce que Greenspan souhaitait.

Les patrons et les nombreux groupes influents qui les représentent louèrent le plan en dix points. Il n'avait pas ouvert de nouvelles brèches judiciaires.

O'Neill et Greenspan étaient découragés.

« Une seule question intéressait les patrons – la peur des procès –, et elle l'avait emporté sur tout le reste, se souvient O'Neill avec colère. Si les gens se conduisent bien, il n'y a pas matière à procès. Comment voulez-vous qu'on intente un foutu procès si l'on n'a pas la preuve ou la très forte suspicion qu'il y a eu malversation ? En quoi cela peut-il vous nuire de certifier ces foutus comptes ? Vous n'avez qu'à vous conduire *honnêtement*. Et si quelque chose paraît douteux, il suffit d'aller voir la SEC et de dire : "Quelque chose me paraît douteux. Que devons-nous faire pour corriger le tir ?" La réponse à tout ça est très simple. Il s'agit de rassembler nos forces pour faire les choses comme il faut. Le problème, c'est que cela exige de grandes qualités de leader. »

Un gourou avec sa bande d'adeptes

O'Neill avait la migraine. Une véritable torture. Ses tempes palpitaient et chaque battement résonnait sourdement à l'arrière de ses orbites. Il en déclare une comme cela en moyenne par an et il lui faut une bonne heure de repos pour la faire passer.

Mais son programme ne prévoyait aucune pause ce matin-là. Le secrétaire au Trésor jouait en effet le rôle de tambour-major dans un cortège comprenant des correspondants de presse en sueur, du *New York Times*, du *Wall Street Journal*, du *Washington Post*, des magazines *The Economist*, *Time*, *Newsweek* et *Rolling Stone*, plus un tas d'autres journalistes, qui se faufilaient avec leurs blocs-notes au milieu d'une armée de caméras, celles de CNN, ABC, BBC, MTV – oui, MTV –, ainsi qu'une douzaine d'agents du Secret Service à la mine patibulaire et aux gestes brusques, dont certains effectuaient leurs premiers pas sur un continent suspect. Et encore, ceux-là ne formaient que la première ligne. Derrière suivaient Nancy, Julie Kloo, leur fille, Mark McKinnon, le gourou des médias de la Maison-Blanche, l'ambassadeur des États-Unis, les assistants du Trésor, les représentants des associations humanitaires et… Bono.

« Où est Bono ?

– Je suis là, juste derrière, Paul. »

Bono l'astucieux, le Gandhi de la FM, star du rock et militant contre le Sida, se fraya un chemin jusqu'à O'Neill. Il se trouvait à ses côtés pour le meilleur et pour le pire..., et franchement, on pouvait s'attendre à tout.

Ils étaient au Ghana..., en Afrique. Une Afrique impétueuse et bouillonnante, et O'Neill et Bono ne se connaissaient pas. Ils avaient passé, en tout et pour tout, deux heures ensemble. Leur première rencontre remontait à l'été précédent, en 2001. Bono avait dû s'entretenir avec le directeur de cabinet Tim Adams avant d'obtenir un rendez-vous d'un quart d'heure avec O'Neill. L'entrevue s'était étirée sur une heure. Bono était quelqu'un de sérieux, il connaissait son affaire sur le Sida, l'allégement de la dette des pays du tiers monde et la Banque mondiale. Il fit une bonne impression sur O'Neill qui, d'ailleurs, possédait une collection de vestes en cuir et de disques compacts de rock remarquable pour un homme qui se souvenait de Franklin Roosevelt. Et, oui, il avait entendu parler des U2. Ils s'étaient revus au Forum économique mondial de New York, en février, et c'est Bono qui avait été impressionné par les déclarations de O'Neill sur la perfidie des *traders* de devises et des financiers internationaux qui profitent des malheurs des pays en voie de développement.

Tout cela était très bien, c'était un bon début. Une réunion dans le plus pur style de Washington, autour d'un même objectif et de quelques idées communes.

* * *

Mais là, ils s'étaient embarqués dans une sorte de performance artistique retransmise dans le monde entier.

« *Dating Game* rencontre *Survivor*[1] ». C'était le surnom que Aufhauser, quelques semaines plus tôt, avait trouvé pour qualifier ce voyage et cela lui allait comme un gant – *Drôle de couple* en safari, Felix et Oscar[2] lâchés dans la savane, avec, derrière eux, toute une équipe de ravitaillement.

La Maison-Blanche s'était montrée quelque peu intriguée par l'idée de ce voyage – cela faisait déjà un moment qu'elle avait renoncé à l'idée de gérer O'Neill–, et sérieusement inquiète. Il fallait définir des thèmes et s'y tenir.

Un mémorandum, rédigé par le sous-secrétaire aux affaires internationales de O'Neill, John Taylor, à son intention énonçait clairement la ligne : « Nous proposons que le voyage se focalise sur des pays qui se sont engagés à promouvoir une croissance basée sur l'économie de marché et une amélioration des conditions de vie. Votre voyage mettra en valeur les progrès qui ont été faits et encourageront les pays visités à continuer à être des modèles pour la région. » En mars, le Président avait proposé la création du *Millenium Challenge Account*, un nouveau programme d'aide internationale visant à favoriser une sélection de pays à faibles revenus s'étant engagés dans une politique sérieuse de développement, et à récompenser leurs efforts de bonne conduite. O'Neill

1. L'équivalent en France des émissions *Tournez manège* et *les Aventuriers de Koh-Lanta* (*NdT*).

2. Personnages principaux de la comédie *Odd Couple* (*Drôle de couple*), joués par Jack Lemon et Walter Matthau (*NdT*).

avait lu une pile de dossiers sur l'Afrique avant d'embarquer – des mémos sur les politiques de développement mondial, la transmission du virus du Sida et une analyse de Powell du paysage géopolitique.

De longue date, son opinion – qu'il avait souvent exprimée devant Bush, et qui récoltait de vigoureux hochements de tête – était : « Nous ne savons pas vraiment, d'une façon sûre et directe, comment encourager ou soutenir le développement dans les autres pays. »

O'Neill avait essayé de repenser la question du *comment*. La position d'« amour vache » qu'il avait adoptée à l'égard de la dette de l'Argentine et du Brésil – à qui les institutions financières internationales avaient accordé des prêts avec l'accord des États-Unis – semblait avoir créé un équilibre « bon flic/méchant flic » à l'intérieur de l'administration dans les mois qui suivirent. Si O'Neill – ou la menace de O'Neill – devait servir de bâton, eh bien ! cela ne lui posait pas de problème. Au printemps de 2002, l'Argentine commença à émettre des signaux de discipline fiscale et à redresser la barre. O'Neill y répondit par une prise de position inattendue, qui remportait déjà un surprenant succès sur la scène internationale : donner aux pays l'opportunité de réorganiser leurs dettes en cas de crise en se déclarant en faillite. Cela permettait à ceux qui se dirigeaient tout droit vers un désastre fiscal de se protéger de leurs créditeurs et des institutions financières pendant que leurs dettes étaient restructurées.

Ann Krueger, la numéro deux progressiste du FMI, et O'Neill formaient également une sorte de « drôle de couple », claironnant un peu partout qu'il fallait étendre aux pays en difficulté le même type de protection « raisonnable » dont bénéficiaient les multinationales dans le cadre du « Chapitre 11[1] ». Les banques et les investisseurs décrièrent une telle idée et déclarèrent qu'ils n'accorderaient plus de crédits aux pays en développement d'Afrique, d'Asie et d'Amérique du Sud si ces derniers étaient protégés contre leurs créditeurs. O'Neill leur répondit qu'ils avaient bénéficié d'investissements à risque zéro durant la dernière décennie, puisqu'ils savaient alors pertinemment que le département du Trésor les renflouerait en cas de crise.

Bono, qui avait travaillé pendant des mois, très anonymement, dans un orphelinat d'enfants malades du Sida en Afrique et qui, régulièrement, partait en campagne électorale au Capitole en faveur de l'annulation de la dette du tiers monde, voyait en O'Neill un avatar excitant. Voilà un homme qui avait suprêmement réussi et qui détenait un réel pouvoir, qui aimait collecter des informations non filtrées et réalistes avant de passer à l'action.

Alors, un défi avait été lancé à la fin de leur première et longue entrevue de l'été 2001. « Si vous voulez que de l'argent américain se déverse sur l'Afrique, avait déclaré O'Neill, emmenez-moi voir les vertes collines et montrez-moi ce qui est efficace. » Bono, ses fameuses lunettes bleues sur le nez, avait souri. « Fixons une date. »

* * *

« De l'aide. Il nous faut de l'aide. De l'aide ! » Une femme africaine à l'imposante stature et agitant des per-

1. Le *Chapter 11* de l'US Code définit la réorganisation de la dette des entreprises dans le cadre de la *bankruptcy*, la faillite américaine (*NdT*).

ruques – une dans chaque main – devant le visage de O'Neill, entonna une supplique au sujet du capital qui lui manquait pour monter une fabrique de perruques : « J'ai reçu un fax hier d'Atlanta en Géorgie – eh ouais ! –, mais, seulement, il nous faut de l'argent. Je dois construire une usine, mais je n'ai pas d'argent... »

O'Neill essaya de fixer son attention malgré les roulements de tambour qui cognaient dans son crâne.

« Hmm. Combien vous faut-il pour la construire ?

– La fabrique ? La femme tenait ses perruques en mains, mais pas ses comptes. Il faudrait que je m'asseye pour vous donner un chiffre. Elle haussa les épaules et, ayant échoué à la question cruciale du *combien*, elle monta le son. On veut des investisseurs ! On veut des investisseurs ! »

O'Neill hocha la tête, tourna les talons et crut que sa tête allait exploser.

Juste à côté, Bono prit le relais : « Les gens sautent de joie, ils sont contents de voir les États-Unis ici. Mais croyez-moi, si on ne vient pas en aide à ce pays, si on ne leur donne pas l'espoir d'un nouveau départ..., revenez ici dans cinq ans et ils vous jetteront des pierres. »

C'était le 22 mai, le début du périple, et une vague de gens, de caméras et de bruit semblait les pousser toujours plus vers l'avant dans les rues poussiéreuses et ventées de Tamale – une ville de trois mille habitants des plaines pauvres du Ghana. O'Neill n'avait rien à faire si ce n'est de hocher vigoureusement la tête ou de regarder dans la bonne direction. Ici, il incarnait le pouvoir, les moyens et l'argent des États-Unis, le tout agrémenté d'un soupçon d'improvisation. Son partenaire, après tout, était une star du rock internationaliste. Son Président n'avait pas clairement défini de paramètres quant aux intentions. Et lui, l'homme aux cheveux blancs dans sa chemise bleue au col ouvert, légèrement sonné, était connu pour son imprévisibilité. Le mélange était prometteur.

C'est pourquoi les caméras continuaient de tourner. Le soleil s'élevait haut dans le ciel. O'Neill prit des enfants dans ses bras, parla à la patronne d'une entreprise de distribution d'huile de cuisine – « comment financez-vous l'achat de votre stock ? » –, et recueillit dans le creux de sa main des petites tomates, couvertes de verrues, et pas plus grosses que des balles de golf.

La migraine s'estompa lorsque son esprit commença à se focaliser sur autre chose. Les questions se mirent à fuser. Quelles sont les statistiques concernant le développement économique ? Combien d'argent les associations humanitaires déversent-elles sur le pays ? Quel est l'état du système de santé ?

Il contempla les pauvres tomates dans sa main.

« Combien d'habitants ont accès à l'eau potable ? demanda-t-il.

– À peu près la moitié », répondit le responsable du développement.

O'Neill le scruta durement : « La moitié ! Bon Dieu, je suis abasourdi. Seulement la moitié de la population a de l'eau potable ? Sans eau potable, les gens tombent malades, les cultures ne poussent pas..., on ne peut même pas commencer à *développer* quoi que ce soit. »

Il accéléra alors le pas et la cadence de la conversation, parlant librement et longuement de sujets plus profonds : « Que peut-on faire en tant que pays pour aider, aider vraiment ? »

Lors d'une réunion organisée dans un centre d'orientation professionnelle, Bono évoqua, sombrement, les institutions comme le FMI qui échangent de l'argent contre la mise sous tutelle des pays, ce qui provoque la colère du peuple africain. O'Neill lui répondit : « Nous pouvons créer les bases d'un vrai changement…, il y a ici un vrai potentiel pour une société bien plus productive qui pourrait bien mieux profiter de la vie et avoir de meilleures conditions de vie. » Qui, des deux, était animé par l'espoir ? Qui était sombre ? Qui était en train de rêver ? Et qui était pragmatique ? Les lignes commençaient à se brouiller.

Pendant ce temps-là, les reporters griffonnaient. Bono ne faisait pas mystère de son intention de convaincre O'Neill qu'il fallait engager plus d'argent en faveur de l'Afrique subsaharienne – la région la plus pauvre du globe et qui recensait 70 % des victimes du Sida dans le monde. Les États-Unis consacraient dix milliards de dollars par an à l'aide internationale – une somme que Bush avait promis d'augmenter de 50 % avec son *Millenium Challenge Account*. Mais ce montant, le plus élevé à l'échelle mondiale, ne représentait que 0,1 % du PNB américain, le pourcentage le plus bas parmi la vingtaine de pays qui constituaient l'OCDE.

Bono voulait que le pourcentage américain augmente – la moyenne se situait à un peu plus de 0,2 % du PNB pour les pays les plus riches, encore loin de l'objectif de 0,7 % fixé par les Nations unies –, tandis que O'Neill prêchait le rapport qualité/prix : il désirait voir les résultats des dépenses engagées au nom de l'aide internationale. Selon lui, les États-Unis avaient dépensé des centaines de milliards depuis des décennies sans jamais s'en préoccuper. L'objectif fixé par les Nations unies était arbitraire et dépourvu de sens, et certains problèmes décourageants pouvaient être résolus avec les ressources déjà disponibles. Il suffisait que l'on se penche cinq minutes sur la façon dont les dollars étaient dépensés. Bien entendu, un certain nombre de personnes avait déjà passé bien plus de cinq minutes sur le sujet – la communauté de l'aide internationale, formée par une myriade d'associations humanitaires et d'altruistes programmateurs, pour ne pas les nommer. Mais O'Neill avait le sentiment que l'on avait évité d'interroger sévèrement ces groupes sur la façon dont l'argent était dépensé et les progrès étaient mesurés. Il voulait en avoir pour son argent. Il était un drôle d'hybride, entre le P.-D.G. et le conseiller politique, connu pour sa tendance à appeler un chat un chat et à refuser les excuses faciles. Alors, qu'on le laisse jeter un coup œil !

Mais c'est alors que le facteur humain – la valeur divine et intrinsèque de chaque Africain, dans toute son innocence et dans tout son malheur – intervint dans les calculs de O'Neill. Le cortège s'engagea dans les couloirs étroits d'un hôpital régional : trois cent quatre-vingts lits installés dans un amas de bâtiments délabrés, dans des conditions d'hygiène déplorables. Cet hôpital ne refusait personne et subsistait avec un budget de deux cent mille dollars par an.

« Vous avez entendu ça ? Deux cent mille par an ! s'exclama O'Neill.

– Oui, c'est ça », rétorqua Bono, perplexe.

O'Neill ne lui prêta pas attention. Il était en train de compter le temps qu'il fallait à *un seul patient* pour dépenser une somme pareille dans un hôpital de Washington.

« Quel est votre plus gros problème ? demanda-t-il aux docteurs.

– L'eau impropre à la consommation, le manque de médicaments, mais le pire, c'est l'électricité. Parfois, il n'y a plus de courant au beau milieu d'une opération. Des patients meurent sur la table d'opération. Il nous faudrait un générateur de secours.

– Mon Dieu, les disparités sont écrasantes, dit O'Neill. Ça dépasse l'entendement. »

Les informations affluaient, trop nombreuses, trop rapides. Il se raccrocha à ses mantras. « Tout problème a sa solution, pas d'excuses faciles, ton potentiel n'a pas de limite... » Mais ses certitudes vacillaient ; ce n'étaient plus que des truismes, assiégés, vaincus par l'échelle, par les yeux, tant d'yeux, et les visages des enfants. Cloués au lit, les gens levaient leurs yeux vers eux et leur souriaient à travers des nuées de mouches.

Comment peuvent-ils sourire comme ça ? se demanda-t-il.

« Allez, dit Bono gentiment, sortons prendre l'air. »

Dehors, O'Neill mangea un beignet confectionné par un vendeur de rue, un petit truc dur et frit, et déclara, à personne en particulier, que « le Président avait mangé un de ces bretzels... » Il pensait à Bush, qui avait failli s'étouffer en mangeant un bretzel, et à la façon dont il vivait coupé du monde réel, son cercle de conseillers de la Maison-Blanche groupé autour de lui, le serrant toujours d'un peu plus près.

« Je me suis fait la réflexion du bien que cela lui ferait de marcher dans ces rues. Tout ce qu'il pourrait en apprendre. Comme il pourrait en sortir grandi ! Et comment, alors, il pourrait faire du bien à tant de gens. »

* * *

Juste avant d'embarquer pour l'Afrique, O'Neill avait reçu un mot de remerciement du numéro « 41 ». Il en avait reçu plusieurs au cours des seize derniers mois, pour ceci ou pour cela. C'était comme si, se souvient O'Neill, le paternel l'encourageait et lui disait : Vas-y, use de ton franc-parler avec mon gamin, élargis son horizon, aide-le à voir les choses en grand.

La lettre concernait un discours prononcé par O'Neill à Washington lors d'une conférence sur la mondialisation, parrainée par la George Bush School for International Relations, une entité appartenant à l'université A&M du Texas. O'Neill avait conclu par un appel en faveur de l'engagement : « Le gâteau économique mondial n'a d'autres limites que celles de notre imagination – quand nous adjoignons à notre imagination les institutions et les structures sociales nécessaires, et que les hommes et les ressources sont organisés pour créer de la valeur. Les temps que nous vivons sont excitants pour ceux qui savent se lancer avec bonheur dans le développement du potentiel humain tout autour du globe... Nous pouvons créer des économies locales autosuffisantes et vivaces et améliorer les conditions de vie des populations partout dans le monde. Nous pouvons libérer le potentiel humain – et nous ne nous contenterons pas de moins. »

Dans sa lettre, Bush senior écrivait que la conférence avait été incroyablement réussie et que O'Neill avait été « l'une des clés de ce succès. Mille mercis pour avoir présenté le programme de la conférence et pour l'avoir si bien fait ». Puis il l'invitait au Texas.

O'Neill conserva le petit mot – il conservait à peu près tout. Il tendit un bretzel à Bono, les yeux fixés sur le bout de ses richelieus Johnston&Murphy couverts de poussière rouge d'Afrique et repensa à cette lettre. L'ancien président Bush adorait ce genre de choses – se mêler à la population en Chine, en Russie, au Moyen-Orient, voir ce que les gens pensent et pourquoi, rapporter des souvenirs, envoyer des petits mots pour rester en contact. Là encore, son fils aîné semblait se conduire de façon exactement inverse, pour se différencier de *Poppy*. Et ça, pensait O'Neill, c'est vraiment dommage en pareil moment, dans un monde en pleine effervescence avec tant de gens dans le besoin. « La guerre des idées, on la gagne sur le terrain, en allant à la rencontre des gens, déclara-t-il par la suite. Pas avec des grandes déclarations venues d'en haut. » Mais il pouvait lui-même aider à corriger le tir dans les jours suivants. Première étape, comme il l'avait appris durant les années Alcoa : « Leur montrer que vous vous intéressez à eux – et la clé pour le réussir, c'est de *vraiment* s'intéresser à eux. »

Ce qui se fait avec de l'eau et de l'électricité. Les préalables de la civilisation. Les États-Unis se proposeraient, ils s'y emploieraient. Ils le feraient sans exiger de conditions. Ce serait le début d'un nouveau dialogue.

Le soleil commençait à disparaître derrière les toits de chaume des huttes en pisé du quartier pauvre de Wamill Village à Tamale. La chaleur de l'après-midi s'était radoucie et un chœur entonna une chanson pour l'occasion. En Afrique, les chansons prennent vite. En un instant, tout le monde se regroupa autour des visiteurs et tapa des mains en rythme. Des centaines de mains claquaient ! Viens, disaient les paroles, deviens africain. Il y avait de la légèreté dans l'air, de la gaieté. Le chef de la tribu locale s'approcha de O'Neill et de Bono avec deux grandes robes et deux coiffes dans les mains : « Ce sont des vêtements de cérémonie, pour ceux qui ont une mission sacrée, leur expliqua-t-il. Pour les saints. Nous feriez-vous l'honneur de les porter ? »

O'Neill regarda Bono.

« Si l'on enfile ce truc, la photo fera le tour du monde – vous en avez conscience ?

– On est là en Afrique, répondit Bono avec bienveillance, mais Dieu sait que vous ne devriez pas vous forcer à faire quoi que ce soit. Ce ne serait pas très malin. »

Ils regardèrent la foule qui ne les quittait pas des yeux.

Alors O'Neill se pencha vers Bono : « Le plus important, ce sont ces gens qui sont là. Qu'ils sachent vraiment que, vous et moi, nous leur accordons de l'importance... » Et il commença à enfiler la robe. Bono se mit à rire. O'Neill fit de même.

« Vous voilà chef de tribu, maintenant, dit Bono. Ou bien le meilleur ami d'un chef.

– Et tant pis si on ne s'en remet pas », répondit O'Neill.

La robe de Bono lui allait comme un gant ; celle de O'Neill était un peu trop petite, comme sa coiffe, mais l'expérience de la scène avait donné au chanteur un sens aigu de l'instant. Il le saisit aussitôt. Il enfila soigneusement sa coiffe – en forme de bonnet de nuit, comme celle d'Ebenezer Scrooge[1] – et, avec la classe d'un super-héros enfilant son masque, il posa ses lunettes bleues sur son nez. Le chanteur croisa les bras haut sur sa poitrine et hocha la tête – comme un chef – d'un air rayonnant. La foule s'enthousiasma.

Avec sa coiffe qui pendait sur le côté et lui donnait l'air de sortir d'un livre du Dr Seuss[2], O'Neill le regardait

1. Un personnage des *Contes de Noël* de Charles Dickens (*NdT*).
2. Le Dr Seuss a écrit une quarantaine de livres illustrés très populaires pour apprendre à lire aux enfants. Les textes et les dessins sont particulièrement cocasses (*NdT*).

faire avec admiration. Il posa son bras sur l'épaule du chanteur. « Venez, allons nous faire prendre en photo. » Le cliché fit aussitôt le tour du monde : la star du rock connue dans le monde entier et le plus haut responsable financier du gouvernement du pays le plus puissant du monde, coiffés de couvre-chefs qui parlaient d'honneur aux Africains, et de comédie au reste du monde, ou presque.

* * *

Les jours se succédèrent en un tourbillon de hauts et de bas, un rêve fiévreux en plein jour. Le plan consistait à traverser l'Afrique du Sud, l'Ouganda et l'Éthiopie en huit jours. Chaque visite se déroulait selon le même programme : premier jour, rencontre avec le Président, les principaux ministres et les associations d'aide ; deuxième jour, rencontre avec le peuple.

Après une journée passée dans les cabinets ministériels à Pretoria, en Afrique du Sud, des réunions pour lesquelles O'Neill avait encore moins de patience que d'habitude, ils débarquèrent, le matin du 24 mai, dans les bidonvilles de Soweto, le pendant bouillonnant de la lisse Johannesburg.

Sur le terrain, O'Neill était heureux, il pouvait recueillir des informations de première main. Bono, lui, appréciait d'avoir accès aux leaders et aux présidents et aussi l'aisance avec laquelle O'Neill se mouvait autour des grandes tables en acajou. Mais il savait que les progrès, s'il devait y en avoir, auraient lieu dans les bidonvilles, là où le cœur de O'Neill serait sollicité. Son cerveau ainsi que toutes ses analyses sur la valeur ajoutée et le rapport qualité/prix suivraient.

Le premier arrêt eut lieu dans une usine Ford aux abords de la ville, où on les trimballa d'une chaîne de montage à l'autre. O'Neill, en grande tenue de décideur, costume à fines rayures, chemise blanche amidonnée et cravate rouge, observa les niveaux de mécanisation, vérifia les procédures du contrôle de qualité et les conditions de sécurité du travail, pour déterminer si l'usine répondait aux normes les plus pointues de la compétition mondiale. Il aurait pu le faire les yeux fermés.

Mais les disparités les attendaient. La clique quitta les bâtiments impeccables de l'usine pour le centre-ville de Soweto et l'hôpital Chris Hani Baragwanath, une clinique pour les mères atteintes par le virus du Sida et leurs bébés. Là, elles recevaient un traitement à base de nevirapine, un médicament qui pouvait prolonger leur vie et, si elles en avaient les moyens, celle de leurs enfants.

Il y a trente millions d'Africains infectés par le virus du Sida et les patientes de cette clinique avaient bien de la chance. En acceptant de révéler leur état, avec les stigmates que cela entraîne, elles avaient gagné l'accès à un traitement qui prolongeait leur espérance de vie. Pourtant, peu de femmes font ce choix, tant le poids de la suspicion est lourd.

Les deux hommes parlèrent à une mère qui, ne pouvant se permettre de suivre elle-même le traitement, avait obtenu de la nevirapine pour son bébé, qui n'était pas séropositif. Elle ne pouvait pas prendre le risque d'allaiter sa fille, mais elle ne pouvait pas non plus confier son tourment à qui que ce soit. Aussi, elle se rendait discrètement plusieurs fois par jour à la clinique pour donner le biberon à son bébé, ce qui était aussi un tabou.

O'Neill écouta, ne sachant trop que lui dire. Sa fille, Julie, demanda à la femme si son père pouvait prendre le bébé dans ses bras. Elle savait qu'il adore les bébés. La petite fille se pelotonna contre le revers de la veste de O'Neill et il embrassa son petit bonnet rose. Tandis qu'ils continuaient d'avancer, il la garda serrée contre lui, comme un talisman. Un bébé de sauvé !

À l'extérieur, ils donnèrent une conférence de presse. Bono parla de l'opprobre dont souffraient encore les malades du Sida et du courage de ces femmes qui, pour la plupart, avaient quitté leur communauté mais ne pouvaient se permettre d'acheter de la nevirapine que pour une seule personne. Elles pouvaient sauver soit leur vie, soit celle de leur enfant. « Je suis abasourdi par ce monde qui considère que ça n'est pas grave. »

O'Neill, comme Bono l'avait espéré, prit le micro et déclara qu'il venait tout juste de demander quelle somme les associations déversaient dans la ville chaque année. Cinquante millions, lui avait-on répondu. Il avait fait alors un rapide calcul en multipliant le nombre de personnes infectées par le coût journalier du médicament – un dollar et demi –, et obtenu un total de deux millions de dollars. « La question que je me pose est la suivante : si cinquante millions de dollars arrivent ici, pourquoi toutes les femmes ne reçoivent-elles pas de traitement ? » dit-il.

Bono lui reprit le micro, tout sourire, évoqua « l'insatiable curiosité de O'Neill pour les données et les statistiques » et déclara qu'il allait « découvrir comment les dollars des contribuables américains pouvaient le mieux être mis à profit ici ». Le pacte était scellé. La journée continua de s'épanouir en une sorte d'opéra, avec des chants, encore plus de chants, et, dans ce cas précis, de la danse, avec un groupe de jeunes qui dansèrent sur les paroles de Bono : « I have climbed the highest mountains/ I have run through the fields/ Only to be with you/ Only to be with you.../ But I still haven't found what I'm looking for» («J'ai escaladé les montagnes les plus hautes/ J'ai couru à travers les champs/ Pour être avec toi/ Pour être avec toi.../ Mais je n'ai toujours pas trouvé ce que je cherchais»).

George Stephanopoulos, de la chaîne ABC, les rejoignit pour les interviewer pour l'émission du dimanche, *This Week*. Les trois hommes allèrent dans la rue pour discuter et O'Neill, animé par la passion d'un vrai militant, boxa du poing dans l'air en évoquant les deux millions de dollars pour la nevirapine: «Dire que nous ne pouvons pas reprogrammer l'argent, que nous devons l'utiliser pour la prévention, c'est du charabia bureaucratique et c'est inacceptable. C'est une question de vie ou de mort pour les gens, et nous ne devrions pas laisser faire ça.» Stephanopoulos l'écouta un moment, hochant la tête, puis il plissa les yeux d'un air sceptique: rien de neuf sous le soleil, attendons de voir ce qu'il restera de toute cette passion à cœur refroidi.

Des reporters attaquèrent O'Neill sur ses déclarations, l'accusant de faire des propositions insupportables, ou du moins mal adaptées, aux vastes problèmes de l'Afrique. D'autres, comme Paul Blustein du *Washington Post*, écrivirent que «à mesure que le voyage progresse, [il semble possible que quelque chose] de capital puisse en résulter, peut-être une alliance entre progressistes et conservateurs pour lancer un nouvel assaut contre la pauvreté dans le monde en utilisant des méthodes moins loufoques que par le passé».

L'acteur Chris Tucker vint se joindre au groupe et ils filèrent à travers l'Ouganda, visitant d'autres bidonvilles. Ils s'arrêtèrent pour voir un puits dans un village proche de la capitale, Kampala, qui avait été financé par un programme de développement. Depuis le Ghana, O'Neill s'intéressait de plus en plus à la question de l'eau. Ce programme était cher au cœur de Bono. Le forage du puits avait coûté mille dollars et avait pu être financé après que les investisseurs eurent annulé la majeure partie de la dette de l'Ouganda. Le robinet – un simple tuyau sortant d'un bloc de béton qui empêchait les animaux de s'approcher – desservait quatre cent vingt personnes dont la santé s'était améliorée. Les maladies transmises par l'eau sont l'un des pires fléaux qui accablent les pays en voie de développement ; un million et demi d'enfants y meurent chaque année de la diarrhée. Quelqu'un leur raconta qu'une légende locale prétendait qu'un serpent contrôlait l'eau dans la région. Si l'on touchait aux réserves, on risquait de se faire mordre ou encore le serpent détournerait le cours d'eau. Mais on avait construit le puits et aucun serpent n'était apparu. C'est la superstition qui cède le pas au progrès, se dit O'Neill. Mais les distances étaient vastes et, comme au Ghana, la moitié de la population de l'Ouganda n'avait pas accès à l'eau potable.

Deux jours plus tard, O'Neill et Bono rencontrèrent le président ougandais, Yoweri Museveni, et ses collaborateurs dans un imposant bâtiment blanc de Kampala. Une brise tiède leur parvenait par les grandes fenêtres ouvertes tandis que O'Neill leur faisait part de ses impressions. Museveni lui confirma que les problèmes de l'Ouganda étaient graves. Puis ils abordèrent le problème de l'eau.

Cela faisait une semaine que O'Neill posait des questions. Au Ghana, il avait fait quelques calculs. Un bon puits en état de marche pouvait desservir mille personnes et le prix d'un puits dépendait de sa profondeur. Après s'être renseigné sur la profondeur des nappes phréatiques du Ghana, il estima que l'on pouvait construire des puits fournissant de l'eau potable aux dix millions de Ghanéens qui en étaient privés – soit la moitié de la population–, pour un coût total de vingt-cinq millions de dollars. Le président du Ghana était ravi et demandait quand et comment un tel projet pourrait être mis en œuvre.

Après une semaine passée à visiter des hôpitaux privés d'eau potable, des champs aux récoltes rabougries et à contempler les dégâts des maladies propagées par l'eau insalubre, O'Neill était armé pour affronter l'Ouganda. Là, les nappes d'eau sont encore moins profondes que celles du Ghana, donc plus faciles à atteindre et moins coûteuses. Il présenta les choses avec enthousiasme à Museveni, comme un cadeau. De l'eau potable pour tout l'Ouganda, pour vingt-cinq millions de dollars.

L'un des collaborateurs de Museveni intervint: « Cela coûtera bien plus cher que le prix que vous annoncez », lui dit-il. Une étude avait déjà été faite. O'Neill demanda s'il l'avait conservée. Après une courte attente, on lui transmit le document. Tandis que Bono et Museveni continuaient de bavarder, O'Neill le parcourut. Il avait été rédigé par des consultants américains et recommandait la construction de tout un réseau de stations d'épuration et de pipelines en métal lourd. Coût total: deux milliards de dollars.

« Monsieur le Président, intervint O'Neill en secouant la tête, cette étude recommande la construction d'un système d'eau potable comme celui de Denver ou de Cleveland. Vous n'aurez pas besoin de cela avant une centaine d'années. Vous avez seulement besoin de creuser des puits et, en gros, de les entretenir. Votre peuple peut s'occuper du reste. On peut faire ça très vite, en un ou deux ans. »

* * *

Le 30 mai en Éthiopie. Plus qu'un jour. Ils avaient atteint l'un des épicentres de la crise. La pauvreté et l'abandon étaient le lot de l'Afrique depuis bien longtemps. Mais ce qui avait changé la donne, c'était l'arrivée du fléau. Le voyage devait s'achever par une visite au pays des ombres : l'hôpital et l'orphelinat pour les séropositifs et les malades du Sida des sœurs de la Charité d'Addis-Abeba.

Pas de caméras ici. Ce n'était pas leur place. Mais d'autres y entrèrent, les journalistes, les représentants des associations, les collaborateurs du Trésor. Ils passèrent entre les lits – dans les chambres remplies de souffrance. O'Neill ne parlait pas. Bono ne parlait pas. L'enfer sur terre dans toute son horreur s'étalait sous leurs yeux.

Certaines chambres n'étaient pas accessibles et les médecins leur faisaient presser le pas – la tuberculose est terriblement contagieuse. D'autres étaient plongées dans le silence, leurs occupants se contentaient de tenir bon en attendant l'inévitable. Puis vinrent les chambres des enfants séropositifs, orphelins pour la plupart. Ils n'étaient pas silencieux, eux. C'étaient des enfants. Ils riaient. Et couraient, quand ils le pouvaient.

Un bébé, une petite fille, dans les deux ans, vint se serrer contre la jambe de O'Neill. Il la souleva, la prit dans ses bras. Elle portait une toute petite blouse blanche et il l'embrassa sur le front, les yeux emplis de larmes. « Elle est si belle », murmura-t-il à Nancy qui se tenait à ses côtés. Et, bien entendu, elle allait bientôt mourir.

Le cortège était silencieux. C'était pour cela qu'ils étaient venus, ils le comprenaient maintenant – pour qu'un homme capable de faire changer les choses puisse tenir dans ses bras un bébé qui allait mourir.

Les religieuses avaient préparé une pièce où les visiteurs pouvaient s'asseoir. Un répit, durant lequel les adultes de l'hospice, tous séropositifs, racontèrent leurs histoires et chantèrent des chansons qui parlaient d'espoir. Paul et Nancy étaient assis au premier rang, Bono à leurs côtés. Agnès, une jeune femme radieuse, leur parla de son mari qui n'avait pas voulu lui dire qu'il avait le Sida, même dans les instants qui avaient précédé sa mort ; elle leur raconta comment elle avait appris qu'elle était contaminée et comment elle l'avait annoncé à son fils, un garçon de onze ans, qui s'était enfui en courant de la maison, le regard fou, et qu'elle n'avait jamais revu ; comment elle avait préparé un livre pour son second fils. Elle tenait ce livre à la main et l'offrit à Nancy. Un dessin d'elle avec son mari et quelques phrases sur l'époque où ils étaient tous ensemble, en famille. « Cela, murmura-t-elle, c'est pour que mon fils se souvienne de nous », et Nancy se mit à sangloter. Elle ne pouvait plus s'arrêter et Paul en fit autant, tout en lui caressant le dos.

Et c'est pour cela, bien entendu, que les leaders, ceux qui ont du pouvoir, ne s'attardent pas dans les hôpitaux humides et froids ni dans les bidonvilles. On recommande plutôt les coups médiatiques rapides. Les conseillers qui ont de l'expérience savent, eux, qu'une exposition trop longue peut mettre en péril les certitudes. On risque de perdre la tête, d'oublier ce que l'on attend de vous.

* * *

O'Neill pénétra dans le bureau de Condoleezza Rice, au rez-de-chaussée de l'aile ouest de la Maison-Blanche, avec son directeur de cabinet, Tim Adams, le 3 juin à 11 heures du matin.

Rice lui fit remarquer qu'il avait bonne mine.

« Je ne me suis jamais senti aussi bien, répondit O'Neill. Il revenait d'Afrique bronzé, d'excellente humeur et en pleine forme. Je devrais y aller plus souvent. »

Il aimait bien Rice et lui faisait confiance. Elle essayait de jouer le rôle du médiateur honnête en politique étrangère – un rôle qui faisait cruellement défaut en économie et en politique intérieure. O'Neill était passionné et plein de projets. Il lui parla du virus du Sida et de la faim et de certains moments de son voyage qui résonnaient encore en lui. Il lui parla de l'eau.

« On peut se concentrer là-dessus et obtenir de vrais résultats, et cela peut vraiment aider les gens en Afrique. » Rice hocha la tête. Elle avait entendu parler de la croisade de O'Neill en faveur de l'eau. Plusieurs journaux s'en étaient fait l'écho. Et, lorsque George Stephanopoulos, pour *This Week*, avait demandé à O'Neill et à Bono : « Que peut faire le gouvernement américain ? », O'Neill avait répondu : « On peut insister pour que l'argent de l'aide soit utilisé de façon tangible en créant des puits et un système de distribution de l'eau. »

Rice avait été surprise – ils avaient à peine évoqué la question de l'eau avant son départ. Mais, lorsque Stephanopoulos avait insisté auprès de O'Neill pour savoir comment on pourrait mesurer la réussite du voyage, O'Neill avait répondu avec emphase et sur des points *précis* : « Je crois qu'on saura si l'on a réussi si nous arrivons, par exemple, à fournir rapidement, au cours des trois prochaines années, des traitements à une grande majorité de femmes séropositives ou à fournir de l'eau potable aux populations. Ça, c'est du tangible, et je crois que nous pouvons y parvenir en deux ou trois ans. »

Cela constituait assurément une violation du protocole de communication de cette Maison-Blanche-là : un discours improvisé, incluant quelques promesses, même si c'étaient des promesses modestes qui ne l'obligeaient en rien. Bien entendu, c'était ce type d'improvisation qui avait assuré l'incroyable réussite médiatique de ce voyage. Ce succès avait surpris tout le monde à la Maison-Blanche, y compris le Président. La couverture de l'événement, qui avait même touché les jeunes et insaisissables téléspectateurs de MTV, était presque unanimement favorable, à l'exception des quelques persiflages à Wall Street au sujet de la photo du drôle de chapeau – « Comment les marchés pourraient-ils faire confiance à un type qui se met dans ce genre de situation ? » –, auxquels il faut ajouter les conservateurs de l'extrême droite et, comme d'habitude, tous ceux qui figuraient dans le carnet de téléphone de Larry Lindsey.

Rice écouta le récit passionné de O'Neill. Elle entendit ses arguments sur les retombées positives que pourrait avoir l'engagement des États-Unis sur une question aussi fondamentale que celle de l'eau. Il se pouvait bien qu'il ait raison, mais il devenait dangereusement autonome – en créant, dans ce cas précis, un événement médiatique sans précédent pour un membre de cabinet. Elle savait que ce ne serait sans doute pas du goût du Président.

Le jour suivant, O'Neill rencontra Powell au Département d'État et tout se déroula à peu près de la même façon. Il relata ses dix journées extraordinaires puis se jeta à l'eau. « Si on leur apporte de l'eau potable, Colin, on se souviendra de nous – et favorablement – bien longtemps après que vous et moi aurons disparu. Vous en connaissez beaucoup, vous, des domaines où l'on peut dire la même chose ? »

Powell rit. « Vous avez le don pour faire bouger les choses, c'est certain, Paul, comme d'habitude... Je crois que vous avez vraiment mis le doigt sur quelque chose d'important. » Mais Powell ajouta qu'il lui faudrait analyser la situation en prenant en compte la logistique géopolitique. L'un des refrains favoris du Département d'État était que l'eau – qui devenait une denrée rare dans plusieurs régions du monde – serait le pétrole du XXIe siècle.

« Au fond, se rappelle O'Neill, Condi et Colin ont tenu à peu près le même discours. D'un côté, si nous déclarions que nous allions accomplir cela dans un délai donné pour un certain coût et que nous échouions, alors on nous ridiculiserait et on nous attaquerait pour ne pas avoir tenu nos promesses. De l'autre, si nous réussissions à fabriquer une vitrine, disons au Ghana, pour vingt-cinq millions de dollars, alors tout le monde voudrait des puits. Et que ferions-nous ? »

Trois heures après avoir rencontré Powell, O'Neill se rendit à une réunion du NSC sur le golfe Persique. Les projets de changement de régime en Irak, qui avaient été évoqués dès les premiers jours de l'administration Bush, commençaient, dix-sept mois plus tard, à devenir publics.

Les discussions évoquaient de plus en plus une intervention en Irak. Dans ce contexte, Bush avait prononcé un discours à West Point[1] le 1er juin dans lequel il avait parlé de politique d'action préventive. « Si nous atten-

1. École de formation des officiers américains (*NdT*).

dons que les menaces se concrétisent, c'est que nous aurons attendu trop longtemps, déclara le Président lors de la cérémonie de remise des diplômes de la 204e promotion. Nous devons aller au-devant de l'ennemi, bouleverser ses plans et affronter les pires menaces avant qu'elles ne voient le jour. »

Et il ajouta, sur un ton guerrier et bravache : « L'action est la seule voie qui garantisse la sécurité. Et ce pays saura agir. » Il ne mentionna pas l'Irak dans ce discours qui semblait avoir été écrit pour préparer les Américains à la guerre, mais il les avertit que les États voyous, les régimes faibles et les groupes terroristes « pouvaient détenir la capacité catastrophique de frapper les grandes nations ».

Après la réunion du NSC, O'Neill rédigea un mémorandum sur l'Afrique à l'attention du Président. Il essaya de replacer ses réflexions dans un contexte plus large de politique étrangère. « Nous ne pouvions pas, se souvint O'Neill, empêcher les pays de se construire des armes de destruction ni, peut-être, de s'opposer à nous par les menaces et la force. Nous devions parallèlement montrer un autre visage de la politique étrangère américaine, sans lien avec le domaine militaire et qui traiterait la majorité de ce tiers monde assiégé – source de tant de menaces pour notre sécurité – de façon plus respectueuse, plus révélatrice de l'intérêt que nous lui portons. Nous avions besoin d'accomplir de bonnes choses qui soient mesurables – qui montrent que les États-Unis pouvaient améliorer la vie des gens. »

L'une des premières phrases du mémo était : « Comment servir au mieux les intérêts mutuels des pays développés et de ceux en voie de développement en promouvant la paix globale, la stabilité et la prospérité ? »

O'Neill en profita pour réaffirmer des critères de développement et de politique étrangère qu'il avait déjà mentionnés au Président – comme « faire appliquer les lois, respecter les droits de l'homme, combattre la corruption » – et, sans pour autant réclamer une augmentation des crédits alloués à l'aide, il écrivit que les objectifs des Nations unies de diminuer de moitié l'analphabétisme en 2015 et de doubler le revenu par habitant dans les pays les plus pauvres n'étaient « pas assez ambitieux ».

Au bas de la deuxième page, il souligna les priorités – « des secteurs où notre soutien pourrait faire une différence visible et mesurable dans de très brefs délais » – en commençant par un paragraphe sur « le fléau du virus du Sida. Les chiffres augmentent rapidement, avec des conséquences potentiellement désastreuses pour l'espérance de vie, la croissance économique future et le tissu social ».

Venait ensuite un paragraphe sur la nécessité d'augmenter l'accès à l'éducation primaire. Il termina par l'eau potable. « C'est là que nous pourrions changer les choses le plus radicalement et le plus rapidement. »

O'Neill sollicita alors une rencontre « pour discuter de [s]es idées et fixer un calendrier d'application » et envoya une copie du mémo à Cheney, Powell, Rice et Card.

* * *

L'après-midi du 10 juin, O'Neill sortit par la porte ouest du bâtiment du Trésor et traversa l'allée qui le séparait de la Maison-Blanche.

C'était une belle journée – les arbres étaient en fleur sur le Mall – et il se sentait de plus en plus investi par sa mission, avec, en tête, le souvenir encore vif des couleurs de l'Afrique. Il avait rencontré le matin même le Dr Anthony Fauci, l'expert en maladies infectieuses de l'Institut national de la santé (NIH), qui avait été convoqué à la Maison-Blanche pour parler du Sida pendant que O'Neill faisait l'actualité en Afrique. Bush s'était engagé à allouer cinq cents millions de dollars pour le traitement et la prévention du virus et avait laissé entendre qu'il pourrait vouloir se lancer dans quelque chose de plus ambitieux.

C'est du moins ce qu'avait déclaré le Dr Fauci à O'Neill au cours de leur petit-déjeuner. O'Neill suggéra que lui-même, et tous ceux qui, à la Maison-Blanche, étaient préoccupés par le Sida, poussent le Président jusqu'aux « limites théoriques – en clair, plusieurs milliards et un plan vraiment efficace ».

Fauci lui dit qu'il apprécierait qu'il défende auprès du Président la nécessité d'une action spectaculaire. O'Neill lui répondit qu'il le ferait et lui parla de l'étude de deux milliards de dollars sur l'eau – il était certain qu'il pouvait obtenir le même résultat pour vingt-cinq millions de dollars. Et il conclut : « Chercher ce qui peut marcher rapidement, en fonction du niveau de développement local, est la clé de n'importe quelle action contre le Sida. Il faut penser en termes de résultats. De résultats rapides. C'est une urgence. »

O'Neill entra par le portail de sécurité est de la Maison-Blanche, un dossier sous le bras. Une controverse naissante sur l'augmentation du plafond de la dette avait provoqué la réunion de ce jour avec le Président et tout un tas de conseillers sur l'économie et le budget. Cela faisait six mois que le gouvernement avait demandé au Congrès d'adopter une augmentation permanente de sept cent cinquante milliards du plafond légal de la dette

– montant maximum permis pour la dette fédérale. Ce plafond, cinq mille neuf cent cinquante milliards de dollars, devait être rehaussé pour s'adapter à la baisse des revenus due à la récession, aux diminutions d'impôts de 2001 et à la loi de relance de l'économie de l'après-11 septembre, qui avaient entraîné une augmentation des dépenses fédérales – en partie due au 11 septembre.

La limite avait été atteinte, en fait, le 16 mai. O'Neill, Daniels et l'équipe législative de la Maison-Blanche avaient réussi à faire passer une rallonge provisoire jusqu'au 28 juin. Le gouvernement n'avait presque plus d'argent et ne pouvait presque plus emprunter. Les recettes fiscales mensuelles étaient bien inférieures aux prévisions. Il y aurait un moment, au cours de l'été, où le gouvernement ne pourrait plus s'acquitter de ses obligations, notamment envers les bénéficiaires de la Social Security, les fonctionnaires fédéraux et les fournisseurs de l'armée. La situation ressemblait à celle de 1995-1996, lorsque la stratégie jusqu'au boutiste de Bill Clinton et du président de la Chambre des représentants républicaine, Newt Gingrich, avait forcé le gouvernement à mettre la clé sous la porte.

Pour les démocrates du Congrès, c'était un don du ciel qui allait leur permettre de souligner à quel point l'administration Bush s'était comportée de façon totalement irresponsable sur le plan fiscal.

Après celui sur l'Afrique, O'Neill rédigea un second mémo pour Bush, stratégique et très détaillé, qui soulignait les différentes options et les réponses qui pourraient être données aux démocrates. Il se prononçait en faveur d'un engagement à « protéger la pleine confiance et le crédit dont jouissent les États-Unis afin d'éliminer/repousser l'urgence qu'il y a à relever le plafond de la dette. Cela mettrait un terme à l'attitude défensive du gouvernement et découplerait le plafond de la dette des négociations sur un budget d'appoint » – ce que les démocrates s'étaient allégrement empressés de faire. Une deuxième option consistait à « fixer le 28 juin comme date limite impérative, mais à être prêts à agir si le Congrès ne bouge pas ». Toutefois, ce plan mettait « en péril la crédibilité du gouvernement si le Congrès le [déjouait] en le mettant au pied du mur ». La troisième option consistait à rejouer l'épisode de 1995 : « Fixer une date limite sérieuse et s'y tenir même si le Congrès refuse d'agir. »

O'Neill déconseillait les deux dernières options, que certains, à la Maison-Blanche, envisageaient – avec le soutien des conservateurs de la Chambre qui ne s'étaient pas encore remis de l'habile manœuvre de Clinton six ans plus tôt.

> Pour : le plan augmente les chances que le Congrès relève le plafond avant la date limite.
>
> Contre : le gouvernement peut être accusé d'agir de façon irresponsable avec les finances publiques. Le Congrès pourrait mal interpréter notre position et ne prendre aucune mesure, ce qui aboutirait à une impasse.
>
> Je déconseille vivement de procéder à un ultimatum parce que les risques d'aboutir à une impasse et ses conséquences sont trop sérieux.

O'Neill s'apprêtait à relire ses mémos lorsqu'il reçut une note de son secrétaire adjoint aux marchés financiers, Brian Roseboro, faisant état de la stratégie et de la position des différents participants à la réunion de tout à l'heure. Avant de se lancer dans une analyse très fine des « conflits potentiels » avec la Maison-Blanche et l'OMB, le mémo de Roseboro le mettait en garde :

> Développement majeur : vous envisagez, dans le brouillon de votre mémo pour le Président, la possibilité d'une extension du « délai suspensif de l'émission de la dette » pour passer la date fatidique du 28 juin. S'appuyant sur de nouvelles informations, le service législatif du Trésor nous a prévenus hier soir que si le Congrès avait vent de vos propositions, cela risquerait de déjouer la stratégie législative du gouvernement. Nous vous conseillons donc de ne pas envoyer votre document au Président avant de le rencontrer.

O'Neill allait donc, son mémo coincé sous le bras. Le Président, bien entendu, ne le lirait pas. O'Neill n'était pas content. Plusieurs de ses mémos avaient déjà été divulgués à la presse. Il lui semblait même que, à ce jour, ses mémos étaient quasiment les seuls, dans tout le gouvernement, à être l'objet de fuites. Un an plus tôt environ, après que son mémo destiné à Bush sur le réchauffement climatique mondial avait fini dans les colonnes du *Wall Street Journal* sous la plume de Paul Gigot, O'Neill avait pesté auprès de Michele Davis : « Il ne manquerait plus que j'arrête d'envoyer des mémos au Président parce qu'un salopard à la Maison-Blanche essaie de me détruire à coup de fuites. » Il avait donc continué d'en écrire. Le Président ne lisait peut-être pas ce qu'il lui envoyait, mais O'Neill estimait « qu'il devait avoir la possibilité de voir s'articuler des pensées cohérentes sur papier ».

Ce qui le préoccupait le plus, c'est que les responsables des fuites à la Maison-Blanche lui en voulaient au point de mettre en péril « la stratégie législative du gouvernement ».

Il coupa par le portique de la résidence de la famille présidentielle pour rejoindre le bureau Ovale. Il n'avait pas revu le Président depuis son retour d'Afrique. Il se demanda si Bush, qui aimait accueillir les gens par une petite remarque personnelle sur un trait distinctif ou un détail vestimentaire, allait remarquer son bronzage.

Lindsey, Hubbard, Daniels, Rove et les troupes politique et communication, l'équipe législative, Andy Card, Josh Bolten et tout un assortiment d'autres conseillers étaient déjà amassés dans le bureau.

Bush était en grande conversation, un petit groupe autour de lui. Il aperçut O'Neill qui franchissait le seuil.

« Tiens, salut, Big O ! Dites donc, vous vous êtes taillé une sacrée réputation comme diseur de vérités. On dirait que vous êtes devenu un vrai gourou avec sa bande d'adeptes, hein ? »

Bush ne souriait pas et personne ne se risqua à rire. Ce n'était pas une plaisanterie.

Le silence se fit dans la pièce et les participants se bousculèrent pour regagner leur place.

Ce soir-là, O'Neill quitta son bureau plus tôt que d'habitude – 17 h 45 –, et fut heureux de trouver Nancy à la maison en train de préparer le dîner.

Elle lui servit un verre de vin blanc, puis s'en versa un et vint s'asseoir à ses côtés sur le canapé.

Après quatre décennies, elle était habituée à ce qu'il rentre tard le soir et était ravie de le voir à la maison avant le coucher du soleil. Ils parlèrent de l'Afrique, de ce que cela pourrait donner s'ils adoptaient certains des enfants rencontrés là-bas, de leur offrir une vie meilleure. Mais c'était surtout une façon de se sentir jeunes et prêts à tout recommencer.

« Y-a quelque chose qui ne va pas ?

– Un truc qu'a dit le Président aujourd'hui... », marmonna-t-il.

Et il lui raconta l'incident dans le détail.

Bien entendu, elle s'inquiétait depuis le début. Comment allait-il s'en sortir dans l'univers impitoyable de Washington ? Comment allait-il s'entendre avec Bush ? Ils étaient si différents !

Mais il savait déjà ce qu'elle pensait – alors, elle avança avec précaution.

« Est-ce que tu penses que ce n'est pas bien ?

– Non, répondit O'Neill. C'est mauvais signe. »

Une question de principes

O'Neill arriva au Hilton de Waco dans la nuit du 12 août et songea à quel point le Ghana paraissait loin du Texas oriental. La distance était tout bonnement insondable. Un monde, une vie les séparait. Le Forum économique du Président avait lieu le lendemain matin. Il faudrait qu'il se lève à 4 heures pour commencer sa ronde des plateaux de télévision pour les émissions du matin de la côte Est. Cela ne valait pas la peine de se coucher.

Il décida d'aller prendre un bol d'air nocturne et se promena jusqu'au musée des *Texas Rangers*, puis il rentra à l'hôtel pour consulter son épais dossier : une mine d'informations accumulées pour un événement médiatique.

Pour la première fois, il se demanda s'il n'y avait pas une meilleure façon de passer le temps que d'être secrétaire au Trésor. Les deux derniers mois avaient été horribles et il se trouvait au plus bas. Ses grands projets pour l'Afrique n'avaient rien donné, ni même le sentiment de vivre un grand moment ou d'avoir une mission à accomplir. Dans un article qu'il avait envoyé d'Afrique, Paul Blustein, du *Washington Post*, avait écrit : « O'Neill, en jurant que des problèmes tels que le manque d'eau potable seraient bientôt en passe d'être réglés, emploie des mots qui reviendront hanter le gouvernement s'ils ne sont pas suivis effectivement d'effet. »

Mais personne ne semblait être hanté par quoi que ce soit. Des responsables de l'aide internationale et du développement, à Oxfam ou à la Banque mondiale déclarèrent aux journalistes que la question de l'eau était plus complexe que ne le croyait O'Neill – cela faisait quand même des années qu'ils travaillaient sur le sujet ! « Il ne suffit pas de creuser un puits au milieu d'un village, dit un responsable de l'association caritative *Save the Children.* On l'a déjà fait, à de nombreuses reprises, en Afrique. Il faut penser à la maintenance des puits. C'est le facteur primordial, trouver des gens qualifiés pour entretenir le puits. Le gros problème en Afrique, c'est qu'il n'y a pas de pièces de rechange et les puits se détériorent. »

De retour aux États-Unis, O'Neill avait répété à tous ceux qui voulaient bien l'entendre ce qu'il avait déclaré en Afrique aux associations humanitaires : « L'unique façon de faire avancer les choses, c'est de refuser les excuses faciles. »

Il répéta exactement la même phrase à Bush lors d'une entrevue dans le bureau Ovale le 12 juin, à 16 h 15, deux jours après avoir été traité de « diseur de vérités ».

Il continuait à rencontrer Bush en tête à tête, mais plus rarement, une fois toutes les deux à trois semaines. Il ne perdit donc pas une minute. Il se jeta à l'eau, plaidant ardemment en faveur d'un plan d'action pour l'eau : « Ce serait une vraie vitrine, monsieur le Président, de ce que l'Amérique peut entreprendre pour améliorer la vie de gens aux prises avec de vraies difficultés. »

Bush lui posa quelques questions pour la forme – quelle était la situation de l'eau sur le continent, quelles organisations étaient présentes sur le terrain –, mais il semblait plus intéressé par le problème de l'engagement sur place d'institutions financières internationales, comme la Banque mondiale et le FMI, et voulait savoir ce que O'Neill en pensait. Il lui répondit que, bien entendu, il faudrait aussi aborder les questions structurelles, mais que celles-ci ne se poseraient qu'une fois qu'un « engagement courageux et cohérent » serait pris, un engagement qui unirait les efforts de tous.

C'était peine perdue. Si le Président n'accrochait pas dès la première ou la deuxième minute, c'était sans espoir. Il ne savait plus vers qui se tourner. Il avait déjà essayé avec Rice et Powell. O'Neill tira sa dernière cartouche. « Pour seulement vingt-cinq millions, dit-il, nous pourrions établir un programme, avec un objectif de vingt-quatre ou trente-six mois au maximum, pour approvisionner en eau potable tous les habitants du Ghana. Ce serait une sorte de vitrine, qui mettrait en avant nos valeurs en tant qu'américains et notre sincérité, et nous montrerions aussi que c'est possible d'y parvenir rapidement et à un coût raisonnable. On ne va quand même pas encore laisser une autre génération s'en remettre au bon vouloir de la pluie, bon Dieu ! »

Bush lui répondit par un regard vide et O'Neill passa mentalement en revue toutes les excuses qu'on lui avait opposées durant ces dernières semaines : « Il y a celle, vous savez, qui dit : "Oh, mon Dieu, on ne peut quand même pas se fixer des objectifs comme ça, parce que, si nous échouons, nous serons la risée de tous !" Mais c'est cela, précisément, être un leader ; tout le reste n'est qu'une question d'ingénierie. Alors, ils rétorquent : "Mais il n'y a pas assez de tours de forage." Je réponds : "Conneries !" Vous pourrez toujours vous procurer toutes sortes de foreuses avec un nombre considérable de dollars, mais on n'a pas besoin de tant d'argent pour effectuer le type de forage qui nous intéresse. » On lui avait aussi souvent dit : « Mon Dieu ! et si ça marche ? Tout le monde voudra la même chose et s'attendra à ce que nous le leur fournissions. » Au cours de son périple en Afrique, il avait souvent pensé aux centaines de milliards de dollars versés par le biais de l'assistance économique depuis les années 1950. Mais, grand Dieu ! quelles étaient donc ces priorités qui avaient repoussé la question de l'eau aux calendes grecques ?

O'Neill sentit qu'il ne réussirait pas à communiquer son sentiment de frustration au Président. Alors, il se força à changer de sujet. Il promit qu'il le tiendrait au courant de ses efforts pour créer un « plan d'action » pour l'eau et aborda la question du Sida. Il déclara qu'il fallait faire un « effort historique » pour combattre la maladie en Afrique, et lui présenta plusieurs options. Il lui fit part de sa rencontre avec le Dr Fauci.

« Je m'en occupe, lui répondit Bush qui lui dit qu'il avait rencontré Fauci et d'autres qui essayaient de voir ce que les États-Unis pouvaient faire au sujet du Sida en Afrique. Je crois que nous devons faire quelque chose d'important à ce sujet. La question est quoi ? et combien ?

– Je pense qu'il faut pousser jusqu'aux limites théoriques », répondit O'Neill.

Bush hocha la tête, puis passa à autre chose. Comme à chacune de ses visites, il était entendu que O'Neill devait lui parler de l'économie – mais juste un peu.

« La situation économique s'améliore, mais pas aussi vite que nous l'aurions souhaité. Je ne crois pas que nous devrions prendre de mesures drastiques, mais cela pourrait valoir le coup de lancer un vrai débat sur les conditions économiques – d'où venons-nous ? où nous trouvons-nous aujourd'hui et où notre économie semble-t-elle se diriger ? Nous sommes passés d'une première baisse d'impôts aux événements du 11 septembre, et nous n'avons pas vraiment créé de "politique économique". Réduire les impôts ne constitue pas véritablement une politique économique. »

Le Président lui parut attentif et l'avertit qu'il leur restait encore quelques minutes. O'Neill lui parla de la conférence qu'il avait aidé à organiser pour Gerald Ford en 1974. L'économie d'alors tanguait sous les assauts combinés d'une inflation galopante et d'un fort taux de chômage. Les économistes les plus influents, les patrons et les responsables syndicaux, représentant tous les courants de pensées, s'étaient réunis autour d'une gigantesque table recouverte de feutre dans la salle est de la Maison-Blanche. Sous l'œil des caméras, Ford et son équipe – dont O'Neill et Greenspan, alors à la tête du Comité des conseillers économiques du Président –, disséquèrent une série de thèmes, de la théorie et de la pratique des politiques fiscales aux maux qui affligeaient l'économie, et proposèrent les remèdes pour la remettre d'aplomb.

La conférence, qui avait pour but de trouver un consensus bipartisan, contribua à élaborer le « grand plan » que Ford présenta par la suite au Congrès, incluant des programmes sociaux pour les chômeurs, des exemptions d'impôt pour les bas et les moyens revenus et des mesures d'austérité fiscale. Ce dernier élément avait été appuyé par O'Neill et Greenspan qui étaient persuadés, comme ils l'étaient encore aujourd'hui, que l'inflation était causée par les déficits et la prodigalité fiscale. « Ford s'est vraiment bien débrouillé pendant la réunion.

Il a montré qu'il était attentif, qu'il prenait connaissance de toutes les positions en présence et aussi qu'il était vraiment capable, avisé et compétent pour résoudre les problèmes du pays... Ce qui est important. Souvenez-vous, c'était juste après le Watergate. Il fallait redonner confiance aux gens. La clé, c'est de voir un président qui maîtrise complètement la question et qui cherche des solutions. »

Bush demeura quelques instants silencieux. « Je crois que je peux faire ça », finit-il par dire.

* * *

O'Neill n'avait pas repensé à l'idée d'une conférence économique de premier plan jusqu'à ce que, quelques semaines plus tard, il reçoive un mémo envoyé par la Maison-Blanche.

Ce fut comme un coup de poignard. La conférence aurait lieu à Waco – et non à la Maison-Blanche – et le Forum économique du Président serait le bébé de Lindsey, secondé par Karl Rove, Karen Hughes et l'équipe politique et communication. Le groupe de participants comprenait deux cent quarante personnes soigneusement sélectionnées, des dirigeants d'entreprises, des économistes et même quelques responsables syndicaux. Pour un observateur peu aguerri, cet assemblage pouvait paraître divers et indépendant, mais, en fait, quasiment tous les participants étaient des supporters de Bush. Beaucoup d'entre eux avaient contribué financièrement à sa campagne électorale. Leur présence était, en quelque sorte, une récompense pour leur soutien.

On n'avait pas demandé à O'Neill de proposer des noms. On l'avait chargé d'animer un petit séminaire le matin – un sur les huit qui auraient lieu simultanément. Le sujet qui lui avait été attribué était la reprise économique et la création d'emplois.

Bush, accompagné par son cercle restreint de la Maison-Blanche, composé de Hughes, Rove, Card et Bolten s'inviteraient, tels un délégué en chef et sa cour, d'un séminaire à l'autre.

Les collaborateurs de O'Neill avaient laissé éclater leur fureur. À la mi-juillet, Tim Adams avait convoqué Michele Davis dans son bureau.

« C'est un rôle de second plan, lui dit-il. Ce n'est pas la place d'un secrétaire au Trésor. C'est un affront. »

Davis hocha la tête.

« Vous avez raison. C'est pourquoi notre secrétaire au Trésor pourrait décider de ne pas y aller. »

Adams ferma la porte.

« Vous n'êtes pas sérieuse ? »

Un tel acte s'apparentait presque à une annonce de démission. Quelques minutes plus tard, ils entraient tous les deux dans le bureau de O'Neill. « Je ne crois pas pouvoir y aller, leur déclara-t-il calmement. C'est idiot de faire un aller-retour jusque là-bas juste pour faire la claque. Il y a tout un tas de sujets importants qui pourraient être abordés, comme le sauvetage des programmes de la Social Security ou du Medicare, ou la simplification du code des impôts, mais aucun de ces thèmes ne figure au programme. Ce qu'on y verra, ce sont des gens en train de lire leurs scripts sur lesquels il est écrit "J'adore le Président". Comment conciliez-vous cela avec le magnifique idéal américain de la quête honnête et libre de la vérité ? »

O'Neill semblait avoir déjà pris sa décision. Davis, de plus en plus accablée, essaya de le convaincre : « Le Président mettra en œuvre un programme que vous aurez aidé à établir ; [...] c'est ainsi qu'il peut attirer l'attention du public sur ce que, vous, en définitive, déciderez ; [...] cela fait partie du rôle du Président que de donner aux gens ce qu'ils attendent ; vous faites partie d'une équipe qui doit l'aider dans cette tâche. »

O'Neill la regarda d'un air blasé.

Elle lui sortit son discours « il faut aller à la rencontre des Américains » : « Très bien, je vous l'accorde, c'est du spectacle. Mais il y a plus de gens qui lisent *USA Today* que le *Wall Street Journal* et si vous, vous consultez la chaîne Bloomberg vingt fois par jour et lisez le *Post* et le *Times*, la plupart des gens, eux, s'informent autrement. Imaginez un mari et sa femme, qui s'apprêtent à déposer leurs enfants à l'école avant d'aller au boulot. Ils servent des céréales dans les bols du petit-déjeuner en regardant la télé – *et il n'y a pas assez de temps pour les chiffres et les concepts compliqués* – alors, si au moins une idée et une image parviennent jusqu'à eux et qu'ils y pensent au cours de la journée, c'est déjà une grande victoire. »

O'Neill haussa les sourcils. Pas mal.

« Et si nous nous occupions de l'eau en Afrique, lui répondit-il, nous sauverions des centaines de milliers de vies. »

Adams et Davis réfléchirent à un plan de rechange. Ils trièrent la pile d'invitations que O'Neill recevait chaque mois, cherchant des dates qui concordaient, dans l'Ouest ou le Sud-Ouest, vers la mi-août. Puis ils décrochèrent leurs téléphones. Il y avait le petit-déjeuner « Économie rurale », sponsorisé par l'agence agricole de Portland, dans l'Oregon, le 14 août – « Parfait ! » Une invitation valable n'importe quand pour visiter l'usine high-tech de camions Kenworth près de Seattle – « O'Neill adore visiter les usines ! » Puis la table ronde sur la coopération économique entre l'Asie et le Pacifique, au Bell Harbor International Conference Center à Seattle. Il pouvait être l'orateur principal. Le jour suivant, le 15, rencontre avec le bureau éditorial du *Denver Post* – « Bien sûr, répondirent-ils. Si le secrétaire au Trésor est en ville... », – et, pour finir, une visite de l'US Mint[1] à Denver.

Quelques jours plus tard, ils revinrent pour lui vendre le lot : le secrétaire au Trésor Paul O'Neill fera un arrêt à Waco au cours de son périple de quatre jours dans l'ouest des États-Unis.

O'Neill hocha la tête. Très bien goupillé. Juste avant de partir pour le Texas, il croisa Dan Bartlett à la Maison-Blanche. Celui-ci avait été promu directeur de la communication à la suite de la démission de Karen Hughes qui était retournée à Austin en avril.

« Hé, monsieur le secrétaire, lui dit Bartlett, tout sourires. On a suivi votre idée.

– Foutez-moi la paix, Dan. Ça n'a vraiment rien à voir avec mon idée. J'avais commandé une berline bleue et vous me donnez un skateboard vert. »

* * *

Le 13 août au matin, O'Neill ouvrit la séance de son séminaire sur la reprise économique et la création d'emplois dans une salle de conférences de l'université de Baylor. Avec ses quatorze mille étudiants, elle est l'une des plus grandes universités baptistes au monde. Elle est située à seulement quarante-cinq minutes de voiture du

1. Établissement fédéral de frappe de la monnaie américaine (*NdT*).

ranch de Crawford où le Président passait ses vacances de la mi-août.

O'Neill avait rayé de sa mémoire le souvenir de Ford – la façon dont Greenspan et lui l'avaient préparé, puis lâché au milieu d'économistes réputés, le progressiste John Kenneth Galbraith d'un côté, le conservateur Milton Friedman de l'autre, puis comme ils l'avaient regardé se débrouiller, pleins d'espoirs, comme on peut observer un sprinter de classe internationale que l'on a personnellement entraîné ou encore un poids lourd avec un crochet du gauche assassin.

Non, il fallait qu'il raye tout cela, sinon il ne pourrait pas prononcer son discours d'introduction sur la récession qui « aurait pu durer plus longtemps et être plus grave » s'il n'y avait pas eu de baisse d'impôts ou de remise fiscale, sur le monde des entreprises où « pouvoir doit rimer avec responsabilité », et annoncer ensuite toute une série de mesures à venir, comme la création d'un fonds de garantie contre le risque terroriste, car les promoteurs et les entreprises du bâtiment ne parvenaient pas à trouver des investisseurs après le 11 septembre, ou encore la protection des fonds de retraites suite aux récents scandales.

Michele Davis l'observait. Face à la trentaine de dirigeants d'entreprises, d'économistes, de membres de la Chambre du commerce, et de représentants de l'industrie, plus trois responsables syndicaux rassemblés autour d'une longue table en U, ce dernier passage sur les fonds de retraite était censé provoquer des vagues. Mais, ce matin, son patron semblait incapable de se départir de son ton monocorde. Et ce, même lorsqu'il affirma la « nécessité de contrôler les dépenses publiques ». Il termina son exposé en déclarant : « Nous devons choisir la voie qui ne nous mène pas au déficit, même si le contexte économique demeure modeste. »

Après quelques discours rapides récités par d'autres participants, la porte s'ouvrit et le Président entra d'un pas nonchalant, flanqué de sa phalange de conseillers sélectionnés, et s'assit juste derrière un panneau sur lequel on pouvait lire « Reprise économique, création d'emplois », entre un homme d'affaires noir et une femme qui semblait sortie tout droit d'un catalogue des 3 Suisses.

O'Neill donna la parole à la jeune femme, du nom de Van Eure, propriétaire d'un restaurant en Caroline du Nord et qui avait versé mille dollars pour le comité de soutien des candidats Bush et Cheney. « Je dirige un restaurant à Raleigh, en Caroline du Nord. On y emploie deux cent quarante personnes. Le restaurant sert sept cents à mille couverts chaque soir. Et nous... Je voudrais vous remercier pour la diminution d'impôts et le plan de relance. Cela nous a vraiment beaucoup aidés et nous avons vu une vraie différence. Une chose qui aiderait vraiment tous les restaurateurs, les petits, les indépendants, c'est la déduction à 100 % pour les repas d'affaires.

Il y a une chose, continua-t-elle, qui m'a personnellement affectée – par deux fois–, c'est le problème des droits de succession. Mon père est mort et puis ensuite ma mère, quatorze ans plus tard. Et si nous n'avions pas eu une assurance-décès et si nous n'avions pas pu vendre certains actifs, nous aurions perdu le restaurant. Et ce que je ressens..., ce qui m'inquiète, c'est que d'autres personnes n'auront peut-être pas l'opportunité de faire ce que j'ai fait et elles risqueront de perdre leur entreprise. Mais surtout, j'ai des employés qui adorent leur travail. Ils sont tellement contents d'avoir un boulot et ils sont tous derrière leur pays en ce moment, pour le soutenir, et ils sont tellement fiers… Mes employés sont tellement fiers de ce que vous avez accompli… »

Davis observait O'Neill attentivement, craignant qu'il ne se départe d'une quelconque remarque qui trahirait son dédain. Il avait l'air écœuré. Quasiment toutes les interventions qui s'adressaient à Bush avaient été écrites à l'avance. Les participants qui devaient prendre la parole en sa présence avaient répété leurs scènes avec un conseiller en communication de la Maison-Blanche: ce qu'ils allaient dire et combien de temps devait durer leur intervention.

C'est alors que l'enthousiasme de Mme Eure provoqua l'un des rares échanges inédits de la journée.

Elle se tourna vers Bush.

« Je suis tout simplement honorée d'être assise à côté de l'un de mes héros. »

Le Président lui fit un petit sourire ironique.

« Qui ça ? O'Neill ? »

Eure se retourna vivement, décontenancée – « Non, bien sûr que non ! » – et Bush passa le bras dans son dos pour tapoter sur l'épaule de O'Neill.

« On en a trouvé une, O'Neill ! »

Le secrétaire au Trésor força un sourire dans l'hilarité générale.

* * *

À midi, la conférence était terminée. Pour les médias, l'information avait vécu. Au cours d'un autre séminaire de la matinée, intitulé « Les petits investisseurs et les fonds de pension », Charles Schwab, le P.-D.G. de la société de courtage, avait suggéré de relever le plafond des déductions fiscales des pertes boursières de trois mille à vingt mille dollars et d'éliminer la soi-disant « double imposition » des dividendes.

Le Président avait répondu à Schwab : « J'aime beaucoup ce que vous proposez sur la façon dont on devrait comptabiliser les pertes et/ou la double imposition des dividendes. C'est tout à fait logique. »

C'était comme si Bush était venu à Waco pour apprendre ce que les responsables d'entreprises et les économistes les plus pointus du pays avaient en tête, et de décider – devant les caméras – quelles idées valaient la peine d'être considérées.

C'était du moins le concept. Mais la plupart des journalistes jugèrent la performance de Bush peu convaincante – il n'avait pas paru très attentif lors les échanges de la matinée –, et les idées qui avaient été présentées lors du forum étaient des rengaines classiques du camp républicain.

La proposition sur les dividendes, par exemple, était apparue pour la première fois sur la scène publique au début des années 1980. C'était l'une des préférées de Don Regan, le secrétaire d'État au Trésor de Ronald Reagan, et elle figurait également dans le programme de la présidence de Bush père. L'idée selon laquelle les dividendes sont doublement imposés renvoie à l'imposition des bénéfices bruts d'une société, desquels on tire les dividendes, et qui est suivie par une seconde imposition, subie cette fois par l'actionnaire, après qu'il eut touché ses dividendes. Il existe de nombreux débats sur la façon dont cette imposition grève le capital, altère le comportement des entreprises et freine l'économie. Mais, dès l'été de 2002, plus de deux ans après l'effondrement des marchés, tout le monde à Wall Street s'accordait pour dire qu'en éliminant, ou même en réduisant de moitié, l'impôt sur les dividendes, on donnerait un coup de fouet aux valeurs boursières.

L'idée fut ressassée le plus bruyamment possible pendant les semaines qui précédèrent Waco. Tout l'été, sur CNBC, l'animateur Lawrence Kudlow, ami intime de Dick Cheney, fit campagne en faveur de la suppression de la double imposition. Un éditorial du *Wall Street Journal* réclamait la même chose une semaine avant Waco. Comme tout le reste à Waco, ce ballon d'essai sur la suppression de la double imposition avait été soigneusement mis en scène.

O'Neill et Davis, bien entendu, le savaient. La réduction ou l'élimination de l'impôt sur les dividendes n'était que la plus importante d'une série de propositions censées naturellement émerger de Waco. Suivaient un deuxième point mentionné par Schwab – une augmentation de la déduction pour les pertes subies en Bourse – et, ensuite, une réduction du taux d'imposition du revenu des capitaux. Une proposition similaire se focalisait également sur l'indexation des revenus des capitaux sur l'inflation, ce qui revenait à soustraire l'inflation des revenus des capitaux pour déterminer le montant imposable. Et, pour finir, il y avait la proposition d'augmenter les plafonds des versements sur les IRA et les 401(k)[1] ou d'accélérer l'introduction progressive de plafonds plus élevés, prévue dans la loi sur les baisses d'impôts de 2001.

* * *

1. Plans d'épargne-retraite d'entreprise (*NdT*).

De retour à Washington après sa tournée à travers Portland, Seattle et Denver, O'Neill demanda à ses collaborateurs de se pencher sur le panier des propositions, afin de déterminer clairement les avantages et les inconvénients de chacune d'entre elles.

Bien que le blocage sur le plafond de la dette eût fini par se dénouer le 27 juin – les républicains de la Chambre des représentants, soucieux d'avancer et d'éviter une crise potentiellement désastreuse, avaient fini par voter ce que les démocrates du Sénat avaient adopté un mois plus tôt, soit une augmentation de quatre cent cinquante milliards, portant la limite à six mille quatre cents milliards–, la question matérielle restait d'actualité : le déficit du budget fédéral pour l'année fiscale qui prenait fin au mois de septembre dépasserait, selon les estimations, les cent cinquante milliards de dollars.

O'Neill était persuadé que ce serait encore pire. Les rapports mensuels qui atterrissaient sur son bureau trahissaient un déclin inquiétant des rentrées fiscales du gouvernement tout au long de l'année, et la situation semblait empirer. En juin 2002, le gouvernement avait collecté vingt mille trois cents milliards de dollars de moins qu'au mois de juin de l'année précédente. Le mois suivant, les rentrées fiscales, bien que supérieures à celles du mois de juillet 2001, étaient inférieures de quatre mille trois cents milliards de dollars aux prévisions du gouvernement. Le rapport sur celles du mois d'août annonçait qu'elles seraient inférieures de cinq mille sept cents milliards par rapport aux prévisions.

Tandis que les revenus fédéraux s'affaissaient, les indicateurs économiques du mois d'août dessinaient un tableau hétérogène à partir duquel on pouvait tirer des conclusions très différentes. Un rapport du département du Travail annonçait un taux de chômage de 5,9 %, avec une tendance pour les entreprises à diminuer le nombre d'heures de travail et à limiter les embauches. D'après le département du Commerce, le niveau des salaires stagnait. Le Commerce rapportait également que les commandes d'usines étaient en chute libre depuis le mois de juin. Amalgamés, les chiffres du Travail et du Commerce poussaient les analystes à douter de l'imminence de la reprise. Le *New York Times* indiquait que, dans le sillage de ces rapports, « un nombre important d'économistes [avaient] troqué leurs prévisions optimistes d'une forte reprise dans la seconde moitié de l'année pour la crainte de voir l'économie subir une longue période de faible croissance ».

Lindsey semblait s'appuyer essentiellement sur ce type de chiffres et d'analyses – ceux qui annonçaient le désastre. C'est ainsi qu'il avait procédé durant la majeure partie de l'année.

Durant le printemps et l'été, les rendez-vous économiques hebdomadaires s'étaient transformés en bains de sang. D'un côté, il y avait Lindsey – idéologiquement pur, mais dont les seuls calculs, dernièrement, se résumaient à « ceux qu'il faisait au dos d'une enveloppe », comme le disait un de ses amis et ancien collaborateur. De l'autre, O'Neill surveillait attentivement ses banques de données sur-mesure, grâce à Richard Clarida et à son atelier de statistiques en temps réel.

En prédisant pour le premier trimestre de 2002 une croissance de 5,1 % du PNB à la mi-mars, proche des 6,1 % annoncés (et des 5 % en données corrigées, quelques mois plus tard), le système était encore tombé juste. Pour le deuxième trimestre, il avait surévalué la croissance, prédisant une augmentation de 2,6 % du

PNB – légèrement supérieure à la prévision de 2,1 % de Macroeconomic Advisers, le plus réputé des conjoncturistes. Le Commerce avait annoncé quelques mois plus tard un chiffre de 1,3 %.

Après l'Afrique, O'Neill et Clarida s'étaient réunis pour affiner leurs instruments. À la mi-juillet comme à la fin juillet, les chiffres de Clarida annonçaient une croissance du PNB de près de 4 % pour le troisième trimestre.

Planant sur sa victoire de Waco – et plongé dans la réorganisation de quatre différentes propositions de baisses d'impôts–, Lindsey avait fait peu de cas de l'optimisme nuancé de O'Neill sur le troisième trimestre. Pendant une bonne partie de l'année, il avait prédit un recul catastrophique de l'économie et avait recommandé à Bush une baisse d'impôts immédiate de trois cents milliards de dollars *qui devait intervenir sur une seule année fiscale*. Mais pour l'essentiel, il n'avait pas modifié sa position.

Hubbard, de son côté, s'esquivait. Il pensait qu'une diminution d'impôts modérée devait essentiellement reposer sur la suppression de la « double imposition » des dividendes, et permettrait une relance à court terme.

Aucun des deux ne semblait accorder particulièrement d'importance au secrétaire au Trésor. Tandis que le Président passait la fin août à Crawford, et que O'Neill disparaissait pour une semaine de vacances dans son immense maison de quatre étages de Bethany Beach dans le Delaware, il semblait que Lindsey, avec le soutien modéré de Hubbard, avait acquis un pouvoir d'influence accru, qu'il bénéficiait d'une grande proximité avec le Président et pouvait compter sur une multitude d'alliés.

* * *

Le 4 septembre, O'Neill arriva à son bureau avant l'aube, armé d'une grande détermination. Il se servit un café et consulta le quatuor d'écrans Bloomberg empilés deux sur deux contre le mur, derrière son fauteuil, à côté d'un élégant bureau à cylindre du XVIIIe siècle, qui remontait à l'époque d'Alexander Hamilton.

Il se plongea dans les chiffres de la nuit sur les marchés à terme des matières premières et étudia les premiers échanges sur le marché du London Metal Exchange. Derrière les écrans scintillant de symboles – la numérologie d'une économie mondiale en train d'éclater –, il essayait d'imaginer les poutres d'acier, les boisseaux de blé et les poires du Pakistan en train de mûrir sur un dock lointain. Il répétait depuis des décennies qu'il fallait être précis – séparer les faits, les analyses et les opinions. Les faits étaient là. C'était le point de départ.

Cinq quotidiens du matin étaient alignés avec soin sur son bureau, et tous donnaient en une des nouvelles de l'Irak. La rhétorique de l'administration s'était considérablement durcie au cours du mois d'août, comblant le fossé entre ce qui était clair depuis longtemps à l'intérieur de la Maison-Blanche et ce qui était révélé au public. La position officielle – le Président n'a pas encore pris sa décision – s'effritait à mesure que l'on distillait des arguments en faveur de la guerre.

Cheney et Rumsfeld avaient rencontré des dissidents irakiens en exil à la mi-août, et promis que les États-Unis renverseraient Saddam Hussein. Le Président avait déclaré le même jour que Saddam était un ennemi, « jusqu'à preuve du contraire ». Quelques jours plus tard, Condi Rice argumentait face à un journaliste de la BBC:

« Nous n'avons qu'à nous pencher sur le passé et nous demander combien de dictateurs, qui ont fini par représenter une menace mondiale et tuer des milliers et même des millions de personnes, auraient dû être stoppés dans leur course par nos soins... Nous ne pouvons certainement pas nous offrir le luxe de ne rien faire. »

Mais avant tout il fallait des preuves, un dossier qui puisse reposer sur des faits. O'Neill, pour avoir participé aux réunions du NSC, ou pour avoir lu les rapports de ses adjoints qui y avaient participé, savait que ces preuves si ardemment désirées, comme l'existence d'un lien irréfutable entre Saddam et Al-Qaida, n'existaient sans doute pas. Les informations dont on disposait rendaient l'existence d'un tel lien fortement improbable. Saddam Hussein massacrait les fondamentalistes islamiques depuis des années – Al-Qaida le détestait au moins autant qu'elle détestait les États-Unis. Saddam n'était pas un imbécile – cela faisait deux décennies qu'il écrasait les fondamentalistes de son pays ; il ne risquait pas de leur fournir des armes, si tant est qu'il en ait.

En vacances, O'Neill avait lu avec une consternation croissante ce qui se disait dans la presse. Deux semaines plus tôt, le *Washington Post* avait rapporté des allégations attribuées à des responsables du gouvernement sous couvert d'anonymat, selon lesquelles des membres d'Al-Qaida, dont certains avaient « des noms reconnaissables », avaient trouvé refuge en Irak. Puis, le 26 août, une double offensive précisait le message. Ce matin-là, des quotidiens de premier plan annonçaient en première page que les avocats de la Maison-Blanche avaient statué que la loi internationale autorisait l'administration américaine à renverser Saddam Hussein sur la base de ses violations des accords ayant mis fin à l'opération « Tempête du désert », la guerre du Golfe de 1991. Et, un peu plus tard ce même jour, Cheney prononçait un discours à la convention des Veterans of Foreign Wars[1] de Nashville, dans le Tennessee, au cours duquel il brandit le spectre de Pearl Harbor et déclara que les États-Unis risquaient de se trouver à la merci d'un Saddam détenteur de l'arme nucléaire s'ils ne se décidaient pas à intervenir sous peu. Le jour suivant, le 27 août, le discours de Cheney était analysé par le *New York Times* comme une déclaration ferme de la position américaine. « Quand Cheney parle, c'est Bush, déclara au *Times* William Kristol[2], l'expert néo-conservateur très en vue. Je crois que le temps des discussions à l'intérieur du gouvernement est terminé et que c'est le commencement d'une campagne publique sérieuse. »

« Deux idéologies dominantes occupaient alors le terrain, se rappelle O'Neill. Il y avait le dogme de la préemption, dans le sens de l'action préventive, qui a conduit la politique en Irak. Et il y avait l'idée qu'une baisse d'impôts est toujours une bonne chose, et que, plus la coupe est franche, meilleur c'est. J'ai concentré mes efforts sur celle que je pouvais infléchir. »

À la tête de l'OMB, O'Neill avait appris une leçon qu'il n'a jamais oubliée : le budget est souvent le seul lieu où des idées complètement différentes entrent en compétition – une compétition pour savoir qui recevra de l'argent et qui n'en recevra pas. Mais pour que cette compétition ait lieu, il faut que les limites du budget

1. Anciens combattants des théâtres d'opérations extérieures (*NdT*).
2. Auteur, avec Lawrence F. Kaplan, du livre *Notre route commence à Bagdad, par les faucons de la Maison-Blanche*, publié aux éditions Saint-Simon en 2003 (*NdÉ*).

soient finies. Un déficit en constante expansion, comme il le répétait à l'envi aux membres du gouvernement et aux responsables des départements, trahit bien souvent le manque de réflexion et l'indécision. Équilibrer un budget, ce n'est pas qu'une question de bon sens en matière fiscale. Cela demande d'autres vertus, comme la rigueur intellectuelle et l'appréciation honnête des intentions qui sous-tendent l'action. « Savez-vous ce que vous faites – et pourquoi vous le faites ? »

Ce 4 septembre, on allait avoir l'occasion de se poser à nouveau ce type de questions. Une berline noire attendait dehors. Le moteur tournait et, dans l'habitacle, l'humidité matinale de Washington s'était dissipée par la magie de l'air conditionné. Quelques minutes plus tard, O'Neill et Ken Dam se retrouvaient attablés devant des fruits frais dans la salle à manger de Greenspan.

La discussion était intense et stratégique, calme et sérieuse. Ils se comprenaient à demi-mot. Ils avaient une histoire commune maintenant, des points de référence qui s'étalaient sur près de deux ans d'efforts, avec quelques résultats. Ils avaient eu raison au sujet des garde-fous, plus encore qu'aucun d'entre eux n'aurait osé l'imaginer à l'époque. Le surplus budgétaire de cinq mille six cents milliards de dollars n'était plus qu'un lointain souvenir. Les livres de comptes fédéraux se teintaient de rouge. Les déficits seraient conséquents cette année avec l'adoption de la loi entérinant une baisse d'impôts d'un millier six cents milliards de dollars – la plus grosse partie de cette somme n'ayant pas encore été retirée du budget. Les dysfonctionnements du système politique, où il est souvent plus efficace de jouer avec les illusions que de brandir la réalité, risquaient de transformer en mission suicide les tentatives d'abrogation de la loi sur la baisse d'impôts.

L'opinion selon laquelle les garde-fous risquaient de miner l'investissement était « un argument crédible, correct, remarqua Greenspan en établissant un état des lieux. Mais toute la question consiste à peser les avantages d'un but désiré, avec ceux d'un autre but désiré, lorsque, dans les faits, ils se contredisent en partie l'un l'autre. Dans mon opinion, les garde-fous garantissent un meilleur équilibre. Est-ce que je préférerais que l'on baisse les impôts et que tout le reste soit inchangé ? Oui, bien entendu. Mais dans le monde réel, ce choix-là n'existe pas ».

Et maintenant, le « monde réel » allait leur faire payer d'avoir ignoré ses injonctions. Les enfants du *baby boom* déboulaient à toute allure, et l'argent qui aurait permis de faire la jonction entre le programme de la Social Security et un autre programme, s'en inspirant ou le remplaçant, avait disparu. O'Neill et Greenspan avaient recruté Kent Smetters, un maître assistant de l'université de Pennsylvanie et protégé de Martin Feldstein, pour traiter à toute vitesse les données du programme de la Social Security au printemps de 2001. O'Neill avait tenu Greenspan au courant des progrès de Smetters. Il manquait quatre mille quatre cents milliards de dollars sur la durée de vie du programme, bien plus que ne l'avaient suggéré les premières estimations. Bush avait ajourné les recommandations de la commission sur la Social Security. Une bombe prête à exploser dans un tiroir fermé à clé.

« Que proposes-tu ? demanda Greenspan. Pouvons-nous reprendre le contrôle de la situation d'une façon ou d'une autre ? » En intégrant dans les calculs les manques à gagner pour le budget sur les prochaines années, on parvenait à une estimation de trois mille milliards de dollars de déficit sur dix ans.

« De tels déficits paralysent le gouvernement, dit O'Neill. Il faut arrêter ça. »

Il raconta à Greenspan que Lindsey s'employait à mettre l'accent sur des données économiques qui appelaient une nouvelle baisse d'impôts et que Waco n'avait été qu'un événement médiatique fabriqué pour soutenir cette idéologie. Hubbard, de son côté, s'était fait l'apôtre de la suppression de la « double imposition » des dividendes, une idée qu'il chérissait depuis l'époque où il avait travaillé au département du Trésor du premier président Bush.

Les deux hommes respectaient Hubbard. Même si ses conclusions divergeaient souvent des leurs, ils parlaient le même langage. Ils appréciaient l'idée de la relance par des baisses d'impôts, qui créerait de la croissance et donc une augmentation des recettes fiscales. C'était une question de degrés, de positionnement sur le spectre, entre d'un côté le concept pur et, de l'autre, la réalité dure et complexe des chiffres montrant comment les baisses d'impôts affectent réellement l'économie. Hubbard avait tendance à voir augmenter les recettes fiscales plus que ne le confirmaient les chiffres de Greenspan ou de O'Neill. Néanmoins, ils pensaient tous deux que, dans un monde parfait, la réduction de l'impôt sur les dividendes était une bonne chose. « Éliminer l'impôt sur les dividendes est un projet de première importance. Le problème, ce n'est pas ça..., dit Greenspan. Le problème, c'est de savoir si l'on peut le financer de façon appropriée en empruntant sur les dépenses. »

O'Neill était sur la même longueur d'onde. L'économie n'avait pas besoin d'être relancée de façon spectaculaire pour le moment – les prévisions sur la croissance du PNB au troisième trimestre variaient de « solide » à « forte », et il semblait qu'ils avaient vu juste sur la croissance de 4 % prévue selon les données en temps réel. Dans tous les cas, les effets de la suppression de l'impôt sur les dividendes ne pourraient qu'être modestes. Le problème, c'était son coût. Les statistiques de l'IRS montraient que les particuliers avaient déclaré cent vingt-six milliards de revenus de dividendes en 1999. Diminuer de moitié l'impôt sur les dividendes allait créer un manque à gagner de vingt milliards en 2003.

C'est là qu'ils s'opposaient aux autres : on pouvait toujours chicaner sur les effets de relance des baisses d'impôts, mais s'il y avait bien une chose sur laquelle O'Neill et Greenspan s'accordaient totalement, c'était le danger que représentaient les déficits. C'était un sujet pour lequel ils disposaient de quantité de statistiques. O'Neill venait tout juste de terminer le sale boulot consistant à rehausser le plafond de la dette. C'était de vrais dollars, sonnants et trébuchants. Pas des théories.

Greenspan fronça ses sourcils broussailleux.

« Alors ?

– Je vais adopter une position de principe, répondit O'Neill. Mais un principe qui repose sur des faits. Un sacrifice humain, pour la bonne cause. »

* * *

O'Neill pénétra dans le bureau Ovale ce 4 septembre.

« Salut, Big O. »

Le surnom avait changé. Pablo, c'était fini. Depuis un ou deux mois, c'était Big O. Cette façon d'attribuer des surnoms à tout le monde perturbait O'Neill – c'était de l'intimidation : je te donne ce nom, maintenant, tu le portes. Peu après le changement, O'Neill avait croisé

Dan Bartlett. « Est-ce un bon signe, Dan ? », lui avait-il demandé. Bartlett avait froncé les sourcils : « J'crois pas. » Il lui dit qu'il croyait que Big O était un vendeur d'électroménager de la ville d'Austin.

O'Neill dit au Président qu'il avait l'air en pleine forme après ses vacances et le remercia pour avoir organisé cette rencontre dans d'aussi brefs délais.

Après tout, c'était O'Neill qui avait demandé à être reçu. Après Waco, il avait fait le forcing auprès de Card : « Andy, il faut que je voie le Président. » Les autres avaient dû adapter leurs plannings pour être là.

La réunion était intitulée « Réunion de politique générale, Président et principaux uniquement ». Les « principaux » étaient Lindsey, Hubbard, Mitch Daniels et lui-même.

Tout le monde prit place. On discuta, pour la forme, des conditions économiques et des réactions qui avaient suivi Waco.

Puis O'Neill prit les choses en main. Il regarda le Président droit dans les yeux.

« Le moment est venu de regarder les choses en face et de se demander ce que signifie être responsable sur le plan fiscal – regarder les faits réels et non les théories au sujet de ce qui pourrait se produire ou non. »

Personne ne broncha.

« Bon, d'accord, dit finalement Bush. Quels sont ces faits ? »

O'Neill les lui décrivit dans un ordre qui, selon lui, mettait en lumière la logique irréfutable du piège qui était en train de se refermer. Il commença avec les différentes propositions concernant les réductions d'impôts. L'effet de relance serait modeste – ou tout simplement imprévisible –, et l'économie n'avait pas besoin « d'une relance aussi importante que l'on [pouvait] le croire». Il décrivit les prévisions de sa base de données en temps réel pour le troisième trimestre – forte croissance – en les mélangeant avec les statistiques de plusieurs conjoncturistes privés qui les confirmaient. «En un mot, nous aurons peut-être besoin, à l'avenir, de relancer l'économie, mais les faits ne justifient pas un plan de relance dans l'immédiat.»

Deuxième point important: les réductions d'impôts seraient onéreuses – sur dix ans, on frôlait les quatre cents milliards de manque à gagner, ce qui devait grever une part significative du budget, et aggraver le déficit. «C'est un bon changement structurel à effectuer dans le système fiscal lorsque l'on dispose de fonds nécessaires. Aujourd'hui, ce n'est pas le cas.»

Lindsey et Hubbard paraissaient visiblement mal à l'aise. Bush regarda autour de lui – il déteste les conflits ouverts de ce type, une lutte à mort sur des idées complexes.

O'Neill se tenait droit comme un i dans son siège.

«Que suggérez-vous, alors, Paul?

– Permettez-moi d'être tout à fait franc, monsieur le Président. Les rentrées fiscales stagnent; les dépenses augmentent; vous avez les factures du département de la Sécurité intérieure à régler; nous dépensons de l'argent dans la reconstruction de l'Afghanistan – c'est important de bien faire les choses, il ne faut pas les brader. D'autres actions terroristes sur le sol américain pourraient ralentir notre activité économique. Et il apparaît clairement que nous pourrions nous rendre en Irak. Cela risque de nous coûter une fortune.»

Bush parut hocher la tête. O'Neill eut l'impression qu'il commençait à le convaincre.

Il radoucit le ton, à peine.

« Monsieur le Président, si vous vous engagez dans un nouveau plan de relance majeur, vous n'aurez plus d'argent. Vous n'aurez plus d'argent jusqu'à la fin de votre mandat pour accomplir les réformes que vous voulez, comme celle du programme de la Social Security, ou encore une refonte fondamentale du système fiscal. Aujourd'hui comme jamais, il faut être paré. Tout autre choix serait irresponsable. »

Les deux hommes échangèrent un long regard. C'était clair comme de l'eau de roche. O'Neill disait, en substance, au Président : Si vous faites ce choix, il faudra d'abord me virer.

Bush prit une longue inspiration.

« Compris. Bon, d'accord. »

* * *

O'Neill se déplaça en septembre et en octobre à Phoenix et à Portland, dans le Maine, dans le Kentucky et au Mexique, à Cedar Rapids et Lima, dans l'Ohio. Il travailla sur la création d'un fonds de garantie pour les risques terroristes et essaya d'obtenir une plus grande coopération de la part des Saoudiens.

Le Président disparut dans un tourbillon d'obligations internationales – à commencer par un discours à l'Onu le 12 septembre. Il y eut la résolution sur l'Irak au Congrès, l'attentat de Bali et la crise avec la Corée du Nord qui admit avoir un programme d'armement nucléaire actif.

Et, bien entendu, il y eut les élections de mi-mandat. Au début de l'automne, les démocrates paraissaient dominer le jeu. Les sondages montraient que, sur les questions économiques, les électeurs faisaient plus confiance aux démocrates qu'aux républicains. Dans le *Los Angeles Times* du 1er septembre – la veille du *Labor Day*, traditionnel coup d'envoi de la campagne électorale–, on pouvait lire que les démocrates (47 %) devançaient les républicains (39 %) dans les sondages.

Mais l'avantage fut de courte durée. Les démocrates avaient parié sur le fait que les craintes économiques généralisées les mèneraient jusqu'à la victoire. Leur stratégie électorale consista uniquement à critiquer la politique économique du Président. Mais des événements vinrent s'interposer. La Corée du Nord, l'Irak et le tireur embusqué des environs de Washington firent les gros titres de l'automne, repoussant les nouvelles économiques dans les pages intérieures. L'avance se resserra quand le message des démocrates perdit de son allant. À mesure que les élections se rapprochaient, les démocrates commencèrent à comprendre que la catastrophe était imminente. Le 28 octobre, le *Los Angeles Times* se fit l'écho de « l'espoir qui s'évanouissait ».

La Maison-Blanche saisit aussitôt sa chance. Bush se lança dans un marathon de neuf jours, focalisant son énergie contre les candidats démocrates sortants dans les élections les plus disputées, comme dans le Missouri et le Dakota, et allant même jusqu'à s'aventurer sur des terres traditionnellement démocrates, comme le Massachusetts.

L'image s'imposa dans les médias : Bush le courageux met sa réputation en jeu pour les élections de mi-mandat. Ce serait un référendum, pour ou contre le Président. Mais le pari était moins risqué qu'il n'y paraissait ; Rove avait senti le vent tourner en faveur des républicains. Bush pouvait transformer ces élections législatives en une victoire écrasante.

Lorsque les votes furent comptés, les résultats se révélèrent pires que prévu pour les démocrates. Non seulement le *Grand Old Party*[1] (GOP) avait conservé sa majorité à la Chambre des représentants, mais les républicains avaient également conquis le Sénat. Les présidents sortants perdent généralement quelques sièges lors des élections de mi-mandat, et la victoire de Bush était presque sans précédent. On attribua ce succès inédit à la force du GOP et à la faiblesse et à l'indécision des dirigeants démocrates.

Bush et son équipe politique, menée par Karl Rove, furent applaudis pour avoir su façonner une victoire jugée historique. Le magazine *Time* publia une photo de Bush et de Rove en couverture, sous le titre « Comment ils ont réussi l'épreuve des partielles » ; *Newsweek* montra Bush en jean et en blouson d'aviateur, sous les mots *Top Gun*.

La Maison-Blanche essaya de réfréner les ardeurs des républicains. Le lendemain des élections, Bush leur ordonna de ne pas triompher en public – ils devaient se comporter d'une façon professionnelle et sérieuse, donner une image consensuelle et ne pas céder à la vantardise. Elle empêcha les dirigeants du GOP au Congrès d'adopter immédiatement une nouvelle réduction d'impôts, ce qui, comme le rapporta le *Washington Post*, risquait selon elle d'être mal perçu par les électeurs qui auraient pu y voir une façon pour les républicains d'outrepasser leur mandat.

Malgré tout, les républicains ne se firent pas prier pour faire passer quelques lois dont l'adoption avait été

1. Le parti républicain (*NdT*).

maintes fois repoussée. Le 12 novembre, les démocrates abandonnèrent la bataille contre les dispositions d'ordre social de la loi de Bush sur la Sécurité intérieure, qui autorisait l'administration à ignorer les règles en matière de recrutement et d'évolution des fonctionnaires pour constituer son tout nouveau département de la Sécurité intérieure.

Au même moment, O'Neill finissait les préparatifs de son déplacement de deux semaines à l'étranger. L'Afghanistan et le Pakistan en constitueraient les deux temps forts. On lui donnait déjà les dernières instructions en matière de sécurité – ce long et rigoureux voyage comprendrait des arrêts à hauts risques. Il devait, dans cette région agitée, rencontrer le président Pervez Musharraf et d'autres personnalités. Il serait l'un des plus hauts responsables américains à se rendre dans l'un des lieux les plus dangereux de la planète.

Alors, avant de partir, il décida de passer un coup de fil. Une dernière fournée de rumeurs faisait état de son possible départ du département du Trésor, proposant plusieurs noms de successeurs potentiels. Ce petit jeu avait cours depuis plus d'un an : un nom surgissait tous les deux ou trois mois, de Donald Marron de UBS America – on remonta la fuite jusqu'à son chargé des relations publiques – jusqu'à Charles Schwab, après son « excellente » prestation à Waco.

O'Neill appela Josh Bolten, secrétaire général adjoint à la Maison-Blanche et en qui il avait confiance, et lui demanda s'il y avait « la moindre possibilité que le Président veuille procéder à un changement ». Si tel était le cas, lui expliqua-t-il, alors, « peut-être que je devrais réfléchir sur l'opportunité de faire ce voyage. Pas seulement parce qu'il comporte des dangers. Ce n'est pas une bonne idée d'envoyer un secrétaire au Trésor tisser des liens dans cette région du monde s'il n'est plus là pour longtemps ». O'Neill demanda à Bolten de se renseigner auprès du Président sous un jour ou deux.

Bolten le rappela très vite. Il s'était renseigné auprès de Bush. « Vous devez y aller, il n'y a aucun doute là-dessus », lui déclara-t-il avec emphase.

O'Neill devait voir Bush le 14 novembre à 13 h 40, la veille de son départ. C'était un court entretien, d'une demi-heure. Le Président pourrait en profiter pour lui faire part de ce qu'il attendait de ce voyage.

Ils parlèrent d'une façon très générale de Musharraf et de la difficulté qu'il y avait à construire la « *K-to-K* », la route qui mène de Kandahar à Kaboul, à cause des tireurs embusqués qui s'attaquaient aux ouvriers.

O'Neill posa alors sa question : « Êtes-vous satisfait de la façon dont vont les choses, monsieur le Président ? Parce que si ce n'est pas le cas et que vous envisagez de procéder à un changement, je ne devrais sans doute pas faire ce voyage. »

Bush resta silencieux un moment, puis lui répondit : « Non, il n'y a pas de problème. Vous devez y aller. »

* * *

Le matin du 15 novembre, O'Neill assista à une réunion du NSC sur la politique du Moyen-Orient, dans la salle des opérations de la Maison-Blanche. Le Président et tous les acteurs principaux du NSC étaient présents. Finalement, deux ans après que Bush avait déclaré dans cette même pièce qu'il fallait que les États-Unis se retirent du conflit israélo-palestinien pour se concentrer sur l'Irak, la boucle était en quelque sorte bouclée.

En laissant libre cours à Sharon, le lien ténu qui avait permis d'amener les Palestiniens et les Israéliens à la table des négociations était rompu. Ce que Powell avait prédit en janvier 2001 s'était réalisé. Plutôt que de « rééquilibrer les choses » – comme l'avait dit Bush en notant que Clinton avait accédé de manière excessive aux exigences de Yasser Arafat à la table des négociations–, la démonstration de force de Sharon avait provoqué de violentes réactions chez les Palestiniens. L'idée, après le 11 septembre, que les mesures de représailles contre le Hamas ou le Djihad islamique constituaient, en quelque sorte, une forme d'opération annexe de la guerre contre le terrorisme avait encouragé l'usage de la force aux dépens de la diplomatie.

Et maintenant, en cet automne de 2002, la situation en Cisjordanie et dans la bande de Gaza était sanglante et à vif.

En attendant le début de la réunion, O'Neill relut tranquillement le dossier qui lui avait été fourni. Les discussions dans la plupart des réunions du NSC auxquelles assistait le Président étaient tellement formelles et mises en scène, dans leur déroulement comme dans leur fond, qu'il se tournait de plus en plus vers les analyses bien faites qu'on lui fournissait. Il comprenait maintenant pourquoi Ford et Nixon tenaient tant à leurs rapports Brandeis et à quel point ils étaient essentiels à la préparation d'un débat bien informé. Les échanges oraux n'étaient que la conclusion d'un processus complexe.

Les principaux acteurs commencèrent à présenter leurs rapports et le Président les écouta impassible, tandis que O'Neill jetait un coup d'œil au mémorandum qualifié de « sensible » que son sous-secrétaire aux affaires internationales, John Taylor, lui avait préparé. Le but, aujourd'hui, était de « discuter des différentes options dont dispose le Président dans le conflit israélo-palestinien pour les trois mois à venir ». Ils discuteraient également des « avantages d'une conférence de paix ou de la nomination d'un envoyé spécial dans la région » et aborderaient diverses questions opérationnelles, comprenant une initiative qui serait dirigée par O'Neill, visant à encourager la restitution à l'Autorité palestinienne des avoirs retenus par les Israéliens. En effet, les autorités israéliennes collectent les revenus douaniers au nom de l'Autorité palestinienne, mais ont suspendu leur transfert depuis le début de l'*Intifada* de septembre 2000. Il s'agit d'une somme conséquente – huit cent cinquante millions de dollars – et d'un point de friction majeur.

Il fallait, ce jour-là, prendre une décision au sujet de la soi-disant « feuille de route » qui formait l'élément central du réengagement de Bush dans le conflit.

En juin dernier, le Président avait abattu ses cartes, donnant son aval à la solution des deux États en discutant globalement un plan sur trois ans – une feuille de route – pour parvenir à la paix, mais en déclarant que les États-Unis ne négocieraient pas avec Arafat. Les Palestiniens devaient se choisir un nouveau chef pour représenter leurs intérêts. Depuis, rien ne s'était produit qui indique un quelconque progrès. Cinq mois plus tard, Arafat était toujours au pouvoir et le Moyen-Orient, comme le reste du monde, avait les yeux braqués sur les justifications et les préparatifs des États-Unis pour une invasion de l'Irak. Partout, un nouvel axiome clausewitzien – de la guerre en tant que diplomatie par d'autres moyens – guidait les événements, que ce soit l'invasion américaine, qui prenait forme depuis la mi-octobre, ou la vision immuable de Sharon selon lequel on n'est prêt à rencontrer son adversaire à la table des négociations qu'à partir du moment où il est exsangue et désespéré.

Aussi, le Département d'État était « en train de finaliser la feuille de route en y incorporant les remarques des alliés principaux » – la Russie, l'Union européenne et les Nations unies – ainsi que celles des Israéliens et des Palestiniens. Pour Bush et ses principaux conseillers, l'important était de savoir s'il fallait suspendre la feuille de route. La finaliser et faire pression sur les Palestiniens et les Israéliens pour qu'ils la mettent en œuvre ? Ou encore la finaliser, mais « sans insister pour qu'elle soit immédiatement appliquée, en raison des incertitudes d'ordre politique en Israël » ?

On venait tout juste d'apprendre la tenue de nouvelles élections en Israël. Peut-être valait-il mieux attendre, voir si Sharon y survivrait. Au fond, comme souvent, c'était la crédibilité du Président qui était en jeu.

Dans son rapport, John Taylor précisait que les adjoints du NSC « avaient le sentiment que suspendre la feuille de route risquait de saper la crédibilité du Président auprès de ses principaux alliés – qui, tous, se tournaient vers les États-Unis en quête de leadership – et donc ne constituait pas une option souhaitable ». Finaliser la feuille de route et exercer une pression pour accélérer sa mise en œuvre permettrait de conserver une certaine dynamique sur le projet, mais risquait également de déboucher sur un échec si les parties en présence refusaient de réagir positivement. Et la dernière option – « finaliser la feuille de route mais garder une approche prudente sur la question de sa mise en œuvre, ajoutait-il –, permettrait de conserver la dynamique tout en préservant notre position jusqu'à ce que les parties en présence dans la région nous signalent leur désir de s'engager à nouveau dans la feuille de route ».

Au bout d'une demi-heure, l'assistance semblait avoir tranché en faveur d'une sorte de dérobade prudente, soit la troisième solution. Les États-Unis exerceraient certaines pressions sur les parties en présence, mais ne seraient pas montrés du doigt si aucune avancée matérielle ne se produisait.

O'Neill participa peu. Il aborda brièvement la question du transfert des fonds – qui devait impérativement être résolue –, mais, intérieurement, il ne put s'empêcher de regretter, une fois de plus, l'occasion manquée en matière de leadership.

À 11 heures, ce même matin, il passa la tête dans l'embrasure de la porte du bureau du vice-président, dans l'aile ouest. La réunion, intitulée « Croissance économique », rassemblait les principaux responsables économiques gouvernementaux et les collaborateurs de la Maison-Blanche.

Durant les derniers mois, Cheney avait fait quelques apparitions lors des réunions régulières des responsables économiques. Il ne disait pas grand-chose – comme à l'accoutumée –, mais sa présence semblait calmer les combattants, O'Neill et Lindsey en particulier.

Là, le groupe se rencontrait sur les terres du vice-président. À mesure que la réunion avançait, il apparut clairement que Dick entendait peser de tout son poids sur la politique économique.

Le projet de réduction d'impôts de l'après-Waco, comprenant notamment la diminution de 50 % de l'imposition sur les dividendes pour les particuliers, avait globalement été enterré après la prise de position de O'Neill au début du mois de septembre.

Mais après les élections de mi-mandat, O'Neill senti un subtil changement à la Maison-Blanche, chez Lindsey, Rove, et d'autres. Une suffisance. Une certitude. Personne ne l'informa que le projet était ressuscité. Ils n'étaient pas fous !

Cheney relança la proposition, observant qu'une modification de la « double imposition » des dividendes permettrait de relancer de façon dynamique…

O'Neill s'interposa, exposant, sur un ton sévère, que le gouvernement « se [dirigeait] vers une crise fiscale » et rappelant « ce que des déficits croissants [signifieraient] pour la santé économique et fiscale du pays ».

Dick lui coupa la parole.

« Reagan a prouvé que les déficits importent peu », déclara-t-il.

O'Neill secoua la tête, incrédule. Comment Cheney – que Greenspan et lui connaissaient depuis tout gamin – pouvait-il déclarer une chose pareille ?

Il resta sans voix. Cheney ne laissa pas le silence s'installer. « On a gagné les partielles. Ce n'est que notre dû. »

* * *

O'Neill sortit du bureau de Cheney en léger état de choc. Oui, il savait que Lindsey professait cette idéologie éhontée. Ainsi que Rove, et d'autres. Mais l'entendre dans la bouche du vice-président… Le monde semblait s'être arrêté de tourner. L'impénétrable Dick se dévoilait enfin.

Il rentra à pied à son bureau où il devait préparer son départ. Ce soir, il s'envolera pour Rome, puis pour le Pakistan. Il tourna et retourna dans sa tête la petite phrase de Dick et commença à la décortiquer. Bien entendu, l'une des choses les plus importantes que Reagan avait démontrées, c'était justement que les *déficits importaient* – c'était un fait qui avait défini près de deux décennies de politique fiscale.

« En y réfléchissant, j'ai conclu que, clairement, aucune philosophie cohérente ne pouvait corroborer une telle thèse », me raconta O'Neill. Et il se mit à méditer sur la différence qu'il y avait entre philosophie et idéologie...

« Je pense que l'idéologie naît des émotions et qu'elle tend à être séparée de la réflexion. Une philosophie, à l'inverse, peut reposer sur une base réfléchie et structurée. On est en droit d'espérer qu'une philosophie, qui est en constante évolution, est influencée par les faits. Il y a donc une interaction constante entre *ce que je pense* et *pourquoi je le pense*...

À mesure que vous recueillez de nouvelles informations et que vous gagnez de l'expérience, particulièrement sur ce qui a mal tourné – on apprend énormément de ses propres erreurs –, alors vous remodelez votre philosophie, parce que les faits vous y obligent. Cela ne change rien à vos aspirations. C'est normal d'aspirer à quelque chose d'impossible à atteindre, mais ce n'est pas normal, ce n'est pas bien de tout confondre...

Dans le cas d'une idéologie, c'est beaucoup plus facile, parce que cela ne requiert aucune connaissance, aucune recherche. Vous connaissez déjà les réponses à toutes les questions. C'est imperméable aux faits. C'est l'absolutisme. »

* * *

Au cours des mois précédents, Cheney et O'Neill avaient eu plusieurs discussions au sujet du processus politique, jusqu'à ce que O'Neill jette l'éponge.

Ils avaient parlé de tout ce qui était flagrant. Le Président se trouvait pris dans une caisse de résonance qu'il avait lui-même construite et qui le coupait du monde. Il s'y était enfermé avec un cercle restreint de personnes, qui se réduisait de plus en plus, et qui était de concert avec lui sur tous les sujets. Cette garde rapprochée le dissimulait à l'opinion publique et le préservait de ce dont il avait le plus besoin : des points de vue honnêtes et désintéressés sur ce qu'est le monde réel et ce qu'il pouvait faire pour influencer le cours des événements. « J'ai fini par comprendre pourquoi Dick ne faisait que hocher la tête pendant que je lui déballais tout ça, encore et encore, sans que rien ne change jamais... *C'était parce qu'il voulait qu'il en soit ainsi.* »

Aussi, O'Neill renonça-t-il à saisir où finissait Cheney et où commençait le Président : « Je compris dès lors qu'il est très difficile pour un organisme ou une institution d'accomplir plus que ne peut l'imaginer celui qui est en charge. Si vous vous fixez pour objectif de courir le mille mètres en trois minutes, jamais vous ne réussirez à le courir en deux minutes trente. C'est le leader qui fixe les conditions de réalisation de ce à quoi nous aspirons. Je ne pense pas que l'on puisse créer un processus qui affectera forcément ce que le chef a en lui, sa capacité à imaginer ce qui pourrait être. J'aimerais y croire, pourtant. J'aimerais croire qu'un dirigeant peut s'approprier ce qu'il voit et ce qu'il sent autour de lui. Mais cela requiert une ouverture sur les autres et une grande capacité d'écoute. Il faut qu'il y ait de réelles opportunités de persuasion, sinon vos suggestions sont comme des roues qui tournent dans le vide. Quand la boutique est fermée, elle est fermée et les meilleures idées du monde n'y feront pas la moindre différence... »

C'était clair, pour lui, que Cheney et une poignée d'autres étaient devenus une « garde prétorienne » encerclant le Président. Pour ce qui était de faire entrer dans le bureau Ovale des idées innovantes, « la boutique était fermée ».

* * *

Le petit avion militaire effectua un virage serré au-dessus de Kaboul et plongea quasiment à la verticale vers la piste d'atterrissage. O'Neill, Tim Adams et l'attaché de presse du Trésor, Rob Nichols, se cramponnèrent à leurs sièges. On les avait prévenus – cette manœuvre visait à protéger l'avion contre des tirs antiaériens–, mais rien n'aurait pu les préparer à une chute aussi vertigineuse.

À Kaboul, ils empruntèrent un hélicoptère Chinook pour se rendre à quelques kilomètres de la ville, à l'endroit où la route prenait fin – celle de Kaboul à Kandahar. « La chose la plus importante à accomplir, c'est cette route. La finir, c'est montrer que notre présence n'est pas synonyme d'occupation, mais de progrès, que nous sommes là pour aider les gens », déclara O'Neill à Tim Adams et à une délégation d'Afghans regroupés sur le bitume. La route n'était achevée qu'à 20 % – des ouvriers avaient été attaqués. Des hommes avec des armes automatiques étaient postés autour du petit groupe. Personne n'était autorisé à s'aventurer au-delà de l'espace goudronné. O'Neill demanda pourquoi à l'un des responsables afghans : « Les mines, répondit-il. Tout autour de nous, il y a des mines. »

Le jour suivant, à Islamabad, comme O'Neill avait exprimé le désir de se rendre compte par lui-même de l'état dans lequel se trouvait vraiment le Pakistan plutôt que de sauter dans un avion à l'issue de son entrevue avec Musharraf, la visite d'une école pour filles à une trentaine de kilomètres au sud de la capitale avait été programmée.

Chaque trois cents mètres, sur la trentaine de kilomètres que compte le trajet, des soldats pakistanais lourdement armés étaient tournés vers le paysage défoncé, prêts à faire feu de leurs armes automatiques : « Je regardais ces soldats qui me tournaient le dos – des milliers –, prêts à attaquer et je me disais que le monde était devenu fou, que voilà à quoi aboutissait l'absolutisme, se souvient O'Neill. Et cela fait d'une école l'institution la plus importante du pays. Un endroit où les enfants peuvent poser des questions et obtenir de vraies réponses. »

* * *

Le 26 novembre, O'Neill arriva à son bureau encore sous le coup du décalage horaire. Il avait accompli les missions dont il avait été chargé – rencontrer Musharraf, essayer de résoudre les problèmes logistiques pour construire la route « *K-to-K* » à travers le Pakistan, dîner avec le sultan d'Oman et visiter quelques capitales européennes.

Cela faisait du bien de s'éloigner de Washington, de s'éloigner de la routine quotidienne, de la lutte intestine et des poses que l'on prenait en public sans pouvoir se prévaloir d'un quelconque résultat. Mais lorsqu'il pénétra dans la salle Roosevelt, au premier étage de la Maison-Blanche, il comprit qu'il venait de replonger dans l'arène de la politique intérieure américaine.

Il y avait beaucoup de monde pour une simple réunion de travail réunissant l'équipe économique et l'équipe politique et communication, ce qui était plutôt rare. Même Hughes était là – et sa présence, comme à chaque fois depuis qu'elle avait quitté la Maison-Blanche, indiquait qu'il s'agissait d'un événement important.

Chacun arriva à 11 heures et se tint devant la place qui lui était assignée à la longue table en acajou : O'Neill au centre, avec Hubbard et Keith Hennessey, le directeur adjoint de Lindsey au NEC, à sa droite ; à sa gauche se trouvait Lindsey, puis Evans, puis Daniels. Le fauteuil en face de O'Neill était destiné au Président, avec Bolten, Rove, et Bartlett à sa gauche ; Card, Hughes et Fleischer à sa droite. Un écran vidéo était posé sur un meuble, au bout de la table. O'Neill le regarda en plissant les yeux. Dick Cheney les observait d'un air impassible. Il suivrait cette réunion depuis un lieu tenu secret.

Le Président entra par la porte nord-ouest, en costume bleu à fines rayures, chemise bleue et cravate rouge, avec un petit drapeau américain épinglé sur le revers de sa veste. Il avait l'air un peu fatigué. Il s'assit, fit signe aux autres d'en faire autant et chaussa ses lunettes pour y voir de près.

« Bien, comment nous portons-nous ? »

Lindsey prit la parole.

« En regardant cette table, ça me rappelle une plaisanterie que m'avait racontée le Premier ministre du Japon, Koizumi, comme quoi il obtenait toujours deux opinions différentes de chaque économiste et, monsieur le Président, vu que vous disposez de cinq conseillers économiques...

– Mais qu'est-ce que vous racontez ? l'interrompit sèchement Bush.

– Pardon, monsieur. Votre équipe économique s'accorde sur les éléments principaux d'une enveloppe pour l'emploi et la croissance économique : réduire la double imposition des dividendes, accélérer la réduction des taux d'imposition, permettre la déduction des pertes pour les investisseurs. Permettez-moi maintenant de donner la parole au secrétaire O'Neill. »

O'Neill brassa quelques feuilles – en se faisant la réflexion que Larry et le Président ne s'entendaient peut-être pas si bien que ça. Mais maintenant qu'il connaissait le fond de la pensée de Cheney, la position de Lindsey n'avait plus grande importance.

« Je suis rentré hier soir de mon voyage en Inde, au Pakistan et au Royaume-Uni », commença O'Neill, et après avoir fait pour Bush un résumé de la situation en trente secondes, il lui fit part de son opinion sur les conditions actuelles : « À l'inverse du reste du groupe, je suis beaucoup plus optimiste au sujet de l'économie américaine et je vous rappelle que j'ai eu raison, l'année dernière, et que, cette année, la plupart du temps, nous ne nous sommes pas trompés dans nos prédictions en temps réel. Et c'est ce qui me pousse à croire que nous n'avons pas besoin d'un plan de relance majeur et onéreux. Mais tout cela est sans intérêt. Je crois que vous avez déjà pris votre décision ; nous devrions donc aborder la question du contenu. Je crains que ce que nous faisons aujourd'hui ne nous empêche de procéder à une réforme fiscale majeure ou à privatiser le programme de la Social Security. Et quand je regarde de près ce que nous avons là, ces propositions-là, je doute que nous puissions mettre quoi que ce soit en œuvre à temps pour que cela ait un quelconque effet positif. »

Bush le regarda d'un air interrogateur.

« Que voulez-vous dire, au sujet de la privatisation du programme de la Social Security ?

– La transition aura un coût, monsieur le Président, lui expliqua, surpris, O'Neill. Peut-être mille milliards de dollars sur plusieurs années. Ce sera plus difficile à mettre en œuvre en cas de gros déficits. Il sera aussi plus difficile de contrôler le Congrès.

– Nous avons eu quelques succès du côté des dépenses, mais aussi quelques revers », répliqua Bush.

Puis il chercha Hubbard du regard, posa les yeux sur lui, lui signifiant par là que son tour était venu.

« Je ne vois pas cela comme un plan de relance, mais comme un plan pour la croissance, déclara Hubbard. L'économie doit faire face à des vents contraires dus à une aversion croissante pour la prise de risque. Les chiffres du troisième trimestre étaient bons, mais ils empruntaient sur ceux du quatrième trimestre...

– Doit-on les rendre ? », plaisanta Bush en s'en tirant avec une pirouette au milieu des éclats de rire.

Puis ce fut à Keith Hennessey : « La priorité devrait être la suppression de la double imposition des dividendes. Je pense que la perte de revenus sera bien moins importante que ne le laisse supposer une estimation statique, affirma-t-il en se référant à la méthodologie des théoriciens de l'offre qui utilise les projections de la croissance pour augmenter les estimations des rentrées fiscales. Nous devrions aussi augmenter les déductions des investissements et accélérer les baisses d'impôts. Je vois cela comme une assurance, non pas contre une récession massive, mais contre une baisse de la croissance de 1 % chaque année dans les deux années à venir, avec un chômage qui risque d'atteindre les 6,5 %. Ce n'est sans doute pas une certitude, mais c'est certainement l'un des scénarios possibles. »

Le Président hocha la tête et se tourna vers Evans. La plupart des réunions se déroulaient ainsi. Le Président vous regarde, vous faites votre topo, et il passe au suivant.

Le secrétaire au Commerce répéta la plupart des choses qui avaient été dites. « Je crois que nous avons besoin d'une forme d'assurance. Accélérer les baisses d'impôts et éliminer la double taxation des dividendes constituent une bonne politique. Je pense que la déduction des pertes est moins urgente. Nous devrions en revanche considérer un plan en faveur des investisseurs, quand les pertes contrebalancent le revenu ordinaire, ainsi que des réductions d'impôts sur les IRA... »

Comme d'habitude, il n'y a pas de vraie discussion, se dit O'Neill en jetant un regard à Daniels, le prochain en ligne. Il avait discuté à maintes reprises avec le chef de l'OMB. O'Neill connaissait intimement ce terrain-là – il avait essayé de communiquer à Daniels les idéaux de la probité fiscale. Il savait que celui-ci se préoccupait des périls engendrés par les déficits croissants, mais il lui faudrait une sacrée dose de culot aujourd'hui pour oser exprimer ce type d'inquiétudes dans une pièce remplie d'idéologues de la baisse d'impôts.

« Je crois que nous devons trouver un équilibre entre tous les problèmes, déclara Daniels sur un ton qui laissait supposer qu'il avait répété son intervention. Vous devez agir d'une façon franche sur l'économie et je crains que ce plan ne fasse pas l'affaire. Le trou dans le budget ne cesse de se creuser, il sera d'au moins deux cent vingt-cinq milliards de dollars l'année prochaine et nous projetons des déficits jusqu'à la fin de votre second mandat. »

De l'autre côté de la table, l'équipe politique de Bush le fusilla du regard.

Daniels s'arrêta net, comme s'il venait d'encaisser un coup. « Hum ! Par ailleurs, je pense que nous devrions mettre en place un plan qui… Il fit une nouvelle pause. Qui se lise à long terme : accélérer les baisses d'impôts et régler le problème de la double taxation des dividendes. Vous devez occuper le devant de la scène et proposer une enveloppe complète avant le discours sur l'état de l'Union. »

O'Neill, abasourdi, dévisagea Daniels. On aurait dit qu'il avait viré à cent quatre-vingts degrés au beau milieu de sa phrase.

Lindsey en profita pour surenchérir. « Monsieur le Président, *ceci est* une assurance et, par les temps qui courent, mieux vaut être assuré. Dans l'état actuel de l'économie mondiale, les États-Unis sont les seuls maîtres du jeu. »

Bush regarda Lindsey avec dédain et s'engagea dans une autre direction. « Nous ralentissons du troisième au quatrième trimestre, mais O'Neill n'a pas eu tort pour l'instant. Pourquoi les minima ont-ils cessé d'augmenter ? »

La réponse était complexe – la face cachée du miracle de la productivité en continu ; une croissance du PNB n'entraînait pas forcément une augmentation des salaires. C'était le genre de discussion que le Président abhorrait d'ordinaire.

Mais peut-être pas ce jour-là. Bush paraissait encourager l'échange d'idées à bâtons rompus, comme s'il cherchait à se forger sa propre opinion dans cette pièce remplie d'experts. Pour O'Neill, c'était à la fois excitant et déconcertant. La discussion pouvait prendre un tour inédit. Peut-être même que Bush n'avait pas encore pris sa décision au sujet de cette deuxième énorme enveloppe fiscale et qu'enfin il se disait : on arrête tout et on réfléchit cinq minutes. Ou bien encore, songeait O'Neill, s'adonnait-il à un exercice qu'il l'avait déjà vu pratiquer deux ou trois fois : se faire l'avocat du diable pour recueillir des réponses succinctes aux attaques que l'on pouvait anticiper. Dans tous les cas, c'était suffisamment inédit pour éveiller l'attention de O'Neill.

Lindsey avait lui aussi remarqué un changement. « Ce que nous proposons constitue une bonne politique fiscale à long terme », déclara-t-il. C'était un cliché qui avait pour but de remettre le Président sur les rails.

Bush fit comme s'il ne l'avait pas entendu. « Êtes-vous en train de proposer que l'on accélère les réductions d'impôts pour tout le monde, ou seulement pour ceux du milieu ? Est-ce que ce n'est pas uniquement le haut de l'échelle qui va bénéficier de la suppression de la double imposition sur les dividendes ? Est-ce que nous ne leur avons pas déjà accordé une belle ristourne, à ceux d'en haut ? » dit-il.

On avait beaucoup critiqué la réduction d'impôts de 2001 pour avoir privilégié d'une façon disproportionnée les 5 % les plus riches des contribuables. Ce n'était pas une mesure régressive à proprement parler, mais elle se démarquait de l'idéal progressiste qui avait longtemps défini les politiques fiscales des deux partis. La réponse de la Maison-Blanche, comme quoi ce sont ceux qui paient le plus d'impôts qui ont droit aux plus grosses réductions, trouvait maintenant en Hubbard son défenseur : « Monsieur le Président, n'oubliez pas que ceux qui sont les plus riches sont aussi les plus actifs. » C'était ce mantra qui avait guidé la politique de relance par les diminutions d'impôts de l'administration. Selon cette théorie, accorder une prime à ceux qui possèdent de l'argent entraîne une hausse de l'investissement, ce qui entraîne la croissance de l'emploi, pousse les nouveaux salariés à consommer, et, pour finir, stimule la demande. Certains économistes soutiennent que le chemin à parcourir est un peu long pour parvenir à la relance.

Bush sauta sur cette idée.

« C'est un problème de demande, dit-il. Je veux que ça marche.

– C'est aussi une question d'offre, intervint Lindsey.

– La suppression de la double imposition des dividendes changera les données du jeu », ajouta Hubbard.

« Changer les données du jeu » est l'une des expressions favorites de Bush.

Rove prit finalement la parole, fait exceptionnel dans le cadre d'une réunion de cette importance : « Cette enveloppe, c'est une question de principes. Si la double imposition des dividendes est une ineptie, alors pourquoi nous contenterions-nous de la réduire de moitié pour les particuliers ? » La « question de principes » est une autre formule qui a un effet tonique sur Bush.

Le consensus portait sur une réduction de 50 %, vu la baisse conséquente de rentrées fiscales qu'elle entraînait. Rove proposait 100 %.

Josh Bolten se jeta dans la bataille. « Cela creuse un énorme trou dans le budget. »

Rove eut l'air surpris. Les remparts de la théologie économique conservatrice – réduire les impôts au maximum, affamer le monstre du gouvernement fédéral – étaient attaqués de toutes parts.

Daniels, qui venait tout juste de virer de bord, se posait maintenant en ardent défenseur de la théorie de l'offre. « Oui, mais le retour sur investissement est énorme. »

Comme Bush ne semblait plus vouloir diriger les prises de parole, la réunion prenait des allures de mêlée générale. Ils se tenaient tous penchés vers l'avant, comme prêts à bondir. Hubbard insista pour défendre sa proposition. « Il faut que ce soit permanent pour que cela fonctionne », déclara-t-il avec emphase.

Lindsey, lui aussi, passa à l'attaque. « Pour obtenir les votes dont nous avons besoin, monsieur le Président, nous ne devrions pas déshabiller Paul pour habiller Pierre, mais rajouter de nouveaux éléments en fonction des besoins. »

« Mais c'est un problème plus difficile, monsieur le Président... », commença O'Neill.

Bush lui fit signe de se taire. Il avait quelque chose en tête. Encore ce problème de classes. « Je ne suis pas favorable à l'exclusion d'une partie des gens », dit-il, un peu comme s'il se parlait à lui-même.

O'Neill termina sa phrase, restée en suspens. « ... le problème, avec la double imposition, c'est qu'il pourrait y avoir des effets à court terme, stimulant les marchés financiers et entraînant une relance, mais il y a de grandes chances pour qu'ils se dissipent dès le milieu de l'année prochaine. Avec l'économie qui est déjà en train de s'arranger, cela risquerait de donner un coup de fouet superflu – c'est ainsi que l'on se retrouve avec une bulle qui risquerait d'exploser en 2003 ou 2004. » Il proposa alors la déduction permanente des dépenses en biens d'équipement, qui allégerait le fardeau fiscal des petites entreprises (et constituerait un pas en direction de l'abolition des impôts sur les sociétés, un dada de O'Neill) et entraînerait une augmentation des dépenses en biens d'équipement, ce qui aurait des répercussions sur l'ensemble de l'économie. Face à lui, de l'autre côté de la table, le Président avait l'air dépassé. Aussi il se dépêcha d'occuper le terrain, réitérant ses craintes au sujet du risque de bulle : « Il ne faudrait pas que cela nous revienne en pleine figure au quatrième trimestre 2004, lorsque les dispositions actuelles expireront. »

« Tant que cela ne nous revient pas dans la figure au troisième trimestre 2004 ! » rétorqua Bush.

Mais Rove paraissait intrigué par l'idée de O'Neill de déduire les dépenses en biens d'équipement. « Au Capitole, il y a un projet de réforme dans l'air sur les durées d'amortissement », dit-il avant d'énumérer les nouveaux intervalles proposés, trente ans, dix ans, cinq ans, trois ans – avec un air du genre moi aussi je sais de quoi je parle –, par rapport à la façon dont les entreprises déprécient la valeur de leurs équipements en fonction de leur durée de vie. Les élus républicains de la Chambre des représentants voulaient réduire les durées d'amortissements, ce qui revenait à augmenter le montant des déductions.

Le Président était maintenant tout à fait perdu. « Qu'est-ce que vous racontez ? » aboya-t-il en direction de Rove.

Hubbard essaya d'adoucir les angles : « Nous aborderons cela lorsque nous nous lancerons dans une réforme fiscale de grande envergure. »

« Glenn pense qu'un déficit de deux cents milliards de dollars entraîne une augmentation des taux d'intérêt de seulement 0,03 % », intervint Josh Bolten en ramenant le débat sur la question essentielle de savoir si le budget pouvait ou non supporter la diminution de l'imposition des dividendes.

« Absolument », confirma Hubbard. O'Neill secoua la tête. Greenspan et lui calculaient les effets des déficits sur l'économie depuis des années. Ce chiffre était incroyablement faible.

Bush agita le bras d'un air dédaigneux.

« Attendez. On fait le pari que la croissance entraînera de nouvelles rentrées fiscales et que les dépenses seront maîtrisées », dit-il en mettant le doigt là où ça faisait mal, c'est-à-dire sur la question du nécessaire arbitrage entre favoriser la croissance basée sur l'offre et creuser les déficits publics. Il s'interrompit... et partit dans une tout autre direction : « Le fait de se concentrer sur les taux les plus hauts, est-ce vraiment une priorité ? Encore une fois, est-ce que ce n'est pas le haut de l'échelle qui va le plus bénéficier de l'élimination de la double imposition ? »

Personne ne parut vouloir lui répondre. La suppression de la double imposition favoriserait les actionnaires, et plus on possédait d'actions, plus l'avantage serait important. Le coût de l'élimination totale de l'impôt sur les dividendes était déjà estimé à quatre cents milliards de dollars sur dix ans.

Après une longue pause lourde de sens, Dan Bartlett en revint à la politique : « Les gouverneurs commencent à nous interpeller au sujet des budgets des États. »

Andy Card intervint : « Il faut quelque chose qui paie rapidement, monsieur le Président. »

Hubbard tenait à ce que l'on n'oublie pas ce qui les avait réunis ici : « La suppression de la double imposition va stimuler la Bourse et redresser les bilans. »

Card tira dans l'autre sens : « Il y a déjà surproduction, pourquoi relancer l'investissement ? »

O'Neill était agréablement surpris. « Monsieur le Président, lors de la table ronde des entreprises, les représentants des plus grands patrons du pays ont affirmé qu'il fallait stimuler la demande. Leurs entrepôts débordent. Ils ont besoin d'une augmentation de la demande pour écouler leurs stocks. Je ne suis pas certain qu'une baisse d'impôts qui favorise essentiellement les investisseurs les plus riches – qui, pour la plupart, épargneront cet argent – puisse avoir un quelconque effet sur la demande », dit-il.

Bush hocha la tête. Il se trouvait acculé. L'idéologie de la baisse d'impôts en continu paraissait bien moins pertinente lorsque l'on prenait en compte certaines réalités économiques. Il finit par parler, hésitant. « La réduction de l'impôt sur les dividendes pourrait remettre d'aplomb les bilans des entreprises, commença-t-il, cherchant ses idées à mesure qu'il parlait. Et c'est bien une forme de plan pour la croissance, n'est-ce pas ? » Peut-être que oui, se dit O'Neill en son for intérieur, mais seulement si l'on suppose que les compagnies vont augmenter leurs dépenses en équipement, du fait que le cours de leur action a grimpé, même si la demande reste faible. Il faut aussi être certain que les propositions vont bien avoir cet effet sur les marchés financiers. Une logique truffée d'impondérables...

Hubbard se porta au secours du Président : « Les ménages qui souhaitent mettre de l'argent de côté y parviendront grâce à l'augmentation des cours de la Bourse. »

Bolten essaya de conclure : « Je crois que nous nous accordons sur la composition du plan. Maintenant, il nous faut décider de sa taille. Quelle marge supplémentaire prévoyons-nous, afin de pouvoir faire des concessions durant les négociations ? »

Mais le Président ne paraissait pas en avoir tout à fait terminé. « N'avons-nous pas déjà fait un plan pour l'investissement ? Que préféreriez-vous à la place ? Nous avons déjà fait ça l'année dernière, est-ce que vous voulez dire que nous nous sommes trompés ? » Les mesures de réduction d'impôts de 2001 avaient été baptisées « plan pour l'investissement », avec des incitations à l'investissement pour les petites entreprises et une diminution des taux d'imposition pour ceux qui se trouvent en haut de l'échelle de la « classe des investisseurs ».

« Nous sommes en présence de vents contraires, affirma Hubbard.

– Pas plus qu'auparavant, riposta Bush. On pourrait nous dire : "Vous l'avez fait par deux fois et ça n'a pas marché." Pourquoi nous découvrons-nous maintenant, pourquoi négocions-nous contre nous-mêmes ? Je veux rester fidèle à nos principes. »

Rove prit cela pour un signe. Cette tentative de discussion sur les fondements de la politique fiscale avait transformé la pièce en champ de bataille. Karl se plaça sur le plan tactique : « Nous voulons occuper le devant de la scène, monsieur le Président. Pas nous montrer trop spécifiques tout de suite. Sinon, cela risque de tourner à la foire d'empoigne. Il faut que nous nous réservions une marge pour négocier. »

Daniels, encore en train d'essayer de se racheter pour avoir parlé en apôtre du budget, se précipita derrière Rove : « Je suggère un ensemble de mesures pour cinquante milliards de dollars – cinquante milliards par an – et que nous passions à l'attaque, avec une accélération de la baisse des taux d'imposition, des déductions et aussi quelque chose pour les dividendes. »

Le Président eut l'air soulagé, comme si toutes les questions clés avaient été abordées.

« Merci pour toutes ces informations, c'était très instructif. Alors, quand allons-nous lancer tout ça ?

– Vous faites un discours à Chicago le 10 décembre », l'informa Lindsey.

Bush eut l'air surpris.

« Vous me l'apprenez. »

Rove se pencha vers le Président : « Ce n'est pas encore inscrit au programme, monsieur, mais il est important d'agir vite. Les démocrates sont en train d'élaborer un plan. »

Ari Fleischer, voyant que l'on avait enfin abandonné la périlleuse question du *pourquoi* pour aborder celle, beaucoup plus sûre, du *comment*, fit appel à un précepte absolu, l'un des principes qui guidait cette administration. « La perception éclipse la réalité », déclara-t-il d'un air important.

O'Neill le regarda, abasourdi. Rove, Fleischer et les autres se permettaient rarement de parler ainsi en présence du secrétaire au Trésor centriste. Peut-être que cela signifiait que, dorénavant, ils se moquaient qu'il les entende ou pas. Mauvais signe.

« Les démocrates vont dire qu'on se fiche de ceux d'en bas et du milieu, mais ces arguments de classes sont de moins en moins efficaces, ajouta Fleischer. Nous devrions prendre les mesures qu'il faut et annoncer le tout début décembre. »

Tout au long de la réunion, Hughes avait gardé une position d'observatrice, calée contre le dossier de son fauteuil. Depuis son départ au mois de juillet pour se consacrer à sa famille, elle était consultante et faisait le trajet Austin-Washington toutes les deux ou trois semaines. Elle ne participait plus à la marche quotidienne de la Maison-Blanche, mais elle conservait une forte influence et était la seule à pouvoir se mesurer à Rove. Elle intervint :

« Est-ce que l'annonce des nouvelles mesures va stimuler les dépenses de Noël ?

– Oui, cela pourrait être important pour le moral des ménages », répondit Hubbard.

O'Neill secoua la tête: « En vérité, personne ne peut le prédire. »

Le Président écoutait d'un air absent. Il pensait à autre chose.

« Que fait-on pour la compassion ? » demanda Bush.

Personne ne lui répondit.

Le Président eut l'air inquiet. « Eh bien ! vous savez... Vous savez à combien s'élève le taux de chômage ? demanda-t-il en haussant la voix. 5,7 % ! Il y a beaucoup de présidents qui ont connu des taux bien plus élevés que ça. Cet argument comme quoi notre économie va mal ne rencontre pas beaucoup d'écho dans l'électorat. Tout ça, c'est du vent..., et c'est pour ça que nous avons remporté un tel succès aux élections... » affirma-t-il.

Rove se mit à rire. Tout rentrait dans l'ordre – c'était comme si le Président avait enfin déployé les voiles de son navire et qu'il voguait avec le vent en poupe. On se dirigeait tout droit vers une nouvelle baisse d'impôts. « Alors, on accélère la baisse des taux et on n'impose plus deux fois les dividendes ?... » demanda Rove.

C'était comme si tous les autres avaient disparu et qu'ils se retrouvaient en tête à tête. Bush s'enhardit. « Je vois ça d'ici ! On a eu d'excellents résultats aux élections parce que l'économie ne va pas si mal que ça. Alors, quelle est notre optique ? Faut-il que nous entrions dans le détail de ces mesures ? »

Hughes, dont le départ était aussi dû à un excès de fatigue à force de jouer le rôle du contrepoids pragmatique face à Rove l'idéologue, le stoppa dans son élan. « Mais il y a des incertitudes qui planent sur l'économie, dit-elle avec son honnêteté habituelle qui, comme toujours, mettait droit dans le mille. Des incertitudes réelles qui ne se dissiperont pas d'un simple claquement de doigts. »

Elle n'eut même pas à prononcer le mot « Irak ». La campagne du gouvernement pour justifier la guerre en Irak assombrissait l'horizon économique depuis la fin de l'été. On avait franchi un point de non-retour. C'était quelque chose dont personne ne voulait parler. Les entreprises étaient paralysées, les dépenses d'investissement étaient au point mort, les gens se serraient la ceinture et gardaient leur argent bien à l'abri, comme s'ils faisaient des provisions en vue de la guerre. Les deux grandes idéologies qui sous-tendaient l'administration Bush – baisses d'impôts en continu sur le front intérieur, doctrine de« préemption » pour les affaires étrangères – « étaient deux grands concepts très généraux qui se télescopaient avec la réalité », comme se souvient de l'avoir pensé O'Neill. Et maintenant, elles se télescopaient entre elles.

Bush, arrêté dans son élan, regarda Hughes durement. Il garda le silence un instant. « S'il y a des incertitudes économiques, c'est parce que la SEC est allée trop loin », déclara-t-il d'un ton plein de sous-entendus, en regardant fixement O'Neill. O'Neill n'en croyait pas ses oreilles – la SEC était allée trop loin ? Pas étonnant que la Maison-Blanche ait freiné des quatre fers lorsqu'il avait été question de s'attaquer aux patrons véreux et qu'elle se soit finalement déchargée de la question du gouvernement d'entreprise sur le Congrès. Mais, tout de même, comment le Président pouvait-il croire que l'activité de la SEC, qui était complètement débordée, pouvait avoir le moindre effet significatif sur l'ensemble de l'économie américaine ?

Mais Bush n'avait pas terminé.

« Franchement, finit-il par dire, tant que nous ne nous serons pas débarrassés de Saddam Hussein, nous vivrons dans l'incertitude. »

Tout le monde garda le silence. Le Président fit le tour de la table du regard, d'un côté, puis de l'autre, avant de se retourner vers Cheney qui les observait de son lieu secret.

« Parfait, j'en conclus donc que nous lançons tout ça vers la mi-décembre », déclara-t-il en se levant.

Rove regarda le Président, avec fierté. « Toujours rester fidèle aux principes », dit-il.

À la gauche de O'Neill, Daniels était encore partagé. « Pas typiquement républicain, ce plan, marmonna-t-il. Vraiment pas typique. »

* * *

Durant les semaines qui suivirent, O'Neill repensa souvent à cette réunion extraordinaire dans la salle Roosevelt, à son côté incohérent et improvisé, à la façon dont on avait abordé, ballotté et fait tournoyer des questions capitales sans se préoccuper du poids de leurs conséquences. « Voilà ce qui arrive lorsque l'on se passe des rapports Brandeis, conclut-il, lorsque l'on ne dispose pas d'une bonne analyse factuelle permettant de se faire une opinion informée sur la valeur des différentes propositions, sur ce qui risque de se passer, sur ce que l'on sait déjà. Sans cela, on ne peut tout simplement pas peser le pour et le contre des différentes idées qui se présentent pour gouverner un pays de cette taille. A-t-on besoin d'un plan de relance et ceci va-t-il avoir cet effet-là ? Combien cela va-t-il nous coûter ? Combien pouvons-nous nous permettre ? Quels sont nos objectifs ? Que peut-il arriver de pire ? Et de mieux ? Je repense à une réunion comme celle-là, avec un tel enjeu... On aurait dit des hannetons sautillant autour d'un lac. »

Une ville sans pitié

Dès le début du mois de décembre, on commençait à voir en quoi consisterait la nouvelle baisse d'impôts – la proposition incluait la suppression de l'impôt sur les dividendes et accélérait les dispositions prévues par la loi de réduction d'impôts de 2001. Le coût de ces deux mesures dépasserait les six cents milliards de dollars sur dix ans, même en le corrigeant selon la méthodologie des théoriciens de l'offre. Le Président avait déjà passé en revue les préparatifs pour une invasion de l'Irak. Tout était prêt. Les politiques de la guerre préventive et de la réduction massive des impôts s'avéraient, comme le répétait souvent O'Neill, des idéologies « hermétiques aux faits ». Et ce que O'Neill surveillait de très près c'était le déficit, qui atteignait désormais deux cents milliards de dollars pour 2003, sans même y inclure totalement le coût de la guerre ni de l'occupation d'un vaste pays étranger. « Si nous partons en guerre, déclara O'Neill à Richard Clarida, vous pouvez y ajouter au moins deux cents milliards de plus. »

* * *

En cette matinée enneigée du 5 décembre, O'Neill pénétra dans la salle de réunions du cabinet, un large sourire aux lèvres. Le Premier ministre éthiopien, Meles Zenawi, le lui rendit.

« Comment allez-vous, mon ami ? » demanda Zenawi.

Cet homme est un potentat. C'est lui qui dirige l'Éthiopie et, dans l'exercice du pouvoir, il ne s'est pas toujours embarrassé du respect des droits de l'homme. Mais O'Neill et lui avaient passé quatre heures ensemble au mois de mai, lors de la tournée du « drôle de couple », et ils s'étaient trouvé sur la même longueur d'onde. Meles Zenawi comprenait les problèmes de l'eau, la politique de l'eau, et ce que l'eau propre pouvait apporter à son peuple, et plus encore. Mais au cours de leur conversation sinueuse, il avait déclaré que le pouvoir était trop concentré au sommet de son régime et qu'il voulait le redistribuer au peuple éthiopien. O'Neill avait mentionné le livre de Eli Ginzberg et George Votja, *Beyond Human Scale*, qui, bien qu'obscur, était son ouvrage favori. Zenawi l'avait lu et il lui en avait même cité quelques passages. Les deux hommes avaient parlé de gestion des ressources humaines jusque tard dans la nuit.

Six mois plus tard, ils se trouvaient à des milliers de kilomètres de la nuit africaine. Lors d'un entretien en petit comité où ils s'étaient retrouvés tous les deux avec le Président, O'Neill avait parlé à Bush du livre de Ginzberg et Votja.

Lorsqu'il accueillit le groupe de dirigeants africains réunis autour de la table du cabinet, Bush distingua Zenawi : « Si j'en crois mon secrétaire au Trésor, il est un homme extraordinairement cultivé. » Zenawi se rengorgea.

Au cours de la réunion, O'Neill leur fit part de ses souvenirs d'Afrique et évoqua ce qu'un accès à l'eau et à l'électricité pourrait signifier pour le continent. Puis il regagna son bureau.

Son agenda était bien rempli, mais il se sentait étrangement détaché, comme s'il était descendu du train et qu'il regardait passer les wagons. À 13 h 30, David Aufhauser et Peter Fisher le rejoignirent pour une réunion du groupe de travail du Président sur les marchés financiers. Les problèmes étaient ardus – il fallait déterminer la position du Trésor dans les négociations complexes menées par la SEC sur la rédaction des nouvelles règles – et le débat était parasité par le concert de protestations de tous les *lobbyistes* de Washington représentant les compagnies présentes au palmarès de *Fortune 100*[1] et ayant un intérêt en jeu. Mais la vérité, pour O'Neill, c'était qu'une occasion avait été manquée pour la gouvernance d'entreprise.

Annabella Mejia passa la tête dans l'embrasure de la porte. « Le vice-président est en ligne. »

O'Neill abandonna Aufhauser et Fisher sur le canapé à l'autre bout de la pièce et décrocha le téléphone sur son bureau.

« Oui ?

– Salut, Paul.

– Que puis-je pour toi ?

– Paul, le Président a décidé de procéder à un remaniement de l'équipe économique. »

Silence.

« Tu en fais partie. »

O'Neill s'assit. « Cela ne me pose pas le moindre problème, Dick. Si le Président veut remanier, cela ne me

1. La liste des cent plus grosses compagnies américaines, publiée chaque année par le magazine *Fortune* (*NdT*).

pose pas de problème. » O'Neill leva les yeux sur ses deux fidèles lieutenants. « Dick, j'ai du monde dans mon bureau. Je te rappelle. »

Il termina sa réunion avec Aufhauser et Fisher et rappela Cheney.

« Nous aimerions vraiment que cela se passe d'une façon amicale et plaisante. Le Président pense que tu devrais déclarer que tu souhaites retourner à la vie privée et tu peux décider toi-même du *timing* qui te convient. »

Il y avait quelque chose dans la voix de Cheney – cette façon neutre qu'il avait pour décrire ce qui allait maintenant se passer, comme si le vice-président s'était simplement contenté d'observer le déroulement des événements durant ces deux dernières années, au lieu d'en être l'un des acteurs principaux – qui frappa O'Neill soudainement : « Il arrive parfois que tout s'éclaire d'un seul coup, et c'est ce qui s'est passé à ce moment-là. »

O'Neill prit le temps de rassembler ses esprits avant de répondre. « Eh bien ! Dick, c'est parfait. Le Président a parfaitement le droit de s'entourer des personnes qu'il souhaite à ses côtés. J'aimerais l'annoncer demain matin. Je ferai parvenir une lettre dans laquelle je dirai mon intention de démissionner et où j'expliquerai que je resterai à mon poste jusqu'au 1er décembre, pour assurer la transition. »

Il se sentit plus léger. « Je ne vais pas dire que je souhaite retourner à la vie privée, parce que je suis trop vieux pour raconter des mensonges. Si je déclarais cela, les gens qui me connaissent sauraient que c'est faux. Et les gens qui ne me connaissent pas diraient : "O'Neill est un lâche – la situation n'est pas brillante et il a laissé tomber le Président." Cela ne me pose absolument pas de problème si tout le monde apprend que le Président a voulu changer son équipe. C'est son droit le plus strict. »

Il y eut un silence à l'autre bout du fil. Dix secondes passèrent.

« D'accord », répondit Cheney avant de raccrocher.

O'Neill convoqua Tim Adams dans son bureau et déclara, d'une façon quelque peu énigmatique que « le Président [avait] décidé de procéder à des remaniements » et que Tim devrait rester en alerte le lendemain.

À 16 h 15, le Premier ministre éthiopien passa à son bureau.

Ils parlèrent de l'Afrique pendant une demi-heure.

« Vous êtes un héros en Afrique, vous devez revenir, lui dit-il.

– Peut-être bien que je reviendrai un jour. »

* * *

Nancy était assise sur le canapé du salon quand la sonnerie du téléphone retentit.

« Allô ?

– Salut bébé, comment s'est passée ta journée ?

– Comme d'habitude. Je suis allée voir Mère.

– Comment va-t-elle ?

– Oh ! elle va bien. Ça me fend le cœur de la voir perdre la mémoire comme ça... Mais elle joue encore au bridge tous les soirs jusqu'à 22 heures. »

Elle était surprise qu'il l'appelle si tôt, vers 17 heures. En général, il attendait 20 h 45, juste avant que ne commencent ses séries préférées, *Frasier*, *The West Wing* – « qui est complètement bidon, je sais que ça ne se passe pas du tout comme ça en vrai », disait-elle – et *Everybody Loves Raymond*.

« Alors, qu'as-tu fait aujourd'hui ?
– Je rentre à la maison.
– Génial. Quand ?
– Non, vraiment. Je ramène tout. Je rentre pour de bon. »

Elle se figea, incapable de prononcer un mot.

« Tu as démissionné ?
– Non, le Président veut une nouvelle équipe.
– C'est lui qui te l'a dit ?
– Non. Cheney m'a appelé. Il m'a dit que le Président voulait que j'annonce publiquement mon désir de retourner à la vie privée. Mais tu sais, je n'ai jamais menti pendant tout ce temps et je ne vais pas m'y mettre aujourd'hui. Il peut nommer qui il veut là-dedans, s'il veut une nouvelle équipe, ça ne me pose pas de problème. »

Il fit une pause.

« Mais je ne vais pas dire que c'est moi qui démissionne. »

O'Neill avait fait part de ses frustrations à Nancy à plusieurs reprises durant l'automne, ainsi que de ses doutes au sujet du Président et du vice-président et de la direction que prenait l'administration. Elle lui avait dit de ne pas démissionner – « surtout quand ta presse est si mauvaise », ajoutait-elle – et lui rappela qu'ils avaient appris à leurs enfants et à leurs petits-enfants qu'il ne fallait jamais reculer devant un défi.

« Je n'ai jamais voulu que tu sois un lâcheur, tu sais. »

Il le savait. Et il n'avait rien lâché.

Puis ils gardèrent le silence un moment, chacun écoutant le souffle de l'autre dans le téléphone.

« Veux-tu que je vienne à Washington ?
– Ce n'est pas la peine. Je vais annoncer ma décision

demain matin, et puis je rentrerai à la maison. Je prendrai la route dans la matinée. »

Nancy réfléchit un instant. La logistique était un peu déroutante.

« Et que vas-tu faire de toutes tes affaires du Trésor ?

– Ils me les enverront. »

Un long silence s'installa.

« Quoi ? demanda-t-il. Elle ne voulait pas lui poser la question – mais après tout, tant pis.

– Que vas-tu faire du fauteuil ? Elle faisait allusion, bien entendu, au siège officiel du cabinet, celui qui portait au dos une plaque de cuivre gravée au nom de Paul avec son titre, “secrétaire d'État au Trésor”. C'est un beau fauteuil, le fauteuil du cabinet. Joyce et Don Rumsfeld en ont un comme celui-là. Ils sont nombreux à en avoir un comme ça, parmi leurs amis.

– Tu ne veux quand même pas de ce foutu truc !

– C'est un souvenir, Paul, un petit morceau d'Histoire. Pour les petits-enfants ! »

Assis tout seul dans son appartement du Watergate, O'Neill ne put retenir un éclat de rire.

« Je te parie qu'au moment où l'on parle, il est sur le trottoir, dans la neige, devant la Maison-Blanche. »

* * *

Il avait sa valise à faire, mais juste pour le week-end et, peut-être, quelques jours la semaine prochaine... Mais, d'un autre côté, les placards étaient remplis de vêtements à Pittsburgh. L'appartement du Watergate, une vraie vitrine remplie de gadgets et d'œuvres d'art, avec son écran déroulant, son système de stéréo digne d'une boîte de nuit et sa cuisine de chef, était comme une bulle suspendue dans le temps, entre le passé et l'avenir, un espace qui réfractait la lumière. On ne l'avait jamais renvoyé auparavant. C'était une drôle de sensation, plutôt abrupte, une sorte d'apesanteur, comme si on l'avait poussé du grand plongeoir. Demain matin, il percuterait la surface de l'eau. Et, après deux ans d'obligations bruyantes, assourdissantes, incessantes, la pièce lui paraissait muette, un espace de calme et de chuchotements.

Ses pas résonnèrent sur le sol en marbre jusqu'à la cuisine. Il trouva un plat surgelé, un steak Salisbury, qu'il enfourna dans le micro-ondes.

Le téléphone sonna. C'était Andy Card.

« Le vice-président me dit que le Président voudrait vous voir demain, à 16 heures ou 16 h 30. Qu'en dites-vous ? »

O'Neill y réfléchit – une seconde : « Andy, je ne pense pas qu'il ait vraiment besoin de me voir et moi, je sais que je n'ai pas besoin de le voir. Je crois que c'est un peu tard pour cela. »

Card fit marche arrière. Il lui fit part de la stratégie médiatique qui avait été décidée. Ils se débarrassaient aussi de Lindsey, bien que Larry n'ait pas encore été mis au parfum. Card lui dit qu'ils aimeraient attendre un peu et « annoncer en même temps la mise à pied de Larry » au début de la semaine prochaine. « Nous ne souhaitons pas faire ça deux fois », déclara Card.

S'il y avait bien une chose que O'Neill était certain de ne pas vouloir, c'était d'être associé à Larry, et encore moins dans le cadre d'une mise à pied de première. Franchement, Andy aurait dû s'en douter. « Écoutez, Andy, quelqu'un apportera ma lettre de démission à la première heure demain matin. J'ai l'intention de faire une annonce officielle à 8 h 30 demain matin pour que ce soit rendu public avant l'ouverture des marchés. »

Il raccrocha, appela Tim Adams et lui dit qu'il allait démissionner. Il lui demanda de n'en parler à personne et d'appeler Michele pour s'assurer qu'elle serait là tôt le lendemain matin.

Puis il se versa un verre de vin rouge et s'assit sur le canapé près de la fenêtre.

* * *

Le temps était gris et froid sur Washington. De fines couches de glace flottaient à la surface du Potomac. C'est une ville sans pitié, se dit-il, où le pouvoir est roi – comment le préserver, comment l'étendre–, où il n'est plus question de principes ou de vision pour l'avenir. « Assis sur mon canapé, je repensais à ce que j'avais espéré trouver. Un endroit où la vérité triompherait. Mais les choses avaient tourné autrement, se souvient O'Neill. Même les amis que j'avais dans les médias étaient plus intéressés par les petits conflits que par la notion de ce qui était bien et ce qui était mal, plus intéressés par les petites guéguerres entre les personnes que par les batailles idéologiques qui avaient cours à l'intérieur de l'administration. »

Il repensa à la « notion de préemption, par opposition à la rétorsion ». « C'est une question de degré, se disait-il. Nous vivons dans un monde qui a changé et nous sommes face à une bifurcation… C'est d'une importance capitale. Je ne pense pas que la préemption, c'est mal… Mais le poids de responsabilité, pour celui qui se l'approprie, est énorme : celui d'avoir vraiment raison. Et c'est là que se situe le point de rupture, parce que la politique, telle qu'on y joue aujourd'hui, ce n'est pas d'avoir raison. C'est de faire tout ce qui est en son pouvoir pour gagner. Ce n'est pas la même chose. »

Il continuait de ressasser, tout en mangeant son steak. Puis il jeta un coup d'œil à la télé, réfléchit au contenu de sa lettre de démission, avant de se coucher tôt. Il régla son réveil à 4h30 du matin. Demain serait une longue journée.

* * *

Michele Davis et Tim Adams arrivèrent dans le bureau de O'Neill à 6h30. Il annonça la nouvelle à Michele, qui avait été toujours à ses côtés, sans jamais faillir.

« C'est tellement injuste », lui dit-elle, les yeux emplis de larmes. Il l'étreignit. Et elle pleura. Ken Dam les rejoignit à son tour et O'Neill le mit au courant. Dam avait déménagé de Chicago à Washington lorsqu'il avait été nommé secrétaire adjoint; il avait acheté une maison de deux millions deux cent mille dollars à Georgetown. Son épouse n'était pas une fan de Bush. Il se demanda à voix haute combien de temps la Maison-Blanche allait vouloir le garder. Il serra la main de son vieil ami. « Vous valez mieux que cela, Paul », déclara-t-il. Mais, maintenant que toute l'équipe était réunie, ils se mirent au travail.

O'Neill donna à Michele Davis sa lettre de démission. « Je déclare par la présente démissionner du poste de secrétaire au Trésor. » Une phrase.

« Vous ne pouvez pas faire cela, dit-elle en se remettant de ses émotions. C'est un affront. Il y a une façon de faire pour ces choses-là. Cette lettre doit contenir un certain nombre de formules, sinon, leur absence fera couler de l'encre.

– Je refuse de dire que je m'en vais pour consacrer plus de temps à ma famille ou n'importe quelle autre connerie de ce genre », répondit-il.

Elle esquissa un brouillon de lettre de démission pleine de formules toutes faites : l'honneur qu'il avait eu à servir sous les ordres de ce Président, comme il était plein d'espoir au sujet de l'avenir du pays, à quel point l'équipe dont il avait fait partie était formidable – quatre paragraphes dans ce genre. « Pas question, s'offusqua-t-il. Ça me donne la nausée. »

Ils finirent par trouver un compromis.

> Cher monsieur le Président,
>
> Je déclare par la présente démissionner de ma fonction de secrétaire au Trésor.
>
> Servir le pays durant cette période difficile a été un privilège. Je vous remercie de m'avoir donné cette opportunité.
>
> Je vous souhaite de réussir dans votre action, afin qu'elle inspire l'Amérique et le reste du monde.
>
> Respectueusement,
> Paul H. O'Neill

On imprima la lettre et il la signa, puis Tim Adams la porta en mains propres à la Maison-Blanche.

Il était 8 h 20. Leur plan consistait à rendre publique leur annonce assez tôt pour qu'elle se retrouve sur les téléscripteurs avant 8 h 30, heure où s'ouvre le Treasury Market, où s'échangent les bons du Trésor, à New York.

Au moment précis où le marché s'ouvrait à New York, les plus hauts fonctionnaires du département du Trésor se réunissaient dans la grande salle de réunions où se tenaient les conférences de presse. C'était une réunion prévue de longue date où l'on devait planifier l'année à venir. O'Neill devait la présider. Il la présida donc.

Il pénétra dans la pièce et se dirigea vers l'estrade. Une quarantaine de hauts fonctionnaires étaient assis à une grande table en forme de U qui lui faisait face, buvant du café dans des gobelets en carton ou remuant quelques papiers, sans se douter de rien. Un matin comme les autres...

« Je sais pourquoi vous êtes réunis ce matin, mais je dois vous annoncer quelque chose. J'ai le privilège de vous en faire part avant que vous ne l'appreniez par un autre biais. Le Président a décidé de remanier l'équipe économique et je fais partie de ceux qui partent. Nous sommes en train d'annoncer en ce moment même que je démissionne de mon poste de secrétaire au Trésor et que je resterai ici jusqu'au 31 janvier, le temps d'assurer la transition. »

Tout le monde retenait son souffle.

« Je voulais donc profiter de cette occasion pour vous remercier pour votre travail au service de ce département ainsi que de votre soutien et pour m'avoir accordé le privilège de travailler avec vous tous. Je sais que cette équipe est la meilleure qui ait jamais été constituée dans ce département. »

Il s'arrêta un instant. Certains pleuraient. Il fallait qu'il en finisse et qu'il quitte la pièce. « Vous êtes un groupe fantastique, qui a essayé d'agir en faisant les choses bien et il est très important que vous continuiez à faire ce qu'il faut avec le nouveau secrétaire, pour le peuple. »

Puis il s'esquiva dans son bureau pour prendre sa veste et sa serviette.

Quinze minutes plus tard, il était chez lui. Il enfila un jean tandis que CNBC beuglait. « Le président Bush a renvoyé le secrétaire au Trésor Paul O'Neill ce matin... »

O'Neill éteignit le poste. Il se sentit envahi par une bouffée de liberté. C'était aussi nouveau qu'inattendu. Il n'avait plus à se préoccuper du cycle infernal de l'information et de la tyrannie de l'opinion.

Il faut un peu plus d'une heure pour sortir vraiment de Washington, pour atteindre les douces collines de l'ouest du Maryland où les lotissements construits pour les jeunes foyers qui n'ont pas les moyens de vivre dans la capitale cèdent enfin la place aux champs et à presque rien d'autre.

Il filait au volant de son *roadster* Audi TT, un coupé deux places avec son moteur de deux cent trente chevaux et son « régulateur » qui l'empêchait de dépasser les deux cent cinquante kilomètres heure. Le moteur vrombissait, montait en puissance sans le moindre à-coup, et O'Neill fonçait, débarrassé de son escorte de berlines du Secret Service. Bizarrement, il se mit à penser à Christophe Colomb.

Droit devant, il y avait encore beaucoup de choses à faire. Le programme régional de Pittsburgh pour la protection médicale, qu'il avait aidé à lancer, était en train de gagner en notoriété, et pour la première fois on était en train de procéder à une expérience qui pourrait servir de modèle pour réformer le système de soins américain. Et il y avait des puits à creuser au Ghana. Il pensa à quel point ces croisades « pourraient influencer la façon dont les gouvernements percevaient leur propre potentiel d'action..., parce que les efforts d'un individu leur avaient fait honte ».

Et c'est ce qui l'avait amené à Christophe Colomb.

« Imaginez-vous Christophe Colomb larguant les amarres et revenant avec une personne à la peau brune et trois espèces animales que personne n'a jamais vues. Tous ceux qui étaient persuadés que la Terre était plate ont été obligés de se remettre en question. Alors, que devons-nous faire ? Il faut sortir, chercher partout et rapporter des preuves. Les preuves de ce qui est vrai – c'est cela qui a le pouvoir de tout changer. »

Épilogue

La ville dort, même si ce n'est que par intermittence. Des avions bourdonnent dans l'obscurité, invisibles. Près du Lincoln Memorial, des batteries antiaériennes surveillent le ciel. Nous sommes le 17 mars 2003, jour de la saint Patrick et l'atmosphère à Washington est tendue. Il y a eu des rumeurs d'attaque terroriste. Un fermier au visage hagard avance à petits pas, haletant, jusqu'au bord du Reflecting Pool[1], pour un plongeon matinal. Les réservistes de la garde nationale attendent dans leurs véhicules, se demandant à quoi peut bien ressembler un terroriste. Et les journaux, encore enroulés dans leurs emballages, jetés d'un bout à l'autre de la ville comme des bottes de foin, annoncent que le Président fera un discours le soir même sur les plans de guerre en Irak.

Paul O'Neill se réveille toujours aussi tôt, comme du temps où il était encore secrétaire au Trésor, un boulot qu'il a officiellement quitté trois mois plus tôt. Il essaie de dormir un peu plus, mais, pour le moment, il n'a guère fait de progrès.

1. The Lincoln Memorial Reflecting Pool : le grand bassin rectangulaire dans lequel se reflète le Lincoln Memorial (*NdT*).

Le réveil annonce 5 h 35. Il se faufile dans le bureau sur la pointe des pieds, tandis que parvient jusqu'à lui le souffle régulier de Nancy, plongée dans un profond sommeil. Il saisit une poignée de *quarters*[1], glisse sur le sol en marbre de leur appartement du Watergate, lance la machine à café et ferme la porte derrière lui.

Quelques instants plus tard, il roule dans sa BMW 740 sur une Pennsylvania Avenue déserte.

C'est le moment de la journée qu'il préfère. Un plaisir qu'il savoure tous les matins de très bonne heure, lorsqu'il sort dans l'obscurité pour acheter les journaux du matin. Ce rituel, il le pratique depuis la première fois où il est arrivé, dans les années 1960, et avec lequel il renoue à chacune de ses visites. À Pittsburgh, au kiosque pour les lève-tôt, la marchande de journaux s'est réjouie de son retour en ville et lui a demandé si elle pouvait se recommander de lui pour un nouveau travail. Elle lui a dit qu'elle cherchait un meilleur boulot. Il a adoré. « Absolument, lui a-t-il répondu. J'en serais honoré. »

Son rituel a été perturbé une seule fois au cours de ces quatre décennies et c'était durant ces deux dernières années. En tant que secrétaire au Trésor, il vivait dans une bulle hermétiquement close, avec ses agents du Secret Service qui prenaient à rebrousse-poil ses habitudes d'indépendance. « Je peux très bien me débrouiller tout seul, merci. » Mais ceux-là n'avaient rien voulu entendre. Tous les matins, quand il entrait dans son bureau, la pile de journaux l'attendait, posée à côté du

1. *Quarter*: pièce valant un quart de dollar, soit vingt-cinq cents (*NdT*).

plateau en argent, avec sa cafetière et sa tasse assorties. Il aurait pu sortir pour les acheter quand même, mais cela lui aurait semblé du gaspillage.

La BMW tourne sur I Street puis sur Lafayette Square, face à la Maison-Blanche et à son voisin, le Trésor. Il en sait trop pour se demander ce qu'ils pensent là-dedans. Il le sait et, pour l'essentiel, il sait qui pense quoi. Cela ne lui manque pas et il n'est pas vraiment en colère – c'est ce que les gens lui demandent tout le temps. Déçu, oui, bien sûr, et troublé aussi, par la façon dont le pays est dirigé. Mais, cela ne le concerne plus vraiment.

Il se gare sur Vermont Avenue. Sur le trottoir, des sans-abri dorment serrés les uns contre les autres. Il se dit que cela fait deux ans qu'il n'a pas vu de sans-abri. C'est l'une des conséquences de l'isolement dans lequel on vous enferme et qui vous coupe de ce que vous devriez voir. Il sent qu'il commence à se reconnecter. Il glisse ses *quarters* dans les fentes des distributeurs de journaux du *New York Times*, du *Washington Post*, du *Wall Street Journal* et du *Financial Times*, ses fidèles compagnons du matin.

Il faut plusieurs semaines pour quitter un boulot aussi compliqué que celui de secrétaire au Trésor et, durant cette période, il reçut beaucoup de coups de téléphone. Pas de Bush, de Cheney ou de Karl Rove, mais de presque tous les membres du cabinet – certains compatirent ou lui confièrent leur mal-être, d'autres prononcèrent les formules de politesse de circonstance. Il y eut aussi des dirigeants du Congrès, des chefs d'entreprise et des fidèles du parti républicain, comme Gerald Ford ou George Shultz. Et encore Brent Scowcroft et les hommes de l'entourage du « 41 », qui, pour la plupart, lui exprimèrent leur indignation. David Broder, du *Post*, le doyen de la presse de Washington, déclara que son franc-parler serait regretté dans la capitale. Bono l'appela: « Vous n'êtes pas un politicien, c'est ce qui a toujours fait votre force, lui dit-il, vous avez essayé de changer les choses et découvert que la seule chose qui importe, c'est de gagner. » L'éditorialiste conservateur Robert Novak le démolit – il écrivit que le Président aurait dû vérifier ses références économiques avant de l'embaucher. Le *New York Times* et d'autres affirmèrent que le problème tenait avant tout aux difficultés qu'il avait à tenir une ligne donnée et qu'il n'avait pas su communiquer efficacement au public la politique économique du Président.

Larry Lindsey appela O'Neill à la mi-décembre: « Voudriez-vous faire un tour avec [moi] sur la plage [une expression consacrée pour désigner une promenade circulaire qui s'étire devant la Maison-Blanche] afin que les équipes de télévision puissent faire des images de nous montrant que nous allons bien et que tout va bien entre nous et que toute cette histoire ne nous pose pas le moindre problème ? » O'Neill déclina poliment l'invitation.

Lors de la réunion annuelle de l'American Enterprise Institute, juste avant Noël, son président, Christopher DeMuth, regarda longuement l'assistance, notamment l'invité d'honneur, Dick Cheney, et critiqua « la façon maladroite et traître » dont l'administration Bush avait géré les départs de Lindsey et de O'Neill. Un peu plus tard, dans un entretien, DeMuth déclara que la Maison-Blanche était dorénavant privée de ce qu'il appelait la rigoureuse « analyse o'neilliène » et ajouta: « Le cercle entourant le Président est le plus petit et le plus resserré que nous ayons jamais vu ces derniers temps... Et je sais de quoi je parle, j'ai connu la Maison-Blanche de Nixon. »

Il y avait eu beaucoup de cachotteries lors de son dernier jour au Trésor, le vendredi 20 décembre. O'Neill est un homme difficile à surprendre ; il soulève toujours les cailloux pour vérifier ce qu'il y a dessous et remarque les moindres changements. Mais ils essayèrent quand même. Et lorsqu'il sortit par la porte de côté, il les trouva tous là, des centaines de personnes de part et d'autre de l'allée, alignées dans la froidure de l'hiver, applaudissant comme s'ils étaient soudain pris de folie. Seigneur, qu'est-ce qui leur avait pris de faire une chose pareille ? Il monta dans la voiture et roula lentement le long de la haie d'honneur, agitant la main, les yeux emplis de larmes.

Tout cela était très bien, réconfortant et réparateur : les gens qui le connaissaient savaient qu'il n'avait pas changé et il ne les avait pas déçus, même si, pour la première fois, il se demandait comment il devait se comporter en public, ce qu'il devrait dire ou ne pas dire.

Fin décembre, il hésita à honorer une invitation qu'il avait acceptée six mois plus tôt. Il devait prononcer un discours au Sulgrave Club, un club pour dames de Washington très chic, dont l'aisance et le décorum évoquaient ce temps révolu où les épouses des hommes de pouvoir ne travaillaient pas mais animaient la ville de leur grâce et de leur énergie. Il déclara à ces dames qu'il serait des leurs. Il n'était pas mort. On l'avait juste viré.

Ma femme, Cornelia, est membre du club, l'une des plus jeunes. Juste après le 1er janvier, elle me glissa un prospectus bleu pâle sur la table de la salle à manger. « Peut-être que cela pourrait t'intéresser. » Je le retournai et le lut d'un air sceptique. « O'Neill ? C'est impossible, lui répondis-je. Je croyais qu'il avait été pris en charge par le programme de déménagement des témoins[1]. »

Mais le lendemain soir, le 7 janvier, je le découvrais parmi un petit groupe d'hommes aux cheveux gris et aux costumes estampillés Brooks Brothers, au premier étage du club. La pièce était bourrée à craquer. Je me faufilai dans le cercle et demandai à O'Neill si « créer une politique économique [faisait] partie des tâches qu'on [lui] avait confiées ». Cela le fit rire. « J'aurais sans doute dû vérifier – apparemment, ils n'en voulaient pas. »

Je me présentai alors et nous nous mîmes à discuter d'un article que j'avais récemment publié dans le magazine *Esquire* sur la Maison-Blanche et qui portait sur John DiIulio.

O'Neill avait entendu parler de cet article, qui avait eu pas mal d'échos, et ce qui l'intéressait surtout, comme beaucoup à Washington, c'était ce qui s'était vraiment passé le jour de la publication, début décembre. DiIulio avait reçu plusieurs appels de la Maison-Blanche et il avait fini par faire une déclaration qui reprenait mot pour mot la formule utilisée par Ari Fleischer lors de la conférence de presse de ce jour-là : il avait accusé l'article d'être « dépourvu de faits et sans fondement ». Il incluait dans cette critique son propre mémo de huit pages, tout en sobriété, dont chaque mot semblait avoir été soigneusement pesé et qui décrivait son expérience personnelle

1. *The witness relocation program* : le programme de protection fédéral des témoins de crimes ayant eu lieu dans des complexes d'habitation publics, qui fournit un nouveau logement à ces personnes en échange d'une collaboration avec la justice (*NdT*).

à la Maison-Blanche. Ce qui entraîna toute une série d'autres articles sur la nature des coups de téléphone de la Maison-Blanche qu'avait reçus DiIulio. Le *Washington Post* s'interrogea sur les « conversations à vous glacer le sang » entre DiIulio et ses anciens collègues de la Maison-Blanche, qui l'avaient poussé à se rétracter. Les commentateurs politiques parièrent que le professeur allait bientôt être envoyé à la base de Guantanamo pour y être interrogé en tant que combattant ennemi.

Tout cela précédait de quelques mois la révélation par la Maison-Blanche de l'identité d'un agent de la CIA, Valerie Plame, par mesure de rétorsion contre son mari, l'ancien ambassadeur Joseph Wilson, qui avait révélé que l'administration Bush avait déformé la vérité sur les intentions de Saddam Hussein de se procurer de l'uranium en Afrique[1]. Les gens, à l'époque, ne savaient pas vraiment comment interpréter ce type d'intimidation, cette façon de vouloir faire un *exemple* de quiconque avait la témérité de parler de vérité avec le pouvoir.

L'intérêt de O'Neill s'éveillait à mesure que nous parlions de DiIulio. « J'ai beaucoup réfléchi sur ce type, vous savez, sur ce qui a pu le pousser à faire quelque chose d'aussi absurde que de déclarer qu'une dizaine de pages de ses pensées les plus intimes pouvaient être "dépourvues de faits et sans fondement". Je me suis mis à sa place. Il est jeune, d'abord. Et ces gens-là sont mauvais et, en plus, ils sont rancuniers. Je suppose qu'il a fait son

1. Révéler l'identité d'un agent de la CIA est un crime fédéral. Une enquête est en cours pour déterminer qui a fourni le nom de l'agent Valerie Plame à Robert Novak. La Maison-Blanche est soupçonnée d'avoir orchestré la fuite (*NdT*)

calcul et qu'il s'est dit quelque chose comme : à quoi ça sert de se fâcher pour encore cinquante ans avec cette bande ? Quel sera le prix à payer ? D'un point de vue personnel, comme d'un point de vue professionnel, en avait-il vraiment les moyens ? » O'Neill détourna le regard au beau milieu de sa phrase...

« Mais voilà la différence. Je suis vieux, je suis riche et ils ne peuvent pas m'atteindre », dit-il en me dévisageant intensément.

Ce qui m'amène à la question que l'on m'a posée maintes et maintes fois tout au long de l'année écoulée, à mesure que ce que nous avions entrepris, O'Neill et moi, devenait de plus en plus clair. *Est-ce qu'il se rend compte de ce qui l'attend ?* Ma réponse : « Mieux que n'importe lequel d'entre nous. »

* * *

Le fermier dans le bassin réfléchissant du Lincoln Memorial a bloqué la circulation pendant des heures. Il dit qu'il ne bougera pas. Il a des revendications et des explosifs. L'heure de pointe est un véritable cauchemar et les O'Neill mettent une heure pour faire les cinq kilomètres qui séparent l'immeuble du Watergate du National Building Museum où doit se réunir la majeure partie de la classe dirigeante de la ville pour le dîner annuel du Fonds américano-irlandais. Ce soir, l'invité d'honneur est Bono, l'humaniste mondialement connu.

Difficile de dire qui attire le plus l'attention dans cette mêlée chic et bruyante, de l'apostat ou de la star du rock. O'Neill se déplace parmi une foule de sympathisants – le sénateur républicain Orrin Hatch, les sénateurs démocrates Chris Dodd et Pat Leahy. « Si vous recevez une balle, au moins, ce sera pour avoir dit la vérité», lui glisse Leahy. «N'hésitez surtout pas à nous appeler si vous avez une bonne idée à nous faire partager», lui disent les autres.

Bono et lui s'étreignent. O'Neill a laissé dans la voiture une paire de lunettes violettes que Bono lui a envoyée, faisant tomber à l'eau une blague qu'il avait prévu de faire dans la soirée. Ils parlent d'aller un jour en Afrique pour y creuser des puits.

Ils dînent dans une immense salle dressée pour deux cents couverts, découpent leur filet de bœuf en attendant les discours des orateurs irlandais, comme le secrétaire du département de la Santé et des Services sociaux, Tommy Thompson, sur d'autres Irlandais, comme Ted Kennedy et, bien entendu, Bono.

Le brouhaha s'atténue et le visage du Président apparaît sur un grand écran posé tout devant. Plutôt que d'annuler la soirée, les organisateurs ont préféré s'équiper en matériel audiovisuel. À 20 heures précises, Bush entame ce qui, pour l'essentiel, constitue une déclaration de guerre.

«... Les informations rassemblées par ce gouvernement ainsi que d'autres ne laissent planer aucun doute sur le fait que le régime irakien continue de posséder et de dissimuler des armes parmi les plus meurtrières qui aient jamais été conçues. Ce régime a déjà fait usage d'armes de destruction massive contre ses voisins et contre le peuple irakien. Le régime s'est adonné à d'imprudentes agressions dans le Moyen-Orient par le passé. Sa haine de l'Amérique et de nos amis est profonde. Et il est venu en aide, il a entraîné et prêté refuge à des terroristes, y compris ceux d'Al-Qaida.

Le danger est clair. À l'aide d'armes chimiques, biologiques ou même, un jour, nucléaire, obtenues avec l'aide de l'Irak, les terroristes pourraient réaliser les ambitions qu'ils ont déjà clairement annoncées et tuer des milliers ou des centaines de milliers d'innocents dans notre pays ou ailleurs. Les États-Unis et les autres nations n'ont rien fait pour mériter ou susciter une telle menace, mais nous ferons tout pour la vaincre. Plutôt que de nous laisser entraîner vers la tragédie, nous prendrons le cap de la sécurité. Avant que ne survienne le jour de l'horreur, avant qu'il ne soit trop tard pour agir, nous supprimerons ce danger. Les États-Unis d'Amérique disposent de l'autorité souveraine pour utiliser la force afin d'assurer leur propre sécurité nationale. »

O'Neill écoute le discours et a l'impression de se désincarner. Comme si le monde qu'il connaissait depuis toujours venait soudain de larguer les amarres. Le Président fait preuve de conviction, mais sur quelles sources s'appuie-t-il ? Un peu plus tard, il essaiera de donner un sens à tout cela.

« Pour agir, il faut nécessairement de la conviction, me dit-il. Mais votre action doit être proportionnelle au degré de certitude sur lequel se base votre conviction. Je m'étonne de celle dont fait preuve le Président dans cette guerre. C'est incroyable. Je ne crois pas qu'il possède l'expérience personnelle... » Il laisse sa phrase en suspens avant de conclure : « Avec son niveau d'expérience, je ne pourrais pas atteindre un tel niveau de conviction. »

* * *

Dans les jours et les mois qui suivirent, O'Neill et moi-même avons souvent discuté de la guerre, de sur quoi se fonde la conviction et de la nature de la loyauté.

« Pour moi, la loyauté et la quête de la vérité sont inséparables », me confia-t-il. Et c'est sans doute là que se situe la plus grande divergence entre le Président et lui. Bush exige un niveau de loyauté – loyauté à l'égard d'une personne, quoi qu'il se passe – que O'Neill n'a jamais pu avaler.

« Cette loyauté-là – la loyauté envers une personne dont peu importe ce qu'elle dise ou fasse – est fausse. C'est à l'opposé de la vraie loyauté, qui est une loyauté basée sur la quête de la vérité, qui consiste à dire à une personne ce que vous pensez et ce que vous ressentez réellement – l'estimation la plus juste de la vérité que vous puissiez lui donner, plutôt que ce qu'elle souhaite entendre. »

Cette position était connue de tous ceux qui, à la Maison-Blanche, avaient assisté aux échanges entre Bush et O'Neill au cours de ces deux années. Ce qui, lorsque les deux hommes se rencontrèrent à nouveau, donna certainement au secrétaire au Trésor congédié l'aura d'un seigneur déchu mais non vaincu. C'était au mois de juillet 2003, quand la Maison-Blanche organisa une réception en l'honneur de Gerald Ford pour son anniversaire. O'Neill, qui est l'un des administrateurs de la fondation Gerald Ford, était invité avec sa femme.

Bush l'aperçut et eut l'air étonné. « Vous avez l'air en pleine forme, vraiment », lui dit le Président tandis que tous les deux se mettaient en rang avec leurs épouses derrière les Ford pour les besoins de la photo. Un peu plus tard le même soir, après que Powell et d'autres eurent salué O'Neill comme un frère perdu, Bush récidiva. Il déclara à la cantonade, comme s'il ne se remettait pas de sa surprise : « Mon Dieu ! mais vous avez vraiment l'air en pleine forme. »

« Vous vous attendiez à me voir comment ? » lui répondit O'Neill.

Le Président ne savait peut-être pas que, au cours de l'année écoulée, plusieurs de ses plus proches collaborateurs avaient appelé O'Neill pour lui demander conseil. Rumsfeld l'avait fait venir au département de la Défense pour évoquer la restructuration du Pentagone et des forces armées. George Tenet l'appela et O'Neill lui rendit plusieurs fois visite au cours de l'année pour discuter de la réorganisation de la CIA et de comment rétablir les actifs de l'Agence. Vers la fin du printemps, plusieurs responsables de la Défense appelèrent O'Neill pour lui demander s'il accepterait une mission de quatre mois en Irak pour aider à reconstruire le pays.

O'Neill déclina cette dernière requête. Il avait déjà fort à faire avec le programme régional de protection médicale de Pittsburgh, plusieurs conseils d'administration, des banques d'investissement, la Rand Corporation et des projets pour retourner en Afrique. Il a l'intention de tenir ses promesses au sujet de l'eau.

Tout au long de l'automne, il observa les déficits enfler – pour rien, selon lui – et les États-Unis s'embourber chaque jour un peu plus en Irak. De temps en temps, il se demandait comment s'en sortaient ses amis restés au gouvernement. Il se sentait des affinités particulières avec Whitman et Powell qui, tous les deux d'après lui, s'étaient retrouvés dans une position comparable à la sienne. Ce que O'Neill décrit comme « être dans une barque avec vingt personnes à bord qui, toutes, rament dans la même direction, sauf vous ». Et il ajoute : « Si l'embarcation descend la rivière beaucoup plus bas, et que vous êtes toujours là, vous devez vous poser la question de l'utilité de votre présence à bord et si votre présence dans cette barque, quelle que soit la direction dans laquelle vous ramez, ne compromet pas votre intégrité morale. À un moment donné, la seule option qui vous reste est de sauter. »

O'Neill avait affirmé qu'il ne démissionnerait jamais. Mais a-t-il agi, notamment à l'automne de 2002, pour forcer Bush à le chasser ? En clair, a-t-il poussé à la confrontation, à la fois dans le domaine fiscal et en politique étrangère, tant il désapprouvait la direction que prenait la barque ? O'Neill lui-même ne le sait pas clairement. Jusqu'à la fin, il a considéré qu'il était de son devoir de poser les questions qui font mal, même si, parallèlement, il avait conscience que certains, au gouvernement, voyaient dans son attitude un manque de conviction et même de la déloyauté.

Un jour de novembre 2003, alors que se posait avec une grande acuité la question de savoir si la coûteuse occupation de l'Irak était justifiée ou non – quelles en étaient les raisons et qu'avait-on dit au peuple américain ?–, O'Neill se rappela une conversation que nous avions eue un dimanche après-midi du printemps, deux ou trois semaines avant l'invasion. Nous étions assis dans la véranda du Watergate, surplombant le Potomac dont le cours était agité par les courants vifs du début du printemps. O'Neill, qui avait assisté à de nombreuses réunions du NSC, était profondément préoccupé par la crainte que les États-Unis, « en déversant une centaine de milliers d'hommes parmi vingt-quatre millions d'Irakiens, au beau milieu du monde arabe et d'un milliard de musulmans, ne soient en train d'attraper un python par la queue ». « Ils n'ont pas réfléchi à ce qu'ils faisaient, croyez-moi », m'avait-il dit. Il espérait encore qu'« un vrai débat incluant un exposé des preuves devant une commission » aurait lieu avant que les troupes ne soient envoyées. Mais il savait qu'il y avait peu de chances pour que cela se passe ainsi. « Quand vous vous engagez aussi loin que cela, m'avait-il dit après un long silence, il faut que vous puissiez vous appuyer sur des preuves et des arguments de poids. Si l'action est réversible, ou si les effets qu'elle induit peuvent être effacés en une génération, c'est très différent de ce que vous faites quand vous entraînez le monde au bord de l'abîme. Il n'y a pas de retour possible. »

Assis dans sa cuisine de Pittsburgh en cette fin d'automne de 2003, nous repensions à son commentaire d'alors et au fait que nous nous trouvions bien au-delà du point de non-retour. Quelle est la position valable à adopter quand on en arrive là ?

Les réponses n'étaient pas simples. Ce jour-là, les journaux se faisaient l'écho des difficultés que rencontrait Don Rumsfeld, son vieil ami, et des rumeurs enflaient, qui le désignaient comme le prochain sortant sur la liste. Nancy décrocha son téléphone pour appeler Joyce, sa femme, et lui témoigner sa sympathie.

Et O'Neill, encore une fois, reconsidéra la question du processus. Lorsqu'il avait accepté de faire ce livre au mois de février 2003, c'était en adhérant à une certaine vision. La vision que, en Amérique, l'expérience inachevée de la démocratie est, d'une façon ingénieuse, un processus qui se corrige lui-même, mais que certains de ces mécanismes d'autocorrection ne fonctionnent plus très bien ces temps-ci.

Je lui demandai quelle était la contribution qu'il pensait pouvoir encore apporter à ce processus d'autocorrection.

« La vérité, répondit-il, comme pour lui-même. Juste la vérité. »

Remerciements

Ce livre, avec ses grandes ambitions et ses délais serrés, a nécessité les efforts de toute une équipe.

Chez Simon & Schuster, Alice Mayhew, mon éditrice, la provocatrice qui se cache derrière un nombre incalculable de livres remarquables, a conduit ce projet de toute la force de son dynamisme. Ses conseils, à la fois sur les *pourquoi* et les *comment* de ce récit – absolument tout, depuis la stratégie de reportage jusqu'au rythme de la prose – étaient à la fois ingénieux et fidèles aux principes. Roger Labrie, son habile adjoint, a assuré la cohésion de l'ensemble, nous a forcés à rester concentrés sur le but – un manuscrit achevé en huit mois – et a su faire montre de profondeur et de sensibilité, ce que j'apprécie particulièrement.

David Rosenthal, le directeur de Simon & Schuster, a soutenu le livre depuis sa naissance et a su, quand il le fallait, nous offrir ses conseils et sa sagesse afin que nous ne nous éparpillions pas. Sous ses ordres, les équipes artistiques, du marketing et de la promotion ont su, avec un zèle enthousiasmant, rassembler des éléments disparates en un ensemble cohérent. Au final, un résultat harmonieux.

Et Andrew Wylie, mon agent, a fait ce qu'il fait si bien – tout. Il faisait partie intégrante de ce projet dans chacun de ses rebondissements, depuis ses débuts jusqu'à sa publication.

Qui peut jamais définir un point de départ ? Il y a tant de prologues. Mais l'idée de ce livre a indéniablement germé il y a deux ans. Le jour où mon ami de toujours, David Granger, le rédacteur brillant et tapageur du magazine *Esquire*, m'a convaincu d'écrire une série d'articles sur la Maison-Blanche de Bush. J'en ai réalisé deux pour *Esquire*, avec les conseils de David et de Mark Warren, le rédacteur en chef. Lorsque la Maison-Blanche est passée à la contre-offensive, ils étaient à mes côtés, prêts à recevoir les coups, ardents et fidèles.

En même temps que les innombrables sources qui ont coopéré – beaucoup d'entre elles travaillent encore au département du Trésor ou dirigent d'autres branches du gouvernement américain–, je dois adresser un merci tout particulier à l'épouse réfléchie de Paul, Nancy et à sa fidèle assistante, Linda Murray. Elles ont reconstitué avec compétence les moments clés de ces trois dernières années. Nancy, tout particulièrement, est l'égale de son mari en termes d'honnêteté, de perspicacité et de bonne humeur. Son soutien a été inestimable.

D'une année sur l'autre, il y a toute une collection de personnes avec lesquelles j'ai communié, ri et sur lesquelles j'ai pu compter. Elles sont trop nombreuses pour que je les cite toutes ici. Mais j'en nommerai quelques-unes – Tony Horwitz, Jack Hitt, Marc Silverstein, Dave Murphy, Dan Morris, Tom Green et Russ Allen ont été particulièrement efficaces durant ces derniers mois. Mes amis qui remontent à l'époque où je collaborais au *Wall Street Journal* – le chef adjoint du bureau de Washington, David Wessel et Tom Ricks, qui travaille désormais au *Washington Post* – étaient toujours prêts, avec leurs conseils mordants et sûrs.

Dartmouth m'a fourni une retraite estivale et les gens du centre Nelson A. Rockfeller de l'université – sous la direction compétente de mon amie universitaire Linda Fowler – m'ont offert encouragement et soutien au moment le plus crucial.

Toujours derrière moi à me soutenir, se trouve la bande élargie des Suskind – mon frère toujours fidèle, Lenny, sa femme, Laurie et ma mère, Shirl; mes proches parents, les Kline, emmenés par Rob, de si bon conseil, et Fran et Irene – et ma belle-famille, les Kennedy. Ce dernier clan a connu une année particulièrement difficile durant laquelle ils ont dû puiser dans leurs réserves de foi, d'humour et de légendaire endurance pour continuer d'aller de l'avant. Leur force de vie m'a inspiré et a ramené le défi que représentait l'écriture de ce livre à sa juste et modeste place.

Enfin, et surtout, il y a ma partenaire en tout, ma femme Cornelia. Nos amis riront d'apprendre que ce projet a commencé lorsqu'elle m'a poussé vers O'Neill en hochant la tête d'un air entendu. Cela lui ressemble tellement. Elle fait tant de choses si bien, sa vision est tellement plus claire et pertinente que la mienne et, de temps en temps, elle me suggère d'un air détaché que je devrais essayer de faire ceci ou cela. Ces encouragements tranquilles – à commencer par la suggestion, il y a de cela deux décennies, que je devrais peut-être envisager d'écrire – m'ont permis d'en arriver là. Elle est à la source de tout ce qui m'est arrivé de beau et de juste. Ce livre, comme tout le reste, est le produit de sa confiance.

Quant à mes fils, Walter, quinze ans et Owen, douze ans, ce livre leur est dédié ainsi qu'à leur foi dans la quête de la vérité.

Table des matières

Chez le même éditeur :

Les crimes de monsieur Kissinger
de Christopher Hitchens, avril 2001.

La vie rêvée des maths
de David Berlinski, novembre 2001.

Ces comédiens qui nous gouvernent
d'Arthur Miller, mars 2002.

Lettres à un jeune rebelle
de Christopher Hitchens, mai 2002.

Le djihad américain
de Lewis Lapham, septembre 2002.

Lettres de France, après le 11 septembre
de Jean Daniel, septembre 2002.

Dans l'œil du compas
de Leonard Mlodinow, novembre 2002.

Le vrai Saddam Hussein
de Saïd K. Aburish, janvier 2003.

Notre route commence à Bagdad, par les faucons de la Maison-Blanche
de Lawrence F. Kaplan et William Kristol, mai 2003.

Les Anglais, portrait d'un peuple
de Jeremy Paxman, mai 2003.

Yasser Arafat
de Saïd K. Aburish, septembre 2003.

Jean Daniel, observateur du siècle
collectif, octobre 2003.

30 Jours au cœur du système Blair,
Downing Street en guerre,
de Peter Stothard, novembre 2003.

L'Europe en otage ?
Histoire secrète de la Convention
d'Alain Dauvergne, janvier 2004.

Que sont les grands hommes devenus ?
de Jacques Julliard, avril 2004.

L'Amérique bâillonnée
de Lewis Lapham, mai 2004.

Cet ouvrage a été imprimé par la
SOCIÉTÉ NOUVELLE FIRMIN-DIDOT
Mesnil-sur-l'Estrée
pour le compte des éditions Saint-Simon
en mai 2004

Imprimé en France
N° d'impression 68303
Dépôt légal : mai 2004
ISBN 2-915134-11-1
957.403.4